Le saint voiage et pelerinage de la cite saincte de hierusalem.

En ce present liure est cõtenu le voyage et pelerinage doultremer au saint sepulchre de la cite saincte de hierusalem et de madame saincte Katherine au mõt de synay tresElegantemẽt et orneemẽt fait et cõpose en latin par tres Venerable et excellent seigneur maistre Bernard de Breydenbach doyen et camarier de la noble eglise metropolitaine de Magonce grant et expert theologien hystorian et orateur lequel en personne ala audit saint voyage et en grãt diligẽce et studiosite visita tous les sains lieux et places dignes de perpetuele memoire et les rediga en ce psent liure par escrit au vray et tres singulieremẽt a linstãce et reqste de tresreuerend pere en dieu et tres noble et vertueux seigneur mõseigneur larcheuesque de Magonce. Et a este trãslate de latin en francois a la priere et reqste daucuns grãs seigneurs et nobles dames et autres deuotes persones q audit saint voyage et pelerinage ont deuociõ par deuot religieux frere iehã de hersin docteur en theologie en la famee et excellẽte vniuersite de paris hũble prieur des freres hermites de sait augustin de la noble cite de lyon esmeu aussi de prẽdre la peine et trauail de ce faire pour lonneur et reuerence dudit saint voyage et pelerinage.

Tresreuerend pere en ihesucrist et seigneur monseigneur Berthole Archeuesque du saint siege de magõce du saint empire romain en germanie/ et en commun langage apele Alemagne chãselier et price electeur de lepreur Bernardus de breydenbach de la dicte eglise de magonce doyen et chamarier obediẽte prompte et deuote.

Reuerend pere en dieu et seigneur magnifiq et gratieux. Que a vostre tresreuerente seignourie et dominacion ay presume dauoir la hardiesse de a psent escripre autremẽt et en autre stile q nay acoustume et chose q nest pas selon la dignite de vostre engin sapiẽce et intelligẽte. La cause est car souuẽt ay experimẽte et aproue la grace de vostre bõte et ieptimable humanite de laqlle a psent vserai en estimãt sur tous autres et autremẽt q nul autre q ait escript cleremẽt et humai

a ij

nement. Vous priant treshumblemēt tresreuerēd pere en dieu dune chose q̄ vous plaise ne prēdre pas a desplaisir ne a courroux ou en indignaciō ce q̄ par don et p̄sent benignemēt enuoye a vostre seignourie et tresreuerēte dominaciō. Et vous plaise de se prēdre et receuoir cōe du tout pour ieu et esbatemēt/iasoit ce q̄ ie scay pour vray q̄ cest chose bien loing de vostre grauite et maturite. Et porteray bien en gre sy de vostre seignourie ou de aucun autre personne lettree et sage en mon euure pour mon office suy iuge. Et par vostre clemēte me pardoneres se en ce aucune humaine tēptacion me souprent ou impertinēte curiosite. En oultre les diuerses estudes et occupacions de plusieurs ne mest point fin a cōposer et cōpiler noualites de liures. Se ainsi est q̄ peut estre dit neuf ce q̄ est viel et de piessa/iasoit ce q̄ soit couuert de neuf ou repaint de neuue painture et que soit vne mesme sustāce et sentēce soubz autre couleur et maniere de parler. Qui est celuy qui a ses yeux ne voye au tēps q̄ court a p̄sent les noualites en toutes choses grādes et singulieres si q̄ chascun abōde a p̄sent en son sens et entēdemēt. Et ie estime q̄ rien ne se treuue en liures nouueaux q̄ autrefois naye este fait et cōpose selon se dit du prouerbe cōmun. Stilum dūtaxat mutauisse sit fecisse librū. Cest a dire q̄ faire liures nouueaux de q̄lque matiere q̄ ce soit nest que muer le stile et maniere de escripre. Il me fault taire des gramaries/logicies/rethoricies/musicies/geometries/astronomies/et philosophes. Le diuin saint Iherome tesmoigne. Quoniā quod medicorū ē tractāt medici tractāt fabrilia fabri. Les merciers parlent de leurs mercines et les feures et marichaux de fer et de achier et des choses q̄ de ce se fōt et aussi fōt les autres de leur mestier. Lart des escriptures selon luy et sa doctrine et lexperience que nous voyōs tous les iours est celle seulemēt dequoy chescun se veut mesler/et dit ap̄s ainsi se dit sait hierosme. Quo fit q̄ scribūt indocti docti q̄ pœmata passim hanc garrula auus hāc delirus senex hanc sophista verbosus hanc vniuersi p̄sumūt lacerāt docētq̄ antequā discāt. Cest a dire pource q̄ chascun se veult mesler descripre liures nouueaux et les sages et les ignorās escripuēt par tout et mesmes les vielles femes garruleuses et les vieilles gēs ydios et insenses et les sophistes lāguagiers et pour brief parler chascun p̄sume de deschirer et despicier la poure escripture et de lenseigner deuāt q̄ laiēt estudie. Mais afin q̄ ne mette ma faulx en labourage ou meisson dautruy dequoy ia dieu ne plaise moy poure et indigēt de leur richesse et grāt mercerie nay point p̄sume de offrir en la maison de monseigneur vaisseaulx dor ne dargent come eulx mais vaisseaulx de terre et comuns a humains vsages/ia soit ce que en aye honte/toutesfois ne seray point paresseux de les presenter et offrir laissant aux grans les grās choses qui ont des leur ieunesse studieusement mis comme ilz dient leurs entendemens a lestude des diuines escriptures/et sont instruis en icelles et es autres ars et scieces instruis et enseignes Et a eulx ausquelz.v.talens ont este baille du seigneur en ce faisant en gaigneront.v.autres/mais moy si.ii.ptis et menus deniers puis mettre auec la bonne vesue au tresor de nostre seigneur me semble auoir bien fait et asses. Et nay pas voulu treseuerend pere en dieu ces.ii. deniers mettre a leglise de nostre seigneur ne offrir a voir et regarder q̄ premier ne les vous aye voulu offrir a examiner preuoir et regarder se ainsi est qui soient dignes de voir ou regarder a vng si noble et si tres digne et excellent seigneur.

Vous vos esmerueilleries peut estre mōtre shōnoure seigneur q̄ cest que vous veus presenter. Ie ay vne ptite euure qui pte et compret en soy et enseigne.ii.pelerinages. lun est en hierusalez lautre de hierusalez iusques a la noble vierge et martyre madame saincte Katherine. Les quelles comme scet et coingnoit vostre treseuerente paternite ay faictes et a layde de dieu et de sa benigne et glorieuse mere acomplies par deu promesse et deuotion na gueres de temps.

Et a mon ptit aduis a bonne fin et regart pour seruir aux autres bons fideles crestiens et les esmouuoir a deuotion au tres saint et deuot voyage et pelerinage ay dispose de les rediger et mettre a la verite et sās nulle fiction par escript. En mode et maniere qui na point este veue ne regardee. Cestassauoir par escriptures figures et paintures afin que nō pas tant seulement lentendemēt mais aussi lafection des bons et deuos crestiens y prēnent ioye et aucune recreation.

Et nonobstant que ladicte ptite euure et compilation ne soit pas de grande correction pource que a nului ne soit peril et dōmage/toutesfois ie ne veul pas que a nul vienne a cōgnoissance publique se premieremēt na passe par vos mains comme se auoit passe quant lares veu et examine par vostre engin tresgrant et excellent par le feu et leaue. Non pas q̄ ie veulle ou espere de ce en auoir aucune grace bien ou benefice/mais seulement suy certain de ce que aura passe par vostre lime qui met au cler et au net toute chose rouillee tres subtile et bien destroussant toutes choses

a iii

tourbles et obscures qui est vostre noble engin penetratif et vif comme fut plus de renom de aprobacion et auctorite sans nulle coparaison prendra a tous auditeurs qui cognoissent la sagesse et prudence de vostre noble entendement que se ne lauies veu ne congneu ou regarde. Quelle obscurite quelle roulture quelle ipurite pourra estre deuant vos peulx cest a dire deuant vostre subtil et penetratif entendement que vous ne mettes au cler et au net.

Quelle sentence ou iudicatiue iamais a de vous este iettee par equale epamination ou profere qui de nul puis apres ait este reprouuee calumpniee ou de elle aucunement ait aucunefois este a autre apele ou de elle apele. Par quoy bien sensuit necessairement que ce qui est de vostre magnificence aprouue on doit croire et a ce foy doit estre adioustee et auoir en honneur et aprobacion. Et aussi ce que de vous sera reprouue et casse ou reiecte est necessaire q il soit mis au feu et soubz le pie conculque.

Et pource ay mis tout mon aduis et diligente que la dicte petite euure et compilacion fut faicte et composee ainsi et tellement q de choses notoires et comunes en nulle maniere ne metteroye dedens ladicte euure et operacion/mais seulement choses singulieres et esleues especialement. Et des choses dignes de memoire et de sauoir au plus long et au large quay peu en ay escript comme sera mis et declare au proces de mahomet et de plusieurs autres grandes subtiles et necessaires disputaciõs pour la sustentacion de la saincte foy et de la saincte eglise rommaine dequoi en apres sera tout au plain mis et declare.

Et pource que tousiours vostre grace beniuolente et benignite ma en plusieurs grãs dons graces et benefices promeu et esleu plus q nestoye digne et q ne me appartenoit qui est chose clere et notoire non pas a moy mais chescun le congnoit et a lueil on la voit lesquelz se les chloye ou taisoye les pierres crieroient et le tesmoingneroient. Et pourtant a vostre tresnoble seignourie et paternite confesse estre a iamais oblige et du vostre humble seruiteur et du tout donne.

Et nonobstant dequoy suys bien desplaisant naye pas dequoy vous puisse des graces dessusdictes rendre graces et mercys et naye dequoy vous les retribuer a vo? mõtres redoubte seigneur par les grãs et inumbrables biens que maues contribue. Touteffois afin que vous monstre mon poure et petit courage estre du tout a vous prompt et obeissāt a toʒ voz plaisirs et voluntes．Et y moy du tout et mon petit present vous presente et offre treshumblement sterile inorne et de poure stile a vostre tres noble et digne seignourie et vous plaise de moy et dudit petit psent vser et faire a vostre bon plaisir.

Et se pour passer temps vous plaist ladicte euure veoir et regarder quāt aures loisir et le temps sera．vous laprouuant et de vostre dit et regart lauctorisant sera plus digne et de plus grant renom et diuulgatiō que se tous les autres des seigneurs prelatz clers et sages de alemagne sauoient veu et aprouue ou auctorise.

Qui seroit celuy qui pourroit toutes les louenges et excellences qui sont en vous expliquer ou exprimer. Qui sera celuy qui pourra asses souffisamment louer la singuliere prudence la grant circunspection de les leuation dentendemēt la grauite de meurs la doulceur et suauite lamour de iustice et lequite aournee de clemence et benignite/la constance et magnanimite de courage et la grant prouidence et sapience en la conduicte de vos fais et dis qui sont en vous tresamplement et abondantement.

Que se aucun grant excellent et eloquent orateur se vouloit entreprendre a faire de tout son pouoir et entendement/certes ie croiroye bien tost que a grāt peine et difficulte le seroit ou pourroit faire qui ne obliquat et defaillit aucunement de son intention.

Et afin doncques que ne soye trop long et que ne soye deceu et frustre de mon propos et intention de vous ie sens et congnois et ce ie tesmoigne a tous et enuers tous non point pour voʒ flater ou aduler mais pour a verite vray tesmoignage porter quelques dons et amplitude et augmētacion soient dons de nature de grace ou de fortune sont en aucun quel q̄ soit de ce monde/certes plus amplement/plus largement/plus abondamment sont en vous et plus magnifiquement.

Et doncques bien aptement/bien iustement/vos graces/vos dons voz grans et excellens merites bien et conuenablement correspondent a vostre honneur dignite et sublimacion dou estes monte au digne et excellent siege metropolitain de maganoce. Certes vostre foy est parfaicte et entiere vostre zel tresardant labeur infatigables contre grans cas et diuers suruenus a ladicte eglise venerable de maganoce aues tousiours bataille et pour lonneur et augmentacion dicelle souuenu.

a iiii

Jen a bonne heure a bonne cause et raison dun comun assentement de tous les seigneurs de ladicte noble et digne eglise de magonce et de la voix comune du peuple pour retribucion et remuneracion conuenable de vos grãs dignes et excellens merites aues este proclame esleu et institue en la dignite archiepiscopale de la digne eglise de magonce vous doncques esleue au saint siege archiepiscopal de monseigneur saint martin en la tresexcellente eglise de magõce archeuesque fame et renomme par laide et grace de dieu augmetes et accroisses tousiours vostre espouse et eglise glorieuse Et come tousiours lauez amee et honouree et iapieca la voulies a psent et doresnauãt mieulx et plus q̃ iamais amer/honourer/accroistre/et augmēter afin q̃ elle par vo? regie et gouuernee de bõnes loys et de bõnes coustumes et honestes ordõnãces soit resiouyee en vo? et vous et vous auec elle et vous dones ioye et liesse temporelle en hõneur et toutes vertus/puis acompli le temps de vostre exercice et office de dieu or done ayes gloire eternelle finablemēt Amen

Les articles cy aps escrips declairēt en somme totale ce quest contenu en ce liure.

Premierement est premis le prolxme de la cite saincte de hierusalem iadis apelee terre de promissiõ. Auquel sont mõstrees plusieurs excellentes noblesses et prerogatiues de ladicte saincte cite. Qui appareut asses clerement par le deuot peuple crestien qui continuellement y va par grant deuocion de diuers pays et regions Nonobstant la grant distance les grans perilz et dangiers les grãs despens cous et mises et fres les grans peines labeurs et trauail plus q̃ en nulle autre cite de ce monde.

Et apert aussi la grãt dignite de ceste saincte cite par les grãs fruis dons et graces de dieu que gaignent et atquierent ceulx et celles qui y sont en pelerinage plus que en nul autre lieu de la crestiente.

En oultre lintencion de lacteur et la diuision de ceste euure est asses patentement mise et declairee.

Au secõd article est mise et declairee toute la peregrination et le voyage de ladicte saincte cite. En narrant et racontant les lieux cites/chasteaux/villes et places et aussi les ysles de mer et pors par ou il fault passer pour arriuer iusques la.

Et sont demonstrees lesdictes choses par lettres/e scriptures/ymages et expresses figures communes et notoires a luiel et au sens a chescun qui les souldra veoir ou regarder.

Et tout premierement est mise et figuree la trespuissant famee et renommee cite de Venise comme le lieu dont on part de la terre crestienne pour entrer en mer pour faire le dit voyage et pelerinage.

En apres de Venise est mise et figuree la cite de parence ou autrement parentene qui est loing de Venise cent mile de ytalie qui sont cinquäte lieues francoises ou enuiron. Puis apres est mise la figure de la cite de corphone loing de Venise.viii.c.mile de ytalie qui sont.iiii.c.lieues francoises.

En apres la cite de Modone et sa figure loing de Venise .xi. cens mile de ytalie qui sont cinq cens cinquäte lieues francoises ou enuiron.

Consequamment et finablement est la cite de Joppen autremët nommee Japha la ou les pelerins arriuët a terre qui est loing de Venise deux milions qui sont dix cens mile de ytalie qui valent mile lieues francoises ou enuiron. Et de la iusques en la cite saincte de hierusalem a quarāte lieues francoises ou enuiron/et passent les pelerins par la ville de rama et vont sus des asnes conduis et menes par truchneens ou mamelus soubz le sauf conduit du soudan. Et par ainsi en somme toute il ya de Venise iusques a la cite saincte mile et.xx.lieues francoises ou enuiron

Les autres ptites villes ysles et prs de mer par ou il fault passer et les chasteaup ou forteresses aussi serõt mises et nõmees en leurs propres lieup/excepte la puissant cite de raguse qui est loing de Venise. v.c. lieues ne sera poit mise ne figuree en son propre lieu et en sõ ordre et cõe les autres a laqlle de coustume les pelerins arriuët et la cause pourquoi nen sera poit parle est/car par la grät ixtuosite et suprabõdäce des vës a lors moult merueilleusemët courās ny peumes aborder mais fumes si tres subitemët de la o hault et o soir träspōrtes q subit de ladite cite perdimes la vision. Entre les belles et grās ysles de mer par ou il fault passer pour arriuer en ladicte cite sainte y en a.iii.principales q sont yci mises et figurees cõe les plꝭ excellëtes sus toutes les autres/cestassauoit lisle de cādie q e soig de Venise. v.c.lieues frātoises. puis aps la noble ysle de rhodes loing de Venise.vii.c.lieues. et aps lisle de cypre soig de Venise viii. c. lieues ou euirõ. et les autres serõt mises et nõmees en leurs lieup/en leur ordre. et aisi serõt mis et nõmes par ordre les sais lieup q sot en la
dicte cite

saincte et auſſi les circonuoiſins autres lieux deſquelz eſt faicte mentiõ en la saincte euangile et ce par notes figures et deſcripcions confermes aux paſſages du viel et nouueau teſtament. Et en ce eſt comprins ce que contient la premiere partye de la premiere part de ce liure.

En la seconde partie de la premiere partye de ce preſent liure apres la determination faicte des lieux et places de ce ſait pelerinage eſt faicte menciõ par ordre conuenable des manans et habitãs eſdis lieux et places deſſuſdictes. Et pricipalemẽt de leurs meurs et coditiõs de la diuerſite de leurs ſectes loys et couerſatiõs. Et pmier et deuãt toꝰ des sarrasins deſqlz afin q̃ plus clerement ſoit cogneue et notoire leur treſdãnee et reprouuee ſecte eſt parle de leur faulx prophete et ſeducteur mahomet duql ſyſtoire eſt miſe biẽ au long et au large diuiſee par pluſieurs articles. Et premier de ſa naſcente et natiuite. En apres de ſa treſdeteſtable vie et couerſation. Et puis apres de ſa treſprophane et infame ſecte ſe principe et diceſſe la promulgacion. Et auſſi de ſa maleureuſe mort et indoubtee damnation. Et finablement eſt annexee vne compendieuſe notable et meure impugnation de la dicte deſleale et vile ſecte et loy dudit mahommet. En laquelle impugnation ſont mis et inseres pluſieurs beaux et notables documens et enſeignemens non pas a deuoir eſtre cõtempnes et deſpriſes mais bien a louer et a prouuer. Et eſpecialement contre le paradis epicurien/ ceſtadire de voluptuoſite charnele en laquelle le philoſophe epicure miſt felicite et paradis lequel preſcha et promiſt mahommet a ceulx et celles qui ſuiuroient ſa ſecte et ſa loy.

En apres en ceſte partye eſt parle en brief des iuifz/ des grecz/ des syriens/ des iacobites/ nestoriens/ armeniens/ georgiens/ des indiens/ et des maronites et de leurs erreurs ſerimonies et ſectes. Et ſõt miſes et adioinctes les lectres par leſquelles eſcripuent ou parlent vne cheſcune deſdictes nations. Et en la fin de ce traittie eſt miſe et adioincte vne briefue oroiſon deplourãt le poure et miserable eſtat moderne de leglise orientale. Et auſſi vne ſerieuſe et graue diſputatio contre ceulx qui cuident q̃ cheſcũ en ſa loy et ſecte peut eſtre ſauue. Et en cõcluſiue fin et termination de ceſte pmiere partye eſt parle des vrais catholiques latins manãs et abitans en ladicte saincte cite de hieruſalez deſqlz le nõbre eſt bien petit auec vne piteuſe cõplaite et lamẽtaciõ ſur ſa deſolation de la ſaĩte egliſe de dieu en ladicte ſaite cite de hieruſale. exortaciõ auſſi treſbelle et honnourable aux princes crestiens donnant courage a bataillier contre les faulx infideles sarrasins et defense de la saincte cite de hierusalem et de la saicte eglise de nostreseigneur dieu par laquelle chose en la fin de ceste partie est mise vne terrible vision iadis monstree au roy charlemaine touchant ceste matiere prinse de listoire de vincent de beauuais en son liure nomme mirouer hystorial.

 En la seconde partie principale de ce liure traicte lacteur du second on.ii.pelerinage de hierusalem cite saincte au mont de synay a la tresglorieuse dame vierge et martyre madame saincte Catherine. Auquel saint pelerinage fault aler en passant par desers infructueux perilleux et fort dangereux. Et premet lacteur vng petit preambule ou proheme a la louenge et commendation dudit saint pelerinage de madame saincte Catherine ainsi comme a fait au premier voyage de la saincte cite de hierusalem come apert par cy deuant.

 En aps met et descript lordre et le chemin qlya de la dicte cite saincte iusques audit mont de synai comme de hierusalem on va a la cite de Gazera et dela par les desers iusques au mont de synai. En declairant les noms sacres de la montaigne de dieu, oreb et de synai par notes et deues figures et cleres declaracions.

 Et finablement du retour dudit saint voyage de madame saincte Catherine on passe par le beau et honneste iardin la ou croit le bausme, en la ville de Matharee. Et de la on vient au cayre iadis babilonne cite opulentissime des sarrasins et grande a grant merueilles plus que nulle quon sache en tout le monde. En laquelle reste et se tient le soudan roy des sarrasins. Et dela par le fleuue de nille partant de paradis terrestre beau et amene a merueilles on vient iusques en alexandrie iadis cite excellente et imperiale, de laquelle on reuient de la ou a este le parte ment cestassauoir a venise cite glorieuse et trespuissant.

 Et traicte lacteur de la guerre et grant bataille et oppugnation qui a este derainement depuis quarante ans en constantinoble en bon ordre et conuenable ordonnance.

 Et en la fin de ceste partye seconde mest lacteur aucunes choses necessaires a ceulx qui vouldroient quelque fois faire ledit saint voyage et glorieux pelerinage lesqlz dieu par sa grace vueille conduire en bonne sante et prosperite et raconduire Amen Jesus.

Cy commence la preface/cestadire le prologue de leuure trasmarine du saint pelerinage de la saincte cite de hierusalem auquel lacteur met de ceste euure son intencion et de ladicte euure la diuision. En premettãt de ladicte cite saincte et du sait et glorieux sepulchre de hierusalem en brieue sentence les louenges et grans fruis et vtilites.

Lacteur.

Desirant en ceste presente oroison extollir et exaucier par loenges et grandes commendacions le saint et salutaire voyage et pelerinage transmarin de la saincte cite de hierusalem voulant aussi en brief parler les haultesses preeminentes dignites fruis et vtilites dudit saint voyage declarer a maniere de lecteur veus vser et en mon oroison ainsi me conduire que les cueurs des deuotz cresties qui aucune deuocion ont audit saint pelerinage puisse plus a layde de dieu icliner en deuocion et audit saint voyage auoir affection. Et come ainsi soit selon la sentence du philosophe que tout voyage pret sa dignite et denominacio de la fin a laquelle est terminee le voyage et peregrinacion et que la fin totale dudit saint voyage et pelerinage de la terre saincte se finit et termine a ladicte cite saincte de hierusalez come au terme ausquelz les deuos pelerĩs pretement de aler. Se donc la dignite lexcellente la noblesse de ladicte saincte cite en ceste oroison peus clerement demonstrer ie seray absoubz et souffisament aquite de la promesse faicte par moy au commencemẽt/cestassauoir de auoir louẽges et comendacions dictes et racontees dudit saint pelerinage dequoy dessus est dit et parle.

De la cite saincte choses glorieuses iadis par le prophete dauid ont este dictes et prophetisees lesql en son liure lapele cite de dieu souuerain treshaultain roy des vertus de laqlle les fondemens come il dit et pronõce sont es montaignes saintes/cestadire es haulx et grãs sains et saintes de paradis/coe du doulx iesus de la vierge marie mere glorieuse de nreseigneur de mõseigneur saint Jaques le mineur/de mõseigneur sait estiene et plusieurs autres glorieux sains de paradis q par leur mort et passion ont fonde et edifie de leur sang et de leur pcieux corps les fondemẽs de ceste saincte cite telemẽt q dieu nreseigneur ayme les portes de syõ sur toules masions et tabernacles de iacob esqlles paroles sõt asses encõmetees les dignites et excellẽces de la cite saite de hierusalez. et pour plauãt enquerir de sa grãt dignite et noblesse auõs au liure de genese coment dieu le createur aux peres patriarches de lanciẽne loy promist ceste terre saite come chose de grant noblesse et dignite en preminacion du seruice qui

feroient a dieu. Et pource sapelle la dicte terre/terre de promission.
Ceste noble terre est tres semblable a la terre des viuans de vie eternelle au benoit royaume de paradis come apert par plusieurs exemples et similitudes lesquelles pour cause de briefuete les delaisse a present a raconter a quoy bien apert sa dignite et excellence.
En oultre audit liure de genese apert coment le bon pere et saint ami de dieu Abraham amoneste diuinement laissa la terre et heritage paternal et partist de la delaissant toute sa parete et cognoissance. Et sen vit en ceste noble terre saincte/et passa sa mansion et tabernacle en Betel et hay en geraris de bersabe et ebron qui sont lieux et places de la dicte terre saincte ainsi ditz et nommes.
Le mesmes auons du saint patriarche ysaac filz dudit Abraham et de Jacob encore plus a plain quant lensouyt deuant son frere Esau et vint en la saincte montaigne de caluaire ou vist la vision de lesschielle/ et dit vrayement ce lieu cy est saint et ie ne le scauoye pas et de ioseph nauos nous pas que pour ce que vif ne peut estre en ladicte saincte terre q̄ mort ordonna estre mis et portes la come fut fait par ses enfans.
Et nest pas a oublier du doulx et de bō aire saint homme Moyses q̄ pour la noblesse et excellence de ladicte saincte terre voulut relenquir et abandonner le palais real du roy pharaon et tout le pays degypte la ou il estoit en grant honneur et reputacion pour lamour de la dicte terre saincte de promission. Et luy auec les enfans disrael fut long temps es deserts en grās peines et afflictions pour le spoir et grāt desir quauoit tousiours dentrer en ladicte terre de promission. Et iasoit ce que en ladicte terre nentra pas par diuine permission/ toutesfois il en eut la vision de vne haulte mōtaigne nōmee abarys et quāt la vist de loing moust venerablement la salua et deuotement et fut tāt ioyeux et recree de ladicte visiō q̄ fut cōtēt de mourir puis aps au bō plaisir de nrē seigneur en quoi apert asses clerement de ladicte terre saincte la noblesse beaute dignite et excellence.
Et pour faire brief/ie delaisse les hystoires a ce apartenans q̄ sont les liures de penthatheon des roys/des iuges/des prophetes et liures hystoriaux de la saicte bible q̄ declarēt patētemēt la dignite et excellēce de la dite terre saincte pourquoy les enfans disrael a grāt peine et labeur de leurs corps et a grās guerres batailles terribles en grāt effusion de sāc sont iadis obtenue et conq̄se. Lexcellence dicelle terre faite et asses manifestemēt demōstree par les faictes lois et ordōnāces par lesq̄lles a este regie

et gouuernee ladicte terre saincte. Et par les haulx et grans merueilleux signes euidens et miracles que ont este fais en bien grãt nombre et par plusieurs fois en icelle. Et par les nobles et reuerens seigneurs roys prophetes saiges et sainctes gens q̃ iadis ont este en elle qui tant de fais et euures dignes de memoire et louenge perpetuelle ont fait le tẽps passe eulx manans et habitans en icelle desquelz les hystoires sont es liures hystoriaulx au long et au large mises et recitees lesqlz en ce tẽps la bien songneusement se occupoient au saint sacrifice de dieu eulx seulement et non autres de tout le monde tellement que comme dit le real prophete dauid en iudee dieu estoit congneu et non ailleurs vrayement et parfaitement et comme dit le dit prophete seulement en israel grant en honneur reuerence et reputation estoit le nom de dieu et son habitation par grace regime et protection singuliere estoit en syõ/car certainemẽt iudea a este la satisfaction de dieu et israel la grant puissance de dieu/car en icelle terre contre les philistins persequuteurs des enfans disrael a este monstree souuẽt et plusieurs fois la grãt et infinie puissance de dieu

Et pour la grant noblesse de la terre saincte comme premier documẽt de mon oroison comme dit le psalmiste. lxxxvi. Homo natus est in ea et ipse fundauit eam altissimus. Cest a dire que homme est ne en elle et la funde le treshault et eternel dieu. Et qui est cest homme synõ le precieux filz de dieu iesus filz de marie qui a esleu singulierement par priuilege especial ceste terre saincte entre toutes les autres du monde quãt la plenitude du temps a ce conuenable a ceste venue laquelle a cõsacree dicelle et benite par sa benoiste incarnation natiuite conuersation doulce et benigne. Et par sa saincte doctrine et instruction auec miraculeuse operacion la dignifiee et par sa digne mort et resurrection grandement glorifiee. Oultreplus se les lieux ou mõseigneur saict pierre et saict pol princes de la crestiẽte et pasteurs des oueles de dieu q̃ ont espandu leur sang pour iesucrist sont de grãde saictete et deuotiõ et se les lieux ou sõt les reliques des sais martirs sõt de grãde veneratiõ cõmẽt ne sera de plus grãte dignite et exultatiõ la terre saicte au milieu de laq̃lle le sauueur du mõde noꝰ a acqs et dõne salut Et le sait sepulchre auq̃l nre redempteur a este enseuely/comment ne le manifiron pas plus et reputerons que les autres sepulchres des martirs laquelle chose ne faisons pas comme deuerions veu que iapieca ledit lieu est en la subiection et dominatiõ des sarrasins ennemis des crestiens et du nom de iesus.

Et enoultre est notoire a ung chascun tellement que nul ne ignore comment les anciens iuifz en grant diligence le temple de la cite saincte de hierusalem auoient en grant honneur et reuerence en le visitãt et frequentant en grant deuocion et principalemẽt car la estoit larche du testament auec le cherubin et le propiciatoire en laquelle estoient les tables de moyse/la verge de Aaron et la saincte manne/les quelles choses monseigneur saint Paul vaisseau de election disoit. Non aliud sunt hec nisi umbra futurorum. Cest a dire ces choses ne sont sinon figure et umbre de la loy de grace qui estoit a venir.

Et nonobstant q̃ les dictes choses fussent bien dignes et de grãde signification/touteffois plus sans cõparoison est venerable digne et de grãt deuocion le saint sepulchre de nostre douly sauueur et redempteur iesus auquel quant aucun deuot crestien y entre par deuocion tãtost des yeux de la sainte foy est esleue en deuote pensee et meditacion voit et regarde le douly iesus la auoir este enseuely et de soueres enuelop ensemble la grãt pierre du saint sepulchre auoir este ostee de dessus le dit saint sepulchre/et le saint ange de dieu seant dessus la dicte pierre monstrãt aux deuotes dames maries les linceux et sains sueres ployes au bout dudit saint sepulchre.   Et de la se partant on voit le temple ancien de hierusalem. la ou le douly sauueur iesus preschoit et le peuple enseignoit. Et ainsi le grant cenacle et mansion ou il fist la cene a ses apostres et disciples/et ausquelz moult et humblement laua les pies et donna le digne et precieux saint sacrement de lautiel/apres laquelle digne et saincte operacion se partist et entra au iardin doliuet la ou se voit prier deuotemẽt en plourant et suãt sanc abondãment. La voit venir le faulx et traditeur Judas q̃ le baisa traiteusemẽt le voit prẽdre des faulx iuifz et lier mener deuãt les iuges de la loy biẽ piteusemẽt voit ses poures apostres fouir lun deca lautre dela moult craintiuement. En apres le voit tyrer et debouter ruement et bien asprement le voit acuser batre et flageller/truceusement le voit iugier de pilate et lui bailler sa saincte croix a porter sus ses espaules et en alant pour le grant fais importable cheoir a terre piteusemẽt de quoy en est iusques a au iour duy memoire delaissee en ce lieu. Et finablement le voit mõter au mont de caluaire laidãt a porter la vraye croix symon cyreneus et la consummer par mort amere et inhumaine le mistere de nostre redẽption. O cõbien ces lieux dignes et glorieux sont honourables et deuotieux que se la voye estoit facile ainsi comme est bien difficile nest point a doubter que ungchascun deuot catholique les visiteroit et gouuernee ladicte terre saincte. Et par les haulx et grans merueilles signes euidens et miracles que ont este fais en bien grāt nombre et par plusieurs fois en icelle. Et par les nobles et reuerens seigneurs roys prophetes saiges et sainctes gens q̄ iadis ont este en elle qui tant de fais et euures dignes de memoire et louenge perpetuelle ont fait le tēps passe eulx manans et habitans en icelle desquelz les hystoires sont es liures hystoriaux au long et au large mises et recitees lesq̄lz en ce tēps la bien songneusement se occupoient au saint sacrifice de dieu eulx seulement et non autres de tout le monde tellement que comme dit le real prophete dauid en iudee dieu estoit congneu et non ailleurs vrayement et parfaitement et comme dit le dit prophete seulement en israel grant en honneur reuerence et reputacion estoit le nom de dieu et son habitation par grace regime et protection singuliere estoit en syō/car certainemēt iudea a este la satisfacion de dieu et israel la grant puissance de dieu/car en icelle terre contre les philistins persequteurs des enfans disrael a este monstree souuēt et plusieurs fois la grāt et infinie puissance de dieu

Et pour la grant noblesse de la terre saicte comme premier documēt de mon oroison comme dit le psalmiste. lxxxvi. Homo natus est in ea et ipse fundauit eam altissimus. Cestadire que homme est ne en elle et la fundee le treshault et eternel dieu. Et qui est cest hōme synō le precieux filz de dieu iesus filz de marie qui a esleu singulierement par priuilege especial ceste terre saincte entre toutes les autres du monde quāt la plenitude du temps a ce conuenable a ceste venue laquelle a cōsacree de dicte et benite par sa benoiste incarnacion natiuite conuersation doulce et benigne. Et par sa saincte doctrine et instruction auec miraculeuse opracion la dignifiee et par sa digne mort et resurrection granuement glorifiee. Oultreplus se les lieux ou mōseigneur sait pierre et sait pol prices de la crestiēte et pasteurs des oueles de dieu q̄ ont espandu leur sanc pour iesucrist sont de grāde saitete et deuotiō et se les lieux ou sot les reliques des sais martirs sot de grāde veneratiō cōmēt ne sera de plus grāde dignite et exultatiō la terre saicte au milieu de laq̄lle le sauueur du mōde nō? a acq̄s et dōne salut Et le sait sepulchre auq̄l nr̄e redēpteur a este enseuely/comment ne se manifirōn pas plus et reputerons que les autres sepulchres des martirs laquelle chose ne faisons pas comme deuerions veu que iapieca le dit lieu est en la subiection et dominatiō des sarrasins ennemis des crestiens et du nom de iesus.

Et enoultre est notoire a ung chascun tellement que nul ne ignore comment les anciens iuifz en grant diligence le temple de la cite saincte de hierusalem auoient en grant honneur et reuerence en le visitãt et frequentant en grant deuocion et principalemēt car la estoit larche du testament auec le cherubin et le propiciatoire en laquelle estoient les tables de moyse/la verge de Aaron et la saincte manne/ lesquelles choses monseigneur saint Paul vaisseau de election disoit. Non aliud sunt hęc nisi vmbra futurorum. C'est a dire ces choses ne sont sinon figure et vmbre de la loy de grace qui estoit a venir.
Et nonobstant q̃ lesdictes choses fussent bien dignes et de grãde signification/ touteffois plus sans cõparoison est venerable digne et de grāt deuocion le saint sepulchre de nostre douly saueur et redempteur iesus auquel quant aucun deuot crestien y entre par deuocion tãtost des yeuly de la sainte foy est esleue en deuote pensee et meditacion voit et regarde le douly iesus la auoir este enseuely et de soueres enuelopé ensemble la grãt pierre du saint sepulchre auoir este ostee de dessus ledit saint sepulchre/ et le saint ange de dieu seant dessus ladicte pierre monstrãt auly deuotes dames maries les linceuly et sains suares ployes au bout dudit saint sepulchre. Et de la se partant on voit le temple ancien de hierusalem. la ou le douly saueur iesus preschoit et le peuple enseignoit. Et ainsi le grant cenacle et mansion ou il fist la cene a ses apostres et disciples/ et ausquelz moult et humblement laua les pies et donna le digne et precieuly saint sacrement de lautiel/ apres laquelle digne et saincte operacion se partist et entra au iardin doliuet la on le voit prier deuotemēt en plourant et suãt sang abondāment. La voit venir le fauly et traditeur Judas q̃ le baisa traiteusemēt le voit prēdre des fauly iuifz et lier mener deuãt les iuges de la loy biē piteusemēt voit ses poures apostres fouir lun deca lautre dela moult craintiuement. En apres le voit tyrer et debouter ruement et bien asprement le voit acuser batre et flageller/ crucelusement le voit iugier de pilate et lui bailler sa saincte croix a porter sus ses espaules et en alant pour le grant fais importable cheoir a terre piteusemēt de quoy en est iusques a au iour duy memoire delaissee en le lieu. Et finablement le voit mõter au mont de caluaire aidãt a porter la vraye croix symon cynereus et la consummer par mort amere et inhumaine le mistere de nostre redēption. O combien ces lieux dignes et glorieulz sont honourables et deuotieulx que se la voye estoit facile ainsi comme est bien difficile n'est point a doubter que ung chascun deuot catholique les visiteroit

par grant diligente devotion et singuliere affection.

Lesquelz lieux la tresdigne sacree et glorieuse vierge marie mere de nostre doulx sauueur apres la mort et ascention de son filz visita soigneusement lun apres lautre tout le temps que Resquit en ce monde qui fait auec ce qui est predist a la grant excellence dignite et noblesse des dessusdis sains lieux et places ensemble les sainctes dames maries seurs de la mere et plusieurs autres sains hommes et femmes ce ont fait nous donnans exemple de ainsi faire pour nostre bien et pour nous exciter a devocion. Entre lesquelz reluit par singularite le tresdeuot et saint docteur de leglise saint Iherosme inhabitateur de la dicte terre saincte pour la devocion de laquelle abandonna les delices et palais de romme et se vint tenir et demourer iusques a la mort en la dicte terre saincte en Bethlee en lieu digne de bien grant commemoracion ou propre lieu la ou nasquit nostre seigneur. Et par ses lettres les tresdeuotes dames rommaines paula et eustocium et marcelle et plusieurs autres qui seroient longues a raconter lesquelz pour leur tres grant foy et devocion nonobstant la bien grant distance neussent pas este en repos de leur ame se en propre personne neussent veu la dicte terre saincte de leurs propres yeulx et baisie de leurs bouches les places dignes de commemoracion et sy neussent adoure nostre seigneur es propres lieux ou ont este ses dignes et precieux pies / come dit le sait real prophete. Adorauerunt in loco ubi steterunt pedes eius. et la ou la saincte foy catholique a prins son exorde principe et exaltacion.

Lacteur.

Et par addicion ie dis que non pas sans cause iceulx ont prins la peine et grant trauail de aler audit saint pelerinage / car ce ont fait la plus part de eulx en componction et satisfaction de leurs crimes et pechies en quoy ont eu grant grace et don de nostre seigneur tellement que a mon aduis et iugement et de plusieurs auec moy pelerins dudit saint voyage peu et bien peu y sont ales que meilleurs beaucoup ne sen soyent trouues que devant ce qui soyent ales. Et ne seray pas auec ung poete en ceste partye qui dit. Celum non animum mutat qui transmare currit. Cest a dire que celuy qui passe la mer le ciel ne mue pas son cocur ne son courage. Obstant qui peut estre de ceulx qui par curiosite vont et font le dit saint voyage et non pas par devocion pourroit auoir lieu le propos du poete preallegue qui nul fruit nulle utilite nont acquis dudit saint voyage synon comme ceulx que moyse enuoya espier et explorer la dicte saincte terre de promission desquelz la plus part de iceulx se mocquoyent et farsoient de ladicte saincte terre et ne faisoient que detracter et mal parler d'icelle. Mais ceulx qui par devotion et reverence vont audit sainct voyage ne font pas ainsi/car tousiours aps ne cessent den parler en tout bien honneur et reverence obstant que y soyent ales per varios casus per mile discrimina rerum comme dit le poete par diverses peines et mille dangiers et inconueniens de plusieurs choses. Qui est celuy devot crestien qui quant entre en ladicte saincte cite de hierusalem ne soit tout resolue en larmes ameres et lamentacios et sil auoit le cueur dur come ayemant la on voit le lieu et les places ou les pierres et dures rockes se fendirent au temps de la passion nostreseigneur et la terre trambler et sesmeut.

Qui est celuy qui non mutetur in alterum virum/cesta dire qui ne soit mue et conuerty en autre homme. Quant considere ces choses dictes et les grans pardons indulgentes et remissions quil acquiert des que met le premier pie en ladicte terre sainctе et qil voit luimesmes aler marchier et passer la ou a marchie este et passe le doulx sauueur de tout le monde quant il voit de ses propres yeulx et baise de sa propre bouche et touche de ses mains les sains lieux et places ou a este nostreseigneur quant il voit la grace de dieu luy estre donnee dentrer au propre logis de la benoite vierge marie la ou elle loga le iour de son enfantement et qui voit la creche la ou elle se coucha entre le beuf et lasne la ou elle lenuelopa/la ou des trois roys fut adoure et aussi des sains pastoureaux honnoures. Et pour de plusieurs grans lieux venerables le mendres reciter voit le beau fleuve de iourdain la ou nostreseigneur fut baptise de saint Iehan Baptiste voit les champs et places ou estoient les brebis et les pasteurs quant lange saparut a eulx la nuit de noel/voit la maison de dauid la roche ou se tenoit le prophete amos les sepulchres des patriarches Abraham/Isaac/Jacob en ebron.et de leurs trois femmes/Sarra/Rebeta et Rachel.les tabernacles et dignes memoires ausquelz liberalement cheſcun peut aler. Et puis voit le ruisseau la ou saint philippe baptisa le enuchien seruiteur de la royne candace dela voit le beau pais de samarie les cendres du corps de saint Iehan Baptiste et les corps sains de plusieurs prophetes come de helisee et de Abdias voit la flourie cite de nazareth selon la diriuation de son nom la ville de chana en galilee le mont de thabor la ou nostreseigneur fut transfigure et la mer de galilee au pres de laquelle plusieurs mile de homes rasasia de.v.pains et de.ii.poissons Et sen venant dela par devote pensee et meditacion voit la ou nostreseigneur

b

resuscita la dolescent hors de la porte de la cite de naym filz de la poure vefue de la voit la ville le pays de capharnaon ou nostre seigneur fist beaucoup de grans et excellens miracles Le mont libani qui est ainsi nomme
pour lencés quon cueille la ou pour les haulx arbres de cedres qui sont
la. Et enapres voit tyre et sydon/betel/hay/sylo/cesaree double/cesta
dire quil ya deux villes ainsi apelees rama triple/cesta dire quil sont.iii.
villes ainsi dictes et la glorieuse cite iadis nomme ptholomeida/rama-
thay/sophym/ioppe/lydia/iamma/nobe/et les cinq cites des philistis
et les autres diceulx plusieurs esquelles grans merueilles on list auoir
este faictes es hystoires anciennes. Apres les dis lieux et places sen retourner au mont doliuet et de la au mont de caluaire et au propre lieu la
ou iesus nostre seigneur fut crucifie faire adoratio a dieu le createur en
grant deuocion. Et de la la nuit finir et terminer au saint sepulchre de iesus nre sauueur et la toute la nuit plourer auec la benoite marie magdaleine ses faultes et ses pechies.

Qui est celuy qui voyans les dis lieux et places si croit bien en dieu
et en la saincte euangille ne puise comme a la fontaine grant ioye grant
soulas espirituel et grant deuocion. Qui est celuy ne celle qui ne ordonne et propose doresnauant en son cueur et en sa voulunte de bien viure et
bien se conduire selon dieu et ses sains commandemens la ou a veu a lueil
et congneu par experience tant de belles et nobles choses de si grāt dignite et excellece et la ou plus est impartie de grace diuine que aux autres
lieux selon bonne raison euidente si on ny met obice et empeschment. Et
de ce asses est a present parle et plus que asses.

Et pour mettre fin a ceste partye nest pas a oublier ne en silence passer comment ledit saint voyage et dudit saint pelerinage
la prolustratio pour en cognoistre plus a plain lexportacion bie
sont seantes les gestes et fais des sages anciēs desquelz es sacrees hystoi
res bien amplement est faitte mencion.

Nous voyons que de tous explorateurs et de sauoir les choses grandes curieux plus sont esmeus par voir que par ouyr ou que par lire les
hystoires seulement. Et que ce quont veu a lueil en sa propre similitude
et figure plus les esmeut a croire que en le voyant en estrange espece et
figure. Et pource lisons nous es hystoires escriptes de saint hierosme
en ses epitres en la seconde philosophie. Quosdam lustrasse prouincias
nouos adisse populos ette. cesta dire aucūs philosophes ont decouru par

diuerses prouices sont ales a nouueaux peuples ont passe les mers afin que peussent voir a lueil ce que es liures auoient leu/comme apert de ce grāt philosophe pittagoras/qui ala bien loing voir memphiticos vates cestadire les philosophes de egypte/come platon le diuin philosophe ala en grant peine et labeur en egypte et en celle partye de ytalie qui est apelee grece. Et de ce hystoire digne de memoire nous auons comment plusieurs des nobles et grans gens dernieres parties de espagne de france vindrent a romme pour voir et ouyr parler Titus liuius/qui estoit le grant dittateur et orateur des rommains et fontaine de toute eloquence et plus lesmeut de partyr de leurs pays pour venir a romme le desir qua uoient de voir vng homme ainsi nomme comme dit est que la grant et excellent triumphe de romme. Ainsi fist ce grant philosophe apolonius qui ala a grant diligence par plusieurs royaumes et diuerses cōtrees pour veoir et congnoistre a lueil ce quauoit leu es liures et a plusieurs ouy dire. Et a ce propos est listoire de la saincte bible es liures des roys de la royne de sabba qui vint des fins de terre a grant compaignie et a grant richesses iusques en hierusalem la cite saincte pour veoir la sapience de salomon dequoy tant auoit ouy parler et apres la vision elle fut si esbahie et esmerueillee que quasi son esperit de elle se partist et apres que elle fut reuenue a son sens et memoire elle dist et cria haultement que plus deux fois elle veoit de salomon que ouy parler nen auoit.

Or nest pas doncqs merueilles se chascun bon deuot crestien a vouloir et desir de veoir corporellement ladicte cite saincte de laquelle par toutes les eglises crestiennes est tous les iours parle chante et faitte mencion. Et nest communeement iour en quoy de elle ne soit chante a leglise ou leu ou preschie des grās actes gestes et fais qui ont este fais en elle et les lieux de elle circonuoisins. Selon se dit du philosophe aristote au premier de sa methaphisique. Omnes homines natura scire desiderant. toutes gens ont naturel desir de scauoir/mais en ce tempstatif temps miserable de present pou y en a qui ait vouloir a vertus ne a science ne aux nobles et venerables disciplines de bonnes meurs ou de paour quont de la peine qui fault auoir pour aprendre or pour plusieurs autres occupations. Et plusieurs sont qui laissent les choses salutaires et appartenantes a leur salut mettent leur occupation et estude totalement a choses vaines et inutiles les autres a aggreger et assembler richesses et acroistre leurs seignouries et dominations/les autres a viure en plaisan

b ii

ces et mondaines delectations les autres a auoir offices dignites et preeminences pour estre par dessus les autres. Et ne considerent pas les miserables la mutabilite de fortune vaines et inutiles pensees et cogitacions, car bien tost tout est tourne passe et perdu et bien souuent deuant que viennent au port de leur intencion tout est perdu et esuanouye toute leur occupacion. Et ainsi comme dit boece. Omnem mortalium vitam vanus sub sole labor exercet. Cest a dire toute la vie des hommes mortelz est mise en exercices diuers de maites et plusieurs labeurs et miseres. Et comme long temps deuant a predist le sage ihesus syrach. Occupatio magna creata est filiis adam a die exitus eorum de ventre matris vsqz in diem sepulture in matrem vniuersorum terram, cest a dire grande occupacion de labeur et pensee est cree sus tous les filz de Adam depuis le iour de leur natiuite hors du ventre de leur mere iusques a ce q̃ enterõt au ventre de la grãt mere de toute nature q̃ est la terre, mais sans faulte vne chose est necessaire cest de scauoir nostre doulx sauueur et redempteur iesus, cecy le tressage et clerq saint Paul la pristre apres que eut este rauy au ciel en paradis la ou vist de grans secres qui napartiennent point a parler a somme, mais dist. Non plus sapere quam oportet, ne plus scauoir quil apartient et ne se gloeifier in alio nisi in cruce domini nostri iesu christi in quo est salus vita et resurrectio nostra. Cest a dire ne mettre sa gloire que en la digne croix de nostre seigneur auquel ẽ nostre salut, nostre vie et nostre resurrection, par lequel nous sommes saunes et deliures, certes il nous a este fait voye verite et vie. Ne se glorifie point donques le sage en sa sagesse, ne le riche en sa richesse, ne le fort en sa force, Mais se glorifie en ce quil a gloere de congnoistre dieu tout puissant, car cest vie eternelle de congnoistre nostre sauueur iesus estre seul vray dieu et que dieu le pere la enuoye en ce monde ainsi q̃ luy mesmes la confirme. Et iasoit ce que a paruenir a ceste salutaire science les enseignemens euangeliques et apostoliques dotumens asses demonstrent qui sont de iour en iour declairies par lestude diligente des sains docteurs et par les predications des prescheurs, toutesfois bien et asses comme iay dit a te fait le pelerinage du saint voyage de la dicte cite saicte et la vision oculere des lieux sains et places qui sont en la terre saincte de promission. Esquelz lieux sont tout ce que a dit et fait et soufert nostre doulx sauueur iesus, comme nous lisons de iour en iour ou oyons.

Sainte pour vray et salutaire seroit ceste curiosite pour ainsi parser et euagation ou epergitation especialement a gens moyens daler ainsi epplorer voir et visiter les lieuz et places de la vie et de la mort de Jhesus nostre redempteur par amour pure et charite entiere de luy qui a en morant destruit nostre mort et en resuscitant repare nostre vie. Et auec monseigneur saint Iherosme ainsi concluray. Non Iherosolimis fuisse sed Iherosolimis bene vixisse Iherosolimis bene deuote se habuisse honesteqz et sancte conuersatu fuisse in medio nacionis praue et peruerse laudabile est. Cest adire auoir este en hierusalem nest pas du tout louable mais auoir este en hierusalem deuotement vescu en hierusalem sainctement et religieusement au milieu de nation peruerse et mauuaise est chose digne de tresgrant louenge et commendacion/et rend le pelerin digne de honeur et reuerence et le pelermage aussi.

Sensuit lepplication de lintencion de lacteur.

Pres toutes les causes et raisons dictes et premises bien pensees et consideree s moy Bernard de Breytenbach chamerier adont de la digne eglise de magonce et a present dieu grace di celle doyen obstant que indigne confesseray a tous et a toutes comme est de necessite afin que aux autres soye exemple que apres ma iunesse en laquelle mon vainement et a toutes plaisances estoye abandonne comme esuillie de lassus pensay a ma vie et conuersacion et me mis a mettre au chemin de dieu et delaissay celuy du monde proposant que il estoit temps de penser a mon salut et que tendroye dorefnauant la voye salutaire de mon ame. Et entre les autres choses que pensay pour ce faire vint en mon entendement et me fut aduis que estoit bon et fort meritoire de aler audit saint voyage et pelerinage de hierusalem ayant grant desir et affection deuote de visiter le saint sepulchre de nostreseigneur et la digne terre saincte de hierusalem. Et de fait mis en execucion mon propos a layde de dieu auec plusieurs seigneurs cheualiers et autres peleris dequoy grant graces ie res a dieu le createur qui ma fait digne dauoir et moy et mes compaignons este audit saint pelerinage et souuent de grans perilz et dangiers nous a deliure.

Et afin que ledit voyage fut non pas a moy seulement/mais aux autres deuotz et vertueux cresties vtile et profitables et que leurs cueurs peusse plus atirer a deuocion et de tout ce qest necessaire sauoir pour faire ledit voyage ay a grant diligence considere veu et regarde le escripuant de

B iii

point en point ne espargnant point ma labeur ne argent ny or pour ce faire et mettre afin pour laquelle chose mieulx faire voulu mener auec moy et de fait menay vng singulier et fort expert paintre nōme Erhardus reuuich du trect/lequel depuis le port de Venise iusques en hierusalem toutes les villes places pors et autres singulieres choses especialement ou sont les reliques ou saintuaires des sains et de nostre seigneur a grāt diligēce a mis par figures espresses et figurātes lesdittes choses moult elegāment et delectablemēt a voir et regarder/ et les ay fait mettre par lettres vulgaires et en latin par vng grant clerq a mon plaisir et selon mon aduis cōme il faloit/laqlle euure parfaicte ay fait imprimer pour q̄ plus facilemēt fut a chescun q̄ le vouldra auoir cōmunique et plaise a dieu de sa grace q̄ au salut et pourfit salutaire diceulx puist estre Amen

La diuision de leuure contenue en ce liure.

Ceste p̄sente euure ay voulu tant seulemēt diuiser en .ii. parties/dequoy la premiere est du fait et sacre voyage de la cite saicte de hierusalem. La seconde du saint pelerinage de madame saincte Katherine. En apres aucunes vtiles et proufitables nairatiōs des sectes et diuerses erreus de ceulx qui demeurent et habitent en la dicte terre saincte pour aucuns bons regars mis et adioustes a la premiere partye de ceste euure.

Inseree est aussi en ladicte premiere partye vne belle et expellente disputacion qui respond a vng cōmun dit de plusieurs disans q̄ chascun se peut sauuer en sa foy et en sa loy.

Et semblablemēt adiouste a ladicte p̄miere partye aucunes belles exortacions et lamentacious dessus la prodicion de la terre saite mise pour plusieurs bons regars.

Et finablement prie a tous ceulx q̄ ladicte euure liront q̄l veullet exorter vng chascun bon catholique et crestien a auoir amour deuociō et singuliere affectiō non pas seulemēt a la visitacion de ladicte saincte terre/mais aussi de la recouurer vne fois et mettre soubz la main et dominatiō des crestiēs cōme autresfois elle a este a la gloire de dieu et louenge et honneur de la chrestiente Amen.

Sensuit le commencement dudit saint voyage depuis le lieu de nostre pays et nacion iusques a Venise.

La louenge et gloire de nostre doulx sauueur iesus & sa digne et glorieuse mere la benoite Vierge marie et aussi de toute la court celestielle de paradis et du salut de nos ames et de nos et de uotz crestiens. Nous .iii. yci nōmes et escrips, cestassauoir tresnoble seignr Jehā de solius cōte, seigneur en mytzenber et moy deuant nōme Bernard de bereyxenbach chamerier et doyē de la grant eglise archiepiscopale de magonce et Monseigneur Philippe de buclten nobleet cheualereup cheualier auec nos seruiteurs et familiers Esmus de desir et affection deuote ia desus declaire Uismes en ung lieu que auions depute et par ung commun assentement assigne, cestassauoir a oppenheym Uille du dyocese de magonce le iour de Monseigneur saint March euangeliste lan de grace et salut mil. CCCC.lxxxiiii. Et de la partimes et en lespasse de .pv. iours arriuames a la cite puissāt et glorieuse de Uenise par layx et grace de dieu tous sains et en bon point. Et en alant Usions pour plus grāt seurete de saufconduis et sauesgarxes la ou doyons questoit necessite.

Nous trouuames en la dicte noble cite plusieurs nobles et grans seigneurs contes, cheualiers et barons et autres gens honnourables et de lestat de leglise et de autres qui la estoient Uenus et arriues du Uouloir et courage duquel nous aussi y estions Uenus.

Desquelz deup barons et trois cheualiers se mirent en nostre societe et compaignie les autres faisant autre singuliere compaignie a part Et les nōs de ceulp q estoient auec nous en nostre galee sont yci mis et escrips cestassauoir Monseigneur maximien de roppeuste ung baron.

Item monseigneur Bernard demernable. Item monseigneur Nicolas le maieur linet cheualier. Monseigneur George mary cheualier Item monseigneur Caspar de bulach cheualier, et ne mest point ce me semble necessaire de mettre et eppliquier tout le chemin de asemaigne iusques a Venise que feismes/car il est asses commun a chascun especialement a ceulx dalemagne la distance qui est de ladicte ville dont nous partimes iusques a Venise est cent lieues de alemagne ou enuiron. Et logames a Venise au logis dung apelé Pierre dVethgeuier de franchfort demourant a Venise fumes logies et receuz humainement/et en toutes choses tres glorieusement. Et par son ayde et conseil marchandames du port de la galee/et nous ayda bien affectueusement et lealement. Il est necessite de auoir grant prudence et prouidence auec le patron de galee pour traiter et conuenir auec luy/pourquoy ay voulu mettre yci ces clauses lesquelles auec meure deliberation du patron apelé Augustin conterin/cestadire conte durin/auons mises et inserees yci en ce liure afin que ceulx qui apres nous vouldront faire ledit voyage sen puissent ayder et par la maniere yci mis se conduire et gouuerner.

De la forme et maniere du contract et conuention auec le patron de la galee.

En la conuention et marché fait auec le patron de la galee les articles qui sensuiuent estoient mis et escrips lesquelz briefuement yci raconteray et metteray. Et premier que le patron menroit et conduiroit les pelerins depuis Venise iusques a Joppen qui est en la terre sainte/et de la iusques a Venise les rameneroit. Et pour ce faire partiroit au moins vng iour deuant le partement de lautre galee du patron seigneur pierre de landable en laquelle aloient les autres peleris de la seconde compaignie et a ce se obligoit sur peine de mille flourins au plaisir des pelerins payer et baillier.

Item que lesdis seigneurs pelerins ordoneroient deux de leur compaignie qui regarderoient au port de Venise et enquerroient diligamment et aussi es autres pors de mer se ledit patró aroit asses de varles et gens necessaires pour la conduicte du nauire comme est de coustume de ainsy faire a tous ceulx qui vont par dela. Et se aucun de ses seruiteurs est malade ou meurt que ledit patron aye a prouoir dung autre a ses despens.

Item que le patron aye a prouuoir de armures suffisantes iusques au nombre de lxxx. hommes pour la defense de la galee ou des pelerins contre les ennemis ou aduersaires se mestier en estoit.

Item que le patron aye a arriuer et aborder en chascun port de mer ou est coustume de arriuer iadis et de piessa. Et que la ne demeure synon deux iours tant seulement sy nestoit par force de tempste ou autre necessite. Et que se les pelerins veulent aler quant seront arriues en lisle de roddes a la cite de nichosie le patron sera tenu de les attendre iusques a ce que ayent fait leur voyage et que soient retournes. Et en retournant de hierusalem a Venise pourra deux iours et non plus arrester aux pors de mer pour acheter ou marchander marchandises quelles que luy plaira. Ainsi touteffois que les lieux deputes pour les pelerins en la galee ne seront point ostes ausdis pelerins pour lesdictes marchandises.

Item que le patron baillera a mengier et a boire aux pelerins deux fois le iour comme il appartient a gens honnestes et gens de bien que se aucuns des pelerins ne veult ou vouldroit venir a la table du patron pour aucune cause ou empeschement licite et raisonnable ledit patron lui sera attenu enuoyer son disner ou soupper pour luy et sa compaignie au lieu lavou il sera en la galee.

Item que le patron prouuerra aux pelerins depuis Venise iusqs en hierusalem et dela iusques a Venise du retour de bon pain bon vin et viandes conuenables/comme chair fresche et oeus et autres choses a son pouoir et toute diligente.

☞ Item que il aye a baillier aux pelerins au matin vne fois a boire de maluesie et au souer a colacion semblablement comme de coustume faire aux pelerins.

Item se ses pelerins vouloient aler a terre quant seront asses pres pour auoir eaue fresche ou autres necessites le patron sera tenu les fai

re conduire a terre par ses varles et familles en la barquette et raconduire semblablement. Item que le patron doit garder et deffendre a
tout son pouoir les pelerins q̃ nul ne les griefue de fait ou de parolles soit
en terre soit en mer. Item que le patron laissera les pelerins demourer asses longuement en hierusalem afin que puisset a leur aise visiter
les sains lieux et qui le gardera et deffendera et attendra iusques a ce que
soient retournes dudit lieu.

Item que luy en personne yra auec eulx ou a pie ou a cheual cõe eulx
a ladicte saincte cite iusques au fleuue de iourdain et les raconduira iusques a la galee lealement et en bonne preudommie les conduisant menant et deffendant enuers tous et contre tous.

Item sil auenoit que aucuns des pelerins mourut audit voyage faisant de quoy dieu ne desplaise des biens du trespasse ne se empeschera nullement du monde/mais a ceulx a qui laissera le trespasse la charge de son
fait laisse faire du tout en tout sans luy donner empech nullement.

Item se aucun des pelerins mouroit en chemin deuant que arriuast
en hierusalem le patron sera attenu de rendre la moitye de largent q̃ luy
aura baille le trespasse a celuy quil fera son executeur/lequel en fera
dieu prier pour luy et ce que le trespasse ordonnera.

Item se aucun des pelerins veulent aler a madame saincte Katherine le patron sera tenu rendre et baillier ausdis pelerins .v. ducas de largent qui laront baille et ce diront les pelerins au patron en hierusalem
afin que nattende pas trop longuement pour retourner a la galee.

Item se les pelerins veulent auoir aucun conducteur pour les conduire qui sache les langues des pays par ou y fault passer le patron sera tenu de luy baillier sa despense depuis venise iusques en hierusalem/
du retour aussi et ne rien prendre de son port. Et apres que les pelerins
seront arriues en ioppen de la iusques en hierusalem de tout ce que fauldra payer soit de viures/de payage/de sauuegarde/et autres choses/les
pelerins le payeront pour ledit conducteur ou interprete. Et la conuention dudit interprete doit estre entre les pelerins et luy selon ce q̃ pourront faire et conuenir ensemble.

Item que le patron payera pour les pelerins toutes les despenses qui fauldra faire tant en saufgardes ou saufconduit ou lestes quelques qu'elles soient sil en faloit auoir.

Item chascun pelerin sera tenu de payer au patron pour toutes ces choses predictes .lx.lii. ducas nouuellement monnoyes. Ainsi et tellemēt que la moytie sera baillie a Venise et lautre en Joppen ou Japha quant la seront arriues.

Item se aucuns des pelerins voulent aler a madame saincte Katherine ou ailleurs ledit patron les doit ayder a conduire leur fait euers les infideles et sarrasins a son ayde et pouoir cōme se la chose estoit a luimesmes. Et se lesdis pelerins vouloient laisser aucunes choses de leurs bagues et besongnes quilz ne veullent pas porter auec eulx ledit patron sera tenu de les retourner en la galee iusques a Venise a ses despes selon lo disposicion et ordonnance des pelerins.

Item que le patron assigne en la galee vng lieu petit honeste et raisonnable pour mettre les poulles/ poullales/ eaue fresche/ et autres choses necessaires. Et que soient preparees et abillees par leur seruiteur sil en ont point ainsi que leur plaira dire et deuiser.

Item que se aucune chose est delaissee a escripre qui soit nullemēt necessaire en ceste conuention pour acomplir ledit voyage des choses communes et a faire acoustumees soit pour mis et escript dedens la cōpositiō

Et tous ces articles mis et escrips promet a tenir et lealement garder ledit patron aux pelerins et naler alencontre nullement ne par luy ne par autres en son nom par quelque maniere que ce soit. Que se ainsi est que autrement face de tout le dommage que pourroient auoir les pelerins par sa faulte sera tenu de le satisfaire en bonne et leale preudommie selon le vouloir des pelerins et ainsi que par eulx sera iuge et ordōne. Et est de constume baillier pleiges et respondant pour plus grāt seurete de la conuention faite.

Des precieuses reliques qui sont a Venise.

Il apres a tous deuotz pelerins est a considerer que en la noble cite de Venise sont gardees et precieusemēt preseruees plusieurs saintuaires et venerables reliquiaires lesquelles se voy ent des pelerins et visitent en devotion tandis que les choses a eulx necessaires comme les galees et autres choses se preparet pour les mener et conduire et de ce faire ont asses bon loisir/ car nous y demourames ppii.iours auant que fussent aprestees les choses a nous necessaires.

Et premieremēt au monastere saint george qui est en la mer pres de saint marc est le bras et la main toute entiere de saint george en vng autiel de ladicte eglise et en vng autre la mesmes les corps sains de mōseigneur saint cosme et saint damien.

Item au monastere de saincte heleine pres des chasteaux est le corps saint de madame saincte heleine tout entier en vne chapelle laquelle cōme on list trouua en hierusalem la croix de nostreseigneur. Et en ladicte ya deux croix/ en vne ya vne grant piece de la vraye croix/ en lautre le pouce de constantin le grant filz de ladicte saincte helaine et vng os de la poetrine de madame saincte magdaleine.

Item au monastere saint nicolas de elyo/ya vne des.vi.canes esquelles nostreseigneur mua leaue en vin. Et la est aussi la crocke pastorale de mōseigneur saint nicolas qui portoit quant il viuoit en son euesché/ et la sont autres plusieurs reliques lesqlles nest point necessaire de les nōmer a present.

Ité ya vng autre monastere apse acruchesire auql est le corps de madame saincte barbe en vne chapelle en vne chasse de marbre qui estoit tadis en vng des autielz de ladicte eglise, et vng autre autiel est vng grāt os de monseigneur saint Christofle.

Item en vne auftre eglise apelee sainte marine est le corps tout entier de madame saincte marine en vng autiel de laquelle choses merueilleuses sont escriptes en la vie des peres.

Item en leglise saincte luce est delle le corps saint entier tellemēt que ses mamelles on peut voir toutes entieres.

Ité a leglise saint zacharie est le corps de luy q fut pere de mōseignur sait Jehā baptiste et auec luy.ii.corps sains desqlz sont escrips au liure de vie les noms. Et la hors des portes de ladicte eglise est le sepulchre de nostreseigneur a la similitude de celuy q est en hierusalez. Ité en leglise parrochial la ou le patriarche a accoustume de se tenir a plusieurs reliques et plusieurs indulgences de peine et de coulpe/ Et especialement tous les dimenches de karesme.

Item en leglise saint Marc est le corps de saint marc/et la est le tresor de Venise en une voulte forte qui est en grant diligence la dedens enclos et enferme.

Item .vii. couronnes et .vii. pectoralz dor ornees de perles/saphirs/ et autres pierres precieuses.

Item .vi. grans croix dor et bien precieuses. Item le chapeau du duc/lequel chascun duc a son entree se porte sus sa teste par la cite et est pris ineptimable. Item deux chandeliers dor grans ou ya .v. pierres precieuses en chescun. Item la corne dune licorne et autres dignes et precieux ornemens et richesses infinies dequoy nest pas a psent a parler. Item pres de Venise est une cite apelee murane ou se font les voirres et la en leglise parroichtale en deux autelz sont plusieurs corps sains des innocens.

Item il ya une autre ville apelee dorzesan/en laquelle on dit que est le corps saint de madame saincte cristine qui devant en la ville de bulscue pres de Viterbe auoit este long temps/et la fut martyrisee.

Des reliques qui sont en la cite de padue.

Oultre se aucun des pelerins veult aler a padua qui est cite grande et populeuse pourra aler une nuyt par mer de Venise et la trouuera tout ce qui est possible a desirer pour soulas et consolation humaine. Et en ladicte cite ya de belles et honnourables reliques. Et premierement au couuent des freres mineurs est le corps saint de saint Anthoine de paoue de ladicte ordre et religion q fait de grans et excellens miracles. Item au monastere de saicte iustine est le corps saint venerable de saint mathias apostre/ excepte le chief qui est a treves en ung monastere de saint mathias tresvenerablement garde et du peuple de la honnoure.

Item la mesmes en ung autiel de ladicte eglise le corps saint de monseigneur saint Luc et la mesmes en ung autiel le corps saint de ladicte saincte iustine en honneur de laquelle ladicte eglise est consacree.

Item le corps de saint prosodace euesque et le corps de sait maxime euesque de saincte felicite vierge.

Item plusieurs corps sains des Innocens. Item a lautiel ou est le corps de monseigneur sain Luc y a vne table dautel moult somptueuse et belle en laquelle est ymage de la glorieuse vierge marie ayant son filz en ses bras/laquelle ymage saint luc comme on dit communeement paingnit qui est en grant onneur et reuerence a tout le peuple.

Et dist on que toute personne qui bien deuotement la regarde et a elle se recommande vne fois en sa vie iamais delle ne sera separes/mais ce sont dis que ie escrips plus par ouyr dire que de la croire.

La mesmes est le corps de saint Brin qui la aporta le corps de saintt mathias et de saint Luc/lequel quant lesdis corps sains aportoit a venise par mer par les prieres de vng sien compaignon qui lauoit ayde ace faire luy donna le chief saint mathias et le porta en alemagne a trieues et le demourant porta a padua qui est vng grant tresor aux paduans.

Sensuit vne oroison de la louenge et commendacion de Venise.

Comme ainsi soit que la noble et anticnne cite de Venise soit le departement de la terre crestienne de ceulx qui sont au saint voyage de hierusalem afin quelle soit veue en regart figural/ et par figure impressee vrayement faicte a sa semblance ma semble bon et convenent de ce faire/et des grans louenges et ineptimables prerogatiues delle par sus toutes les autres cites en puissance/grandeur/richesse/et prudence/conduicte/et gouuernement en ce present liure parler et escripre aucunement.

Vray est que a ce faire plusieurs choses me ont esmeu et principalement la grant copiosite des choses nobles dignes grandes et singulieres qui sont en elle dequoy on peut aucunement parler non pas come il fauldroit et on deuroit/et moy especialement/car les fais de elle sont si grans qui passent ma capacite et entendement/Mais pour tenir la promesse quay fait au commencement de ce liure la ou ay promis de parler et bailler par belles honnestes et excellentes figures des villes et des cites par lesquelles fault passer pour aler a la saincte cite de hierusalez pour tant et se tout ce que est en icelle noble et puissant cite ne peues dire pose que bon vouloir y soit toutesfois peut estre ny est pas le pouoir. Je prenderay doncques mon principe et com   ment a son antiquite et de la aux autres choses qui sont en elle me de   eray.

Comme disent les hystoires anciennes   e cens et xxviii. ans deuant la fondation de la cite de romme et d   nt la natiuite de nostre seigneur mil.c.lxxviii. ans ou enuiron non pa   oing du temps de lempereur traian apres la destruction de troyes et f   commencement du monde.ii.mile ans et cinq cens ans auec octante des troians et non pas des pasteurs comme fut romme fut fondee et comment   la dicte cite de venise. Et encores sont en elle gens feroces bellicqueux et grans guerroyeurs comme apert de iour en iour. Et est en la mer adriatique ou est a present moult glorieuse et puissant cite seignourieuse et de grat long temps dominatiue de plusieurs lieux et contrees pleine de richesses puissante en armes asses aspre a guerres et batailles. Et apres long temps lan aps la natiuite de nostre seigneur quatre cens.lx.ou enuiron au temps de la prosequocion du roy attalie lequel flagel de dieu comme ainsi estoit sapesoit par autres gens puissans de diuerses prouinces et regions qui se semblerent la pource q cestoit lieu fort et inexpugnable lesquelz sacreurent et augmenterent fort a grant merueille / comme apert a present.

Et pour vray qui est chose merueilleuse a croire et a dire / mais comme chose impossible et digne nonobstant a raconter que elle de tant de diuerses gens et nations se soit ainsi peu accroistre et augmenter en asses brief temps en si grant gloire renom et regime et grant gouuernement de leur estat et seignourie et de leur chose publique. Qui premier nestoit pour espeseurs et petis tigurions soit maintenant dame comme et maistresse des ytalies ayant nom noble et digne de exaltation / cest assauoir la seignourie. Et est mise et esleuee en si hault pouoir et grant dominatio que ie croy que entre les belles riches et puissans cites de ce monde nayt point sa seconde singulierement en terre crestienne.

Et a tellemét eptendu ses esles a destre et senestre et de tour costes par mer et par terre et vers les alemagnes la lombardie / et pour silence mettre a mon parler elle contient maintes grans ysles soubz elle et plusieurs villes fortes et cites / comme padue cite de grant nom non pas seulemét puissant du fleuue du pol / qui par elle passe que par la fertilite et beaute de la situation du pays et de lestux ancième qui est en elle et du siege archiepiscopal et la cite de Vincence de Verone Brixia et pergame cites grandes et puissante   ertiles de biens bles/vins/pasturages/huiles/et autres choses plusi res. Qui est celuy qui a veu gardelac et na este esbahy et esmerue   ui est de toutes pars auironne de chasteaulx forteresses/villes/et au   es belles choses a voir et regarder/et en especial du fort chasteau de   fere et de lisle ferme et forte du tout alentour enclos et auironne nomm   ermione ou on voit encores les mures des anciens soubz terre bien p   rfont auquel lieu obstant q̃ ne soit pas si secret que fort se sont les anc   s aucunefois retires contre les ennemis pour estre seur de leur corps.

A certes nest nul qui ne se esbahit de lestēdue du pays qui est soubz leur seignourie et dominacion enuers la partye de la mer/car il vont iusques en histrie et dalmace/sclauonie/grece/cādie/cypre/et autres pors de mer lesquelz seroient longes a raconter et escripre Et croy que nul nest royaume qui soit en mer principalement a eulx a comparer. A eulx est possible en peu de temps armer deux cens galees en leur port et mettre contre tous et enuers tous de leur port de mer en ce en lespace de .ii. iours seulement. O puissance inūbrable et noble si tu es seulement des signes et armes de Venise arme/car en lespace de deux heures ou deux iours deuxtes mille hōmes de guerre ou par mer ou par terre elle peut armer pourueus de toutes choses necessaires a guerroyer. Et pour a ce prouoir quant il seroit temps tousiours il ya mille hōmes en besongne aux galees et autres choses a ce necessaires de armuriers soubtilz et ingenieux asses et de ieunes et de vieulx de femmes pour les duelles des nauires ilz en ont chascun iour cinquante lesquelles choses ay veu a mes yeulx que ie neusse pas creu pour oyr dire se ne leusse veu si que ie dis et lay aproue par experience que leur pouoir est plus grant sans comparoison que nest pas leur renom.

Et est chose digne de perpetuele memoire et commendacion que par tous les pors de mer qui sont en crestiente et tous les ans enuoiēt leurs nauires et galees chergees de toutes richesses et marchandises pour porter ou pour raporter. Especialement .vi. galees enuoient en alepandrie .ii. en damasce .ii. en baruth .ii. en barbarie .ii. en constantinoble .ii. en ioppē esqlles les pelerinsvont en hierusalem .ii. en engleterre .ii. en fladres Et en oultre chescun an es villes et seignouries de leur dominacion. ilz

enuoient tous les ans.vi.c.ou.vii.c. sages graues prudēs prendeges apeles gentilz hommes pour auiser au regime et gouuernement coment tout va et comment tout se porte les muant dan en an. Et eulx retournes deuant le duc et les gouuerneurs disent tout comme va. Et se veulent enuoyer ābassadeurs le saint pere ou deuers lempereur ou deuers le roy ou princes ilz estriuent ce quil est de faire et nest pas a nul de eulx contredire a ce qua este escript et ordonne.
Et ainsi est il semblablement de leurs guerres et batailles nul de leurs capitaines oseroit aler alencontre de ce quil ont escript et ordonne sus peine dauoir la teste trenchee, laquelle chose ie veiz par experience dun capitaine qui reuint de la guerre qui auoit bien fait pour eulx mais non pas tout ce que auoient ordonne il fut decapite.
Et ainsi auint quant eulx eurent guerre contre le duc de pharare sa domination fut souueraine sus le duc et le mirēt en subiection pose que fut bien puissant luy et toute sa puissance, et enuoyerent grāt eperce de gens darmes contre ledit duc de ferrare et par mer et par terre mais pour dire brief se ie auoye cent langues et cent bouches et la voix de fer ou dachier toutes les louenges et epcellences des veniciens ne seroye di re raconter qui leurs meurs, leurs prudentes, leurs gestes, leurs status et autres fais dequoy sont tant renommes par tout pourroit reciter conuenablement leurs victoires leurs conquestes contre crestiēs et sarrasins pourroit asses louer et priser qui pourroit reciter lamour la paix et vnion qui est entre les citoyens et habitans de ladicte cite la magnificence, vrbanite, benignite qui est la cause tresgrāt de leur pouoir et puissante si que est vray dit le prophete Parue res cōcordia etc. En oultre qui ignore leur foy entiere la deuocion grāt de eulx et en leglise et en la discipline ecclesiastique et prudence grāde desquelles defendent de leurs ennemis et aduersaires leurs subgectz en mer reprimant a grant force la prede des pirates ne souffrant nulles faulses sectes en leurs lieux et dominacions bien grant honneur et gloire est au saint pere pape de rome de ceste noble cite de venise qui pour la defence de la foy se met comme mur et forteresse a grant pouoir et puissance contre les payens et sarrasins en les debellant et menant guerre grāde mortelle et sans cesser si q nul nest qui ainsi soit ayde et confort a leglise cōtre les mescreās que est ceste noble cite de venise.

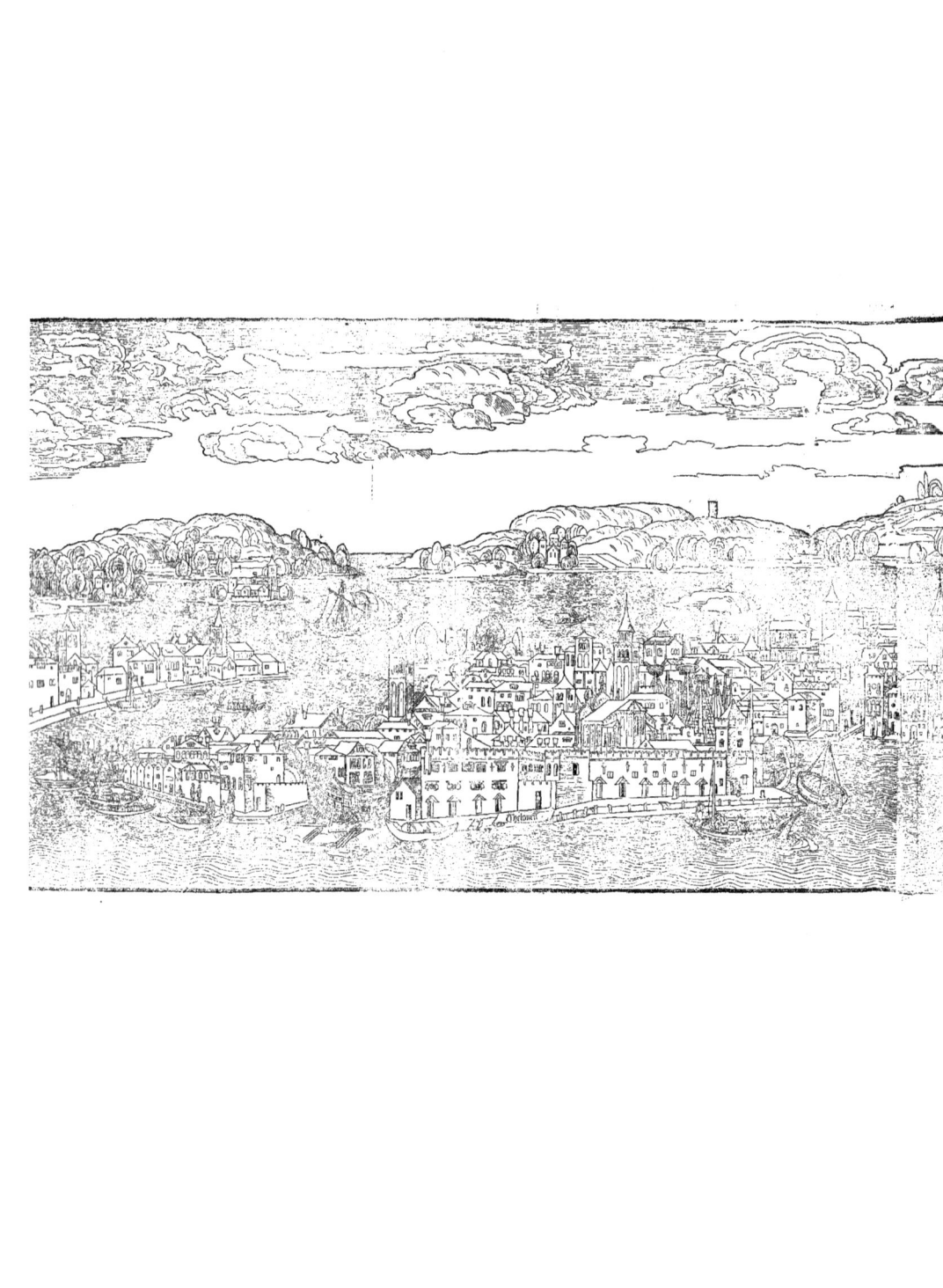

Et en oultre qui pourroit dire et reciter les graces vertus magnificences dignites et excellences qui sont au noble et puissãt seigneur duc de Venise. Qui pourroit louer et extollir la sapience conduicte et des conseilliers de Venise et des seigneurs dicelle et de la providence q̃ est en eulx si grãde et hõtourable en lelectiõ du duc quãt ile a eslire et des loys status et belles ordõnances quil ont especialemẽt sus le fait de plaidoyer.

Qui iamais pourroit toutes ces choses et autres grandes qui sont en eulx dire ou raconter/certes ie croy se tules estoit cy ne pourroit dire souffisamment synon a grant pine pourquoy cecy delaisse et retourne la ou iay cõmence poursuiuãt ce que ay promis et propose.

Sensuit la description du proces et voyage transmarin a la saicte cite de hierusalem depuis Venise iusques a la dicte saincte cite.

Pour parler dontques de lordre de la nauigation et voyage transmarin et pour raconter listoire de tout ledit saint pelerinage ie seray le plus brief que pourray afin que aux lisans te liure parlant de cedit saint voyage ne puisse estre fastidie ne anuy par trop grant prolicite/quia breuitate gaudent moderni/cestadire que les gens de maintenant se sioissent en brief parler et narrations de breues hystoires et vseray de doulx et facile parler et langage commun et eutẽdible a tous en delaissant toute couleur artificiale haulte et subtile de rhetorique afin q̃ mieulx puist estre de tous comprise mon intention. Nous sauons bien que toute rhytorique narration circulee et coulouree de faintes et non vrayes loquacions, de sine lentenement de latteur nestre pas vray ne entier/mais auoir en soy aucun default. Et pourtant non point par parolles faintes et couuertes et nõ point par ambages et diuers langages perdus procederay. Et ne mettãt pas ma cure a voir cõmet mais q̃ cest q̃ ie diray.

Pres dontques que eumes demoure.xxii.iours a Venise en desirant lexpedition et departement de la galee apres que le beau temps apte et conuenable de nauigue par la grace de dieu fut venu toutes l.s choses necessaires ordonnees et diligammẽt preparees par le commandement du patron entrames en la galee pour encommen ter le departement, mais ung seigneur citoyen Venecien comme volions partir vint arrester le patron et la galee a cause de debtes et autres negotes et besongnes que devoit ledit patron au Bourgois et le fait convenir devant le senat et seigneurs de la iustice et seigneurie des Veniciens.

Et afin que nostre voyage ne fut longuement differe asmes tous parvers le puissant et magnifique duc de Venise luy priant de deux choses lune ou que ordonnast de sa grace et puissance que ledit bourgois eust de nostre patron suffrance iusques a son retour dudit saint voyage ou que la cause ne fut point de longue prolongation, mais en brief et sans delay expediee, laquelle chose fut faicte en bien petit de temps.

Et faicte fin et expedition dudit proces le .xx. de Juing qui estoit pour lors le premier dimenche dapres la trinite entrames de par dieu tous en la galee auec le patron. Et iettees les antres en la mer depuis trois heures du matin iusques lendemain eumes temps a souhet et vent a gre seul nous conduit et mena en grant ioye et liesse en chant de loenges disant Salue regina, et autres belles antienes et belles oroisons de nostredame et de nostreseigneur premierement comme la coustume est aux devotz pelerins dudit saint voyage de ainsi faire mise les voiles au vent le .iii. iour vinsmes et abordasmes au port de parentine.

Parentine est une cite situee en une prouince nommee Hystria soubz la seignourie et domination des Veniciens loing de Venise lespasse de cent mile ditalie qui sont enuiron cinquante lieues de france. En laquelle cite est siege episcopal en la grant eglise de ladicte cite a de plusieurs beaux saintuaires et reliques des sains lesquelz nous visitames bien deuotement comme doiuent faire deuotz pelerins.

Et premier au grant autiel sont et reposent les glorieux martyrs de metrius et iulianus. Et en ung autre autiel deuant le cueur de ladicte eglise les sainctes vierges martyres saincte Berte et saincte Acolite.

En ladicte eglise nagueres aussi estoient les corps sains de sait mor matyr et de saint eleuthere, mais les genevais les ont emporte en leur cite de giennes. Et nous fut dit de gens de bien et dignes de foy que lesdis genevais vouloient rompre ung autre autiel dedens ladicte eglise pour emporter les corps sains qui la reposoient, mais quant commencoient a rompre ledit autiel le sang en saillit en grant abondance et tous esbahis et esperdus laisserent feuure et nen firent plus.

Ceste cite de parentine est situee en ung lieu bien plaisant et amene devers la terre tellement que de la par terre on peut aler asses facilemēt en honguerie et en autres plusieurs royaumes/et de la mesmes par terre on pourroit aler iusques en la cite saincte de hierusalem tassoit ce obstant que a bien grant paine et difficulte a cause des saufconduis que a grant paine pourroit on obtenir sans lesquelz si grant chemin ne se pourroit attomplir. Et pource nul ne doit entreprendre ledit chemin ne est a nul a conseillier de ce faire/et nous fut dit et racōte pour verite que quāt paris roy de troye vint pour rauir heleine royne de grece et fēme du roy. Menaudri laquelle chose fut cause de la destruction de troye cōme asses a plain dit ladicte hystoire paris en ceste cite de parētine appareilla toute son armee marinale qui se fait en galees et nauires de mer pour sa prīcipale signification. Et quant heleine eut este prise et rauie et que en la cite de parentine paris leut amenee paris la nomma et le nom lui bailla de parentine/mais les ytaliens la nomment parente.

Sensuit la figure de ladicte cite de parentine cy apres figuree.

Pres le quatriesme iour de Iuing deuant ladicte cite de par en
tine par lespace de aucunes heures nous attendimes iusques
que le vent vint a gre auquel interualle de temps vindrent ces
grans poissons marinaulx nommes dauphins en grãt nombre tout ale-
uiron de nostre galee et nauires grãs a merueilles lun sur lautre come
roes dun charioth. Et tantost asses pres vent nous vint a gre et furet
les voeles mises au vent et pour vng pou de temps aloit la galee moult
tost et bien legierement puis apres venoient de trauerses et vens cõ trai
res qui nous menoient aucunefois et souuẽt a loppositer de la ou veuions
aler autrefois tout au rebours et retournions de la ou estiõs venus. Et
la encomensames a experimeter le prouerbe conum qui dit. Quod naui
gantes mare se narrare possunt si tamen euadãt pericola eius. ceulx qui
nagent par la mer puẽt bien racõter les perilz et dãgiers qui sont en el
le voire suple sil en peut eschaper du dangier car plusieurs sont qui nen
eschapent pas mais y demeurent noyes et peris dont est pitie et domnage. Et par. viii. iours continuelz alions rouãt a grant tempeste et impetuosite passant plusieurs villes et chasteaulx ne poyons arriuer pour la
grant fortune de la mer qui estoit si grãs et horrible q̃ ne ancre ne matz
de galee ne voile ne diligẽce de matelos de galios de conut ne de patron ny
valoit riẽs/mais laer du tẽps par dessus nous estoit noir et tenebreulx
a merueille la mer fort incrediblement esmue tonnoirres grãs et terri
bles foudres et choruscations tellement que de la grãt impetuosite dau
cuns des galiotz furent soufflees et du grãt vent de dessus la galee iettes
en la mer et peris. Et nous nattendans que la mort crions a grant et
haulte voix a dieu mercy tellement que le grant cry et son que faisons
faer en resonnoit. Tellement que ce dit temps durant eumes pou de ioye
et de liesse mais toute tristesse douleur paour et autres grãdes miseres
et pouretes. Et en cedit temps ainsi esmeu et tempestatif alions aucune
fois en trois heures et si tost et si legierement que faisions cent et.xx. mi
le de ytalie qui sont sepante lieues de france et ne sauions ou nous alions
synon a lauenture de dieu auec le vent.   Et a lautre fois en lespace de
xxiiii. heures fumes deux cens et cinquante mile dytalie que deuant nous
que derriere nous selon limpulsion des vens.

Et apres ce dit.viii.iours le.xii.iour de Iuing arriuames par laide et grace de dieu especiale a la cite de corfone situee en grece en la iurisdiction et domination de la seignourie de Venise/et est loing de Venise.viii.ces mile qui sont.iiii.cens lieues francoises. Et entre ladicte cite de parentine ou parence selon les ytaliens/et ceste cite de corfone aucunes belles cites et villes sont entreeulx en vng beau pais et bien fertile apele Schlauonia/et premierement vne cite apelee zara loing de parence cent lieues et est archeueschie la ou est en leglise cathedrale le corps de monseigneur saint symeon le iuste et creneu/car il print lenfant iesus entre ses bras comme dit leuangille de saint Luc au secod chapitre il est tout entier en en cher et en os/et aussi le corps du prophete ioel qui gist et repose au grant autiel.

Apres laquelle est la cite nommee rosiginei qui nest pas loing de parence et en vne eglise de ladicte cite est le corps saint de madame saincte eufemie et la a.xx.v.mile pres est vne petite ville nommee polnedor/ou poline de qui est la fin de la prouince de hystric/et fait le comencemet dalmace. Et de la on entre en vng pays de mer nomme golfum grant et spacieux auquel on ne voit que ciel et mer et non poit de terre et la tousiours la mer est esmeue et furieuse et la ne peuet mettre les mariniers leurs ancres de leurs nauires et galees et lapelent ce lieu corner vin et de la on vient au port saint pierre q est loing.xxx.lieues de ladicte petite ville de polne dor. Et de zara cite pasallegee est vng autre chasteau loing de elle cent lieues nomme sizina au pais de dalmace soubz la domination et seignourie des Veniciens. Et la on vient a vne tresfort trespuissant et riche ou opulentissime cite nommee Ragusia raguse au pays de Schlauonie du royaume de croace ainsi nommee situee qui est ville et cite de comunaulte/comme Venise/florence/ou Mes en lorraine et ne recongnoit point autre seigneur en la terre fors que au roy de hunguerie paye tribut annuel. Et aussi au grat turch afin q puisse viure en paix auec tol princes mortelz et terries. Et en celle cite honourable ya plusieurs belles et sumptueuses eglises et deux ordres de religion vne de saint dominique et lautre de saint francois.

Item en vne autre eglise en ladicte cite est leglise de saint blaise la ou est le chief de monseigneur saint blaise et ses deux mains et vne table de autiel dargent dore. Et y a de Venise iusques a ceste cite.v.cens lieues de ytalies pour aler de Venise iusques la le droit chemin sãs auoir nul em pescheme̋t. Et pour venir de raguse a ladicte cite de corfone y a deux cites a .xxx. lieues pres de ladicte cite de corfone lune sapelle rathera et lautre budua/et esdictes cites est la fin de schlauonia/et commence le pays de albanie/et de la part vne belle et bien doulce eaue bien plaisãt a boire par tãt dune cite nõmee cozora des anciës/mais les ytaliens lappellẽt maite̋ na̋t Scutarim/et est loing de la mer .xxv. lieues.

Et depuis pou de te̋ps a este prise du grãt turch source des Veniciens a iceluy soubz la dominatiõ desquelz elle estoit alors et encore vng tres fort et puissant chasteau nõme Tornesti qui estoit a eulx et ce fut pour le te̋ps des treues qui estoie̋t entre eulx et ledit turch.

Et de la apres est vne cite non pas loing pres de la mer nommee du ratzam duranze/aux Veniciës iapieca destruicte laquelle lempereur con stantin iadis le̋comencea edifier ayãt vouloir de y faire sa residence et demourãce cõme cite imperiale mais pour la sterilite du lieu qui estoit pe stilencieux et infect il ny vault point faire sa residence iusques a ce q̃ vint au lieu ou maintenãt est la cite de constãtinoble par luy edifiee.

De durãze en la greue de la mer asses pres est vne autre p̃tite cite a pelee sanssonne soubz la domination du grãt turch et est cite tresforte et puissant aupres delle en vng fleuue ou riuiere a de coustume au grant turch faire grãt guerre et bataille nauigale telleme̋t q̃ sont la bie̋ de cou stume .cccc. nauires/et y a de la iusques a la cite de ragouse deux cens lieu es et de celle cite depuis .xx. ans ou enuiron le grãt turch vint a grãt ar mee et puissance a vne cite nommee otrente cite forte et puissant et bien fermee et populee situee au pais de apulie au royaume de naples et la print dassault au grãt vitupere et deshonneur et domage de la crestie̋ te et a grãt occiston et oultrage des habitãs de ladicte cite/car tous mist a lespee ceulx qui estoie̋t en ladicte cite.

Et leuesque en disant la messe fut pris et sye dune sye de bois par le milieu du corps/Vray est q̃ le dit turch aps plusieurs grans guerres ba tailles cruaultes et inhumanites auoir faictes a la crestie̋te plus q̃ nul de ses predecesseurs prit mort et mourut miserableme̋t alant aux enfers comme gentil payen et infidele.

                Cy est mise la figure de la
                   cite de corfone.

Apres la mort dudit turch son filz redit par armes au roy de naples et a son filz le duc de calabre ladicte cite de otrente qui nest loing de corfo ne que cinquante mille a la main senestre/ et vse ladicte cite de langage grech. Et de lopposite de ceste cite en tyrant vers soleil couchant est le pays prenomé de poulie qui est regi et gouuerne par le filz dudit roy de naples. Et pres de corfone auant que lon arriue a port a.p.viii.mille ou enuiron a vng petit port de mer est vne petite ville destruicte de pieca et ny demeure personne synon aucuns religieux qui gardent leglise de nostre dame qui est en ceste ville en laquelle la vierge glorieuse fait tous les iours de grans et beaux miracles/ et apelent ladicte eglise les turchz casapoli la maison du ciel. Et la cause que nul ne demeure la est/ car vng grant dragon se part de vne roche de la mer/ et vient que volant que nageant par la mer iusques la/ et deuore et tue tout ce qui rencontre et qui treuue la/ mais par subtilete et grant industrie lont tue et fait mourir les habitans de la.

La cite de corfone dequoy est ia parle aucunemét est situee en grece la ou y a deux fors et puissans chasteaux situes sus le hault de ladicte cite/ la les pelerins ont peuer et conge de faire aucune residence aux faulx bourgz seulemét ou aux freres mineurs q̃ ont la vne religion. Et dure ladicte cite auec lisle de mer adiacéte dicelle de long et de large cent et octãte mille/ et seyelle lysle come la cite/ et est en la seignourie et domination iusques a present de la seignourie cestadire des venities.

Le.xv.iour de Iuing qui estoit le iour des sains viti et modesti partimes de corfone et veismes auec vent asses agre a la cite de modone loing deux iournees de corfone. Et quãt la fusmes arriues vindrent autres de nos freres et amis pelerins en vne autre nauire et galee de laqlle le patron et le maistre sapeloit pierre landaue/ et partimes de venise vng iour deuant eulx. Et ainsi nous tous ensemble pelerins entrames en ladicte cite de modone/ et y demourans vng iour nous retreat doulcement ensemble racontans de nos aduentures deuuãs megans ensemble comme amis/ et ny a antre vin la que malueisie qui est fort et bon amerueille. Et y a deuant ceste cite plusieurs petites cabornes et tygurions/ cestadire petites maisonnettes en nombre de trois cens ou enuiron et la habitet de pources gens noirs et difformes comme ethiopiens ou mores que nos apelons quãt viennent par deca les sarrasins ou egyptiens q̃ disent estre de egypte mais y mentent/ car elle est bien fort loing de la et pour vray y sont dune terre asses pres de la nommee gyppe. Et sont communement proditeurs et deceueurs des pelerins et des crestiés.

Cy apres est la figure et hystoire de la cite de modone.

Modone est cite asses puissant et forte au pays de lamoree soubz la seignourie des Veniciens loing de corfone.ccc.mile/et est le commun langage de la grech/et sont pour la plus part apeles les gens de la les crestiés de la sainture/cestadire de saint paul autremét pauli/Vray est que y a archeuesehie et ung venerable colege de chanoines et gens deglise de nostre foy et loy de leglise rommaine/et se fait la le seruice de dieu et lofice diui tout a lusage de rôme. Et y a une eglise parochiale intitulee de saint Jehan la ou est le corps saint de saint lyon et saint anastase euesque.

Lamoree iadis estoit ung pays fertile et plain de biens auironne de mer de toutes pars excepte ung seul passage qui est vers la turquie. Et le turch souuét et plusieurs fois est venu a grát armee dens ledit pays et la toute destruicte et desolee et la toute mise a sa subiection et seignourie excepte peu de chose comme modone et aucuns petis chasteaux qui sont aux Veniciens. En lamoree entre corfone et modone a la main senestre a une tresfort et puissant cite bien muree et edifice qui est au turch nommee archadie qui a ung moult noble et beau chasteau au milieu delle/et est loing de modone cinquante mille/et une autre nomee coroyne qui est au turch pres de lautre a.xviii.mile.

Item une autre apelee naples de romenie loing de modone.cc.mile et cent mile loing de une autre dicte cameleone. Ité la cite apelee malua sie loing de cameleone.xxx.lieues en laquelle y a ung chasteau et est aux Veniciens/et ung autre apele sapemile loing de modone cent et cinquante mile/et na en toute lamoree nulles autres cites.

Sensuit de lysle de crete autrement lysle de candie.

Lysle de crete autrement nommee lysle de candie est du tout soubz la domination et seignourie des Venicies/et y a de la cite de modone iusques en candie.ccc.mile. Et enuoyét lesdis seigneurs de Venise ung duc esleu duns des seigneurs de Venise pour certain temps. Et quát son téps a acompli il est mue et y en enuoiét ung autre côe est leur maniere de faire en leurs seignouries et dominations. Et fut crete ou cadye dun roy du pais ape le indigene ainsi dicte et nomee. Entre orient et occidét ayát grát espace de pays deuers septentrion receut grás chaleurs deuers austru vers egipte de grans eaues et vnies arrousee. Et iadis en ladicte ysle de candye

y auoit cent cites nobles et seignourieuses et pource sappele cetapolis paris de cent cites. Ceste ysle a este la premiere qui refuit et fut renomee et
bailla art de faire rames et auirons de nauires armures pour guerroier
et flecshz semblablemēt. Itē elle dōa pnieremēt auẋ lettres et gens lit-
teres preeminēces drois et dignites. Elle mist ordre par diuision de tur-
mes et esquadres a gens de guerre a cheual et a pie turme est nō de trente
soit a pie soit a cheual/lestude de musique premieremēt fut en elle trouue
et au monde baille par exercice. En elle ya grāde abondāce de brebis de
moutons et de chieures et de cherfz et cheureuẋ sauuages ya bien pou. En
elle nya nulz loups/nulz ours/nulz regnars/ne bestes nuysantes ou bien
pou/et se daucun aueture y en vient elle meurt bien tost et ny peut viure
il nya nulz serpēs ne nulle beste venimeuse. Ceste terre est moult amiē-
cōminase auẋ vignes pleine dabres diuers fructueuẋ de herbes bien me-
dicinales ya a grant foison et abondāce Elle porte aussi et engēdre pierres precieuses. Et iassoit ce q̄ ny ait nulz serpēs toutefois une maniere
de bestes nōmees araignees grandes ya qui sont bien perilleuses et venimeuses dequoi parle ysidore au.v̄. liure de ses ethimologisatiōs et aussi
plinius au.iiii. liure Drose parlant de ceste hysle dit que deuers orient finit a la mer nommee carpasee deuers occident et septentrion a la mer sep-
tentrionne apelee crete a midi a la mer apelee mer libique autremēt nōmee mer adriatique/et est grāde de long cent et.lxxx.viii. mile de ytalie
et de large.l.mile/et est loing de lisle de rhodes dequoy sera tantost parle
par lespace de trois cens lieues.

Cy est la figure et hystoire de lysle de crete ditte tandie.
Le.vbi. iour de iuing no‾ partimes de ladicte cite de modone et ce iour sa
asses tost et legierement alions par la mer ainsi que auẋ deuẋ iours pre-
cedens grant tranquilite et serenite estoit adonc en la mer et les vens de
nulle part ne couroient ne nauoient leur regne et lapelent les mariniers
carme en commun langage comme quant est au contraire fortune et ce
temps Une nef venicienne venant de damasce vint et appliqua a nous en
la mer, et grant et long parler y eut entre le patron de ceste galee et le nostre et demanda fort nouuelles du duc de ferare et du duc de lorreine/
car pour lors entre euẋ deuẋ estoit grāt guerre/lorreine la guerre pour
les veniciens. Et apres vint ung grāt vent subit que tost et hastiuemēt
no‾ departit densemble et nous iecta bien tost et bien hastiuemēt le.v.viii.
iour au port de la cite de rhodes. Vray est que fumes sames par male renō

mee de la gsse dit lacteur. Quod e malum Stiqz quo nō aliud Xloci? Est
cestadire qui est mal quelconques qui ainsi legieremēt dise que fame ce
renōmee/renō estoit faulse et nous auoit a faulx et a tort accuse que la pe
ste estoit en nostre galee et entre nous et pource toute la nuyt demoura
mes au port et ne peusmes etrer en la cite de rhodes de ceste heure la iusqs
a laube du iour le grāt maistre de rhodes qui se tient a rhodes en ung tres
fort et ineppugnable chasteau de ladicte cite de rhodes sceut de laccusati
on et diffamacion la verite et puis nous bailla saufgarde et conge den
trer en ladicte cite/et la demourasmes .iii. iours iusques au dimece ensui
uant inclusiuemēt qui estoit la feste des dix mile martirs.

Des reliques qui sont a rhodes.

En celuy temps que la fusmes demourames on nous monstra et vismes
les saintuaires et precieuses reliques qui sont a rhodes tāt au chasteau
que en leglise de sait iehā. Et pmier il ya vne croix de arain faicte par fō
te de celuy bassin en quoi nresseigneur iesus le iour du ieudi sait laua les
pies a ses apostres. Et nous fut dit q̄ se on iprime ladicte croix en cyre
en la iectāt et metāt en la mer quāt est couroucee et en elle a tēpeste tan
tost elle se appaise et cesse ladicte fortune et tēpeste. Itē la nous fut mōstre
deux espines de la couronne dequoi fut couronē le iour de la passion nresau
ueur iesus/et est lune audit chasteau de rhodes lautre en leglise de mōsei
gneur saint iehā bien dignemēt et richemēt enchassees. Et nous fut dit
pour vray et pour certain q̄ lune desdictes espines/cestassauoir celle qui
est au chasteau tous les ans le iour du vendredi benoit porte fleur quon
voit chascun q̄ veut clerement et manifestement.

Item vng des .xxx. deniers dequoi iudas vēdit nostre seigneur iesus
quon voit apertemēt et clerement. Item la est le chief de saicte philomene
vierge et vne grant piece de la saincte vraye croix.

Ite le bras de monseigneur saint blaise martyr/le bras saint estiēne pro
thomartyr. Item le bras de monseigneur saint iehā baptiste Item le
bras de saint George. Item le bras de monseigneur saint thomas lapo
stre. Item le bras de saint legier euesque. Item le chief de madame sain
cte eufemie vierge et martyre. Item le chief saint policarpe euesque Itē
le chief de vne des .xi. mile vierges. Item la main de saincte clere vierge
Item la main de madame saincte anne mere de la vierge marie mere de
nostre seigneur iesus Item le bras senestre et la main de la tresglorieuse

vierge et martyre madame saincte Catherine qui ne se monstre synon le tour de sa feste au chasteau en la chapelle dudit seigneur de rhodes.

¶ Des est une cite tresforte de murs et de fosses et de tours plusieurs fortes a merueilles atournee et de autres tours chasteaulx et forteresses bien munie et fortifiee. Et y a.xxx.tours en la terre grandes et bien fortes sus lesquelles y a.viii.molins a vent q̃ autresfois ont este fais et edifices aux despens des genuais pour ce que autresfois frauduletement et par grãt cautele et subtilite les cuideret prẽdre et mettre a leur suggession et domination. Et ceulx de rhodes se voyant par armes les subiuguerẽt et plusieurs de eulx furẽt mors et occis les autres pris et prisoniers et furet condane a faire a leurs despens les dictes tours et molins pour paine de leur malefice.

En oultre de la cite de rhodes print occasion la destruction de troye pourtãt q̃ se rend estoit en bulgaire et au commun q̃ la estoit la toison dot dequoi plus a plain ẽ parle en listoire de troye la grãt. ceste hysle de rodes est moult noble de villes et de chasteaulx/et est montueuse abondãte en bestes siluestres et sauuages de diuerses sortes et y a de belles fertiles et plaisans valees. Et fault a toutes gens alans par mer de quelque lieu q̃ vienẽt ou alent passent par rhodes. Rhodes est la premiere hysle devers orient des hysles cieladies ainsi nomees/car come dit le catholicon sepante et trois ysles il y a es mers ainsi dictes et nomees/ciela cest a dire mõde et est a dire q̃ au monde y a es mers autant que dit est de ysles dõt rodes come dit est est la premiere. Les ysles sont en ung quartier de mer nomme helesponte situees entre la mer nomee egeu/et la mer apelee maleum Et sont auironees de la mer apelee iudico/et y en a entre septentrion et le midi.liiii.et selon que dit ysidore au liure apele de la situation du mõde ces ysles aisi dittes entre septetrion et midi.l.mile et autãt de orient vers occidet selon orose elle contienet despasse de terre.m.et.cc.et dit orose que vers orient rhodes est la premiere vers septentrion une autre nomee thenedos ainsi dicte dũ ieune homme apele thenes q̃ diffame a cause q̃ auoit cogneu charnellemẽt sa maratre sen ala en ceste ysle et la troua inhabitee mais il y habita et fist venir gens pour y demourer et de lui ainsi sapelle devers le midi est lisle de carpathos cõtre egypte de laqlle la mer de carpathos ainsi nõmee source q̃ les fruis de ceste ysle sõt bie tost meurs/et est entre egypte et rhodes/et de ceste ysle viennet les grãs nauires de mer nommees caraques/Devers occident est lysle apelee citerea ainsi dicte pour ce que la deesse Venus fut la nee. En ceste ysle de rhodes pour occasion de laquelle des ysles cielades a este parle y auoit des statues et ymages de cuiure ou arain de la haulteur de.lxx.coutees et dautres plus petites plusieurs dequoy parle asses a plain ysidore. Ces choses in serees sont yci non pas a grant necessite mais pour plus au plain sauoir des ysles de mer et pour reuenir a propos de ce qua este encomence rhodes est des seigneurs et freres de saint iehan de hierusalem apres longue op pugnacion dicelle par eulx/cestassauoir par lespace de quatre ans fina blement sobtindrent et tindrent par force darmes et par faueur et ayde de aucuns des habitans en elle. Et iapiessa ont leur primat et archeues que qui est ledit seigneur grant maistre de rhodes/et est tant pres et cō digue des turchz et sarrasins qui nya que vng mile cest demye lieue entre eulx et les turchz et que vng petit bras de mer qui fait la separacion de eulx et des turchz. Vne lan mil.cccc.lxxix.le grāt turch comme est notoi re a chascun mist et assiega ladicte cite de rhodes a bien grāt puissance de gēs darmes et par mer et par terre lui baillant plusieurs fors et vail lans guerres et assaulx et de artillerie et de gēs.   Mais finablement le iour saint panthaleon cōme les turchz firent lassault a grāt pouoir et puissance tellemēt que la estoient sus les murs de ladicte cite de rhodes lesdis nobles seigneurs de rhodes non mie sans ayde espetiale de dieu cō me on croit de foy certaine main a main a grant courage vaillantise et hardiesse les turchz rebouterēt a grāt honte et vitupere et occision des dis infideles turchz et sarrasins.   Et comme on dit y eut a ce iour iette viii.mile pierres de canons et de bombardes / mais la dieu grace fut le iour et la bataille pour lesdis seigneurs de rhodes et a grant honte vain cu ledit turch et toute son armee. Et qui est chose merueilleuse lan reuo lu apres la mort du grāt turch le propre iour de saint panthaleon vng des filz dudit turch lequel persequtoit son propre frere sen fouyt a rho des et la fut pris de ceulx de rhodes et enuoye en france la ou il est enco re prisonnier iusques a maintenant. Et depuis ceste guerre et victoire les seigneurs de rhodes ne sont plus tributaires au turch cōme par de uant il estoiēt, mais au cōtraire le turch leur est tributaire et leur paye tous les ans aux seigneurs en comun.xxv.mile ducas et au grāt mai stre seigneur de rhodes.x.mile lesquelz a paye realemēt ledit turch to9 les ans iusques a psent cōme no9 fut dit desdis seigneurs de rhodes

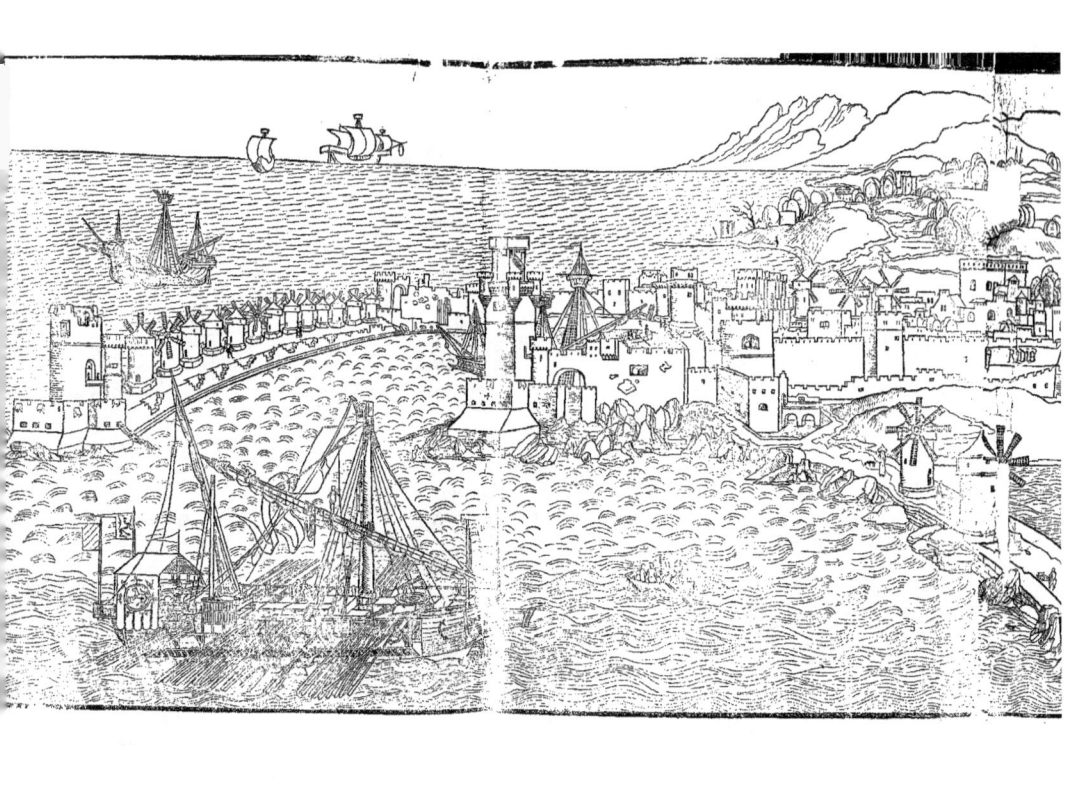

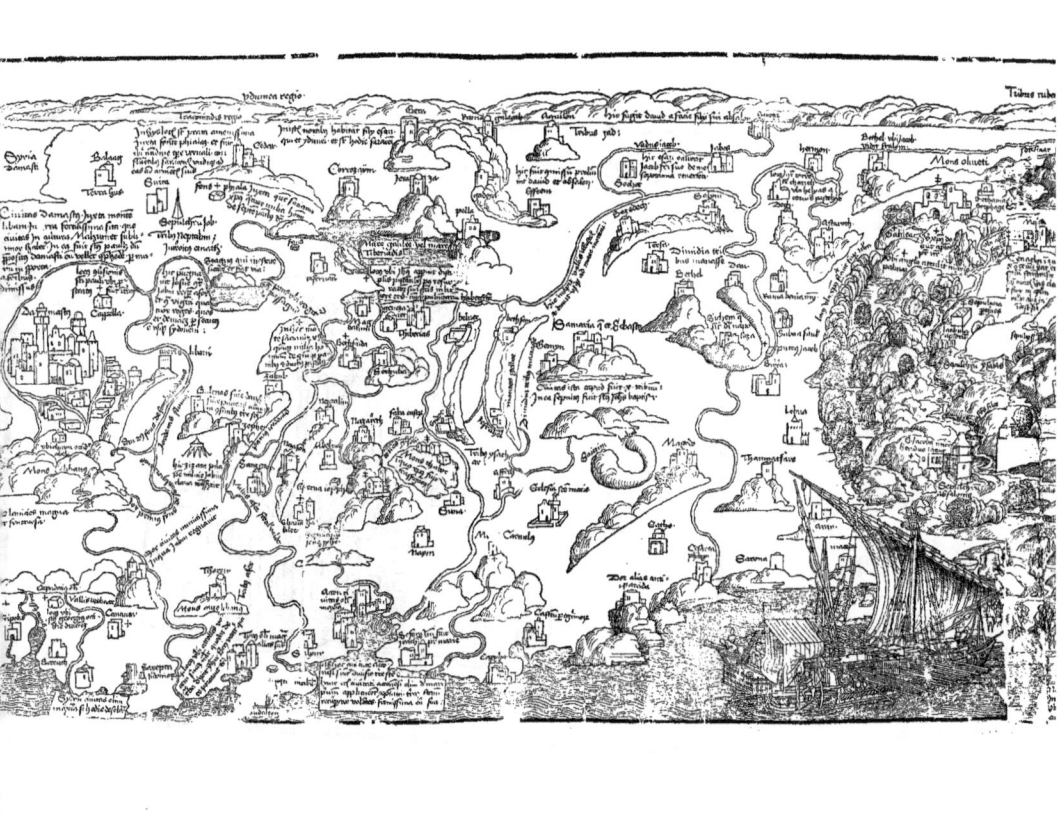

forma et dispositio dominici sepulchri

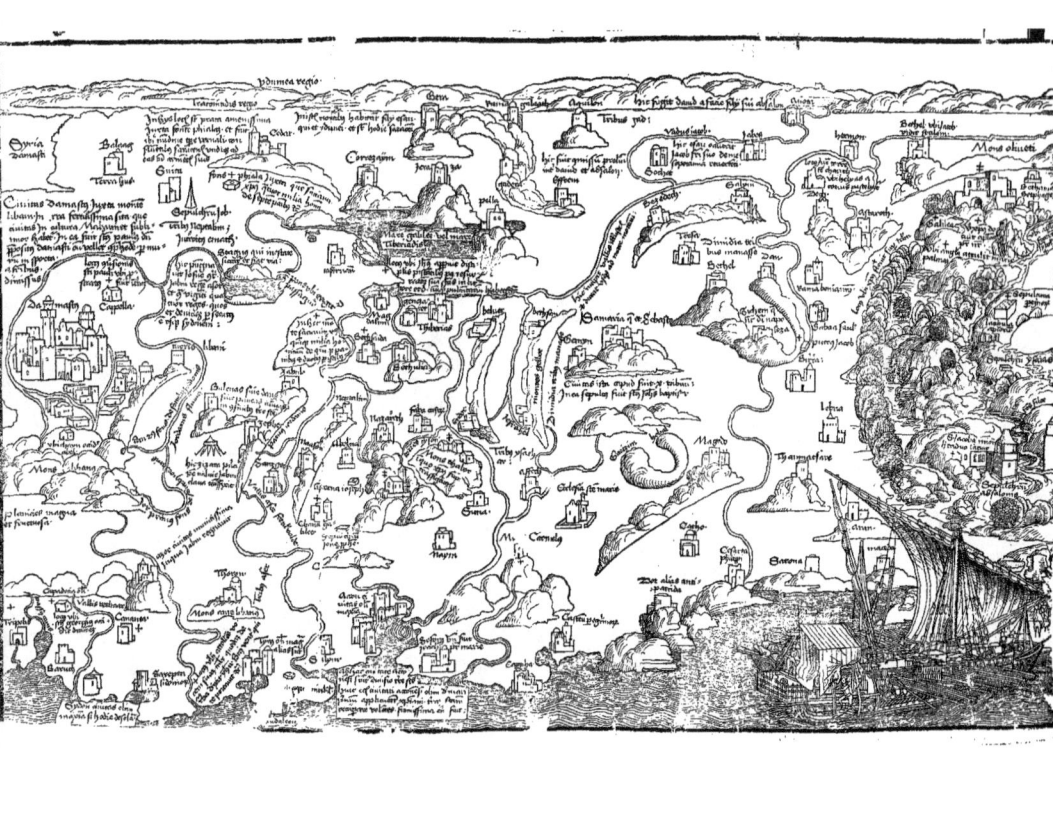

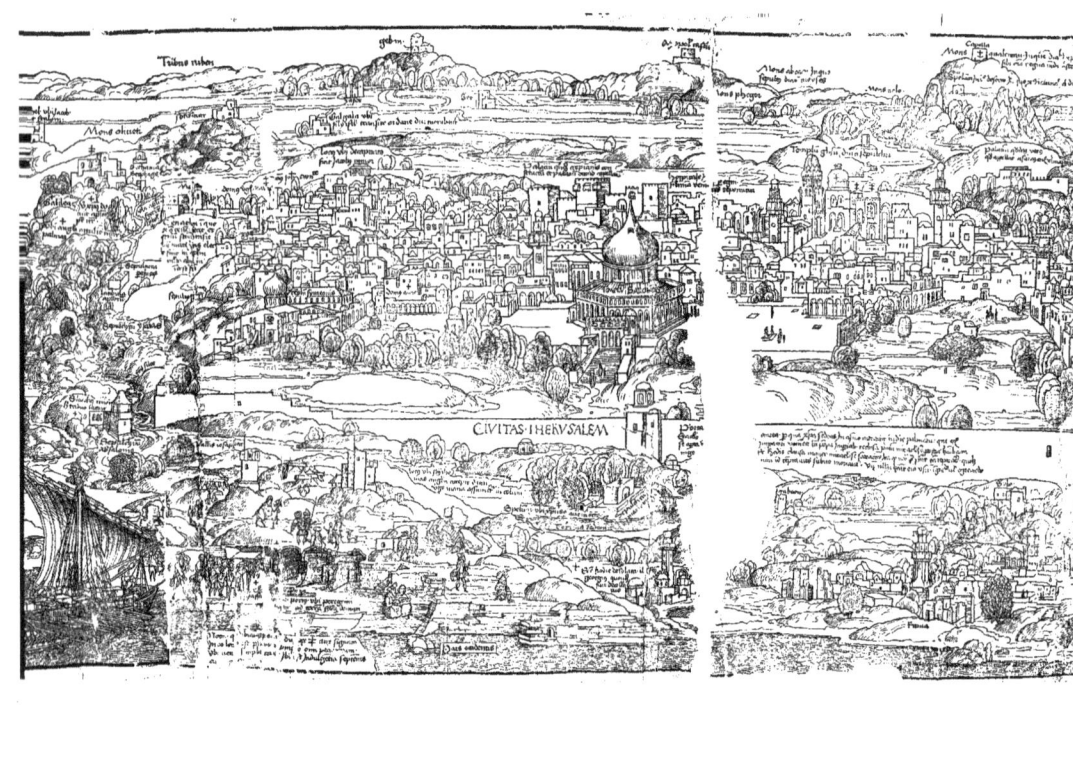

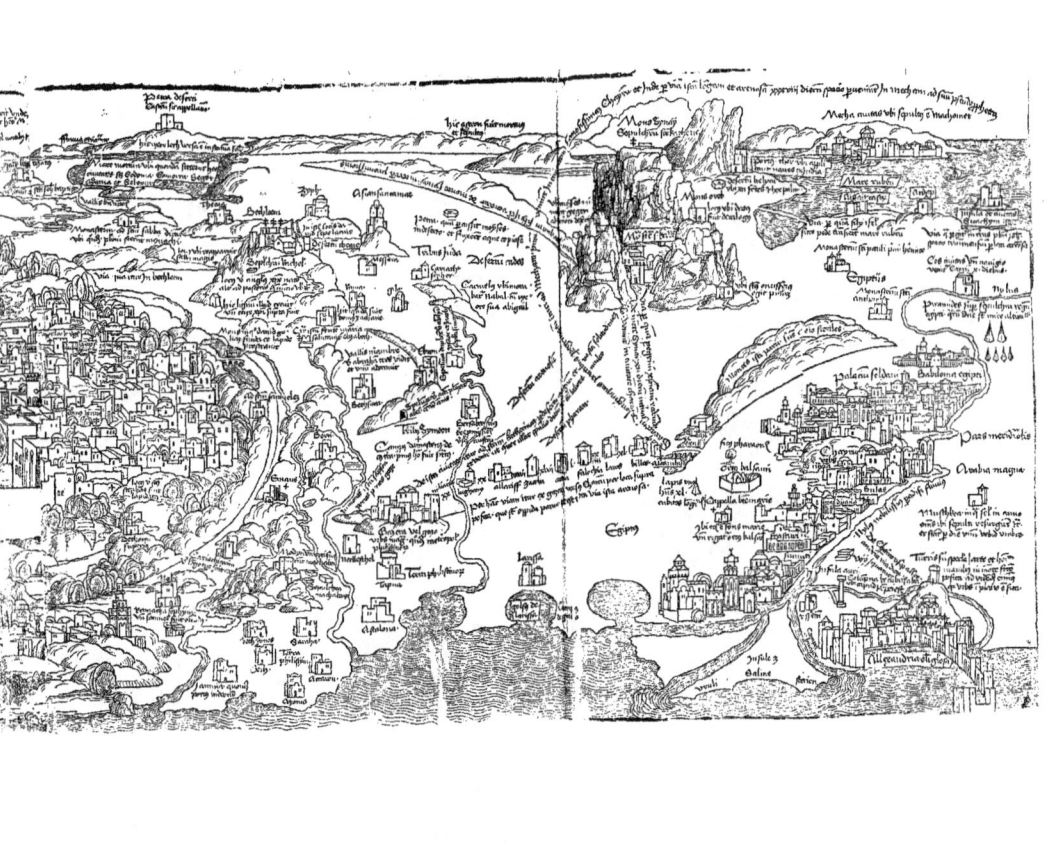

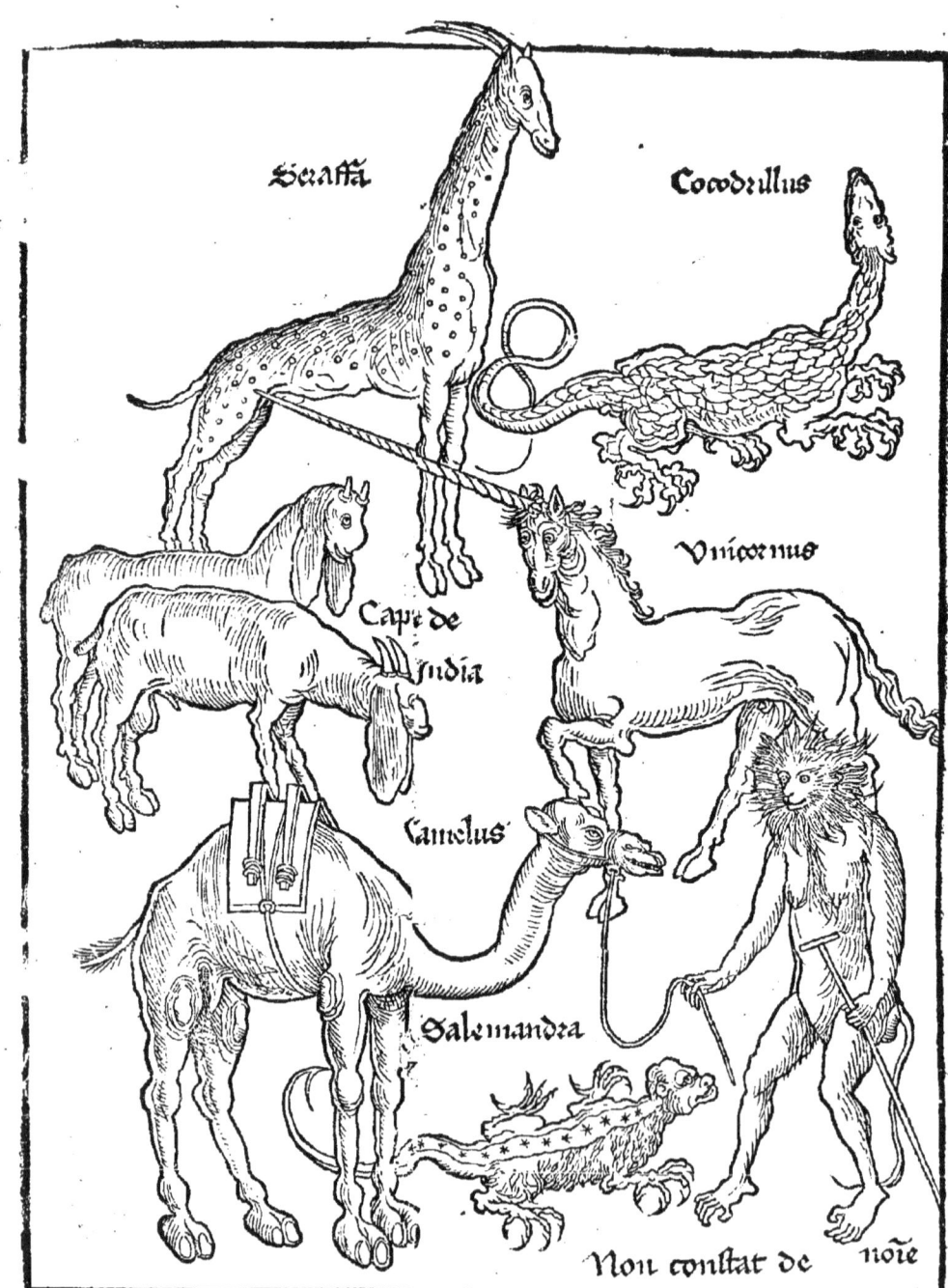

Cy est la figure et description de rhodes
et de lysle de rhodes.

E xxvii. iour de iuing partimes de rhodes et en mer estoit vent asses grât et propice q̃ vehementemêt no⁹ portoit et tost/et nauigames par vng passage de mer apele le gouffre de saincte Helaine qui est lieu perilleux et fort dangereux/et y eut si grât comotio en la mer que plusieurs pelerins de grant paour quil eurent de perir et noyer furent apres que tout fut cesse bien fort malades. Et dieu grace le iour ap͛s eumes beau têps et vent a gre et furent mises et desployees trois voiles au vent tellement que lendemain qui estoit le iour saint iehan Baptiste arriuames au port en lisle de cyppres passât par aucunes cites de quoy lune sapeloit Baffa grande et puissant/comme la ruyne qui est en elle asses au cler se monstre et iusques au iour duy est toute destruicte.

Et la demouranies ledit iour de saint Jehan Baptiste en celle cite de Baffa ainsi comme en toute lysle de cyppres/et ya tresmauuais aer la sont encore les vestigies signes et enseignes dautunes belles et grans eglises q̃ autresfois la ont este. Et aussi les signes sont la de aucunes tours tresfortes en vng mot qui est la au milieu de ladicte cite la de ssoubz vne eglise qui autresfois a este de lordre de saint francois vne grant prison la ou il ya sept entrees en laquelle saint paul fut mis pour aucun temps quant il preschoit la foy nostreseigneur en ladicte cite et auec luy Sait Barnabe qui luy estoit baille pour son compaignon a prescher la saicte foy catholique. La mesmes soubz vne autre eglise est vne fontaine qui iecte eaue moult doulce et fort bonne a boire qui cõe on dit est bonne a guerir des fieures a ceulx qui en sont malades et qui en boiuent/et pourtât on laporte en loing pays et diuerses contrees circunuoisines et autres

Item soubz terre asses parfont ya. vii. chambrettes quon monstre aux pelerins la ou les sept dormans furent longuement et se y tyndrent grant espace de temps et ne sont point ceulx de quoy on parle souuent qui furent in celio monte/mais sont sept autres de la cite de baffa destruicte comme dit est/nous vines en vne autre aussi destruicte nõmee piscopie laquelle vng roy dengleterre destruit du tout et le pays denuiron a cause que le roy de cypre print et viola vne sienne seur en ce pays la laquelle aloit en la saincte cite de hierusalem en pelerinage. De la a cinquâte mille pres de baffa ya vne autre cite la ou ya port auql̃ comunement on aborde et arriue lon ou on prêt port nõmee limisme laq̃lle vng soudâ de babilon

f

ne iadis subuertit et destruit toute la en ceste cite par tout en qlque lieu que on caue en la greue de la mer on treuue eaue doulce de la fontayne.¶ Q fut le.xxvi.de iuing arriuames au port de cypre.

Ypre est vne ysle de mer dicte ainsi et nommee de la cite de cypre qui est en ladicte ysle ainsi apelee. Elle a este autreffois nomee et apelee paphon cosacree et dediee autreffois a la deesse venus Autreffois a este cite de grant renō abondāte grādemēt en metail et en aerain desquelz lusage fut la trouue pmierement en ladicte terre a abondance de vin/et sont bien fors les vins de la elle a plusieurs nobles citez entre lesquelles la principale et metropolitaine sapele Nicosie ladicte ysle est toute auironee de mer et dedēs elle ya de bois et de forestz des chāps des pres/des vignes/des arbres/des fruitz en grāde abondāce. En la dicte ysle ya des riuieres/des fontaines fort arrousant ladicte terre et ladicte ysle est pleine et opulāte de plusieurs delices et richesses. En le scripture ladicte ysle sapele souuent cethin/elle contient de long cent et quatrevingtz mille dytalie et de large cent et.xxv.la cher de mouton et de brebis ou agneau ny est pas fort chiere/car souuent on a.vii.brebis pour vng ducat/mais aussi elle nest pas fort bonne. Lysle de cypre ē loing de rhodes trois cent lieues/et est iusques au iour duy soubz la domination des veniciens.

E.xxviii.de Iuing nauigames de cypres auec vent propice et a gre par lespace de trois iours tant q vismes en vng lieu duquel poyons voir la saincte terre de hierusalem. Et tātost q la peumes aperceuoir eumes grant ioye et grant liesse et epultation et toe raison estoit comēcames a chanter en grāt deuotion Te deū laudam? auec lantie nne de Salue regina/auec oroisons a ce couenables et oportunes. Et asses tost apres ce iour mesmes vimes et arriuames deuant la cite de iapha autremēt dicte Ioppem/et tātost aps furent iectes les antres en la mer et la galee audit port antree. Et tātost aps le patrō coe est de coustume enuoya aucuns de ses gēs pour le sauscon duit auoir en rama iusques en la cite saicte de hierusalem et aussi au gardien des freres mineurs du mōt de syon/et pour auoir cōducteur ou guide q sapele comunement truchement/pour laquelle chose demourames par.vi.iours continuelz en ladicte cite de iapha. Et en cest interuale de temps lautre patron Pierre laudasue que autrefois auions recontre en la mer arriua audit port de iapha auec sa galee et nos freres les pelerins qui estoiēt en elle. Et auchra sa galee en mer a vng gect darch pres de nous qui tātost

enuoya pour le saufconduit côe nous et entandis aucuns des galiotz de no
stre galee et de la leur alerent peschier/et furent pris des infideles et ba
tus et playes pour leur temerere oultrecuidance côe raison estoit car ce
ne deuoient faire. Et aucunesfois auec le patron descendions a terre en
vng petit nauire et achetions des bourions de vigne et des raisins cuysq̃
autre choses necessaires pour nostre vie. En apres le.v.iour de Juillet
vindrent a iapha a cheual aucuns des gens du souldan q̃ sapelent en leur
langage mamelus et auoient en leur compaignie le pere gardien des fre
res mineurs acompaigne de deux de ses religieux et nous aporterent des
seigneurs de hierusalem et de rama nostre saufconduit celuy mesme iour
lautre patron pierre laudauue amena ses pelerins a terre et les mist en
vne vielle cauerne côme est de coustume la ou il demourerêt enclos et fer
mes par trois iours/mais nous de la prudence et humanite de nostre patron amames mieulx attendre en la galee iusques au derrain iour auql
fumes mis a terre et mis dedens la dicte cauerne/et y demourames vng
iour et vne nuyt la ou les autres demourerent trois iours et trois nuys

La coustume est telle aux sarrasins et payens de venir en la dicte cauerne aux pelerins et puis les apelent lun apres lautre et leur demandêt
leurs noms et les noms de leur pere et les escripuent/et apres qui sont
escrips mettent les dis pelerins en la dicte cauerne et les enclouent la dedens iusques a tant que eulx auec le patron ont couenu et pacifie a leur
plaisir de largent qui fault bailler pour le saufconduit. Et a suys
de la dicte cauerne les crestiens de la sainture cestassauoir de la foy de saīt
paul viennent de hierusalem et de rama auec diuerses marchandises et
vitailles necessaires/côe char cuyte/poules/gelines/oeufz/pai/fruitz
et autres diuerses choses quilz ont achetees et en presentent aux peleris
et en achetent selon que leur est necessaire et en prennent du quel q̃ leur
plaist en le payant a la voulunte desdis aportans mais en font asses bon
marchie.

E.viii.iour de Juillet a nous tous pelerins furent amenes asnes a chascū le sien et alames dessus eulx iusques en rama ou
ya.x.mile de Japha en lespace de trois heures/car ilz vont tost
comme cheuaulx.

La dicte cite de Japha a este autresfois grāt cite a merueilles et de
grant renom apele Joppe ou iapha de iaphet filz de noe ainsi nommee qui

f ii

la construit et edifia et pourtant de luy a pris nom/et est vne des.viii.cítes qui furent edifiees contre le deluge qui fut au temps de noe/et voit on de grans aneaux et serroulz de fer pendans en vne roche qui la est ausquelz les nauires iadis furét affichees et liees/on voit aussi la vne chai ne de fer grande et grosse a merueille/de laquelle estoit lye et detenu comme prisonnier vng geant nomé adromadus duql vne coste on voit iusqs au iour duy qui a quarante et vng pied de long. Quant nous arriuames pres de rama a vne tournee de beufz autant que il peut labourer vne iournee nous descendimes des asnes et fumes cótrains de aler a pied et de por ter chascun ses besongnes a son col/dequoy nous fut bien grief/car il fai soit fort grant chault et la pouldre voloit de tous costes. Nul crestien ne etre en rama a cheual ne a asnes la fume de rechief nombres et reclus en vne vielle maison. En rama ya de grans edifices et plusieurs q̃ sont de Bricque et de terre cuite/et ya vne fontaine qui a asses bonne eaue. Ceste vielle maison acheta iadis Philippe de bonne memoire duc de Bourgongne pour le logis des pelerins et sapele lospital des pelerins qui est en la garde des freres du mont de syon.

De Japha iusques a rama vint auec nous le seigneur de rama qui auoit auec luy plusieurs mamelus et le truchemét de hierusalem et auoient eulx deux bien cent cheuaulx pour nous conduire defendre et garder des payens sarrasins et de leurs enfans qui se assemblent ensemble es villes et lieux par ou passent les pelerins/et leur font tát dempeschmét et de peine en iettant contre eulx pierres fanges et autres ordures que a grant peine nonobstant layde quil ont de ceulx qui les conduisent peuét passer que aucunesfois ne soient tues les pelerins comme par experience aduint a vng de nos gens. Et est grant dágier et peril de passer de iapha iusques a rama pour les choses deuantdictes.

En rama ya vng baing fait et edifie moult igenieusemét auquel ya quatre tours alenuiron et vient la chaleur dune fournaise soubz terre pauce de marbre moult beau et de diuerse couleur. Et demouraines en la dicte cite de rama trois iours empeschz de aler plus oultre a cause de deux seigneurs capitaines des payés qui auoient guerre entre eulx/desquelz lun sapeloit amours en son sournom/et estoit son estandart blanc/et perdit.viii.de ses gens en la bataille lautre sapeloit nabaleus portant son estandart rouge/et obtint la victoire contre lautre/et fut nostre garde et conducteur.

Et ix.iour de Juillet du commandement et ordonnance du pere gardien ung de ses religieux chantant messe en la dicte cite de rama audit hospital des pelerins deuant nous quant vint a son france se retourna devers nous et nous dit et bailla la forme et maniere coment nous deuions conduire en la terre saincte de hierusalem en nous baillant nře regime et gouuernemēt par rigles et doctrines en langue latine ytaliēne et alemēne disant ainsi. Mes treschiers amis en ie sucrist ie vous diray a present et auiseray de cinq articles que bien deues diligā ment cōsiderer afin que ne perdes le bien et le fruit de ce tressaint pelerinā ge que aues entrepris a tant grans labeurs et grant mise et despense. Le premier article est sil y a entre vous autun qui soit venu yci sans la liscence de nostre saint pere le pape parquoy ayant encouru sentence de ex communiment nous auons le pere gardien et nous auons licēte de nostre saint pere de les absouldre par la dicte sentence de excōmunication. Et se autun de nous a de ce mestier a faire en priant le dit pere gardien luy cō muniquera vouluntiers la dicte puissante et auttorite de quoy vous de ues bien resioyr et a ce men resioys que dieu vo͞a donne grace de visiter ce ste glorieuse terre saincte en laquelle nostre seigneur ie sucrist nous a dō ne merite et acquis salut et gloire a nostre ame.
Le second article est que ung chascun de vous pelerins aye vraye et parfaicte creance de la saincte foy crestienne autrement pour neant et en vain seroit yci venu.
Le tiers article est que ung chascun de vous aye pure et nette consciē ce et de ses peches vraye contrition et confession et propos de se abstenir de malfaire. Le quart q̄ ung chascun de vous de la plus grāde deuotiō q̄ on pourra se dispose a aler et cheminer voir et regarder par to͞ les sais lieux de la dicte saincte terre. Le. 5. q̄ ung chū de vo͞ se donne bie garde songneusemēt estudieusemēt de ne marcher point ne aler nullemēt sur les sepultures des sarrasins/car cest chose q̄ ne peuēt nullemēt souffrir et si le peuēt apercenoir sensuit grāt peril et dāgier de mort Et aps q̄ ces cho ses eut dit acheua sa messe.et aps la fin de la messe ung chūn se tyra a sa cōpaignie et en sa māsion et logis/et tātost aps les crestiēs de la saiture cest adire de sait pol no͞ aporterēt a vēdre des viādes toutes pstes et ap pareillees a grāt peine et difficulte et grāt dāgier peut on auoir du vin sinon q̄ on lait aporte auec soy de la galee et demourames la tout le iour a cause que il estoit dimence.

f iii

L est bien a consirerer aux deuotz pelerins les grans pardons indulgence et remissios q̄ gaignēt ceulx et celles q̄ visitēt les sains lieux de la dicte terre saincte. Et pmier sait siluestre pape de rōme a la requeste de lempereur cōstantin trescrestien et de sa mere saincte helaine les donna et ottroya et les autres sains pres papes ses successeurs les ont contenues et confirmees

Premieremēt a tous ceaulx crestiens qui font le dit saint pelerinage pour acquerir les dis pardons et visiter les dis lieux sais mais q̄ soient cōtris et confes des q̄ partent de la galee et mettent le pie sus la dicte terre saincte est dōnee de la puissance et auctorite des dis sains pres papes pleine remission de tous leurs pechies q̄ on aple en cōmun langage pardon de peine et de coulpe.

Item cōmunemēt les pelerins arriuent en ce lieu ou Jone le prophete entra la nauire pour sen fouyr deuāt lyre de dieu en tharsis commēt il est escript au pmier chapi. du liure de Jone. Item en Japha q̄ autremēt Joppem est dicte monseigneur saint Pierre prince des apostres resuscita la dame tabita ainsi nōmee cōme est escript es actes des apostres. Itē nō pas guere loing de la est le lieu ou pescha monseigneur saint Pierre quāt il estoit pescheur la ou il y a .vii. ans de pardons et .vii. quarāteines Item de rama en venāt vers la cite saincte de hierusalem pres .ii. mile de rama est vne ville dicte Lidia, en laquelle est leglise de saint George la ou il fut martyrise. En ceste mesme ville monseigneur saint pierre guerist vng paralitique nōme enee, et y a sept ans et sept quaranteines de vrays pardons.

E. vi. iour de Juillet partimes de rama a leure de deux heures de la nuyt, et mōtames sus nos asnes pour nous en venir droit en la cite saicte de hierusalem, laquelle est loing de rama .xxx. mile de ytalie asses grās en alant de rama en hierusalem a la main destre est le chasteau de mauly dequoy est asses parle en seuāgille loing de rema .xx. mile et de hierusalem .lx. stadies qui sont .iiii. lieues ou enuirō la ou cleophas vng des septante deux disciples repose et est enseuelis asses pres de la est la ville des sais machabees nōmee modon de la ou furēt nes, et y a .vii. ans de pardōs et asses ps de la vers hierusalem au hault dune mōtaigne est enseuely le saint prophete samuel, et en toꝰ ces lieux y a .vii. ans .vii. quarāteines de pardōs. Itē asses ps de la a destre est la ville de ramata dont estoit ne le dit samuel et Joseph darimathie duq̄l estoit le saint sepulchre auquel fut enseuely nostreseigneur.

De lentree de la cite saincte de hierusalem.

En la cite saincte de hierusalem ya plusieurs sains lieux et places que on ne pourroit pas visiter en vng iour entre lesquelz le saint sepulchre de nostreseigneur est le plus saint et le principal.

Et iour donques .vi. de Juillet a .vi. heures aps mydi entrames en la saincte cite de hierusalem descendans coe estoit de raison de nos asnes/ et a pied entrames en icelle a laquelle entree ya pleine remission et nul pelerin ny peut entrer a cheual ny a asne. Et pmierement nous alames tout droit au saint sepulchre de nostreseigneur a cause de gaigner les gras indulgeces q y sont/ et de la fumes menes a lospital des pelerins. Moy et mes freres pelerins q auec moy estoiet venus par mer entrames en la maison dun nome Calin le petit pres dudit hospital q est come scribe et interprete/ et sa conunemēt auec les pelerins de madame saincte Catherine lequl nos assigna chambre en sa maison et la reposames ce iour bien las et trauailles du grāt et long voyage q auiōs fait

Des sains lieux qui sont entre lospital des pelerins et le mont de syon inclusiuement.

E .vii. de Juillet q estoit le dimēche nous assemblames ensēble tous les pelerins et montames tous ensemble au mōt de syon en visitant les sains lieux q estoiet entre deux en nostre chemin. Et pmierement vimes au lieu la ou les iuifz voulirēt oster par force le p cieux corps de la glorieuse vierge marie quāt les sains apostres de nostre seigneur le vouloiet porter enterrer le iour de sa mort en la valee de Josapha/ de la vimes au lieu ou monseigneur saint pierre entra aps quil eut regnia nostreseigneur trois fois en la court de cayphe et est vne grāt fosse la ou il ploura amerement. Tātost aps entrames en vne eglise intitulee des ages ou auoit este autresfois la maison de anne euesque en laqlle fut mene pmieremēt nostreseigneur du iardin doliuet ou receut nostreseigneur grāt iniure du soufflet que luy bailla en la ioue le scruiteur de anne/ de la vimes en vne autre eglise nommee saint saulueur ou estoit iadis la maison de cayphe grande et angulaire en laquelle nostreseigneur fut mene demoque/ frappe/ et toute la nuyt griefuement afflige et tourmente/ et la est monstre vng lieu bien estroit auquel on mist nostreseigneur iusques a tant q les princes de la loy eussent auise par coseil q on feroit de nreseignr et sapele ce lieu la la prison de nreseigneur et iassoitte q de cecy ne soit poit parle es euāgiles car tout ce q a este fait nest pas dit toutesfois il est a croire que ainsi ait este pour lexcistente du lieu et le tesmoignage de ceulx q̃ lafferment de leurs pdicesseurs.

Item la est la grant pierre q̃ osta lange de dessus le sepulchre nostre seigneur/et est au iour duy la table du grant hostel de ladicte eglise de saint sauueur. Itē la mesmes en la court a la main senestre est ung arbre tout auirōne de pierres la ou saint pierre et les autres ministres de cayphe se chaufoyent au feu le iour de la passion de nostreseigneur en partāt de ladicte court en une place a main deptre ya une pierre en ung coig la ou estoit la vierge marie quant saint pierre partit de la maison de cayphx auql̃ elle demāda nouuelle de son filz mais sait pierre plouroit si fort et si ameremēt q̃ ne luy peut respōdre/et latendit la benoite vierge marie iusques au matin quelle vist mener son enfant lyet tōme ung larron de la maison de cayphx en la maison de pylate iuge et puost de hierusalem laquelle lensuiuoit en grāde douleur et tristesse. Item de la asses pres y apert une eglise toute desolee de pierre lune sus lautre tant seulement auironnee en laquelle la glorieuse vierge marie demoura.xii.ans aps la mort de son enfant/et ya pleniere remission et nest pas la faulte des crestiens q̃ ladicte eglise ne soit edifiee/mais les sarrasins ne le seuffrent point. Item en tous tes sains lieux nōmes ya.vii.ans et.vii.quaranteines de pardons. Itē la pres est le lieu ou trespassa la vierge marie et du quel elle mōta au ciel/et a encore les signes q̃ autressois ya eu une chapelle en laqlle saint Iehan leuangeliste tōme deuot seruiteur et chapelai de la vierge marie plusieurs fois t... et a encore partye de la pierre sur laquelle i... La aussi on monstre le lieu ou mōseignr̃ saint mathias fut esleu en apostre au lieu de iudas/et ē signe se dit lieu dunc pierre rouge/et de la sen tenāt au mont de syon asses ps de leglise est le lieu la ou la vierge marie faisoit ses oroisons et deuotions la aussi a.ii.pierres en lune se seoit a part nr̃eseigneur quāt pscḣoit a ses apostres/en lantre la vierge marie oyāt deuotemēt les paroles de nr̃esei gneur. Itē soubz leglise du mōt de syon partye dedēs et partye dehors et le lieu de la sepulture des prophetes et des roys disrael cestassauoir de dauid/de salomō et des autres/cōe roboā/abias/aza/iosapha/ioram/ochosias/athalia/regina ioas/amazias/ozias/ioatham/acham/ezechias/ manasses/amon/iosias/ioatham/eleachim/iechonias/sedechias/lesquelz ne sont pas tous en ung mesmes lieu enseuelis/comme asses apert par la saincte escripture.

Et a ces sepultures de ces roys et de ces prophetes ne peuent pas aler les chrestiens pelerins mais les sarrasins payens ont ce lieu en honeur et reuerence, et y ont fait leur chapelle ou eglise quil apelent musque au ql lieu moy et ung autre noble des pelerins a lames se neust este lay de dieu eussions estes tues, car subitement vindrent la les payens et sarrasins, mais il ne nous perceurent point, la asses pres est le lieu la ou se contement fut enseuely saint estienne premier martyr gamaliel maistre de saint paul et abibas son filz et nychodeme semblablement, la asses pres est le lieu qui sapeloit le grat senacle ou nostre seigneur feist la cene auec ses disciples la ou fust rosti lagneau paschal et menge de nostre seigneur et de ses apostres, et la ou fut chaufee leau de quoy laua nostre seigneur les pies a ses apostres, la prochain, et le lieu auquel dauid feist penitance pour ce que auoit fait tuer son cheualier Vrie sans cause et sans raison auquel lieu par la reuelation du saint esprit composa les sept pseaulmes que nous apelons penitenciales auquel lieu une secte de crestiens apelez indiani ont fait ung cloistre et religion, et en tous ces lieux y a .vii. ans et .vii. quaranteines de pardon.

Apres la visitacion de tous ces dis sains lieux paruimes au monastere et religion du mont de syon qui est de lordre des freres mineurs, et y a belle eglise de brieque et de pierre cuite, et me semble que pour nostre venue estoit paree et ornee plus que nestoit de coustume de bien riches et pcieux tapis mis entontre les murailles et dautres ornemens que le feu duc de bourgongne philippe auoit donne auec mille ducas de subside tant quil a vescu pour sa deuocion et des freres la demourant la sustentacio, la quelle chose son filz charles a entretenu tant quil a vescu, et semblablement entretient son successeur roy des romains Maximilien. Et quat fumes entres la dedens les religieux dirent messe moult solennelement apres laquelle messe tous reuestus des ornemens de leglise firent une moult belle protession, et eulx alant deuant et nous apres nous menoiet aux sains lieux du mont de syon.

Et premieremet au lieu ou est a psent le grat autel de la dicte eglise au ql nre seigneur auec ses disciples fist le vernier souper et aps lagneau paschal institua le saint sacremet de lautel et le bailla a ses apstres, et y a remission pleniere. La aps au coste deztre dudit autel est le lieu ou la ua nostre seigneur les pies a ses apostres. De la vimes hors du cueur au lieu la ou le saint esperit en espece de langue de feu le iour de la penthecoste vint sus les apostres.

Et la de ssoubz est la chapelle dequoy a este parle en laquelle sont enseuelis les roys et les prophetes auquel sepulchre par vne fenestre regardames/car nul crestien ne peut entrer dedens sans le comandement des sarrasins et payens. En celuy lieu a pleniere remission/de la vng pou loing fumes au lieu auquel apres la resurrectio nostreseigneur saparut a ses disciples.viii.iours apres les portes closes estant saint Thomas auec eulx auquel dit nostreseigneur qui mist ses mains en son coste comme il apert en leuangille saint Jehan et la ya.vii.ans et.vii.quarantaines de pardon.

Et apres que la procession fut finee fumes tous subites du pere gardien et de ses religieux de disner auec eulx/comme est de coustume côe nous feismes pour laqlle chose et plusieurs autres gratuites et seruices que souuent treshumainement nous feirent de nostre propre vouloir sans que riens en demandassent leur feimes côme deuions et apartenoit.

Et en apres retournames en nostre logis et en venant entrames en vne eglise ou se tiennent les Jacobites auquel lieu herodes fist decoler saint iaques le maieur.et la ya.vii.ans.vii.quarantaines de pardon. En aps est le la lieu ou nostreseigneur saparut a la saicte marie magdaleine et aux autres deuotes femes au chemi quât elles venoiêt du sepulchre et les salua en disant Auete/et senclinerêt deuât luy en baisât et tenât ses dignes pcieux pies/et la ya.vii.ans.vii.quarâteines de pardôs

Et pource q la nuyt ensuyuât deuios aler et entrer au saint sepulchre de nostreseigneur tôme est de coustume de ancienete reposames vng petit de temps a lospital des pelerins iusques leure fut couenable.

Et est a noter q la cite de hierusalem est situee en lieu moult eminêt et aparêt et delle on voit tout le pays darabie et le môt de abarim et Nebo et la pleine de phasga en iordain et ihxerito/et la mer morte iusques a la pierre du desert et nay poit veu cite ne lieu q ait plus beau ne plus long regard pour aler en elle fault monter de toutes pars/car elle est situee au plus hault qui soit en toute la terre saicte fors sylo qui est loing de la deux lieues

Cy est la disposition et la figure du temple du saint sepulchre nostreseigneur quât a ce q apert par dehors.

De lentrée du saint sepulchre de nostreseigneur et de la processiõ faicte es sains lieux qui sont la dedens.

E pii. de Juillet a leure de Vespres au venerable sepulchre de nostreseigñr eusmes congé des payés recteurs et gouuerneurs de la dicte saincte cité de hierusalem de entrer et fusmes tous nom bres et nous furent ouuertes les portes et paya ung chascũ de no? .S. du cas ne autremẽt iamais ne se euure synõ pour la venue des pelerins ou la mutation des freres q en ont la garde et tãtost q fusmes entres tresious dedens le clouprẽt par dehors et entra auec no? le pre gardien auec plusi eurs de ses religieux et incontinẽt q chũn duot pelerin met le pied dedẽs le dit saint sepulchre acquiert pleniere remission.

La disposition du temple du saint sepulchre leglise est ronde et a dya metralement entre les coulonnes septante et trois pies les boutans qui ont par circuite au mur de dehors de la dicte eglise dix pies sur le sepulchre de nostre seigneur q̃ est au milieu de la dicte eglise et douuerture ron de tellement que tout le dessus du sainct sepulchre est ront leglise nõmee galgathana est ioincte a leglise du saint sepulchre/et est comme le cueur de la dicte eglise elle est ung peu plus basse et elle sont toutes deux soubz une couuerture.

La fosse du saint sepulchre de nostre seigneur elle a. viii. pies de long et. viii. de large tout auironnee par dehors et couuerte de marbre/mais par dedens cest une pierre de roche comme estoit au temps de la sepulture de nostre seigneur. La porte pour entrer au saint sepulchre est devers orient/et est bien basse et fort petite. La tumbe du sait sepulchre a la destre côme on y entre vers la muraille est de marbre de grise couleur haul te dessus le pauement de trois paulmes longue. viii. pies ainsi cõme elle est par dedens/et est close de tous costes ne ny peut auoir lumiere dedens par dehors/car il ny a nulles fenestres/mais ya. ix. lampes pendantes des sus ledit sepulchre. Et ya ung autre sepulchre deuant celui de nostre sei gneur dune mesme longueur et largeur et disposicion dedens et dehors et semble par dehors que ce soyent deux/mais quant on est dedens on voit q̃ il ny a que une petite muraille entre deux. Item on entre premierement en celle cy dequoy est parle et de dela en celle ou est le sepulchre en celle pre miere entrerent les sainctes femmes quãt il dirent. Quis reuoluet no bis lapidem etc. Et ceste pierre estoit mise a luys du second sepulchre et encore une grãt partye dicelle est deuãt luys dudit sepulchre lautre par tye a este portee au mont de syon côe a este dit cy deuãt.

Le mont de caluaire auquel nostre seigneur fut crucifie est loing dudit sepulchre septante pies/et fault monter au lieu la ou fut posee la saincte vraye croix en ung roch. xviii. pies du pauement de leglise. et lin cision de la pierre en laquelle fut mise la dicte croix est si grosse et si grã de q̃ ung hõme y peut mettre sa teste et moy gy mis la mienne et descend le pertuis en long iusques au pauemẽt de ladicte eglise par. xviii pies est la couleur du precieux sang iesucrist apert iusques au iour duy en ladite incision/et est lincision vers la main senestre et ya ung autiel vers le co ste senestre fort beau et honneste de marbre et toute la chapelle et les pa rois et le pauemẽt sont couuers de marbre et dorez de tresfin et pur or.

Du mont de caluaire vers orient. xxiiii. pies a ung autel soubz lequel est partye de la coulonne en laquelle fut flagelle nostre seigneur la trãslatee de la maison de pylate/ et est couuerte de la pierre de lautel tellement que les chrestiens la peuent veoir baisier et toucher. Elle est de pierre porfire noire et rouge par taches et cuyde le comun peuple que ce soit la rougeur du pretieux sang de nostre seigneur/ lautre partye de la coulonne a este translatee a constantinoble.

De cest autel ycy enuers orient a dix pies pres on descend quarante et. viii. degres la ou fut trouuee la saincte croix qui fut trouuee de madame saincte helaine/ et ya une chapelle et deux ostelz bien loing en terre le lieu la ou estoit la vierge marie au pres de la croix le iour de la passion de nostre seigneur estoit deuant la face de nostre seigneur vers orient lequel lieu on voit/ et est en grande reuerẽce et deuotion aux crestiẽs plusieurs autelz sont en ceste eglise mis conuenablement et ornes grandement Tenant luys de ceste eglise par dehors vers occident est le lieu la ou saicte marie egyptienne priant deuant lymage de la vierge marie quant fut reboutee hors du temple fut consolee par la responce de la dicte vierge glorieuse. Les autres sains lieux de ce temple que nous visitames par toute la nuyt les freres mineurs alans deuant nous processionnalemẽt sont premierement.

La chapelle du saint sepulchre dequoy ia a este parle apres une chapelle de nostre dame en laquelle le gardien et ses freres entrerent et se reuestirent des vestemens de saincte eglise/ et firent une belle procession eulx alant deuant et nous apres et le lieu la ou nostre seigneur sapparut premierement a la vierge marie le iour de la resurrection.

Et en ceste chapelle est partye de la coulonne en laquelle fut batu nostre seigneur/ et ya remission pleniere et a romme en leglise saincte praxede ya une autre pierre de ladicte coulonne et a lyon aussi une autre piece a la grande eglise apelee saint herinier. Et en ceste chapelle ya ung autre autiel a senestre du grant autiel la ou la saincte croix demoura lon‐ guement toute entiere apres que saincte helaine leut trouue. Et ya ento

g

re vne partye de la vraye croix/et ya.vii.ans de pardons.

Item au milieu de ceste chapelle ya vne pierre de marbre ronde/et est le lieu ou fut mise la saincte croix sus vne femme morte qui tantost resuscita parquoy fut congneue des autres croix des deux larrôs qui toutes trois furent trouuees la.et ya.vii.ans de pardons.

Item en partãt hors de la chapelle ya deux pierres de marbre blanc et rondes/et en lune est le lieu ou sapparut nostre seigneur le iour de la resurrection a la saincte marie magdaleine en guise de iardinier et lautre la ou nostreseigneur lapella par son nom quant elle lapela rabony qui est a dire mon bon maistre/et ya aussi sept ans de vray pardon.

Et de la procedans audit temple entrantes en vne autre chapelle edifiee en vne roche/et est la ou nostreseigneur fut mis au temps que on luy preparoit la croix/et ya sept ans de pardon/et nya que vng autel.

Et la aupres ya vne autre chapelle et nya que vng autel/et est la ou ceulx qui crucifierent nostreseigneur diuiserent ses vestemês et iouerêt aux des la robe inconsutile.Et ya sept ans de pardons/de la descendimes par.xxx.degres de pierre en vne autre chapelle de saincte heleine auquel lieu elle demoura en priant dieu deuotement quant la saincte croix fut trouuee/et la est le lieu la ou elle fist cauer pour trouuer la saincte croix qui estoit en ce lieu/et y auoit.vii.ans de pardon tant seulement/mais pape sixte quart ya donne pleine remission.

De la descendimes.xii.degres en vne roche/et ya vne grant fosse qui a.xxii.pies de long/et la estoit la saincte croix/la lance/les clous/la couronne despines qui la furent trouues lan apres la passion de nostreseigneur trois cês et sept/et a la pleniere remission/et de ceste fosse montames au temple et vinmes en vng autel sus lequel a vne pierre en maniere de coulonne sus laquelle seoit nostreseigneur au pretoire de pylate quant il fut couronne de couronne despines et demoque et detrachy des sergans de pylate/et ya.vii.ans de pardon.

Et de la montames encore par.xviii.degres et vinmes au mont de caluaire ou nostreseigneur fut crucifie/et est la vne belle chapelle de brique/et a la tousiours.xi.lampes ardantes pource que le lieu est moult saint et venerable/la aussi est le trou auquel fut mis la croix de nostre seigneur de copre en pierre q a trois paulmes de parfont et vne paulme de largeur/car il est auironne par dedens de vne lame de cuyure parquoy il est plus estroit afin que on nen puisse riens tyrer.

Et la pres a coste senestre enuiron sept paulmes ya vne grant place rompue en pierre asses grande pour y tenir vng homme laquelle rompure fut faicte tout du long de la pierre iusques en terre quant nostreseigneur mourut en la croix auquel lieu est vng petit plus bas se tenoit la Vierge marie et saint Jehan leuangeliste saincte marie magdaleine auec les autres sainctes femmes au temps de la passion de nostreseigñr. et ya pleine remission.

Dessoubz le mont de caluaire en descendant a coste senestre ya vne chapelle en lonneur de la Vierge marie et de saint Jehan cõsacree au lieu dit golgatha/de la on voit la rompure de la dicte roche descendãt du plus hault iusques au bas en terre comme dit est la fut trouuee la teste de nostre premier pere Adam/et ya.vii.ans de pardons et ne descend on poit processionalement iusques a ce lieu la.

Et du mont de caluaire descendimes a vng lieu signe de vne pierre blanche la ou la Vierge marie se assist en grant douleur ayant en son gyron le corps mort precieux de nostreseigneur quant il fut oste de la croix pour le mettre au saint sepulchre/et la ya pleniere remission.

Et finablement en procession honnourable nous entrames en la chapelle grande et ample et ronde au milieu de laquelle est le glorieux sepulchre de nostreseigneur et la pierre qui estoit dessus le sepulchre est en leglise saint sauueur dequoy deuant est parle au sepulchre glorieux de nostreseigneur ya tousiours.vii.lampes ardantes/et deuant le sepulchre qui est en maniere de vne petite chapelle ya tousiours trois lampes ardãtes/et ya pleniere remission.

Et de la retournames en la chapelle de nostredame processionalement faisant la fin de la dicte procession ou auoit este le commencement

Et en apres finit la procession chascun a son plaisir se recreoit et reposoit son corps se demourant de la nuyt alant deca et dela visitant les sains lieux du dit temple.

g ii

Et se confessoit vng chascun aux confesseurs de putes a cause que a l'aulbe du iour chascun receut nostreseigneur. Et estoit le .xiii. iour de Juillet quant les pelerins au mont de caluaire receurent nostreseigneur a la messe solennelle.

Et moy auecques les autres nobles contes et barons receumes nostreseigneur dedens la chapelle du saint sepulchre.

De la partye du saint sepulchre
et des sains lieux qui sont en hierusalem.

Outes ces choses faictes et consummees apres le soleil leuant le .xiii. iour du mois de Juillet les huys et portes du temple ouuers par les payens et sarrasins qui nous auoient mis dedens estions apeles lun apres lautre et a l'issue dudit temple nous veismes les sepultures des roys chrestiens deuers mydi audit temple, c'est assauoir du roy melchisedeth, du roy Baldanus, du duc Gaudeffroy de bullon premier roy de hierusalem auquel sept autres roys audit royaume de hierusalem succederent sans moyen qui tous sont la enseuelis asses honnourablement. Lesquelz recouurerent glorieusement par victoire triumphante ladicte terre saincte des mains des sarrasins et infideles, et le tindrent par lespace de quatre vingz et .viii. ans et .xix. iours iusques au derrain roy apele qui apres lequel les payens et sarrasins eurent la seignourie et domination et ont encores iusques a present, comme plus aplain cy apres sera dit et declaire.

Item audit temple au milieu est vne pierre de figure ronde qui est trouee, et est le trou large dune paulme ou enuiron. Et dit on que la est le milieu de la terre habitable.

Item audit temple ya diuerses nations de gens en plusieurs lieux dela et dela manans et habitans qui sont tous de diuerses sectes, loys, meurs et conditions.

Et se dient tous et vng chascun crestien, mais ilz ont tous plusieurs erreurs qui tiennent et heresies desquelz cy apres sera parle. Et deuant le temple ya tros chapelles lune des anges, lautre de saint Jehan Baptiste et lautre de la magdaleine et en chascune ya .vii. ans de pardon

Item pres dudit temple derriere le mont de caluaire y a vne grant pierre et asses large/ et dit on que cest celle sus laquelle Abraham vouloit tuer et sacrifier son filz ysaac. Et aussi y a vng oliuier bien fort viel et ancien soubz lequel vist Abraham le mouton cornu qui prist et tua et sacrifia a dieu au lieu de son filz ysaac par le commandement de lange. Et lapres est lautel enuiron soubz lequel Abraham fist son sacrifice. Et estoit la figure qui figuroit et signifioit que la seroit vne fois nostre seigneur sacrifie comme ainsi fut fait.

Item deuant ledit temple pres a.x.pas est vne pierre mise en signe du lieu ou tumba a terre nostre seigneur quant portoit la croix par debilite et foiblesse. Et vne autre pierre ou sont encore les signes euidens du precieux sang de nostre seigneur quil espandit le iour de sa passio.

E.piiii. de Juillet nous visitames les sains lieux de la cite saincte de hierusalem. Et nous menoit le pere gardien auec aucus de ses religieux. Et apres que eumes ouy la messe a lospital saint Jehan et alios par ce long voyage et chemin que feist nostre seigneur depuis la maison de pylate iusques au lieu ou y fut crucifie auquel chemin passames par les lieux et places cy apres nomees.

Et premier par la maison de la Vironique qui de son cocuurechief essua et pana le visage de nostre seigneur quant aloit a la mort auquel fut imprime sa face/ et est a romme maintenant/ et est bien loing de la maison de pylate bien cent et cinquante pas.

Item passames par la maison du mauuais riche qui selon la saincte euangille est enseuely en enfer.

Item en vng lieu a.ii.chemins auquel estoient les femmes de hierusalem plourant quant nostre seigneur aloit mourir en la croix/ ausquelles dit nostre seigneur. Filles de hierusalem ne ploures pas sur moy/ mais sur vous et sur vos enfans.

Item en vng autre chemin fourchu auquel les iuifz contraingnirēt symon cyreneuse a porter la crois de nostre seigneur auec luy.

Item par vng autre lieu auquel nostre seigneur portant la croix en

g iii

contra nostredame/et la elle cheut et tumba toute pasmee de douleur et martyre. Et la saincte heleine edifia vne petite chapelle qui est toute de rompue du tout/et ne peuent les payens la nullement edifier nonobstāt que asses sont voulu faire.

Item en vne rue ya vng arch de pierre auquel ya deux pierres blanches et larges et sus lune seoit nostreseigneur quant il fut iugie de pylate et sus lautre seoit pylate quāt iuga nostreseigr̄ a estre crucifie.

Item en la maison de pylate ou nostreseigneur fut iuge/batu/lye/et demoque couronne despines et de plusieurs autres opprobres et iniures tourmente/et en ladicte maison nul pelerin ne peut entrer se ce nest par ancune faueur espetiale et secretement/comme moy et de aucuns autres seigneurs entrames par force dargent que donnames.

Item en la maison de herode a coste senestre de la maison de pilāte en montant en laquelle maison fut enuoye nostreseigneur de pylate et des iuifz accuse et desprise de herode et de robe blanche vestu en se mocquant de luy/et est lescolle des enfans des payens.

Item la maison en laquelle furent pardonnes les pechies de la magdaleine.

Du temple de salomon.

Item vismes au lieu la ou parde hors vismes le temple de salomon qui est rōt en figure et euure de euure gretque hault et large et long couuert de plomb tout edifie de grās pierres quarrees et tailllles.

Item a lenuiron dudit temple les payés ont mis lesclipse de la lune ainsi comme ont de coustume de faire en leurs eglises a lestree desquelles communement mettent vne demye lune. Et a deuant le temple vne grāt place pauee toute de pierre de marbre asses pres dudit temple ya vne longue eglise couuerte de plomb iadis apelee loratoire de salomon et quant hierusalem fut sus la domination des crestiens ceste eglise fut consacree en lonneur de la vierge marie/et tiennent les sarrasins en celuy temple quatrevingz lampes toutes ardantes dens le temple de salomō septante/car le temple de loratoire de solomon est plus grant que le temple d de salomon. Au pres de ce temple de salomon le souldan a fait edificer vne neuue eglise nõmee musque en laquelle ie fus le iour saincte prapdk et y a quatre vingtz et viii. lampes tousiours ardantes/ et est moult fort grande ladicte eglise dessoubz leglise de nostre dame ditte loratoire de salomon dessoubz terre y a certains edifices grans et larges a merueilles tellement que vi. cens cheuaulx pourroient estre logies la dedens a leur aises. En ceste eglise demeurent les payens et a grant peine laissent les crestiens entrer dedens.

Item les sarrasins ont le temple de salomon en honneur et reuerence et ne permettent point la faire nulle ordure/ et quant il entrent dedens il sont tous nudz pies et lapelle la roche saincte pource q̃ au milieu dudit temple y a vne p̃tite roche close de fer alentour/ et comme nous conterent les crestiens regnies lesquelz nous apelons mamelus nul sarrasin ou infidele ne presume autrement de aprocher ladicte roche. Touteffois daucuns y viennent de loing pour la visiter en grant deuotion selon leur maniere de faire/ car plusieurs grans miracles ont estes iadis fais en elle

Le premier melchisedech lequel estoit grant prestre de la loy dessus icelle offrit le pain et le vin.

Le second Jacob le patriarche dormit dessus elle et veist vne eschiele de laquelle le bout touchoit iusques au ciel et veoit les anges mõter et descendre par ladicte eschiele.

Item dauid veist dessus elle lange ayant vng couteau tout nu en la main tyre hors de la gayne.

Item sus elle les prestres du temple mettoient sus elle les sacrifices des bestes que on sacrifioit a dieu et le feu du ciel la consummoit toutes

Item hieremias le prophete recundit et mussa en elle larche du testament au temps de la captiuite de babilonne et prophetisa disant. Locus iste manebit incognitus donec miserebitur dominus populo suo/ Cest a dire ce lieu yci sera incõgneu iusques a tant que dieu aura misericorde de son peuple et plusieurs seront de ceste opinion que encore en elle est a present enclose larche du testament.

Item sus elle fut offert nostreseigneur de la vierge marie quant le presenta au temple et quant saint Simon le prit entre ses bras disant Nunc dimittis seruum tuum domine.

Item sus elle seoit nostreseigneur iesus quant en leage de .xii. ans estoit entre les maistres de la loy disputa.it/interrogant/et respondant et puis apres en laage de .xxx. ans souuent sus elle se seoit quant au peuple il preschoit. De celuy noble temple de salomon plusieurs choses grandes et dignes de memoire raconte lescripture lesquelles nest pas de necessite ycy a present raconter.

De la vinmes a la porte saint estienne par laquelle y fut mene et non pas loing de la quant des iuifz fut lapide/et la aussi on voit le lieu ou sait paul qui pour lors sapeloit saul gardoit les vestemens de ceulx qui lapidoient. Et la aussi nous fut monstree la porte doree de loing par laquelle nostreseigneur entra en hierusalem le iour de rapas et ne peut nul crestien aprocher de plus pres/mais tous trestiens pelerins qui en la regardant vers elle font oroison et priere ont pleine remission.

De la descensse au Val de Iosaphat.

Et la descendimes en la valee de iosaphat au torrent de cedron qui est comme il me semble sans eaue en este et en yuer et la resme ya eaue asses abondante.

En celuy ruisseau ya vng pont de pierre que feist faire saicte helaine au lieu la ou estoit le bois dont fut faicte la croix de nostreseigneur. On dit es hystoires que ce bois la estoit comme vne planche ou pont pour passer le dit ruisseau sus lequel la royne sabath ne voulut pas passer car elle congneut en esprit que le saureur du monde deuoit mourir en luy/et de la non pas guere loing vinmes en vne eglise de nostredame intitulee le sepulchre nostredame fort beau et noble/et est leglise grande et de bricque et a des degres .xliii. par lesquelz on descend/et la est le sepulchre de la vierge marie fait de marbre blanc vng peu plus large que celuy de nostreseigneur/et peut on la celebrer messe comme au sepulchre de nostreseigneur/et ya deux portes/lune par laqsle on entre dedes et lautre pour en saillir en ce dit sepulchre le trespur et saint corps de la vierge marie fut des apostres de nostreseigneur honnourablement enseuely/mais trois iours apres comme on croit de foy piteuse fut reuny auec lame digne et pretieuse de ladicte glorieuse dame/et monta en corps et en ame en paradis/et ya pleniere remission.

Du mont doliuet et des sains lieux qui sont en montant en iceluy.

EN partant de ladicte eglise et cheminant au coste senestre vinmes au mont doliuet et quant eumes vng pou monte vinmes au lieu soubz vne roche concaue ou iesucrist pria a dieu le pere et fut en grant angoisse et sua goutte de sang decouras son pcieux corps sus la terre/la aussi on voit la pierre sus laquelle lange estoit qui le confortoit/et de la destendant come vng iect de pierre vinmes au lieu auql laissa nostre seigneur saint Pierre/saint Jacques/et saint Jehan leur disant. Sedete hic donec vadam illuc et orem. Et puis apres montames au lieu la ou on dit q̃ monseigneur saint Thomas lapostre print la sainture de la vierge marie quant elle monta au ciel/de la cheminant entrames au lieu du iardin la ou iesucrist fut pris et la ou saint Pierre coupa loreille a marchus.

La aupres on voit vng lieu de pierres la ou Judas en baisant bailla nostreseigneur aux iuifz et la ou les iuifz cheurent a la reuerse luy interrogant disant. Quem queritis. Encore vng pou plus hault montant vinmes la ou nostre seigneur plourant disoit. Si cognouisses et tu ett. parlant de la saincte cite de hierusalem.

Et la montames vng pou plus hault la ou lange de dieu aporta la palme a la vierge marie en la denunciant leure et le iour de son trespas. Et de la vng peu cheminames et vinmes en vne montaigne qui se nomme galilea/et est le lieu duquel lange de dieu parloit quant anuncoit la resurrection de nostreseigneur disant.

Precedet vos in galileam ibi eum videbitis sicut dixit vobis. Car deuãt sa passion nostreseigneur ainsi leur auoit promis disant. Post quã aũt resurrexero precedã vos i galilea/cestadire aps q̃ seray resuscite

Je vous precederay en galilee qui est le lieu de quoy yci est parle / et non pas la region de galilee/car elle de celuy. Finablement vinmes au plus hault de ladicte montaigne la ou il y a une eglise en celuy mesme lieu duquel nostre seigneur monta au ciel. En ceste eglise pres de lentree y a une pierre sus laquelle estoit nostre seigneur quant il monta au ciel/ en laquelle encore sont les fourmes de ses dignes pies et principalement du pied destre. Lequel lieu de sa benoite ascension est loing de hierusalem ii lieues comunes/et depres de la peut on veoir la mer morte ou estoient les cinq cites Sodome Gomorre/et les autres trois auec les circunuoisines prouinces qui toutes pour le peche de contrenature furent peries et subuertyes/et a de la iusques a ladicte mer morte sept mile mais il semble quil ny ayt pas demy mille.

Des lieux en descendant le mont doliuet.

En descendant le mont doliuet vinmes par ung autre chemin et fumes en une eglise la ou repose le corps de saincte pelage auquel lieu en son viuant feist aspre et forte penitance/de la tantost apres vinmes en la ville de bethphaga de la ou nostre seigneur enuoya deux de ses disciples le iour de rampas leur disant. Ite in castellum quod contra vos est etc.

Et apres non pas loing de la vinmes a leglise de sait march auquel lieu les apostres par linspiration du saint esprit firent le grant credo et le petit en proferant chascun son article/de la asses pres y a une eglise solee auquel lieu nostre seigneur dit a ses apostres la maniere de faire oroison disant. Cum oraueritis dicite Pater noster qui es in celis etc.

Et de la en descendant ung petit vinmes a une pierre soubz laquelle se reposoit souuent la vierge marie quant elle estoit lassee et trauaillee en visitant les dis sains lieux. Apres descendimes a leglise de saint Ja ques le mineur premier euesque de hierusalem auquel lieu nostreseigneur sapparut a luy apres sa resurrection et auquel lieu fut enseuely apres sa mort quant les iuifz le iecterent du hault du pinacle du temple en terre encore preschant constantement la foy de iesucrist dune perche de foulon ung iuif le frappa a trauers des temples et luy iecta le ceruueau hors de la teste/ de la toutesfois a este son corps translate en autre lieu/ et la au pres est la sepulture du prophete zacharie/ et de la cheminant uimes au lieu la ou iadis estoit la uille de gethsemani.

Des lieux qui sont en la valee soubz le mont doliuet.

Finablement descendimes en une ualee soubz le mont doliuet la ou il y a une tour en laquelle on dit que absalon est enseuely et y a ung grant monceau de pierres/ car les payens quant passent par la chascun iecte une pierre dedens la tour par une fenestre/ comme en oppobre et uindication de la rebellion et inobediente quil eut contre son pere dauid quant il le chassa hors de la cite de hierusalem en persecutant/ come il est escript au second liure des roys au.pv.chapitre et es iii. et ensuiuant/ de la on uient en la ualee de syloe. Au pie de la montaigne doliuet a la main destre on uoit le lieu la ou Iudas se pendit et creua par le milieu. En ceste ualee de syloe a lentree y a une fontaine asses clere qui sourt de ssoubz terre la ou la uierge marie souuet lauoit les drapeaux de nostreseigneur quant il estoit petit enfant. Et de la uinmes ad natatoria syloe qui est leaue en laquelle nostreseigneur illumina laueugle quant il eut fait du mortier de sa saliue et de la terre et qui le mist dessus ses yeulx en luy disant uaten en la natatoire de syloe et te laue sy seras guery/ comme ainsi fut fait et fut illumine et ueist clerement laquelle hystoire est mise au long en leuangille saint Jehan au.ix.chapitre/ de la nous partans passames par ung lieu la ou le prophete ysaye par le comandement duroy sedecye fut sioye par le milieu de son corps de une serre de bois/ et y a maintenant ung iardin de piree/ et y a plusieurs cauernes et lieux ausquelz les apostres et plusieurs autres sains se muffoient de paour des iuifz.

Et en nous partant de la dimes au champ de alchedemach qui est a dire le champ du sang qui fut achete.xxx.deniers desquelz nostre seigneur auoit este vendu/et ce pour enseuelir les pelerins/et valent trois de ces deniers vng ducat.

Et est ledit champ ferme de quatre murs en maniere dune tour quarree couuert par dessus de tyeule/et a par dessus sept fenestres par lesquelles les corps des crestiens mors estoient iectes dedens et le fist ainsi faire saincte helaine/et a de long septante et deux pies et de large cinquante.

Apres toutes ces choses veues et visitees retournames en hierusalem aucunement las et trauaillies de si long chemin/et primes nostre refection/car heure en estoit. Et apres nous mismes a reposer/car nous estions vng pou las.

Du voyage de Bethleem et des lieux circunuoisins.

Le iour dessusdit.viiii.de Juillet au vespre qui estoit la feste de la diuisio des apostres.nous en alames deuers les freres du mont de syon la ou nous trouuames les asnes tous pretz. sus lesquieulx nous montames et alames iusques en Bethleem. qui est loing de hierusalem.v.lieus. En partant de hierusale a deux mille pres vinmes au lieu la ou les trois roys dorient recogneurent lestoille qlauoient perdu quant entrerent en hierusalem. de laqlle dist saint Mathieu. Ecce stella quam viderant magi in oriente.etcetera.au second chapitre de ses euangilles. En apres vinmes a une eglise edifice.au quel lieu come on dist le prophete Helye nasquit. De la assez pres nous vimes le lieu auquel lange de dieu print le prophete abacuch. et le porta par ung cheueulx de sa teste iusques en babilonne. Et le mist aupres du lac des lions auquel estoit daniel le prophete / et luy bailla abacuch la viande qui portoit et leaue pour sa refectio. Et la pres le lieu la ou le patriarche Jacob demoura.et la est le sepulchre de sa feme rachel soubz ung chesne. De la entrasmes en betleen en leglise de la vierge marie de grande excellence et beaulte.et contient en longueur deux cens et.v viii pies.et en largeur octante et sept. Et incontinent que la fumes venus / les freres mineurs or donnerent une belle procession / et eulx allant deuant les suyuismes et alimes apres eulx et eulx portant en noz mains des chandelles alumees. Et premieremet vimes alentour du monastere a ung autel auquel lieu nostre seigneur fut circuncis. Et de la en ung autre autel ou est le lieu que les trois rois appareilloient les presens qui vouloient bailler a nostre seigneur. Et de la par aucuns degres de pierre descedimes en une chapelle moult belle / mais petite. en laquelle au grat autel est le lieu la ou nasqt nostre seigneur ia dis appellee le diuersoire.le quel lieu est tres sait et tres deuot / auql la benoite vierge glorieuse enfanta le sauueur du monde et le roy de gloire. Et de la procedames et vismes en ung autre autel fait soubz une roche au quel lieu les trois roys dorient offrirent leurs presens / or / mirre / et encens a nostre seigneur. Deuant ledit autel est le lieu ou estoit la crespe en laquelle la digne mere de nostre seigneur le reclina.enuelope de petis drapeaulx derriere ledit autel plusieurs corps sains des Innocens reposerent long teps incongnus. En nous en retournant du circuit dudit monastere descen

A

dimes par aucuns regretz de pierre en vne chapelle faicte et dediee en honneur de monseigneur saint iherome la ou son saint corps fut enseue+ly.et long temps reposa iusques au temps que fut translate a romme en leglise saincte marie maieur. En ce lieu le dit saint docteur labo+rieusement translata la saincte bible de ebriu en grec et en latin. Et la demoura longuement en grant saintete de vie et aspre pnitance et belle conuersation. La pres est vne autre chapelle la ou saint Eusebe di+sciple et imitateur dudit saint hierome fut enseuely. Et de la depar+tans du circuit dudit monastere vismes en vng lieu dudit monastere auquel fut la fin de la procession.et demourames la et bumes et mẽga+mes et reposames iusques apres la minuit.aps lequel minuit les fre+res chauterent tous messe lun en vng lieu et lautre en lautre iusques a laube du iour. Plus aplain de bethleen et des lieux circuuoisins se+ra parle cy apres.

Du retour de bethleen en la ci+te saincte de hierusalem.

E matin ensuiuant le.xv.de Iuillet retournames de bethleẽ en hierusalem par vng autre chemin/car nous estions gue+ties des payens et espies.ce non sachãs nos guides et truche+mens.Et nonobstant nostre saufgarde les arabes nos assail+lirent et eurent de nous.xxtiiii.ducas pour auoir la vie sauue. En nos en retournant vismes a vne eglise de saint nicolas toute desolee qui est loing de bethleen vne lieue/la ou comme on dit Saint pol premier her+mite/et saint eustace ont este enseuelis. Et la pres est vne eglise de no+stre dame auquel lieu lange saparut aux pastoureaux/et leur dist.annũ+cio vobis gaudium magnum. Je vous anunce grant ioye etc.dequoy par+le saint luc au premier chapitre de ses euangilles. Et de la dite eglise nulle pierre nen peut estre ostee des sarrasins ne par force ne par subtili+te de engin quelconques/car qui entreprent de ce faire/ou soubitemẽt il meurt ou il perist.Et ny a cheual ny asne qui puisse de la aproucher/com+me pour vray et certain nous fut aferme.Et la pres va de bien gras o+liuiers la ou saparut grant multitude de anges auec celuy qui annũcoit la natiuite de nostreseigneur qui chantoient.Gloria in excelsis deo etcetc.

Et la pres est vne chapelle auquel lieu lange saparut a ioseph en dor+mant disant.Surge.et accipe puerum et vade in egiptũ etc.sicue toy et va en egipte/la est la sepulture des.pii.prophetes/la est vng ptit mõt ou dauid tua le geant golias/de sa fonde/la est le champ appelle boz.au quel dauid tua le lyon et lours. Et de la visnies a la maison de zacharie en laquelle apres la salutation angelique et la conception de nostre seigneur, la vierge marie monta en la motaigne hastiuement, cestassauoir uers hierusalem, car de nazareth iusques en hierusalez fault toustours monter, et entra en la maison de zacharie et salua helizabeth en disant ce beau cantique. Magnificat anima mea dominum etce. Au plus hault de la dicte maison autrefois a eu une eglise qui est a present toute destruicte fundee au lieu ou saint zacharie plain du saint esperit dist le cantique de benedictus. Et auquel lieu il demanda lescriptoire, et escript. Johannes est nomen eius. Jehan est son nom. La pres est le lieu auql nasquit son filz saint Jehan baptiste precurseur de nostre seigneur, et y a eu autrefois une belle eglise, et est maintenant estable aulx iumens, chuaulx et asnes. Et puis apres nous visnies en la maison de saint symeon le iuste, qui receut nostre seigneur en ses bras, et dist le cantique. Nunc dimittis seruum tuum domine etce. Tantost apres a.ii. lieues pres de hierusalem nous visnies a ung cloistre de religion appelle le monastere sainte croix ouquel habitent les moynes de grece, auquel desoubz le grant autel iadis auoit ung arbre, duquel la saincte croix fut faicte. Au pres de ce beau monastere estoit le biau et singulier iardin de salomon q estoit clos de toutes pars. Et de la asses pres de hierusalem nous visnies en une valee une religion appelee a saint sabbe, qui iadis fut abbe de ce monastere, auquel y auoit adonc grant nombre de religieux iusques aucunesfois au nombre de.xiiii. mille de religieux. Et finablement ledit iour pm.de Juillet retournames en la cite saincte a leure de disner. Et apres le disner nous reposames ung pou, a cause que la nuit ensuiuant reuions encore une fois entrer au temple du sait sepulchre, car trois fois les pelerins y sont mis, et entrent de coustume ancienne. Et a sept heures de la nuit les huys du temple nous furent ouuers et entrames dedens, et y demourames toute sa nuit en visitant chascun a sa voulunte et deuotion les sains lieux dudit temple. Et lendemain a laube du iour qui fust le.xvi.de Juillet, plusieurs des pelerins nobles et gentilz hommes prindrent lordre de cheualerie de hierusalem en faisant les syremonies et manieres acoustumees secretement, car les sarrasins ne le vouloient souffrir quant ilz le sceurent. Et apres que ce fut fait, les freres dirent les messes au saint sepulchre au lieu la ou fut crucifie nostre seigneur au mont de caluaire, et apres que ce fut fait nous partimes du temple et retournames en hierusalem en nostre logis ou prinmes nostre refection et reposa

A ii

mes aucunement/car lendemain deulions aler en bethanie.

Du voyage de hierusalem en bethanie.

Edit iour.xvi.de Juillet partimes de hierusalem pour aller en bethanie comme a heure de vespres/et alames au freres du mont de syon la ou trouuames les asnes tous pretz et montasmes sur eulx et alames en bethanie qui est derriere le mont Oliuet loing de hierusalem.iiii.lieues. Et la quant nous y entrames vismes le monument auquel fut enterre lazarus. Et la pres est la maison de symon le lepreux qui pria nostreseigneur de disner auec luy la ou vint la glorieuse magdaleine/et aporta la boette plaine de vnguemens et luy dona nreseigneur remission de ses pechs. Et asses pres de la est la maison de saincte marthe hostesse de nostreseigneur/et la maison de la magdaleine/lesquelles choses veues retournames en hierusalem.

Endemain qui estoit le xvii.de Juillet/nous feismes pactes et apointement auec les seigneurs de hierusalez pour aler au second voyage de madame saincte katherine au mont de synai. et iusques au iardin ou croit le bausme/duquel voyage sera plus a plain parle en la seconde partie de ce liure.

Du voyage de hierusalem au fleuue de iourdain.

E.xviii.iour de Juillet primes nostre chemin vers le fleuue de iourdain. Nonobstant que plusieurs grans difficultes et empeschmens nous suruindrent/et vindrent auec nous aucuns freres de syon/et nous conduirent aucuns des payens pour le dangier des arabes afin que nous ne tobissiemes en leurs mains et payames grat arget pour euiter le dagier. Nous passames par le mot Oliuet vers bethanie/et finablemet vismes a vne habitation ou iadis y auoit vng monastere qui sappelloit en langage de ytalie terra rousso.en francoys terre rouge.loing de bethanie.viii.mille/et est le lieu augl ioachin sen ala quant leuesque de la loy abiathas refusa son oblation au teple come maudit en la loy a cause qui nauoit point denfans/et de honte quil eut ne sosoit mostrer ne retourner en sa maison/mais sen ala auec ses pasteurs audit lieu/et demoura la par aucuns iours iusques a tant que par le comandement de lange sen retourna en hierusalem. Et de la par les montagnes bien.xii.mille cheminames vers ihserico dequoy est parle en la saincte euangille. Homo quidam descendebat ab hierusalez in ihserico etce. Cest a dire que vng homme descendoit de hierusalem en

iherico/et se trouua entre les larrons/et est le chemin encore au iour du
asses perilleux et dangereux. On list en la saincte escripture que nostre
seigneur a fait plusieurs choses en ce pays de iherico/especialement en
la maison de zacheus/en laquelle maison fut loge et receu ioyeusemet de
zacheus/no pas sans cause/et estoit fort ioyeup dauoir ung si noble seigneur pour hoste en sa maison. Et ung petit deuat iherico est le lieu ou la
ueugle crioit tat quil puoit a nostre seigneur qui par la passoit disant.
Ihesu fili dauid miserere mei. Ihesus filz de dauid ayes mercy de moy.
et le peuple luy prohiboit et disoit qil se teust/mais de plus fort en plus
fort il crioit disant ce q dit est/et la nostre seigneur lenlumina. En iheri
co demouranmes une nuyt/et le matin apres alames au fleuue de iourdain qui est loing de iherico.vi.lieues.et visnes en ce lieu auquel nostre seigneur fut baptise de mo seigneur saint Jehan baptiste/et la tous
nus en ce dit fleuue nous bagnames/et lauames desirás estre nes et la-
ues de noz pechz/car la est pleine remission.

Le fleuue de iourdain est une riuiere en iudee partant de deup fontai
nes.lune sapelle ior.lautre dan/et de ces deup fontaines sapelle la riuiere
de iourdain/et prent son comencemet et nascence de soubz une motaigne
apellee Mous libani. Le mot de liban/et fait diuision et partist le pays
de iudee du pais de arabie/et par plusieurs auironemens et diuers circu
ites deuers iherico sen va en la mer apelle la mer morte la ou est recueil
ly et totalement termine le dit fleuue. Ceste riuiere est plus grande au
teps de este et en messons que en yuer/et ce pour les rousees du souer q
sont la fort grades/et aussi pour ce que les neges adonc se fondent et de
scendent toutes en ladite eaue dequoy est escript en iosue au tiers chapi
tre ainsi disant. Jordanis ripas aluei sui tpe messis impleuerat etc. Ce
ste riuiere a de grás et plusieurs priuileges. pmier ceste riuiere fait diui
sio du pais de ceulx q sot leaux et fixelles a dieu/et du pays des ifixelses
come dit est. Secondement elle se diuisa et fist passage aup enfans disra
el quát eulx portás larche du testamet entreret en la terre de promissio
come est escript Josue.iii. Tiercemet elle guarit la maladie de namá sy
rus qui estoit ladre en se bagnant la.vii.foiz come luy auoit este dit par
le prophete helisee/dequoy est parle en la saincte bible au quart liure des
roys au.v.chapitre. Jte demonstra en sa diffusion et en son cours la sai
tite de helye et de helisee/car au comandemet de eulx il obeist/come apert
au.iiii.liure des roys au second chapitre. Jte le fer q de sa nature ua au
fons de leaue ny alla point en elle mais aloit desus leaue/et le retoura se

le prophete qui auoit perdu/comme apert au .iiii. liure des roys au .Vi. chapitre. Item pour ce que ladicte eaue atoucha la precieuse et digne char du corps de nostre seigneur. elle fut sainctifiee et donna vertus regeneratiue aux eaues. comme apert en leaue du sacrement de baptesme.

Item audit fleuue saint Jehan Baptiste en baptizant nostre seigneur Vist le chiel ouuert. et ouyt la voix de dieu se pere. et Veist le saint esperit en semblance de coulombe cõe apert en sait Luc au second de ses euangilles.

Et de la nous en Vismes a leglise de saint Jehan baptiste faicte et edifice la ou iadis y demoura au desert. Et autrefois y auoit vng monastere que les moynes de grece tenoient/mais maintenant il est du tont desole. En celuy lieu Veist saint Jehan nostre seigneur Venir a luy pour estre baptise/et adonques saint Jehan le monstra au doy disant. Ecce agnus dei ecce qui tollit peccata mundi. Veey lagneau de dieu/Vecy celuy qui porte les pechez du monde. La aussi est le lieu la ou Helye en vng chariot de feu fut porte en paradis terrestre. La pres est le monastere ou saint hierome feist aspre et rigoreuse penitance. Et la reposames vng iour et apres alames a la mer morte/mais premier feumes en la Valee la ou labbe sabbe demouroit/auquel auoit. viiii. mil. religieux dequoy cy deuant a este parle. Et nenobstãt que la naye nulles indulgeces ne pardons/touteffois pource que ledit monastere nestoit guere loing de la nous y alames.

De la nous cheminames et alames a la mer morte la iadis estoient les cites de sodome et de gomorre et les autres circunuoisines. La nya nulles indulgences ne pardons/mais cy apres de ceste mer morte et des licux cy deuant nomez sera plus a plain parle.

En ceste mer morte on treuue vng serpent nome tyrus/duquel on fait le triacle. Et est long ledit serpent demie aulne/et espes come dun doit/et de diuerses couleurs touloure il ne Voit goutte

Et est tant Venimeux que par nul moyen ne peut estre gueri celuy qui est mors de luy si non par luy couper tost et hastiuement le membre qui est blesse de luy. Et quant on le veut prendre il est fort indigne et courouce tellement quil senfle par la teste et par la queue fort et le fault tuer tout dun coup pour auoir le Velin qui est en lui ou autrement ne Vaudroit riens. Du conmandement et edit du soudan nullepart nest porte ce serpent pour Vendre a faire ce que dit est/si non au chaire ou se tiet et reside le soudan.

Et de la retournames en iherico et Vismes a la montaigne appelee la quaranteine/la ou nostre seigneur ieuna quarante iours et quarante nuis. La ya une chapelle incisee en une roche et est asses perilleuse la voye pour y aler et monter pource que elle est bien fort haulte/et bien pou de pelerins y montent pour le grant danger quil y a/nous y alames a lay de de dieu a grant danger et a grant peril. Et descendans de ladicte montaigne vismes au fleuue de helisee duquel il garist les eaues steriles et ameres lequel fleuue est au pic dudit mont/et la bumes et mengames et reposames las et trauailles dauoir monte et descendu ladicte motaigne/ceste riuiere va iusques a ung lieu nome galgala. dun coste/cest assauoir deuers le vent iusques en ihyrico/et court iusques dens le fleuue de iourdain. Et apres que feumes ung pou reposes retournames en la saincte cite de hierusalem/les autres lieux de ce voyage et de ihyrico et de la mer morte sont cy apres figures et escrips

Le voyage ne doit point estre fait ne entrepris des pelerins sans guides et bons conducteurs pour les dangiers grans q y sont conc dit est.

Dus ces lieux dessusditz et nommes ieux et de nous visitz pou desdis peleris se ppareret pour aller au voyage de la glorieuse vierge et martire madame saincte katherine/car de tous nous qui estions plusieurs et grant nombre desquelz dieu auoit frappe les cueurs tat seulement.xviii. asseret audit sait voyage. Et le.xxi.iour de Juillet qui estoit le iour de saincte marie magdaleine a soleil couchant les autres sen retournerent en rama et a iapha. se recoeillerent es galees qui les auoit amenes. Et nous.xviii. demourames en hierusalem.xxxiiii.iours apres leur departement. Et apres ledit temps faictes toutes les preparatiues et choses necessaires pour acomplir ledit voyage/et ayans le saufconduit dudit voyage et les guides et conducteurs encomensames ledit saint laborieux et penible voyage du mot de synai/vray est que enceidit temps que demourames en hierusalem souuent feumes et visitames lesdis sains lieux/et a grant deuocion et diligece les veismes et regardames et fumes encore dix fois au temple du saint sepulchre de nostre seigneur par prieres et par arget tellement que dieu grace.v. fois feumes audit saint teple du sepulchre de nostre seigneur. Et aussi.ii. fois par dons et presens fumes en la maison de pylate/et bien diligamment veismes et visitames les lieux ou nostre seigneur fut batu a la coulonne la ou fut couronne/la ou fut iuge/et y a pleine remission de tos ses pechz/et veismes plusieurs choses es sais

A iiii

lieux que ne veirent point nos freres les pelerins qui sen alerent. Car pour le trop excessif chault qui faisoit ne pouions partir pour aler par les desers qui sont entre la saincte cité de hierusalem et le mont de sinay.

Le iour de madame saincte anne q estoit le.xxvi.iour de Juillet par lindustrie et subtilite dun payen de hierusalem secretement en la maison de madame saincte anne entrasmes/la ou iadis y auoit vne fort belle eglise fondée et edifiée en lonneur et reuerence delle/ et les payens en leur vsage lont appliquée et en font leur muely qui est leur eglise/et ny puet entrer les pelerins sy no bien secretemēt. Et de la descendimes en vng lieu pres de la en vnes cauernes soubz la terre bien obscures/aux gistes alumes portãs des chandelles en noz mains alumees la ou madame saincte anne finit ses derreniers iours/ et la ou elle enfanta nostre dame. et y a pleniere remission. Et de la nous primes aucunes parties des pierres dudit lieu/car on dist quelles sont a grand aide et cõfort des fēmes grosses. Celuy mesmes iour nous alames a la fontaine piscine probatique quiē pres de la dicte eglise/a laquelle nostre seigneur garist plusieurs malades/dequoy est fait mention en leuangille saint Jehã ou v.chapitre/et y a sept ans de pardon et sept quaranteines. En celuy interualle de tēps nous alames en plusieurs autres dignes et nobles sais lieux desquelz cy aps et a pnsent sera parle plus amplement.

Sensuit la description compendieuse et au long de la terre saincte de laquelle nous sont mis en ceste hystoire et figure.

Pour auoir pleine et clere congnoissance des lieux sains et places q sont pres et voisines de hierusalem desquelles souuet est faicte mention en la saincte escripture especialemēt es liures hystoriaux de la saincte bible/côme de iosue iudicu des roy paralipomenõ et des autres en sãble du nouueau testamēt les liures. Et aussi pour auoir plus clere congnoissance des figures et hystoires cy apres mises de la dicte terre saincte/ ie metz la diuision et distinction de la dicte terre saincte qui est et sera fort vtile et proufitable a ceulx qui vouldrõt prescher ou lire les dictes escriptures dessusdictes et nommees.

St assauoir premieremēt q ceste terre q nous disons la terre saincte qui vint en sort et assignatton aux.xii.lignees des enfans dirrael pour aucune partie qui saprloit le royaume de iudee qui estoit a deux desdictes lignees/cestassauoir a la lignee de iuda et benia min. Et lautre partie saprloit samarie a cause de la cite principale dudit pays qui sapelle samarie qui pour ceste heure sapele sabaste/et estoit chief des autres dix lignees des enfans disrael. Et tous les deux royaumes auec la terre des philistins saprloit anciennemēt palestina.terre qui estoit partye du pays de syrie comme on diroit q̄ sauoye et francone sont parties de alemagne/lombardie et tuscane/partye de ytalie/normendie et langue doch/partie de france.

Et pour mieulx et plus clerement entendre ce que dit est/est noter que il y a plusieurs pays de syrie de diuers noms nommes et apeles.

Toute la terre de syrie depuis le fleuue de tigris iusques en egypte/generalement sapele syrie/neantmoins la partie qui est entre les .ii. fleuues de esfraten et tygrin/et ba du long de la partie de aquilon a la partie du vent/cestadire de la montaigne de thauro iusques a la mer rouge saprle mesopotonia syrie/comme estant au milieu des eaues. Et a plusieurs gens habitans en elle/cestassauoir ceulx de perse de mede/auquelx deuers le vent est conioincte calice la ou est babilonne la grant/pres du fleuue de corbas comme il appert en genese le .xi.chapitre/et aussi le pais darabe iusques a la mer rouge qui sapele es partie de par dela syn? arabicus. La premiere partie de tout ce pays de mesopotamie/qui regarde vers aquilon/en laquelle est une cite ancienne nommee edissa/q̄ aultresfois sapeloit arathou/autrement rages me dorum/et maintenāt elle sapele rase/ceste partie la sapele principalement mesapotamie et ceste partye la est la premiere syrie.

La seconde syrie se nomme choeleth/ou autrement celes/qui comēcte au fleuue de eufrates/et finit au fleuue nomme dolame/q̄ court soubz le chateau de margath/et chiet finablemēt en la grant mer. en ceste partye apellee celes syrie/estoit ceste noble et renomme cite dantioche auec plusieurs autres cites voisines/cestassauoir leodocie/hyspania/et autres plusieurs.

La tierce syrie sapelle syria fenicis. laq̄lle comēcte a ce fleuue nōme balonie vers aquilon/et court du long vers le vent iusques a ung lieu apele la pierre incisee ou autremēt deserte soubz le mont de tarmeli du carme/q̄ aps fust dit et apelle le chateau des peleris tresfort et puissāt et estoit aux seigneurs de saint Jehan de hierusalem. En ceste partie de syrie y auoit iadis plusieurs grandes et nobles cites. C'est asscauoir Margad/ Antterance/ Tripolis/ Baruch/ Sydon/ Thyrus/ Accon/ Capharnaon. et s'apelle syrya phenecis du filz du roy agenon nōmé phenip frere de chatun qui tyrū la cite de tyre feist et edifia/ et la constitua metropolitaine et principale de ceste terre/ et la nōma par son nom.

La quarte est apelee syriadamasci ou est la cite de damasce metropolitaine de ceste cite qui est conioincte a la tierce syrie/ et s'apelle aussi syria libanica. q̄ le mont libani est en ceste partie moult hault et tresexcellēt

Et apres ceste syrie est la terre dicte palestine proprement dicte et nōmee terre palestine qui sont toutes parties de la grāt syrie.

La premeire palestine a hierusalem pour cite metropolitaine auec tout les pays et ses mons et vaulx dudit pays iusques a la mer morte et iusques au desert nōme cades baruc. La seconde a cesaree palestine ou cesaree maritine auec toute la terre des philistins cōmencant depuis le lieu dit Petra incisa. ou chasteau des pelerins/ et dure du long iusq̄s a ung lieu nōme basan/ vers le vent. La tierce palestine a bethsan pour cite metropolitaine assise soubz le mont de gelue pz du fleuue iourdain/ et se nomme galilee proprement ou autrement le grant champ de esdzelon Et aussi il y a .iii. arabies parties de la grāt syrie. La pmiere a une cite nōmee bostrō q̄ maitenāt s'apele busrecth iadis apelee bosora/ q̄ est cite metropolitaine de ceste pmiere partie darabie a laquelle est cōioicte la regiō de traconitidis et yturee vers occidēt. Damasce est vers aquilon pour laq̄lle cause syrie damasce aucunesfois s'apele arabie. Vnde a aretha s'apeloit roy darabie q̄ en serite estoit roy de damasce. La secōde arabie a pour cite metropolitaine une cite nōmee caabath/ situee sur le torret de arnon/ ceste partie darabie estoit la terre des enfās de hamō/ nōobstāt q̄ la cite fut de moab. Jtē ceste partie darabie fut du royaume de seon/ et enclouoit le royaume de basan/ et le mōt de galaath/ et e cōioicte a la partie pmiere darabie vers la partie de midi. La tierce arabie a pour cite metropolitaine une cite nommee mont real qui autremēt est dicte carath iadis apelee la pierre du desert situee sus la mer morte/ et cōtient soubz soy la terre de moab qui propremēt s'apele syrie de tebal/ et cōtiēt aussi le pays de indumee/ ou autremēt se mōt de seyr/ et toute la terre vers la mer morte iusq̄s a la terre de cades baruc/ et iusq̄s a syō galter/ et les eaues de cōtradiction vers la mer rouge par grans desers et larges guasticrs iusques au fleuue de euffra ten/et sapelle la grant arabie en laquelle est la cite de mecha ou est la detestable sepulture de mahomet. Et de ce souffit a present quant a la situation des terres atointes a la terre saincte/lesquelles choses sont prinses es escrips de venerable seigneur et pere maistre Jacques de Vitry iadis legat en la terre saincte de hierusalem

En apres a la particuliere description et declaration de ladicte terre saincte qui estoit aux autres dix lignees des enfans disrael/metos nostre stile nostre parler et intention.

La terre saincte est diuisee et departie en plusieurs parties correspondentes a diuerses parties du ciel/comenchat tousiours a la cite datonete q iadis sapeloit tholomerda/et estoit cite glorieuse et noble/mais maintenant elle est toute desolee/a elle touteffois prent on conuenablemet a cause de sa situatio le fondement de la protraction des lignes tendantes a toutes les autres terres qui seront icy apres sent declarees.

Premieremet doncques la descriptio et la diuision de la terre saicte est prinse de ladicte cite datonete alant tout droit par lindirecte vers la cite de tyre/et de la aux autres cites ensuiuant desquelles es lieux sera plus a plain parle. Il est assauoir touteffois q ceste cite dicte accon ne fut iamais de la terre saincte ne la posserent iamais les enfans disrael nonobstant quelle fut assignee en distribution a la lignee de aser. mais iamais ilz ne les peurent obtenir. Elle est situee en la prouince de fenix ayant vers la partie de midi a .iiii. lieues pres le mont ducarme et la cite dicte cayphanau piet de ladicte motaigne oultre le ruisseau de zison/ et la ou le prophete helye tua les prophetes de bal come il est escript au tiers liure des roys au .pviii. chapitre.

La region de phenice dicte phenice se estent et eslargist oultre et plus auant contre le midy a trois lieues iusques la pierre incisee autrement dit le chateau des peleris q est la fin dudit pays de syrie phenice contre ladicte partie de mydi. La cite dato estoit cite forte a merueille fermee de merueilleuses murailles/tours/fosses/et barbacanes tres fortes et estoiet de figure triagulaire coeung escu darmes dequoy ses deux parties estoient ioictes a la grat mer/et la tierce auoit son regard aux chaps q lauironoiet elle auoit .ii. lieues de large et pl' en aucues parties et mais en dautres/cestoit une cite moult fertile et en chaps et en pastures en vignes et en iardinages ausqlz yauoit bos fruitz de plusieurs sortes et espèces/mais pour les grans guerres qui souuēt ont este en elle est du tout destruitte et desolee/de la vers aquilon a.iiii.lieues pz vers la mer y a vng lieu nōme casalle lipērti/semblablement fructueux de vignes et de iardinages de fontaines et de riuieres soubz le mont de saron situee. De la apres que on a passe le mont de saron a.iiii.lieues pres est la ville dicte sardascon/laquelle assiega le roy Alixandre/et en lassiegant edifia et construit la cite de tyre/et puis apres Baudouyn roy de hierusalem la repara et laugmenta et la bailla a daucuns seigneurs et nobles pour y demourer/lesquiculx estoient dela ditz et apstles. Et de la pres enuiron vne lieue est vng puis de grande amiration cōtenāt en soy eaues viues pres du chemin par lequel on ha a la cite de tyr enuiron vng gett darch/duquel les eaues comme dist salomon es cantiques fluent impetueusement du liban/cest a dire du mont ainsi dit et nomme q ainsi sapelle a cause des haus arbres aisi ditz/desquelz part sencés et autres liqueurs aromatiques. Et nonobstant qui sapelle puys/touteffois il y en a.iiii.dune mesmes disposition/mais ilz ne sont pas si grans lun que lautre/vng de ces puis a de large.pl.coutees et autāt de long/et est quarre.les autres trois/cōme.xxv.coutees/et sont tous clos et auirōnes de murs de pierre dure et forte a merueilles/fais de cuure indissoluble/et ont la haulteur comme de vne lance.et en ce puis leaue se coulle ainsi et tellemēt selieue en hault qlle court de toutes pars par dessus les murs Et y a des conduis de la parfons et haultz comme la haulteur de vng homme par lesquelz leaue court/et se diffont ladite eaue par ces conduis par toute la plaine du pays de tyre/et en sont arousees les pres et les iardins dont la terre en est fertille fructueuse et abōdante. Et sōt loing de la grant mer enuiron vng gett darch/et en ce petit espace de terre moulent.vi.moulins de ladite eaue asses grans/et tantost leaue est absorbee en la mer/de ceste fontaine semble parler lescripture en lecclesiaste au.xxiiii.chapitre disant. Rigabo ortum plantationum et inebriabo partus mei fructum etc. Cest a dire/ie arrouseray les plantes et les arbres des iardins. Plusieurs grāces cōmoditez et seruices sont les dictes eaues aux habitās de ce pays la/de ces puys nya pas vne lieue iusqs a la cite de thyre sur la riue de la mer.et de sa noblesse et excellence est asses escript en ysaie et en hieremie.et es autres liures de la saincte escripture. Ceste dicte cite de thyre/eut vne reine desdits puis de laqlle par canaulx et cōduis merueilleux couroit leaue iusqs en la cite.ceste cite fut edifiee de iaphet filz de noe aps le deluge, mais puis aps du nōme phenice fut creue et augmẽtee/et est metropolitaine de la prouĩce de phenice close de toutes pars de murailles grãdes a merueille/plus grãdes q̃ la cite dacon/dequoy a este parle/elle estoit de figure ronde situee au fin cueur de la mer en roche tresdure et aurõnee de mer de toutes pars/si non en ung quartier qui est comme le front de ladicte cite Vers orient la ou premierement Nabugodonosor/puis apres alixandre/la firent contigue/et iointe a la terre aussi pres comme ung geet de pierre. La muraille dequoy estoit close/estoit de pierre forte et blanche espesse de.xx8. pies/et y auoit en ladicte muraille.xii.tours qui se continuoit iusques au chateau qui estoit en elle qui estoit moult fort et puissant situe en roche et au fin cueur de la mer fortifiee de tours et de tournelles si fortes q̃ a grant paine tout le monde le pouoit gaigner. En ceste cite y auoit plusieurs reliques comme on list en listoire ecclesiastique des martirs qui souffrirent la mort soubz lempereur dioclecien/desquelz le nombre est a dieu seulemẽt congneu. Origine repose la en leglise du sait sepulchre mis et enclos en une muraille. En ladicte eglise y auoit des coulenes de marbre et de pierres blices si hautes et si grãdes que cestoit grãt esbahissement de les regarder. Ceste cite estoit metropolitaine de la prouince de phenice/et y auoit siege archiepiscopal ayant soubz elle pour euesques suffragans baruth/sydon/et acton/et aloit larcheueschie iusques a la pierre incisee autrement dicte le chasteau des pelerins/dequoy a este dit et parle deuãt la porte de ceste cite vers orient enuirõ.ii.getz darc en la greue de la mer on voit le lieu ou preschoit nostre seigneur quant la femme sesleua dentre le peuple/et cria tãt quelle peut en disant. Beatus venter qui te portauit etc. Benoist est le ventre qui ta porte/et les mamelles qui tont alaicte. Et y a une grant pierre au lieu la ou estoit adõc nostre seigneur/lequel lieu iamais nest couuert darene/nonobstant q̃ larene soit menue et volatile comme nege q̃ es parties de occident et aqlon au temps diuer sasable a grãt mõ seaulx cõtre les hayes et les buissos quãt fait grãt vent. Ledit lieu soit puer soit este demeure tousiours nu ⁊ descouuert au milieu de la greue et a rene de la mer. De tyre a trois petites lieues cõtre aqlon passe une riuiere apelee eleutere.q̃ entre vdes la grãt mer/et fut iusqs la q̃ ionatas poursuit et persecuta le roy demetri?/cõe apert au pmier des machabees au.xii.chap. Ceste riuiere vient du pais de yturee autremẽt dicte galilee des gẽtilz apelee ãciennemẽt roos.⁊ aps nõ mee zabul/et court soubz le chateau belchisord qui estoit aux chualiers de sait iehã de hirusalẽ/⁊ est ps dun lieu dit hozma/et iusques la iosue fist fouyr en guerre. S. rois cõe apert Josue. y. Et a.ii. lieues pres de te ste riuiere est la ville de saraptasidoniorum/ ou est vne chapelle deuant la porte de ladicte ville deuers la partie de midi/ auquel lieu le prophete helye vint a la femme vefue de ladicte ville de sareth/ et demoura en sa maison en laquelle resuscita son enfant. et la est le senacle/ cest a dire la maisonnette ou se tenoit helye.

En sarepte a peine au iour duy y a. viii. maisons. nonobstant q̃ sa destruction monstre asses quelle a este autresfois vne glorieuse cite.
Et a deuy lieues pres de la est la cite de sydon/ ia dis chief de la prouince de phenice grande a donca merueille comme apert par la ruine qui est en elle que on creroit a grant peine qui ne lauroit veu qui estoit situee et disposee en vng bien long champ/ tendant de la partie de midi vers ad son soubz vng mont apele antilibane/ qui est entre celuy mont et la mer. Et estoit grande et spacieuse a merueilles.

De la ruyne dicelle a este edifice vne petite ville forte/ selle auoit defenseurs/ situee dune part en la mer aiãt deca et de la deuy chateaux bien fors et puissans/ lun vers le vent daquilon en vng roc dedens la mer que autre fois ont edifie les peleris dalemaigne/ lautre vers le mydi en vng mont qui est fort cõme vne petite ville. Et les seigneurs de saint Jehan de hierusalem ont autrefois este seigneurs des chateaux et cite. La terre circuuoisine est fort fructueuse et abondante de tous biens/ et y a bon air et doux et fort salutaire de la sante des gens/ et y a cãnes de miel et vignes a grãt abõdãce iadis bien bõnes/ mais maintenãt sont delaissees et mises a non chaloir des sarrasins/ non pas la tãt seulemẽt/ mais par toute la terre de promission/ et ne permetẽt point les sarrasins que soient labourees de nul autre/ car il ne boiuẽt point de vin. Deuant la porte de ladicte cite deuers orient y a vne chapelle/ a laquelle vint la chananee prier nostreseigneur pour sa fille qui estoit demoniacle/ en la voye et chemin qui va vers la ville de ituree et cesaree/ dequoy est parle en saint Mathieu au. pv. chapitre disant. Egressus thesus secessit in partes tyrii et sydonis et ecce chananea a finib? egressa clamauit etc.

La montaigne nommee mont libane dequoi a este parle est vne lieue loing de sydone vers orient/ et commence ceste montaigne dessus la riuiere de culeathere dequoy a este parle/ et dure en oultre iusqs a vne cite ditte tripolin durant par. v. iournees chascune iournee faisant cinq lieues/ et ne se eslongne point de la mer si non deux lieues fors vers tripolin q̃ est bien pres de trois lieues loing/ et aduiẽt aucunefois q̃ de la nullement on ne peut aller a la mer. le lieu abonde fort en vignes et ya fort bons vins. dequoy est parle en lescripture. Memoriale eius et vinum libani. Oultre la cite de sydone a.v. lieues pres est ceste noble et ancienne cite de baruth. en laquelle on dit que nostreseigneur prescha. et firent la les iuifz vne ymage de paste et sa semblance. en se mocquant de luy et crucifiant la dicte ymage/ de laquelle partist grant quantite de sang/ lequel sang au iour duy en plusieurs lieux est reuere et honnoure. Leuesque de ceste cite estoit suffragant ainsi comme celuy de sydoune a larceuesque de tyre/ et finoit la larceuesche de thyre. et oultre a trois lieues a vne riuiere qui sapelle le pas du chien qui entre la en la grant mer/ et la finit la patriarchite de hierusalem/ et commence la patriarchite de anthioche et prouince de tripole qui sapelle le pas du chien et est le lieu inaccessible par terre sinon de la voulente des sarrasins. car bien peu de gens facillemẽt garderont le passage contre tout le monde.

De baruth a.vi. lieues sus la mer est la cite apellee biblie premiere patriacat de anthioche. dequoy est parle en ezechiel au.xxvii. chapitre. en la louenge de la cite de thire. Senes biblii et prudentes eius habuerunt nautas ad ministerium varie supellectilis tue. Cest a dire les anties et sages de la cite de biblie ont eu des mariniers pour te seruir aux choses qui te estoient necessaires/ maintenant ceste cite sapelle bibleth et est asses petite. De ceste cite de bibleth a.iiii. lieues pres est vne cite apelee botro abondante iadis en vin tres noble et en tous biens de ce monde. mais maintenant elle est du tout destruicte. de la a trois lieues pres est le chateau de nephin comme du tout situe en la mer q̃ estoit au prince de anthioche ou y auoit.vii. tours bones/ et estoit lieu fort et puissant. et le vin de ceste ville auoit plus grant nom que les vins de tous les autres pays.

De la ville et chateau de nephin a.ii.lieues pres est la cite de tripole. bien belle et noble. Et est comme toute situee en la mer comme la cite de thyre/ et est cite fort peuplee/ euures de soye se font en elle a grant abondante/ le pays et la terre voisine de ceste cite par semblance et similitude conuenablement se peut appeler paradis/ a cause de plusieurs belles noblesses qui sont la/ comme oliuiers abondamment/ vignes/ iardins/ canues de miel/ et autres choses plusieurs. dequoy les semblables en beaulte et fertilite nay point veu ailleurs. La dicte cite a vng champ grant de vne lieue de long/ et vne de large/ auquel est comprise et contenue la dicte cite/ duq̃l champ ya plusieurs iardins aux quelz croissent plusieurs

fruitz de diuerses especes bons et sauoureup et y en a fort grant aben‐
dance. Le mont du liban dequoy a este dit et parle est a trois lieues pres
de la au pie duquel part et sourt la fontaine des iardins courāt impetu‐
eusement de ce mōt de libane dequoy est parle es cātiqs. Ceste fontaine
cōe il semble de prime face dict assez petitemēt et en paip. mais tost et cō
me subitemēt croist tellement que elle fait vne bien grāt riuiere. Et de
leaue de ceste fontaine sont arouses tous les champs pres et iardins q̄
sont entre ceste cite de tripolis et du mōt de libane et fait grās biēs mer‐
ueilleusement a la dicte cite et a toute la region. Ses eaues sont tresbon‐
nes froides et doulces. et iadis plusieurs lieup religieup estoient sus la
riue de la ditte fontaine et plusieurs eglises. Elle sourt comme dit est
du pie du mont de libane. et pour la plus part auironne et va alentour
du mont appelle le mont de leopars. et puis se conduit et depart par les
iardins et les arouse comme dit est.   De ceste fontaine se font .iiii. ri‐
uieres grādes et plentureuses qui toutes vont a la mer sans plusieurs
autres ruisseaup qui par diuers lieup courent tous a la mer. Et pour
vray de ceste fontaine est parle au liure de hester disaut. ffons paruꝯ cre
uit in fluuium magnum et in aquas plurimas redundauit.   De ce‐
ste cite de tripolis a deup lieues pres est le mōt des leopars ront a sauoir
cy assez hault loing du mōt de libane vne lieue. Au pie duqʟ vers aqlō
y auoit vne fosse en laquelle auoit vng sepulchre de .vii. pies de long le
quel les sarrasins visitēt en grant deuotion disant que cest le sepulchre
de Josue. laquelle chose ne croy pas quil soit vray. car le texte de la bible
dist quil fut seuely en thamnathsare. Josue vltimo. qui est vers la cite
de syten du coste du mont effraim. Mais est plus tost le sepulchre cōme
est lopinion de plusieurs de chain filz de noe ou daucun des enfans de
ses enfans q̄ cōme appert a la lettre habiterent en celuy pais comme a‐
pres sera dit et declare de ce lieu la. iii. lieues pres vers aquilon est cō‐
me la fin du mont dit antilibano et du mont de libane. et la ou est la fin
de ces deup montaignes on voit le chateau de archas lequel arathꝯ filz
de chaanam fist et edifia et le nōma par son nom cōme appert en la glo
se de genese au .p. chapitre. et est ceste terre belle glorieuse et fort fructu
euse ou est la fin du mont de libane de laquelle situation et grandeur se
ra parle cy aps quāt on parlera de cesaree philippe/ cȝ dou croit et part
le fleuue de iourdain de ce chateau darchas a demye lieue pres est la vil
le de syn que edifia syneꝯ filz de chaanam frere de arath apres le deluge

non pas guere loing de archas comme dist la glose au .v. chapitre de gene-se. Mais ung homme qui demouroit la nomme Nestoire me dist q̃ on lapelloit synochim, et cemesmes me dist ung sarrasin la mesmes soubz le chasteau de archas et la ville de synochim est une pleine grande et bien fertile/ et va iusqs au chasteau apellé crach qui fut iadis aux seigneurs de lospital de saint Jehan de hierusalem/ et dure bien .vi. lieues de long. et .vi. de large iusques a une cité dicte antherante. qui sapelle a present tortose. En ceste pleine ya plusieurs villages et plusieurs bois de oliues et do liuiers de figuiers et autres de diuerses especes et plusieurs autres bois. Et abonde en rivieres et pasturages bons a merueilles. et la habitent les turcomanites les madianites et les brodoins leurs femmes et leurs enfans auec leurs bestes et cameaulx la ie veis grãt foison de cameaulx. Ceste plaine é aurõce de mõtaignes nõ pas trop haultes vers oriẽt q̃ comẽcét vers archas et durét iusqs a crach. En ces mõtai gnes habitent une maniere de sarrasins ditz et apellez Saninigeri. mau uais cruelulx et malicieulx. et font grans maulx et de grãs empeschemẽs aux crestiens. En oultre de la cite de acton de quoy a esté parlé venãt cõ tre aquilon on treuue premierement ung chasteau qui se nomme mont fort qui estoit lospital des allemans. mais a present il est tout destruict. De la a .iiii. lieues est le chasteau de chyron fort et puissant q̃ edifia lem-pereur thyberiade contre la cite de thyre quant les sarrasins la tenoient loing de la .vii. lieues. De la a .iiii. lieues est la cite anctenne dicte et nom mee azor. en laquelle habita le roy trespuissant apellé iabin/ qui batail-la contre .xxiiii. roys et contre Josue et les enfans disrael aux eaues de maro/ de quoy est parlé Josue .v. quod sola azor munitissima vorax flam ma consumpsit. Le feu deuorant consuma la forte et puissant cite de azor de la puissance et louenge iadis de ceste cite est tesmoing la grant ruy ne qui est en elle iusques a ceste heure. De la a .vi. lieues pres ou en uiron est la cite de belene au pie du mont de libane qui sapelloit premiere ment comme appert au .xviii. chapitre du liure des iuges lays/ et comẽ elle estoit loing de sydone .vi. lieues ou environ/ et nulle ayde ne societe ou aliance dautruy nauoit que delle/ les enfans de dan la prindrent a force darmes et lapelerent lezendam/ pour le nom de leur pere dan souuẽt tou tes fois sapelle danzelen/ comme apert en Josue au .xix. chapitre disant Congregatus est uniuersus israel a dan usqz bersabe. Ceste cite est si tuce contre septentrion/ et est la fin de la terre saincte Et bersabe est cõtre la partye de midy comme est escript au quart liure des roys. Venit helyas

B

in kersabe iuda Helye dit en kersabe de iuree et plus auant Abiit i desertū kersabe iuda. Helye sen alla au desert de kersabe qui est contigue et ioinct a ladicte cite de kersabe/et sapelle a present Gyblym. Philippe tetrarque/cest a dire seigneur de la quarte partye de iuree/cest assauoir de yturee et de la region de traconitide ceste cite de Belene ou autremēt dicte dan sapella cesaree de philippe de son nom dicte et nomee/les grecz sapellent paueas/mais a present tous ces noms sont mis bas/et sapelle communemēt Belenas. sur ceste cite deca et dela sourdent deux fontaines ior et dan et au pie du mont de liban sassamblent en vng deuant la porte de la cite de Belenas/et la sapelle le fleuue de iourdain. Touteffois est a noter que a la verite nest pas icy a ces deux fontaines le vray propre commencemēt et nascence de ce fleuue de iourdain. Car iosephus dist et est vray q de celui la contre le midy septentis stadius loing.pl. lieues ou enuiron paruit fōtaine dicte phiala toustours pleine/et iamais ne court sus la terre mais par dessoubz terre court et flue iusques a dan/laquelle chose on a esprouue souuēt par auoir mis de la paille dedens la fōtaine de phiala quon trouuoit et veoit on cheoir et se trouuer en dan estre receues/Les sarrasins ne appellent point ceste fontaine phiale/mais sapelent medan/cest a dire les eaues dan. Me.en langue arabique/est a dire eaue dan cest vne des fontaines dessusdictes. Et nest pas loing de vne cite apellee sueta/pres de la piramide du sepulchre de iob en la region de traconitide dequoy cy apres sera parle. Pour auoir declaration de ce mot piramide/est assauoir quent les anciens quāt ilz estoiēt riches ou les enterroit ou en vne haulte mōtaigne ou en vne valee/et dessus leur sepulchre on faisoit vng grant edifice hault cōme vne colone large par bas en trechant par hault a la semblance du feu qui est large en sa flambe par bas et estroit en hault pour tāt sapeloit cela piramide car pir en langue greque est a dire feu pour quoy disoit on la piramide du sepulchre de iob.

Le fleuue doncques de iourdain congrege deuant ladicte porte de Belenas de ces deux fontaines par longues circuitez que fait ledit fleuue separāt lun de lautre yturee de la region de traconitide finablemēt cōtre capharnaon et corozaim q sont pays de ladicte terre sen entre ledit fleuue en la mer de galilee a.iiii.lieues dela cite de cedar q est situee sus vne mōtaigne mais au milieu dētre la cite de Belenas et la mer de galilee estre en vng val/et se recueille en vng estan au teps q les neges en este se fōdent du mont de liban/et est apelle a present les eaues de maron/auquel lieu Josue cōtre le roy Jabin et le roy azor/et autres.xxiiii.Bataille et

et demoura Victorien et les feist fouyr iusques aux eaues dictes masre sot/et iusques a sydon la grant. viii. lieues ou enuiron. Ceste eaue au teps deste se seche pour la plus part/et troissent la dedens les buissons buyssos et herbes fortes et espesses/esqlles sot musses et caches les lyōs et les ours et autres bestes sauuages/et sot la les chasses r eases les va lees du mōt de liba et de atiliban sont fort bonnes et fertilles et bien la sources abondantes en pasturages en iardins/ vignes/ arbres de di uerses especes/et habite gens a plente et grant abondance.
En oultre de la cite de accon dequoy a este parle contre vng lieu dist vulturnū/on treuue vng chasteau a. iiii. lieues pres ap les iudin ces mō taignes de saran/qui estoit iadis la maison des alemans/mais il est ap sent destruit/ a trois lieues ps de la est le chasteau real en vng val iadis habitatiō du roy abondāt de tous bons fruitz dequoi y en a bien x i y par tout le pays sy non la. De la. iiii. lieues pres cōtre les eaues de maro est la valee dicte de senym/en laquelle p cien eus vng grant seigneur auoit tendu son tabernacle pour sa demeure/non pas guere soing de la cite de azor/duquel sa femme ap llee Iahel tua et occist sysarem prince de la che ualerie du roy Iabin dun clou dudit tabernacle quelle luy getta a tra uers de sa temple/et passa ledit clou iusques a la teste/et en ceste manie re le tua/dequoy est escript au. v. chapitre de iudicū. de ceste valee a deux lieues pres est vng lieu nōme kabul/que les sarrasins appelent zabul et est ainsi dicte et nōmee la terre de ka/ cest assauoir Kabul/ qui vault autant a dire desplaisance/ comme est dit au. iii. des rois. a deux lieues de la contre le vent austral est le chasteau de zephyt fort et puissāt situe en vng treshault mont qui autressois a este aux cheualiers du tē ple de hierusalez et a. iiii. lieues de la cōtre aqlon ps de la valee de senym ē cedes de neptaliz de la ou fut Barach filz de abinoen qui bataillā cōtre zi zaram en la montaigne de thabor ceste ville dicte cedes estoit la ville des fugitis de la lignee de neptalim abō dāte en tous biens du monde/ et voit on la encore a present de grans ruynes et de grans sepulchres des antices qui sont moult beaux. Du chasteau de zephyt a. ii. lieues pres sus la mer de galilee est le mont auquel tant de fois monta nostre seigneur auql fist le sermon beau et excellent des. viii. beatitudes et autres vertus dequoy est escript en saint mathieu au. v. chapitre. et auql il refectiōna. v. mil hommes de. v. pains dorge et de deux poissons/dequoy est escript en sait mathieu au. xiiii. cha. en ce mōt au plus hault sen fouit nostre seigneur tout seulet pour prier dieu/et aussi quāt le voulrēt faire roy/dequoy est

B ii

escript en sait Jehan ou .v.cha. la il enseigna ses apostres le pater noster comme est escript en saint luc au .vi. chapitre/ en ce mont estoit toute la nuyt en faisant oroison come est escript en saint mathieu au .viii. chapi. En descendant de ce mont le pria moult humblement ung homme pour son seruiteur quil auoit come si leut este son enfant/ lequel estoit paralitique la vindrent grant multitude de malades et de demoniacles comme est escript en saint Mathieu au .viii. chapitre. La il atoucha le ladre et le guerit La il se tint en ung lieu chapistre et la bourse de ses disciples De ceste montaigne on voit toute la mer de galilee et le pays de yturee. et la region traconitide iusques au mont de libane. Et voit on aussi de la sanyr et hermon et la terre de zabulon et de neptalim iusques a cedar et autres lieux plusieurs/ ceste montaigne est longue et pleine derbes et doulce plaisant et couenable a preschier/ on voit la encore la pierre sur quoy se seoit nostre seigneur/ et les sieges de ses apostres. Au pie de ce mont asses pres de la mer come a .xxx. pies pres sourt vne fontaine vi ue muree et close de murs tout entour. Et dit on que cest la vaine du fleu ue de iulus/ car elle nourrit ung poisson apelle tzoran. qui nest en nulle autre riuiere que en celle Josephus apelle ceste fontaine capharnao car tout le champ qui est entre ceste fontaine et le fleuue de iourdain durant ii. lieues ou enuiron sapelle ainsi de ceste fontaine a .xx. pas pres de la mer de galilee est le lieu ou fust nostre seigneur apres sa resurrectio en la gre ue demandat a sept de ses disciples. Pueri nunquid pulmentariu habetis. Enfans aues vous point aucune chose a mengier/ pulmentariu cest toute chose bonne a mengier fors pain et cher/ et sapelle en aucuns langages compagnage/ en dautres pulment en dautres de puy. Et la en vne pierre on voit .iii. impressions de nostre seigneur. Et la a .v. pas est le lieu ou trouuerent les disciples des charbons alumes et du poysson qui rotissoit dessoubz ces charbons et du pain. dequoy est escript en sait Jehan au .xxi. chapitre/ de la a vne lieue pres est la cite de capharnaon contre orient/ q autrefois a este cite glorieuse/ mais a present est bien poure et meschante/ car a grant pine il ya .vii. maisons de poures pescheurs. et est maintenant acomplie la parolle que disoit de elle nostre seigneur qui disoit et tu capharnaon. Si exaltata fueris vsqz ad celum vsqz in infernum detraheris. Mathei .xi. toy capharnaon si tu es exauce et esseuee a present iusques au ciel/ ung temps viedra q tu seras abessee aussi bas come es enfers. De ce lieu cy a .ii. lieues pres le fleuue de iourdain entre en la mer de galilee et la en la greue vers la fin/ on voit bien les ruynes et destructions de la ville de corozaim a une lieue pres commence le mont de seyr ou sanyr et lentree du pays de idumee a.iiii.lieues pres de la est a cite de cedar cite belle et glorieuse situee en lieu ferme et fort en la montaigne de sanyr vers oriēt/et par ceste cite passe le chemin qui va a la riue de la mer de galilee vers occident.en ysaie ceste voye sapelle via maris transiordanē galileē gentium. La voye pour aler oultre le fleuue de iourdain a la mer de galilee et sapelle la voye de la mer/car elle va a la riue de la mer et y a adiouste trāsiordanē/car elle va oultre le fleuue de iourdai en une regiō dicte aram/et aussi y est mis galilee gentiū/car galilee est la terminee au fleuue de iourdain/lequel fleuue passe par le milieu de ceste valee. De la cite de corozain et de la porte du fleuue de iourdain a.iiii. lieues cōtre aqlon est une cite nōmee spuitha/dequoy parle Job en son liure bal dach svvithres/au pres de laqlle vers oriēt est le piramide du sepulchre de Job dequoy a este parle/et est en la pleine de ceste cite. Sus ceste cite vers la cite de cedar ont de coustume de venir les sarrasins de aron et de mesopotanue en syrie de moab amōt/et vers toute la terre orientale a la fontaine dicte phiale dequoi a este parle. Et la tiennēt les foires et marchies tout le temps deste pour la doulceur et amenite du lieu et font la leurs tētes de diuerses couleurs q fait beau voir et regarder de la cite de cedar/car elle est en montaigne/et sapellent es cantiques de salomon Tabernacula cedar. Les tabernacles de cedar. Ceste cite de cedar est.iiii. lieues pres de corozaim contre oriēt en ung mōt hault/et iosephus sapelle camelā/pour ce que le mont sur quoy est situe est cōe ung cameau au commencemēt longue cōme le col du cameau au milieu une bosse grāde et vers la fin la fesse. Et est assauoir que toute la terre vers le fleuue de iourdain en son riuage vers oriēt sapelle la region traconitixe ou autremēt la plaine de liban iusques a la montaigne de hermon/et de bosra. La riue du fleuue de iourdain vers occident sapelle galilee des gēs ou autremēt yturee ou stabul ou decapolis cest a dire pais de.v.citez et la voye et chemin de la mer passe par le milieu delle vēnāt de accon par le val de la terre de aser/q sapelle a psent saint george ayant au coste senestre la cite de sepher.et vers la riue de la mer iusques a la cite de cedar et aux mōtaignes de la region traconitixe sus laqlle est la terre de aarā. dequoy parle une glose sus ce pas du liure de iob.ou est escript au comencemēt. Vir erat in terra hus nōme Job. La glose dist Aarā pater syrorū q cōdidit damascū et sÿriā edificauit hus conditore traconitidis regionis/cesta dire q aarā pere des syriēs qui cōstruit et edifia damasce et

B iii

syrie cōstruit aussi et edifia hus la cite ou demouroit iob/ et la region traconitide cestui aarā eut grāt seignourie et dominatiō entre la terre dicte celessiria et palestine qui sappella de sui. La terre de hus dequoy sōt les parolles pcedētes q est la region de traconitide. Et cest ceste terre q eut philippe tetrarq ainsi cōme pturee q est ps de la regiō du fleuue de iour dain ders occidēt iusqs aux mōs des sydonies tyries et acconisiens.

Item xnāt ou partāt de accon cōtre oriēt sont les cites q sensuiuēt/ cōme pmier la cite apellee cassal autremēt sant georgē. dou fut ne sait George/et est situee entre mōtaignes en vne valee grasse. et est fertille doulce et amene/ et va iusques en la mer de galilee. et fut la valee qui auint a la lignee de aser par sort iusques a la cite de sephet ayāt .p. lieues de pais ou enuirō.   Et pour son amenite et doulceur peut estre dit de elle. ce qui est escript en genese au .plix. chapitre.   Aser pinguis panis eins et prebens delicias regibz. Cest a dire pai gras baillāt delices aux roys q a este derifiee en ceste lignee de aser.   De la a .iiii. lieues cōtre le mydi declināt vng pou vers oriēt e la ville de naason de la lignee de neptalim situee en vne valee dequoy on list en thobie au pmier chap. de la a .iii. lieues ps cōtre le mydi est dothaim/ dequoy est parle en Genese au xxxvii. chap. ou Joseph trouua ses freres situe sus le mōt de bethulie/ et est a vne lieue pres vne ville fort belle amene et doulce en dignes oliues et autres bōs fruis abondāte en grasses pastures/ la en vng chāp on voit ēcores la cisterne ou fut mis ioseph quāt le vouloiēt tuer ses freres q est sus le chemin q viēt de galaad en bethsaida. Vray est q le chemin q va de syrie en egypte en montāt de dothaim en bethulie et q sen va de la au mōt de esdrelon tirant soubz le mōt de thabor a senestre par le chāp de macedo la dicte voye mōte au mōt de effraim/ et viēt en ramathain sophim par lequel de gazam on va en egypte. Et par ceste voye vidrēt les hismaelites q acheterēt Joseph de ceste ville.   On list au .iiii. liure des roys. au .vi. chap. q les syries en ceste ville eloirēt et auironerent helisee pour le predre q les mena de la iusques au milieu de samarie q est loing de la pres de vne iournee. Et est assauoir q dothaim nest pas seulemēt ville mais cōtree ainsi dicte de la ville de dothaim laquelle contree est pres et iointe a elle situee en lieu cāpestre entre montaignes deca et dela non pas haulp fort pascueuse et pleine de bōs pasturages et bonne a nourrir bestial.   De naason a .ii. lieues pres cōtre oriēt de dothaim cōtre aquilon est la cite de neptalim dou fut thobie/ situee en terre ferme Et a deuers occidēt vne mōtaigne treshaulte en laquelle on ne peut aller synon

deuers orient par vne petite et breue espace. Et croy que au temps de la destruction de hierusalem selon Josephus auoit este apellee Josapatā. En laquelle Josephus fut assiege des rommains et pris come luy mesmes le tesmoigne/a psent elle sapelle syrin. et est loing de sephxt vng pou plus de vne lieue.   De neptalin a.ii.lieues au coing de la mer de galilee ou ladicte mer se comence a tourber/contre le mydi est situee la cite de bethsaida dou estoit sait Andrieu et saint pierre et saint Philippe il nya pas maintenant que.vi. ou sept maisons vers le chemin qui va de syrie en egypte elle auoit iadis des eaues par coduis du fleuue q̄ iosephs apelle le ptit iourdai q̄ va passāt par le milieu du pais de bethsaida etre bethsaida & capharnaō et etre la mer de galilee les signes desdis coduis et cauaulx y sont encore. De la a xxv lieues pres cōtre le mydi est le chasteau de magdalon qui estoit a marie magdaleine de laquelle en voit encore sa maison q̄ est situee en la riue de la mer loing de bethulie enuiron iii.lieues contre bolturne/et a deuers occident et aquilon vne grant plaine ou ya de bons pasturages/et de ceste partye icy nya nulles autres villes anciēnes vers la mer de galilee/mais a lautre riue de la ya plusieurs cites et chasteaux. En la terre apelee gerasenoru/qui est directemēt opposite a la terre predicte/en laquelle terre de gerasenoruj sont les citez qui sensuiuent.come Jerasa/Gaxra/Jxella/Sintha/de laquelle fut Baldath/Suythes/Theman/de laquelle fut eliphas/Themanites/ et plusieurs autres. Gerasa la cite est en la riue de la mer de galilee situee soubz le mont de seyr/contre Thiberia de vng pou declinant vers aquilon/et estoit ceste terre a la moytie de la lignee de manasse/laquelle leur aduint par sort oultre le fleuue de iourdain. Et est a noter que toute ceste terre oultre la mer de galilee est fort montueuse/et estoit au royaume de og/roy de basan auquel pays en partye est le mont de seyr/car esau habitoit la comme tantost cy apres sera dit et declare/et sapelloit ledit mōt ailleurs le mont de sanyr/car il estoit en celle terre.   Item il se disoit le mont de hermon qui semblablement estoit en ce pays la/et aussi en diuers lieux et diuerses montaignes ce pays la estoit nōme de diuers nos Tout le pays touteffois fut a la moitie de la lignee de manasse come a este dit/mais ilz ne la possederent iamais toute/car les enfans de Esau habiterent en elle et encore habetent pour vne grant partye/on les apelle communemēt sarrasins/car a eulx ne sont point differens ne de loy ne de langue ne de riens si non de vestemēs et tonsure sur leurs testes.
    Et est assauoir quil ya vng autre mont apellé seyr autrement edon

B iiii

contre le desert de la mer rouge, de quoy est escript en genese au .xiiii. chapitre Chodorla/Hamor, et dautres roys auecques luy batirent et tuerent ceulx qui habitoient en la montaigne de seyr, et estoient appelles schareos, lequel mont ne sapxloit pas adonc seyr, car esau qui fut nomme seyr duquel ce mont fut ainsi apxle nestoit pas encore ne. Et est lopinion daucuns que par maniere danticipation fut ainsi apxle. Item en deutronomi au .iii. chapitre est escript, vous passeres par le pays de vos freres les enfans de esau qui habitent en seyr, et vous craindront, ces parolles furent premierement dictes aux enfans disrael venas de egypte estans en la cite apxlee cades barue qui deuoient venir au mont de seyr qui est pres de cades barue ou il estoient adonc. Or est il certain q̄ les enfans disrael quant partirent de egypte ne prindrent iamais le pays du mont de seyr qui est sur la mer de galilee conionit a damasce la ou ne paruindrent iamais. Lautre mont de seyr lequel entens a parler a present est conioinct au desert de pharan de quoy les enfans disrael auironnerent long temps, et alerent tout alentour prohibes et defendus de dieu qui ny touchassent point. De ce mont de seyr est escript deutronomi .ii. In monte seyr olim habitauerunt filii israel. En la montaigne de seyr iadis habiterent les enfans disrael. En la montaigne de seyr qui est vers la mer de galilee est le mont de Galaath ou demouroit Esau le teps que Jacob retournoit de mesopotamie en syrie, lequel vit alencontre esau au gue dist Jaboth come est escript en genese au .xxxii. chapitre. Et encore ya vng autre maistre mont de seyr en la fin du pais apxle azoth et astolon qui fut assigne a la lignee de iuda quant ilz diuiserent la terre, mais pourquoy ainsi est dit et nome ie nay memoire de lauoir leu. les gens habitans la sont apxllez ydumeens come les autres q̄ furent apres esau les ydumeens estoient ainsi nommez de eßdon.

Item de accon vers le vent austral a .iiii. lieues ps est la ville de chana galilee ou nostre seigneur conuertit leaue en vin comme apert en sait Jehan au .ii. chapitre, et voit on le lieu ou estoient les .vi. canes de terre plaines de eaue et le lieu dist trichinium ou estoient les tables. et a tous ces lieux ausquelz nostre seigneur a fait aucune chose miraculeuse ou autre com̄e enseigner ou prescher sont soubz la terre tellemēt q̄ on descēt par degres en iceulx come en vne fosse ou cauerne come est le lieu de la natiuite et anunciation de nostre seigneur, et ce lieu cy q̄ est en la ville de chana galile de laquelle chose ny trouue autre raison synon que les destructions qui souuent ont este faittes et par plusieurs fois desditz lieux et eglises les terres et ruynes sont eleuees et puis autres hedifices fais soubz la terre a pleine sont demoures soubz la terre. Et quant les crestiens sont aler par deuotion visiter lesditz lieux ont volu paruenir au vray lieu ou la chose a este faicte/ et ainsi a este necessite de faire degres pour y paruenir/et pourtant tous les sains lieux sont en fosses et cauernes ou pou sen fault.

Chana de galilee deuers acquilon a ung mont hault et ront/et est situee ladicte ville a la descendue du mont. dessoubz elle ya ung champ contre le midy et vne grant pleine moult belle laquelle iosephus apelle carmeleon iusques en sephoton trop fertile doulce et amene. Et non pas fort loing de la ou sont ces puissantes et nobles citez/thyre et sydonne/ desquelles a este parle esquelles parties quant nostreseigneur ya ala la femme chananee partant des extremites dudit pays vint a nostre seigneur criant et disant. Miserere mei fili dauid filia mea male a demonio vexatur etc. Filz de dauid ayes mercy de moy ma fille est mauuaisement vexee et tourmentee de lennemy/ laquelle elle finablement il guerit dequoy est escript en saint mathieu au.xvii.chapitre/ et ya la.vii.ans de pardon/plusieurs autres citez et villes sont en celuy pays q̃ sont toutes destruites esquelles nostreseigneur a fait plusieurs miracles come est mis es sainctes euangilles. Entre lesquelles est vne cite apelee maritime loing de hierusalem.iiii.iournees qui sapelle a present baruth. En laqlle y a ung port de mer. et non pas loing de la est vne autre cite apelee capadoce ou saint George tua le dragon. et a.vii.ans de pardons.

De la cite de Baruth vers septentrion est vne cite nommee tripolis ou est le lieu auquel sainte marine en habit de homme et de religion de moyne seruoit a dieu et ou elle fut acensee dauoir pesche carnelement auec la fille dun riche homme qui auoit grant bestial. Et de la procedant oultre est vne cite nommee seodosia/ laquelle est desolee et destruicte ayant en soy plusieurs eglises etre lesqlles en ya vne pl. belle q̃ les autres nomee sait sauueur. q̃ e demouree/ et ya.vii.as de pardos et.vii. qrateines ecore alat oultre on voit a la cite dantioche on laqlle sait pierre prescha et fist plusieurs miracles et en lespace de.vii.iours il baptisa pl'.d.y.m.hoes/la le pueple lu/ fist vne chaiere en laqlle il pscheoit tous les iours sainte doctrine cofirmee par miracles et guerison de malades/et y conuenoit to' les iours le pueple et y demoura.vii.as. Et en ceste cite le no de crestiete premieremet eut comecemet/ il ya plusieurs eglises car le siege patriarcal long teps y dura et prseuera/il ya.vii.as de pardos et.vii.quarateines

De la prochedant oultre est la cite de accon autrement tholomeida de laquelle a este parle cy deuant/et de laquelle toutes ces parties et diuisions commencant tirant autres diuers lieux et pays comme a este dit cy deuant/la saint Paul prescha longuement la parolle de dieu/et a este autresfois soubz la domination de ceulx de roxes. De la on vient en la noble et puissant cite de damasce loing.vi.iournees de hierusalez en laquelle receut le baptesme monseigneur saint Paul. Et non pas loing de la est le lieu ou soubitement apparut alentour de luy vne grant lumiere du ciel/et tresbucha a terre en oyant la voix et parolle disant. Saule saule quid me persequeris etc. Saul saul pourquoy me persecutes tu. Et apres quil eut dit. Domine quid me vis facere. Sire que voles vous que ie face luy respondit dieu. Surge et ingredere ciuitatem scilicet damascon et dicetur tibi quid te oporteat facere. Lieue toy et entre en le cite de damasce et on te dira ce qui te fault faire. A laide de ceulx q estoient auec luy fut mene en damasce et fut la trois iours sans boire ne sans mengier ne sans veoir. Finablement apres que il eut este baptise il beut et menga/et fut resconforte et demoura aucuns iours auec les disciples qui estoiēt en damasce/ et tous les iours estoit es synagogues des iuifz preschant et affirmant que iesucrist estoit le vray messias/en la fin conspirerent les iuifz contre luy de laquelle ses disciples eurēt cōgnoissance/et de nuyt en vne corbeille le descendirent par dessus les murailles hors de la cite dequoy est escript aux actes des apostres par tout le.ix.chapitre/la aussi est la maison de Ananie qui baptisa saint Paul par le commandement de dieu/et iusques a present on voit le lieu en la muraille de la cite auquel il fut mis dehors en vng panier par les disciples pource que les iuifz le queroiēt a tuer/il ya la sept ans et sept quarāteines de pardon/et semblablemēt au lieu la ou il fut conuerti a mye lieue de damasce dequoy a este parle maintenant. Mais ie laisse ces citez et autres voisines/car elles ne vindrent point en partage par sort aux vii.lignees des enfans disrael pourtant laisse ce present propos retournant au premier de chana galilee. A.ii.lieues ps cōtre mydi au chemin q va de la cite de sepharo en la cite de thiberiade ya vne ville apelee rama/ ou est seuely Jone le prophete q est situee sus vng mōt q vient de nazareth et enclot la valee de carmeleō de la partie de midi. dela vne lieue et demye ou euirō cōtre oriēt ya vne ville ia dis grāde cōe il apert bien alauoir apelee abelina dequoi on list au liure de iudicū au.vii.chap.q le capitaine oloser nes quāt il dit abetulie ala deuāt belina car ainsi le faloit a cāe q p la grāt

difficulte des lieux ne peut aller par autre chymin.
De ceste ville de belina on croit que le prophete helisee fut ne comme il est escript au .iii. liure des roys au .ix. chapitre/ et est ladicte ville de belina en ceste côtree qui est dicte dothaim loing de belina xxiiij. lieue côtre occident. En elle y a plusieurs coulonnes de marbre et de grans ruynes et destructions qui monstre quelle a este autresfois cite glorieuse. Elle est situee en lieu ferme et hault. de belina a une lieue pres est le mont de bethulie ou Judich la noble dame tua olofernes. lequel mont se voit côme par tout le pays de galilee qui est fort beau et bien fort. En bethulie ya encore plusieurs edifices et grans ruynes et destructios. Au bout du dit mont de bethulie ya encore ung fort chasteau pour la garde et defense dudit [...] les edifices des chasteaux et munitions que fist [...] assiega la dicte cite de bethulie en ung champ pres de dothaim et la valee en laquelle Judich se laua peur aler a holofernes
De bethulie a deux lieues bonnes sus la mer de galilee entre orient et le mydi est la cite thiberiade de laquelle la mer de galilee aucunefois sapelle la mer thiberiade côme il est escript en saint Jehan au .vi. chapitre. Ceste cite ancienemêt sapelloit zemiereth/ laqlle fut aps ree difice et restauree de herode tetrarque et pour honneur de lempereur thyberius fut apellee thyberiade. En ceste cite passa nostre seigneur/ et en passant il vint ung publican apele seui et mathieu qui estoit en son change et luy dist. seque re me/ ensuy moy/ lequel delaissa tout et ensuiuit nostre seigneur côme il est escript en saint mathieu au .ix. chap. et en saint luc au .v. et a la sept ans de pardons/ la au pres est le lieu ou nostre seigneur resuscita la fille du prince de la synagogue en gettant hors premierement les menestriers et la turbe du peuple qui la estoit et menoit grât bruit côme il est escript en saint mathieu au .ix. chapitre. Et est bien fort longue situee du long de la riue de la mer/ en laqlle vers le mydi ya de bais medicinables et des ruynes plusieurs et bien grâdes/ il y croit beaucop de palmes et de vignes et doliues/ et est la terre bie grasse. Et est a noter q̃ en ceste cite thyberiade est terminee et finee la region apelee decapoleos/ cestadire de .x. cites/ de laqlle les eptremites ou les fins sont la mer duers oriêt et la grâde cite de sydon duers occidêt. et ce qu.it a la largeur. En long elle va et sestent vers aqlon par tout le riuage de la mer de galilee/ et a côme dit est en ceste region .x. cites principales/ cest a sauoir cephet/ texes/ neptali/ asor/ cesarea/ philippi/ capharnaon/ q̃ iosephus apelle iuliam iacopata/ bethseida/ corrosayn/ bethsen/ qui iadis sapeloit satopel/ Toutesfois

plusieurs autres villes et cites ya en celle regiõ auec celles dessusdictes
Et est assauoir q̃ ceste region est nõmee et appelle de diuers nõs/cest assauoir aucunefois yturee autrefois la region traconitide maintenant la plaine de libany/et en autre lieu la terre de roob. En autre Kabul ailleurs galilee des gẽs et galilee superiore ou haulte/et est tousiours vne mesme region obstant q̃ de diuers noms soit nõmee/et ne contient point plus dune iournee et demye tant du long cõme du large/Et me semble quelle est quasi tãt du long cõme du large ou pou sen fault.
Apres le territoire de sydon et les mõtaignes iusques a la cite de baruch est proprement la region de yturee en la valee q̃ sapelle liban. Et pource quelle sestent du long de la montaigne de libany elle sapelle saltus libani/cest a dire le sault de libane   De thiberiade retournãt cõtre occidẽt a.vi.lieues pres et de cana galilee a.ii.lieues cõtre [...] est la ville de Sephron dessus laquelle est vng beau chasteau a laq̃lle ville on dit que ioachin pere de la vierge marie fut ne de Sephro a.ii.lieues pres contre le mydi declinãt cõtre orient est la cite de nazareth loing.iii. iournees de hierusalẽ cite de galilee benoite et glorieuse en laq̃lle la vierge de la lignee de iesse fut nee et cõceut le fruit vie Ihesucrist le redempteur a lanũciatiõ angelicale elle est loing de la cite de accon.vii.lieues. En ceste cite de nazareth est encore a present vne eglise consacree en son neur de la vierge marie q̃ iadis estoit en grãt honneur et reuerẽce ⁊ maintenãt elle est toute desolee. En ceste eglise ya vne petite chapelle au lieu la ou lange Gabriel salua la vierge marie de Aue maria/et vne coulonne de mabre contre laquelle estoit la vierge marie quant lange vint a elle. En laquelle chapelle ya trois autelz/et est cope de roche en pierre cõme le lieu de la natiuite/de la passion/de la resurrectiõ de nostre seigneur. ainsi cõme la part de la cite de nazareth estoit anciẽnement toute edifice en roche incisee et coupee cõme il apert a present. la aussi iadis fut la synagogue en laquelle nostre seigneur vint apres son baptesme/et entra le iour du sabat/et se leua en cõmencẽat a lire au liure du prophete ysaye et en retournãt les fueilles trouua vng lieu ou estoit escript Spũs domini super me propter quod vnxit me etce. Cesta dire lesperit de dieu est sur moy pour quoy il ma ouy et ma enuoye euãgeliser et prescher aux poures et guerir ceulx qui ont contrition et repentance de leurs pechies/preschier aux prisonniers/remission et deliurance aux aueugles la veue etcetera. et aps quil eut clos le liure aux ministrãs de la synagogue en se seant les yeulx de tous ceulx qui estoient en la synaguogue se

gettoient sus luy/et estoient tous esmerueilles de la grace qui estoiet es parolles qui procedoit de sa precieuse bouche/côme il est escript en saint Luc an.iiii.chapitre   Au bout de ladicte cite de nazareth la ou iadis y auoit vne eglise de saint gabriel ya vne fontaine ou vng puis leql est en grât reuerence a ceulx du pays duql nostre seigneur prenoit leaue quât estoit petit enfant et la portoit a sa doulce mere hors la cite côtre le midy loing enuiron quatre geetz darch est le lieu qui sapele saltus domini/ le sault de nostre seigneur en la montaigne du hault de laquelle ses iuifz furent getter nostre seigneur affin quil tuassent/mais en passant par my eulx sen aloit sans que le peussent veoir vsant de sa puissance grande et infinie qui estoit en soy comme filz de dieu de laquelle est visible quât luy plaisoit ...... semblablement/dequoy est escript en saint Luc au iiii.chapitre/et ya. vii.ans de pardon/et subitement apres fut trouue nostre seigneur acoste de ladicte montaigne loing de la vng gert darch et voit on encore les figures et delineations de son digne corps et de ses robes auquel la roche fist lieu pour passer nostre seigneur/car toutes creature sont en puissance de obedience a nostre seigneur de ce mont on voit côme toute la pleine de ce grant champ esdrelon dequoy est parle en lescripture. De nazareth a.ii.lieues pres est la montaigne de thabor/en laqlse print et mena nostre seigneur Saint pierre/ Saint iaques/ et saint Jehan son frere/et se transfigura deuant eulx et resplendit sa face côme le soleil/ses vestemens furent blans côme neige/come est escript en saint Mathieu au.xvii.chapitre. Au hault de ceste montaigne au lieu ou fut faicte ceste belle transfiguration est vne muraille qui auironne le dit lieu auquel lieu a vng iardin plain darbres et de fontaines arrousantes ledit lieu/et nul ny demeure/mais au pie du mont abitent et demeurent plusieurs sarrasins et payens/car il dient et sont de ceste foy q̄ nul hôme quel quil soit nest digne dy abiter/et sont en grant honeur et reuerence/et lapellent la montaigne de dieu/et est la plainiere remissiô

On voit la la ruyne des trois tabernacles fatz iadis côme en maniere de cloistre selô le desir de sait pierre/il y a ia plusieurs grâs ruines et destructiôs de maisons/chateaux/palais et tours/e sqtz lieux habitêt et se mucêt les lyôs ours et autres bestes sauuages pour quoi il y a la chasses reales/il e bie difficile de môter en ceste môtaigne pour la hausteur delle mais bie apte et côuenable pour faire vng chateau car il seroit fort et iprenable. au pie de ceste môtaigne vers midi côtre vne ville apelee en doz auelxini q̄ va de syrie en egipte e le lieu ou melchisedeth vit au deuât de habraham quant retournoit de batailler contre .iiii. roys / lesquieulx il vainquist / et tua es confines de damas come est escript en genese au pitii. chapitre. Au pie dudit mont vers occidet est une chapelle la ou nostre seigneur dit a ses .iii. disciples Math.xi.vii. capi. Nemini dixeritis visionem hanc donec filius hominis a mortuis resurgat. Ne dictes a personne ceste vision iusques que le filz de lomme soit resuscite de mort a vie. en saint Mathieu au.xvii. chapitre. Au pie de ce mot vers orient descent le ruysseau dist cyson auquel Barath combatit contre zizran et le vainquist et mist en fuite. Ce torrent se prent et cueille des pluyes qui descendent du mont de thabor et du mot de hermon et sen va en la mer de galilee entrat en elle aupres du chasteau de beaufort qui aultresfoys fut aux seigneurs de sait Jeha de hierusale[...]te de thabor a demye lieue pres est la ville de endor. situe[...] qui est mont non pas de soymes[...] une partye part[...] du mont [...]ermon contre le mont de thab[...]. E[...] ce mont est la ville de endor de quoy dit le psalmiste. Disperierunt in endor. En ceste ville demoura la femme q̃ auoit le sperit mauuais dist phiton / laquelle a l'instace de saul resuscita samuel comme est escript au pmier liure de roys au. xxviii. chap. q̃ fut enseucly en ramathaim sophin a deux iournees pres de la.

De nazareth a .ii. lieues pres du mont de thabor ou .iiii. contre le vent austral est le mont de hermon qui est grant au coste duquel vers aquilon est la cite de naym / aupres de laquelle quant aprouch a nostre seigneur il resuscita le filz de la vefue quon portoit en terre come apert en saint Luc au. vii. chapitre. vii. ans de pardon y a. Ce mot dure quatre lieues ou enuiron de long contre la mer de galilee et finit non pas trop loing du lieu ou le fleuue de iourdain entre en mer de galilee.

Noultre de atton partant contre le north / vient la premiere partye du mont de carmeli pres de accon. iiii. lieues / la ou helye le prophete tua les prophetes de baal / au torrent ruysseau de cyson dequoy est escript au .iii. liure des roys au. xviii. cha. q̃ aussi entre bien pres de la en la grant mer une lieue pres de lacite de taypha est iii. lieues pres de la cite de accon. Et est assauoir de ce ruisseau de cyson en verite il semble q̃ ce nest q̃ ung. toutesfois il a .ii. cours l'un vers occidet a la grat mer de galilee. et vient la diversite du cours de ce torret car le mot de thabor et de hermio ne sot pas loing lun de lautre & leaue vient au pie tant de lun comme de lautre en grant abundace tellement qui sassamblēt ensemble au pie de .ii. montaignes/mais plus grant est abōdance du coste du mōt hermō et sapelle hermoniū dequoi devāt a este parle/auql est situee coē dit est la ville de hermō/et pour ce grāt cours et grant abondance ne peut les eaues de la pluye convenir ensemble/mais come dit est lune va dun coste lautre de lautre.

De la partye qui court vers occident fluent plusieurs eaues/et sont recueillies du mont de effraim et des lieux prochains de samarie et de ce grant champ et pays esdrelon et maggedo.

Du lieu ou furet tuez les prestres de Baal a trois lieues pres contre le vent austral est le chasteau du mont de cayn au pie de fram du mont de carmele la ou amaleth tua chayn dune flesche/coē apert au .iiii. liure de genese. Du mont de cayn a .vi. lieues pres cōtre le vent anstral est la cite de maggedo qui sapelle a present subusse/ou mourut ochosias roy de iude lequel hieu roy disrael vulnera et blessa pres de iesrael en montant en gagabel et quant aussi le dit hieu tua dune flesche Joram roy disrael/et le feist getter au champ de naboth iesraelite come apert au .iiii. liure des roys au .ix. chapitre. En ceste cite de maggedo fut tue ozias roy de iude de pharao roy degypte au fleuue euphratez/come apert au .iiii. liure des roys au .viii. chapitre. Et est a noter que le champ de maggedo de esdrelon et la plaine de galilee cest tout vng/mais y sappellent de divers nōs et a present se nōme le champ de la faue/dun chasteau appelé faue soing de la cite de affeth enuiron .iiii. geetz darch. Et en verite le champ de galilee est auironne devers orient de la mer de galilee et du fleuue de iourdain vers le mydi du mōt deffraim et de samarie vers occident en partie du mont deffraim et du mont du carme de autre partie vers aquilo des noms de phenice et libane/et semble a veoir de long le dit champ quil aye enuiron .v. lieues et de large .vi. ou peu plus. En daucunes parties fertile a merueilles en froument/en vin/en huile/et abōdāt en toz biēs du monde, tellement q a mon aduis ne veis iamais pays meilleur/se nō autres crestiens peussions labourer et cueiller.

Du mont de Cayn contre orient a deux lieues et vng peu plus est vng lieu apellé tasafe mesrha. au ruisseau de cison a une lieue pres du pie du mont de hermon.

De mesrha une lieue cōtre mydi est le chasteau de fabba/et a coste vers occident hors le cheui q va a israel a costé destre/et voit on ses ruynes et destructios de affet ou ceulx de syrie batailleret cōtre acaab roy de israel quāt y dirēt leurs dieux sōt les dieux de mōtaignes bataillōs cōtre eux es champs et nous les vainquirons et gaignerons comme est escript au iii.liure des roys au.xx.chapitre. De asseth a vne lieue pres hors la voye qui va en israel contre orient a senestre vers vng coste du mont de hermon on voit la cite de suna en laquelle aloit souuent helyseus quāt aloit du mont du carme en galgala ou au fleuue de iourdain le chemin estoit plus plain pour aler en ihericho ou il demouroit auec les enfās des prophetes partant du mont de carmel par la cite de suna en bethsan/et de la par la plaine de iourdan iusques en galgala/pourtant est il escript au. iiii. des roys au.iiii.chapitre que quāt il vouloit aler a la riuiere de iourdain il passoit par Sunā et pourtant il la frequentoit/de ceste cite vit a luy vne femme pource que son enfant estoit mort ius[...]t du carme q est loing de la dicte cite.iiii.lieues et il le resuscita au.iiii.[...] des roys au.iiii.chapitre est listoire. En ce lieu la mirent leurs otz tentes et chasteaux de bataille les philistins quant saul le roy disrael vint en gelboe cōe est escript au.i.des roys au.xxviii. chap. et au.i. de paralipomenō au v.chapi. De ceste cite de suna fut abisag sunamitis qui eschauffa le roy dauid pource quil estoit viel/et dormit entre ses bras sans nul pechē cōe est escript au.iii.liure des roys au premier chapitre.

De Suna a deux lieues contre orient ou enuiron vng pou declinant vers le midy est la cite de bethsan/ entre le mont de gelboe et le fleuue de iourdain. En laquelle aux murs de la cite pendirēt le corps mort de saul et de ses enfans q morirent en la montaigne de gelboe/dequoy est escript au premier des roys au dernier chapitre/et sapeloit autresfois sattopl/ cōme dist iosephus/mais a present de to? sapelle bethsan/et est lieu fort beau et delicat. Sur ceste ville et cite est le mont de gelboe qui va et se tent iusques a Jesrael a.ii.lieues. De bethsan a.ii.lieues contre occident sourt et part vne grāt fotaine q sapelle la fotaine de Jesrael/dequoi est parle au liure des roys au dernier chapitre ou les philist ins mirent leurs tentes quant saul estoit au mont de gelboe. entre ceste fontaine est la cite de bethsen.

Pres de ceste fontaine a deux gettz darch est la cite de israel situee en lieu asses haust tadis vne des cites reales disrael/mais a present a peine ya.xxx.maisons/et a present sapelle sanachin au piet du mont de gelboe vers occident/a lentree de laquelle on voit le champ de naboth iesraelite dequoy est escript au.iii.liure des roys au.xxi.chapitre/et est loing dela deux petites lieues dela la cite de Suna.

Le mont de hermon et de gelboe sont ainsi disposes tellement que le mont de gelboe est devers le mydi, et hermon vers aquilon. Entre ces deux mons ya deux petites lieues despace la longueur des deux mons va dorient en occident, et finit au fleuve de iourdain la longueur de deux lieues.

En celle plaine qui est entre les deux montaignes ont este faictes plusieurs et grans batailles. En ce lieu la batailla Gedeon contre madien. Judicum.vi. Item saul contre philisim. Item alchitop contre les syriens et les tartariens iapteca devant contre les sarrasins.

Et est a noter de ceste montaigne de hermon quil en ya vne autre ainsi nommee sus la region traconitide pres du mont de seyr qui est beaucop plus grant et plus hault que celuy dequoy on parle a present, et est celui duquel lescripture parle en plusieurs lieux et non pas cestuy.

En la pleine qui est entre ces deux mons de gelboe et de hermon commence vne valee qui sapelle la gentil valee a cause de sa fertilite et amenite se estendant de ce lieu par toute la valee du fleuve de iourdain iusques a la mer morte. Et devant que nostre seigneur subuertit les cites de sodome et gomorre estoit ceste noble valee qui estoit arrousee comme paradis terrestre ou egypte comme apert en genese au.viii.chapitre.

La cite de Jesrael a moult beaux regars par toute galilee iusques au mont du carmel, et au mont de thabor de phenice de galaad et oultre le fleuve iourdain et tout le mont de effraim iusques au mont du carme

Le chemin du mont de galaad vers iesrael est a coste du mont de gelboe vers le mydi beau chemin a merueilles et bien plain du fleuve de iourdain par le mont de hermon et salam salim ou estoit saint Jehan quant il baptisoit. Par laquelle voye vint hyen de ramatha galaad quant le guet dist. Je voy le monceau de larmee de hyen venir, au.iiii. des roys au.ix. chapitre. Et nest point vray ce que disent aucuns disant Quod ros nec pluuia veniat super montes gelboe que pluye ne rousee ne vient point sus le mont de gelboe, bien est vray que aucuns lieux sont plains de roches et de pierres et perconsequent iutiles et steriles comme en dautres plusieurs lieux disrael.

De iesrael quatre lieues loing vers le mydy est vne ville tresforte appelee gynnin, mais elle est destruicte a present, auquel lieu commence le pays de samarie, et finit le pays de galilee.

De gynnin iusques au fleuve de iourdain vers orient ya.vii.lieues ou enuiron, laquelle ville vers mydi est iointe la terre apelee thasua, qui a montaignes bien fort haultes.

E

De gynin contre le vent austral a.iiii.lieues pres est la cite de Sebaste qui iadis sapeloit samarie quant elle estoit chief et principale des.x. lignees. En laquelle regnerent les roys de israel cy apres nomez successiuement lun apres lautre. Cestassauoir. Jeroboam/ Nadab/ Baasa Hela/ Zamry/ Amry/ Achab/ Ochosias/ Joram/ Hyeu/ Joachas/ Joas/ Jeroboam/ Zacharias/ Sellum/ Manahel/ Phaceya/ Phacee et Osee. En ceste cite puis apres saint Jehan baptiste fut prins de herode et enuoye en prison a la requeste de herodias mauuaise femme et adultere et de sa fille aussi pour lamour desquelz il fut decole en prison dequoy est escript en saint Marc au.vi.chapitre et ya.vii.ans et.vii. quaranteines de vrays pardons. Ceste cite iapieça deuant a este plus grande plus noble/ plus puissante/ et plus forte que elle nestoit alors mais maintenant il nya pas vne maison sy non deux eglises desolees/ et de lune qui estoit pricipale et siege episcopal les sarrasins en ont fait leur demourance. Et especialement du sepulchre de saint Jehan Baptiste q̃ estoit fait de marbre a la semblance du sepulchre de nostre seigneur auq̃l fut enseuely le dit saint iehan baptiste au milieu de helisee et Abdie le prophete. Ceste eglise est a couste du mont en descendant. Lautre eglise est au plus hault du mõt ou estoit le palais du roy ou iadis habitoiet aucuns des greetz et moynes crestiens. Samarie pour dire rite est deuenue a si grant misere que cest maintenant vng iardin de porrees/ cõme Acas le roy de samarie voulut faire de la ville de Nabeth israelite/ a cause quelle estoit pres de sa maison. Et certes par iugement de dieu nõ pas seulement la vigne mais le palais du roy est tourne en iardin de porrees et de choux. La situation de ceste cite est fort belle ayãt tresbeau regard iusques a la mer de ioppen et de antipatride et de cesaree palestine/ et par tout le mont de effraym iusques en ramath asophim/ Et au mont du carme et iusques a la mer de accon abondante en vins vignes oliues/ fruis/ fontaines/ et riuieres/ et tous biens de ce monde.

De samarie.iiii.lieues loing est situee contre orient la cite de Terse en vne haulte montaigne en laquelle les roys disrael regnerent deuant que la cite de samarie fut edifiee/ et vint en partage a la lignee de manasse. De terse.vi.lieues loing contre orient au chemin pour aler vers le fleuue de iourdain a vne terre dicte thpfue qui a vng mõt fort hault entre les autres qui vit en partage a manasse/ et va en long iusques aux champestres de iourdain contre vne ville dicte machronte de samarye a deux lieues loing contre le vent austral pres du chemin qui va en sychem en ung haulk mont a destre est le mont de beth/ auquel Jeroboaz filz de Naboth mist ung des veauy dor desquelz fist ydolatrer les enfans disrael. Et de la demye lieue ps a senestre sus le chemin ya ung autre mont plus hault que lautre apelle dan sus la cite de sichem/ auquel comme dient aucuns lautre veau dor fut mis/ mais les autres dicut que la cite de dan sapelle a present belenas ou autrement cesarce de phelippe/ et semble que cestoit lopinion de saint therome elisez laquelle opinion que vous vouldries il est vray touteffois verite que ce mout sapelle dan.

Entre ces deux montaignes est mise la cite de sychem dicte a present napolis ou autrement napolosa/ obondante en doulceur et amenite trop grande en delices et en toutes plaisances/ mais elle nest point forte/ et si ne se peut fortifier nullement. Et nya autre defense sy non se les enemis vienent a une porte et qui soient les plus fors ceulx de dedens senfuyent a lautre pour saillir hors et senfouir. Elle est en une valee situee entre montaignes treshaultes si pres de ladicte ville que on peut getter de dens une pierre a la main.   De la porte de sychem vers le mydi est environ ung gett darch loing est la fontaine de iacob ou le puis au chemin pour aller en hierusalem la ou nostreseigneur se seroit lasse de cheminer et demanda de leaue a la samaritaine/ sus ceste fontaine a destre est ung hault mont qui a deux chiefs/ lun sapelle Garrisin/ lautre Hebal/ au mont de garrisin edifia Josue ung autiel ou il escript le liure des batailles apele deutronomium/ et estoient ceulx qui disoient bien/ et ceulx q disoient mal/ et respondoient ceulx qui estoient au mont de hebal comme estoit escript en detronomi au.xxvii.chapitre. Sus le mont de garisin on voit le temple ancien de Jouis iadis ung hospital edifie a la semblante du temple de hierusalem/ lequel edifia sarabalach ou sarabalat au temps de alixandre macedone duc et seigneur de la region oultre le fleuue de iourdain qui fut baille a manasse son gendre qui voulut estre grant prestre/ et demoura ledit temple iusques a ce qui fut destruit par les rommains/ et les signes et enseignes on voit encore par la ruyne et destruction dicelui/ et dist on que cest la montaigne et le temple dequoy parloit la samaritaine a nostreseigneur disant. Patres nostri in mote hoc adorauerunt. Nos peres ont icy adore/ dequoy est escript en Sait Jeha au.iiii.chapi. A coste senestre de ceste fontaine loing enuiron deux gertz darch est une ville bien grade toute destruicte qui autrefois a este grant chose come on voit par les ruynes et destruction dicelle/ et croy q cestoit sychem lanciene situee en lieu doulx et amene/ et nay point veu ail

C ii

leurs lieu plus fertile ne plus fecunde sy non quil ya faulte de eaues/ et est loing de la cite qui a present sapelle Napolis ou naposofa que aucuns cuident estre la cite de thebas enuiron deux geetz darc. A ceste fontaine ioinct lheritage que donna Jacob a son filz Joseph oultre ses freres come apert en genese au.pl.viii.chapitre/ et est vne valee longue doulce et amene et fertile a merueilles. Ne nay point veu valee si grande par dela qui soit si fertile semblable en delices et plaisances En sychen sont ensepuelis les os de ioseph qui furent la aportez de egypte. De syche a.iiii. lieues pres contre le mydi pres du chmin pour aler en hierusalem a coste destre est lepna ou ung casal fort beau/ il ya toutesfois vne autre cite ainsi apelee au partage de la lignee de iudas dicte lepna/ mais ceste cy est de la lignee de effraim. De lepna a.v.lieues pres contre le mydi est vne ville appelee Maginas asses grande qui estoit la fin de la lignie deffrayn/ et maintenat sapelle Byra/et a este autresfois aux seigneurs de sait ieha de hierusalez. Deuers le mydi coste est la diuisio dentre la lignee de effraim et de beniamin. de maginas cotre le mydi a vne lieue pres est gabasaulis la ou fut oppresse et prinse par force la femme du leuite qui venoit de bethleen pour laquelle chose fut toute come destruicte la lignee de beniamin comme il apert en iudich au.xix.chapitre.

De ceste cite de Gaba fut ne saul filz de Cis premier roy disrael de gaba a vne lieue contre le mydi est la ville de rama situee en vne montagne a coste senestre en alant vers hierusalem/ de ceste dit on q̃ parle hieremie au.xxvi.chapitre. Vox in rama audita est etce. La vix a este ye en rama. De rama a deux lieues contre le midi est la cite glorieuse de hierusalez cite de dieu qui est saint lieu lequel dieu vut eslire afin que son nom y feust. Jl est a noter quil ya plusieurs villes en la terre sainte qui sapellent rama/ vne est au pres Tecuue contre la voye q̃ va en ebron lautre est en la lignee neptalin non pas loing du chasteau de zephyt. La iii. est dequoy on parle icy. La.iiii.est sylo qui sapelle aussi rama. Rama interpretee epechum/ cesta dire haust/ car certainement toutes ces villes sont situees en haultes montaignes.

De sychen donc q̃ alant contre le vent austral vers le fleuue de iourdain puieremēt a.iiii.lieus est Emon bonne ville situee en bon lieu aume fertile et habundant autresfois en tous biens/ et a este du partage de effrayn. de Emon a.iiii.lieues vers orient au descendant de la montagne de effrayn a.ii.lieues du fleuue de iourdain au champestre est zephyt casal ou le torrēt de carith descet de la motaigne come il apert au.iii.liure des roys au.xviii.cha.auquel demoura helye quāt le corbeau luy apportoit a mengier au matin et au soir.

De zephet a vne lieue a senestre vers la terre de tophue ē le chasteau Doc/auquel tholomeus filz dabobi prit symon cōme il apert au premier liure de machabeorū/au dernier chapit e. En ce lieu on voit moult clerement la terre de galaad et de deux lignees et demye/la terre de esebon et les montaignes de moab le mont abarin et phasga et nebo/et dela on descent en la champaigne du fleuue de iourdain. Et sont tot sieux plains iusques en hierico/et oultre par toute la descendue du fleuue de iourdai iusques a la mer de salmaru/les montaignes dabarin/de phegor/de phasga/et nebo/sont directemēt cōtre ce lieu oultre le fleuue de iourdain

Et est assauoir que des le cōmencement du fleuue de iourdain soubz le mont de liban iusqs au desert de pharan bien cent mile de long et plus le dit fleuue de iourdain des deux costes de sa riue a champs larges beaux et amenes/et aps les ditz champs est auirōne de mōtaignes haultes deca et dela iusques a la mer rouge. De zephet cōtre le mydi declināt vng pou cōtre oriēt a.8.lieues loing est le lieu dist galgala/auql lieu lōg tēps les enfans disrael mirent leurs tentes chasteaux et fortresses aps ql eurēt passe le fleuue de iourdai/et furēt la aucūs de eulx circūcis de galgala a demye lieue ps alant en iherico a couste destre oultre le chemi est le mōt apxle carentesse/ou ieuna nostreseigneur.xl.iours et.xl.nuys/et est bien hault et difficile a monter/auquel ne fut pas tente nostreseigneur de lennemy/mais en vng autre mont trois lieues loing de la plus auant au desert a coste de mydi vers besle l et hay soubz le mōt de quarāteine en uiron deux geetz darch sourt et part la fontaine de helisea/de laqlle Helisee guerit les eaues/car elles estoiēt ameres et steriles/ceste fōtai ne court vers le lieu de galgala du coste de midi et fait moulare de gras molins et puis se diuise en plusieurs buisseaulx qui arrousent les chāps z les iardins et les cānes de miel iusques en iherico et entre au fleuue de iourdain. Pres de galgala a demye lieue est la valee de accor soubz la mōtaigne ou fut lapide le dit achor pour le larrechin ql auoit fait contre la defence et prohibition q auoit este faicte.de galgal cōtre oriēt a vne lieue Est situee la cite de iherico iadis belle et glorieuse/mais maintenant a grāt pine ya.viii.maisons/ne a grāt pine voit on signe ne euidēce q au tresfois y ait eu maisons ne ville/et tous les signes et enseignemēs des sains lieux sont du tout abolyz. De iherico a.ii.lieues ēpres le fleuue de iourdain est la chapelle en honneur de mōseigneur saint Jehā baptiste

E iii

ou on croit q̃ nostre seigneur ait este baptise. Toutesfois aucuns dient q̃ ce fut fait pres de salim/mais la solennite de leglise contredit a ce/car elle tiẽt lopposite ce q̃a este autresfois fait en ihrico est asses cõmun et notoire.   De ihrico a.ii.lieues ps de la mer morte est ũng lieu dit bethagla/la ou les enfans disrael plourerent leur pere Jacob qui estoit mort quãt ilz luẙportetẽt degypte.coe apert en genese au.l.chap.q̃ est loing du fleuue de iourdain ũne lieue auql̃ habitoiẽt iadis aucũs moynes de grece. De ihrico a.iii.lieues loing du fleuue de iourdain est la chapelle sait Jehan baptiste/et est la mer morte q̃ sapelle ũng lac ou mer salee. Ceste mer ycy fait diuision de arabie et iudee/et est au riuage deuers orient de ladicte mer. La terre de moab et de hamon et le mõt de seyr/et ũa iusques a la ãile de cades barue et iusques au desert de pharan. On ỗit ũers le milieu du riuage de ladicte mer ũers orient le mõt roob/q̃ anciennemẽt sapeloit la pierre du desert et maintenãt sapelle chzaac q̃ est ũng chasteau fort et puissant leql̃ edifia Baudoyn puis aps roy de hierusalem pour laugmẽtation et dilatation dudit royaume/mais maintenant le soudan le tient en sa main/et y tient tous les tresors de toute egypte et darabie. De chzaac a.ii.iournees loing cõtre ỗsturne est la cite darcapolis maintenãt apllee pierre metropolitaine de toute arabie seconde autresfois estoit apllee Ar. et estoit situee au torrẽt de Oron es cõfines des moabites amonites et amozriens. En ce mesmes riuage de ladicte mer est le lieu de la ou Balland fut mene es montaignes de Moab pour maudire les enfans disrael. De ihrico a.ũ.lieues loing ũers affricque est la ũille de Segor soubz le mõt de eugaddi entre leql̃ est la mer morte est la statue de sel ou la pierre en quoy fut muee la femme de Loth dequoi est escript en genese au.pix.chap.pour laq̃lle ỗoir fault prẽdre grant labeur et grãt paine. la mer morte contiẽt en largeur allant doriẽt en occidẽt.ũi.lieues et de long alant de aquilon ũers le mẙdi cõme diẽt les sarrasins elle a.ũ.iournees moult obscures et tenebreuses cõme se cestoit la cheminee denfer. Plusieurs grãs choses merueilleuses sont dictes de ceste mer morte dequoy men passe a psent cõme cõmunes et notoires a plusieurs. Cecy neãtmois ie diray q̃ des ũapeurs de ceste mer toute celle ũalee que iadis saploit ũalee noble et gẽtil et iusques a la fin de ceste mer q̃ est ũers le desert de pharan iusques a demie lieue ps de ihrico toute infecte et inutile/tellemẽt q̃ ne grain ne paille ne peut croistre la par tout et du long et du large q̃ est bien de.ũ.ou.ũi.lieues de pays syno ps de ihrico ou les iardins et les cannes de miel sõt arousees de la fõtaine de

helisee. Et e bie a cosiderer par grāt craite et doubtāce le terrible iuge-
met de dieu q a si cruensemet puni lorrible pechic de cōtrenature q fault
q par si grāt et logue espace de tēps la terre et le pays denuirō en soit sterile et ifructueuse/et nō pas seulemet les Valees mais les mōs q sōt ale-
tour sōt steriles et ifructueux de tous costes. Aucūs diēt q les eaues de
iourdai ne se meslent poit auec celle de ceste mer morte/mais deuāt qlles
entrēt dēs ladicte mer elles sōt absorbees et prises de la terre ps de ladicte mer/Vray é q les sarrasins disēt q elles y entrēt et en saillent et tātost aps la terre absorbe et prēt les dictes eaues et ne scet on qlles deuie-
net. et aucunefois ceste mer morte croit (et est plus grāde vne fois q lautre tant de pluyes q descēdēt et de la resolutiō des neges du mōt de libañ
et des autres mōtaignes prochaines et de linundatiō des eaues de iourdai et du torrēt de iaboth et de hermō et sareph et des pluyes q chent en
galilee au mōt de galaad q de la terre de moab de amō et de seyr desqlz pays les eaues descēdēt en iourdai et de luy en ladicte mer morte. En ceste
mer on treuue cōe de glutz ou de pige q se cueille du fons de ceste mer/et
par lagitatiō des vēs é mene en diuerses manieres/et se diēt rēdre a la
riue de la mer et le prēt on laq é medicinable et ne se peut dissoulre sy nō
de sang mēstrual q ont les fēmes quāt vne fois le mois sōt malades (et sapele glutz iudaique/et pource sapelle daucus le lac daspalt et de glutz en
genese au.xiiii.chap.é escript q la Valee sauuage q est maintenāt mer salee auoit plusieurs puis plais de ceste colle ou peige ou glutz et encore a
psent y en a plusieurs a sa riue. et ce soufist a psent de ladicte mer morte
Mais au lieu de galgala dequoy a este parle a.iii.lieues ps de la fontaine de helisee et autāt cōtre aqlon es mōtaignes vers le mōt de la gretene
est la cite de hay laqlle gaigna iosue par armes et tua le roy de hay cōme
apert iosue au.vi.chap. De hay vne lieue ps ou enuirō cōte aqlon ou pou
declināt vers occidēt est la cite de betel q sapeloit iadis lusa en la lignee de
Beniami ou iacob cōtre occidēt sen ala quāt senfouyt deuāt son frere esau
et mist vne pierre soubz sa teste et sendormit la ou vist la grāt eschiele
q touchoit iusqs au ciel et lapela betel et esleua la pierre en signe de aucū
titre la deuoir auenir/dequoi est escrit en genese au.xxviii.chapitre
   A vne lieue pres vers rama contre aquilon qui sapelle Sylo est la
pleine de delbora fēme de lapidoch/q iuga israel et enuoya barath batailler cōtre zizarā en la mōtaigne de thabor dequoy é parle in dicū au quart
cha. De betlxel a.ii.lieues de hierusalem et.iii.de rama beniami canatoth
vne petite Ville des pstres de la loy dou fut ne iheremie le prophete ps de

E iiii

anatoth entre orient et midi comence le desert q est entre hierusalē et ihērico q a present sapēlle desert de quarēte/et va iusques a galgala. et iusques au desert q est cōtre la ville dicte et aprēs thecua et eugadi iusques a la mer morteners la riue de occident. De segor a vne lieue est la voye pour mōter au mōt de eugaddi auql dauid souuēt il se mucoit quāt saul le persecutoit. A lenuiron de celuy mōt auquel estoit iadis vne vigne qui portoit le bausme/mais au tēps de herode le grant cleopatra rayne degypte pource qlle le scoit mortellemēt a lade de anthoine elle trāsporta en babilonne de egypte. Les laboureurs de ce bausme dient q depuis le samedi a mydi iusques au lundi ensuiuāt les beufz q ont acoustume de tirer leaue de cesse vigne q est bausme nullement du mōt ne le tiroiēt a dōcques son les deuoit tuer et mettre en piece. Le iardin est long enuirō. ii. getz darc et large cōme vng gett de pierre et maintenāt ne se labeure nit la vigne de bausme si nō par les crestiēs/et est arousee dune fontaine en laquelle la benoite vierge marie lauoit souuēt son enfant et le baignoit. Toutesfoys il y a des souchēs de la vigne fort nobles/mais les sarrasins ne les labourēt pas et les crestiēs ny demeurēt point q la peussent labourer/dessoubz ladicte vigne de eugaddi empres la mer morte sont de tres beaux arbres/mais les fruis de ces arbres qui sont beaux quāt on les rōt ou quon les fent dedēs il ny a q cēdre et riēs q vaille cōe est dit cy deuant

Les mons de eugaddi sont hauls a merueilles et de merueilleuse disposition rōpus en valees et mons telz q font grāt paour a ceulx qui les regardēt. De ihērico a. iiii. lieues pres vers occidēt en la voye qui va en hierusalēz a costé senestre du mont de la quarētene est le chasteau adomyn la ou celuy q descent de hierusalez en ihērico se trouua entre les larrons/dequoy e escript en sait Luc au. x. cha. Laqlle chose aduiēt a prēsent encore a plusieurs qui passēt par la. Et pour la grāt effusion du sang humain q souuēt est la espādu ainsi est aprēs ce dit lieu. Le lieu est horrible a regarder et fort dāgereux a passer sinō q on soit biē cōduit et mene. De adomyn a. ii. lieues cōtre occidēt e baturi de la lignee de bēiamī dou fut semey filz de gemyni q maudit dauid quāt senfouyt deuant absalon cōe e escript au secōd des roys au. xvi. cha. et e vng chasteau fort situe en vng hault mōt dessoubz leql en la valee cōtre oriēt en la voye real de adonaym y a vne pierre q sapelle leon grāde du filz de ruben a la maniere dung four/et semble q soit marbre. De baturyn cōtre occidēt a. ii. geetz darch vng pou plus bas e bethanie chasteau de marthe et de marie magdaleine auql deuāt quō entre dedēs euirō vng geet de pierre e le lieu quō mōstre ou vint marthe et la marie magdaleine puis aps dequoi est parle en saict Jehan en.xi.cha.au deuāt de nostreseigneur quāt venoit pour resusciter lazarus. En bethanie on voit encore la maison de symon le lepreux en laqlle disna nostreseigneur quāt la magdaleine vint a luy auec la boette de vnguemēt/dequoy cy dessus a este dit et parle. En ceste maiso ou nostre seigneur fut souuēt loge et y a a psent vne eglise a lonneur de saicte marthe et de saincte magdaleine. Et le sepulchre du lazarus duql il resuscita nest pas loig de leglise ou y a vne bie belle chapelle/et est le dit sepulchre couuert de marbre les sarrasins ont en grāt reuerēte ce dit lieu pource q la fut resuscite lazarus de nostreseigneur. Quāt on se part de hierusalē on ne voit pas encore therusalez pour le mōt doliuet q est entre eux mais on voit bie vng mōcel de terre et vne partye de la dicte cite auec le mōt de syon. On descēt donceqs du mont et puis on ne voit plus la cite saincte et soubz le mōt doliuet a coste dortet vers la ville de bethfage quon laisse enuiron vng gect de pierre a coste senestre on passe par vne ptite ville te bie ptite et on auirōne le mont doliuet et viēt ou au lieu ou nostresei gneur monta sus lasne/et la reluit la cite et se monstre tout a plain auec le tēple de salomon et le saint sepulchre et les autres saints lieux de la dicte terre saincte de la on viēt en descēdant de ce mont doliuet au lieu ou le peuple de hierusalez vint au deuāt de nostreseigneur les vngs deuāt aloiēt et les autres aps criāt a haulte voix et disant osanna filio dauid et ce. filz de dauid saune nous benoit soit ta venue/et il ploura quāt il consideroit la destruction q deuoit auenir. de la on vient entre le lieu ou il pria dieu et sua sāg et le lieu ou il fut pris ps de gethsemā Et passe le torrēt de cedron on vient en golgatha ou nostreseigneur fut crucifie.

Icore a la diuisio de la terre saite q reste vnos car en alāt de hierusalez enuirō.ii. lieues loig cōtre le coig q e entre septētriō et occidēt e le mōt de sylo loig de gabasaulis vne lieue ou enuirō et de rama beniami semblablemēt.en ce lieu la fut larche du testamēt bie log tēps laqlle auoit fait moyse au desert. de la a vne lieue e la cite de galbaō de la lignee de beiami situee en ce mōt de sylo/dequoi on dit la auoir este le tresgrant et hault ceulx q demouroiēt en ceste cite enuoyerēt par deuers iosue en galgala pour faire paix auec luy dequoy au long e escript iosue au.x. chapitre De hierusalē.iiii.lieues soubz le mont de sylo vers occidēt est la ville de botron basse/dequoi est faicte mentiō en iosue et en machabez et e a la lignee de machabez. De hierusale a.iiii.lieues et demie cōtre occidēt en alant vers dyoposin ou liddam e la cite de cahriatiaru q estoit vne des cites de gabaonitanis en laquelle demoura larche du testament vp.ans aps qlle eut este hors des mains des philistins/ de chariatrarin a.ii.lieues vers le mydi ces bethsamies de iuxte petite ville q sapelle ainsi a differéce de bethsamies de neptalim/mais en verite elle estoit de la lignee de dan ps de la mer venát en partage a la lignee de iuda. Au cháp de ceste ville.ii.vaches dathvru ramenerét larche du testamét quát les bethsamitás messonnoiét leurs fourmes en la valee et moururét de eulx septáte et.l.m.du peuple pource qvirét larche de dieu toute nue et q nen tidrét copte/coe il e e script au pmier liure des rois au.vi.cha. De hierusalem.v lieues cótre occidét est ramathasophim en partie de la lignee de beniami et partie de la lignee deffraim. Ceste pleine la sapele aussi obstant ql ny ait poit de mót mais vng plain cháp elle fut aussi appelee arromathia. dont fut Joseph noble decurio q ensuelit nostre seigneur iesucrist samuel fut de la ne/et y est enseuely/ a psent elle sapele ramula. De ramula a ramatha a.iii.lieues cótre occidét est la cite de ioppe q sapelle Japha Là ou Jonas entra en la mer senfuyát deuát dieu pource ql ala en miniue/ coe apert Jone au pmier cha. En elle estoit saint pierre prince des apostres detenu en vng hostel coe hoste a l'ostel dun apele symó coriá q auoit sa maison sus la riue de la mer. En laqlle saít pierre receut les hómes q a lui estoiét venus par amonitió de lange comme céturion cornele dequoi est parle es actes des apostres au. v.chapitre. de laquelle maison soubz vng roch est faicte vne eglise de saict pierre/mais elle est a present desolee/il y a aussi la de petites rochs en la mer esqlles selon les fables Andremada fille de cepheus fut bánie et deuoit estre deuoree aux balaines de la mer/mais elle fut desiurce par le roy de perse. Sus elle aussi a.ii. lieues vers le midi est vng port leql prit iudas machabee/coe il apert au secód liure de machabee au.pii.cha. De therusalez a.ii.lieues cótre le mydi est situee bethlee la cite noble et dauid en la partie senestre q va vers ebron oultre la voye a vng gect darch touteffois deuát biét a la main destre le sepulchre de rachel oultre et hors la voye auquel sepulchre y a vne piramide moult belle/de laquelle a este parle que cest et la feist faire Jacob le mary de Rachel pour lamour quil auoit a elle. Et ordonna mettre douze grans pierres alentour du sepulchre en memoire des.xii. enfans de israel qui entores y sont. Au pres du sepulchre on treuue aucunes petites pierres noires comme charbons/ et sont a maniere de feues grosses/et les cueillent les pelerins en memoire des grans merueilles q la ont este faictes. Cótre la cite de bethleem est la teur de ador/

parc ou Iacob demoura aps la mort de sa fème rachel pour aucun tēps lui et son bestial q̄ paissoit luime smes auec ses seruiteurs. De bethlee a .v. geetz darch ou enuirō est le lieu ou les pasteurs gardoiēt leurs brebis a la nuyt de la natiuite de nostreseigneur quāt ilz ouyrēt les anges chanter Gloria i excelsis deo. Bethleen est situee en vng mont bien hault mais estroit q̄ se estend de long et de large vers orient et occidēt, vers occidēt est lentree ou il y a vne cysterne vers la porte de laq̄lle dauid desira boire quāt il estoit entre en bethleen en bataille cōtre les philistins et trois des plus fors de iudee passerēt par toutes les batailles des philistins q̄ estoiēt a ce couste la, et puiserēt de leaue de la dicte cysterne qui estoit en la porte et la porterēt a dauid afin q̄ en beut, cōme est escript au pmier de pralipomenō au .xi. cha. en la fin de bethlee vers oriēt soubz vne roche q̄ estoit ps du mur de la dicte cite de bethleen on voit vng lieu cōme vne estable selon la maniere de faire les estables en ce pays la, et la est le lieu ou nasquit nostreseigneur filz de la vierge vray soleil de iustice mōstrāt q̄ il venoit netoyer les ordures du mōde quāt en vne estable pleine dordure il nasquit lui venāt en ce mōde. et aups de ceste roche y en a vne autre plus grāde q̄ ceste ps. iiii. pies et nō plus soubz laquelle estoit la creche ou fut mis le doulx sauueur du monde iesus nostreseigneur entre le beuf et lasne. Et pour vray il me semble q̄ cestoit tout de vne roche mais on y a fait vne porte au milieu de la roche par laq̄lle on va par le cueur de leglise en montāt au lieu de la doulce natiuite de nostresei gneur en descēdant .v. degres en la chappelle la ou il fut ne dequoy la cause de la descēdue a este dicte deuāt. La chappelle la ou il nasquit est fort belle et desus et desoubz, pauce de marbre et desus de cuure sumptueuse en bois paint bien a merucilles. Soubz le lieu ou la vierge marie enfanta nostreseigneur on peut dire messe sus vne table de marbre q̄ est la apprestee pour ce faire q̄ veult et voit on la en pierre tout a nu la ou nasq̄t nostresei gneur en partye et partie de la creche ou fut mis nostreseigneur lesquelz lieux les deuotz crestiēs baisēt bien deuotemēt, ie nay voit veu ne ouy dire a hōe auoir veu eglise plus deuote q̄ leglise de bethlee, il y a en elle couson nes de marbre en .iiii. ordes disposees moult noblemēt nō pas seulemēt en multitude mais en grādeur merucilleuse. En oultre la nef de leglise desus les coulomnes iusques au bois de la couuerture est faicte de oeuure tresbelle et tresnoble de toutes les hystoires qui ont este depuis le commencement du monde iusques a la venue de nostreseigneur a son iugement.   Et tout le pauiement de leglise est de marbre de diuerses couleurs paint qui decore ladicte nef grandemēt qui a cousté a payer et paidre pris ineptimable. Les sarrasins ont en grāt reuerēce toutes les eglises de nostredame/mais surtoutes celles de bethleem. Le soudā voiant en ceste eglise toutes ces choses et les coulonnes et les paintures les volit faire oster et porter en babilonne veullant de ce son palays edifier/mais chose merueilleuse les ouuriers auec leurs instrumēs venāt en ceste eglise pour tout oster cōme le soudan auoit dit et cōmādé luy encore estant en ladicte eglise auec plusieurs autres dune muraille de leglise saine et entiere par ou a grant peine vne anguille passeroit partist vng serpent grāt a grant merueilles q̄ vint mordre vne des tables par le milieu et rompit a trauers/ainsi a la secōde a la tierce iusqs a la .xxxi. dont fut esbahy le soudan et tous ceulx q̄ estoiēt auecques luy/et mua propos/et incontinēt le serpēt sen ala. Et demoura leglise en son entier et est encore iusques a present. Et les signes et apparences du corps du serpēt se voyēt encores maintenāt es tables par ou il passa cōme se le feu y eut passé. Et surtout fut chose merueilleuse/et est encore cōmēt le serpēt peut passer par le mur q̄ estoit tout plain et vny cōme voirre. en partāt hors de ceste eglise deuers aquilon y a vng couuēt de freres mineurs cordeliers q̄ a present demeurēt la/les lieux sains de bethleē sont escrips cy dessus et pourtāt te men passe a present dē plus parler.

De ceste eglise a vng gect de pierre pres est leglise de saincte paule et de eustochiu sa fille/et la sōt leurs sepulchres. De bethleē a demye lieue cōtre occidēt est vne ville apelee bezet/en laqlle iadis abondoit bon vin sy que en ce pays la on ne trouuoit point de meilleur. En laqlle fut puis adombesech des enfans disrael/auql il couprēt le bout de ses mains et de ses pies q̄ va dire apres q̄ ce fut fait. lxx. roys auoiēt les bous des dois de la main et des pies coupez q̄ estoiēt soubz ma table quāt ie disnoye ou soupoye amassaut du pain q̄ cheoit de ma table/et dieu ma fait et rendu comme iay fait aux autres/et fut amene des enfans disrael en hierusalem/et mourut la comme est escript au premier chapitre du liure des iuges. De bethleen a .vi. lieues contre orient sus la mer morte è le mōt de engaddi/dequoy a este parle cy deuant. De eugaddi trois lieues contre le mydy est le mont de achile qui apres fut apele methsida apres que herode y eut fait edifier vng chasteau inexpugnable/et en ce lieu la dauid se mucza aucunefois pour la persecutiō de saul cōme apert au premier des roys au .xxiii. chapitre. De bethleen a .ii. lieues contre le mont de achile/est la cite de Thecua situee en montaignes dont feust le prophete amos qui est la ensevely lequel Ocosias tua dung Rerroul qui luy frappa a trauers des temples/et aupres est le desert dit thecue. Entre ceste ville et le desert est la valee de benediction ou iosaphat roy de iuda bataille contre les ydumeens et les enfans de Amon et les vaiquit et subiuga. Aupres de ce lieu vne lieue loing a senestre contre le desert du mont de la quaranteine est vng chasteau fait et edifie du roy herode qui sappelle herodium/situe en hault lieu la ou il est enseuely/come dit iosephus. De la cite de thecua a.v.lieues entre orient et mydi est la ville de ziph pres du desert qui aussi sappelle ziph la ou dauid se muca aussi pour la persecution de saul come apert au pmier de rois au.pp̄vi.chapitre et pres de ce desert est come ioinct le desert dit Maon ou est le mot du carme auquel demouroit naabal carmelus/dequoy est parle au pmier des roys au.pp̄v.chapitre qui despmsa les messagiers de dauid duquel Nabaal print dauid la femme luy mort. Au desert de Maon ioinct entre orient et mydi le mont de seyr vng autre ainsi dit en ydumee. Laquelle terre les enfans disrael long temps auironcrent et circuirent/car aisi leur estoit il commande de dieu/comme apert deutro.iii.

Au desert Maon contre mydi ioinct et touche la terre de amaleth/laquelle saul subuertit par le commadement de dieu/au pmier des roys au pv.chap.et tua tous les habitans en elle deuant la terre damaleth contre la mer morte est la cite de cades barne de la ou moyse enuoya.pii.epploratus pour espier la terre de chaanam disant. Montes a la terre meridiane/et quat vo? seres aup motaignes cosideres et regardes bien la terre q̃ssi elle est/et le pruple q̃ habite en elle q̃l il est/cofortes vous et nous apors tes des fruis du pays/il estoit adone le teps q̃ raisins estoiet meurs vne pricoque/est a dire raisins plus tost meurs q̃ les autres pour la reception de la chaleur du soleil plus en vng lieu quen lautre/de ce e escript au liure des nobres au.piii.cha.et la demoureret long teps les enfas disrael/et de la seur fut commande de par dieu de partir et aler alentour du mot de seyr et de retourner au desert par deuers la mer rouge. De bethlee a.iii.lieues ps côtre le mydi en la voye q̃ va vers ebron est la ville appellee bethsaca en hault lieu a laq̃lle est ps vne autre ville dicte rama fort haute sy q̃ les habitas dicelle de la puet voir toute la terre de arabie iusques au mont de seyr/et tous les lieux q̃ sôt vers la mer morte et les lieux ou se muca dauid et le fleuue de iourdain iusques a sethym et au mont dabarim. Et contre occident tout le riuage de la grant mer depuis Joppe iusq̃s a Gazam et bersabe et iusques au desert de seyr. Et toute la ter re des philistins iusques a ramathasophin par geth/accaron/azotum/ et iamiam et ascalon/auec toute la pleine soubz le mont de iuda. De rama a vne lieue et plus a dextre pres du chemin real qui va en ebro est la cite dicte de mabre ou demouroit abraham/et y demoura long temps ou seant a luys de sa maison au pie de mabre vist venir trois hommes vers luy descendat par le chemin/lesquelz il receut en sa maison comme est escript en genese au.xviii.chapitre. Et voit on la deuat sa maison larbre q y estoit/aumoins vng qui de celuy la est creu et venu qui a la fueille comme de pyn/et le fruit coe de chesne/et sapelle isey.   De la a xxv.e lieue a dextre pres du chemin est ebron la vielle et anciene cite qui est a psent toute destruite/et y a de grans ruynes et destructions/ par quoy on voit quelle a este bien belle et glorieuse. De la a vng gect darch contre le mydi en declinant ves orient est ebron la noue edifice depuis lautre au lieu ou estoit la fosse double ou fut enseuely Adam et eue Abraham et zara ysaac et rebeca Iacob et lya. Les sarrasins contre ceste fosse double q soloit estre leglise cathedrale ont fait vng fort lieu de grant defense. De la vng gect darch lon est le champ damascene ou fut fait et cree Adam/ce champ en verite a la terre bien rouge/molle/et flexible comme cyre/et les sarrasins laportent sus cameaux en egypte/ en ethiope/et en inde/ et autres lieux et la vendent pour espicerie bien et chierement/et neantmoins y ny apert pas que on en ait guere prins/et nya pas grāt fosses pourtant que on en prent beaucoup/ on dist q tousiours lan reuolu miraculeusement toutes les fosses qui ont este faictes tout au long de lan pour prendre de ceste terre sont remplies toutes. Et dist on que quiconques porte sus soy de ceste terre nulle beste du monde ne luy fait iamais mal/et garde casuellement homme. Ceste valee de ebron est fort fertile doulce et moult amene et delectable a demourer et habiter. De la a vng gect dare est le lieu ou cayn tua son frere. come apert en genese au quart chapitre. De la a deux geetz darch en vng mont a coste de ebron est vne vielle spelūca fosse et cauerne en vng roch ou ada et eue firēt le duel en plourāt longuemēt la mort de Abel/cestassauoir lespace de cēt ās/et sot ecore la les litz de eux deux et vne fotaine q sourt de la de quoy y buuoient elle cōtient bie.xxx.pies de long et de large. De ebro a.ii.lieues ps cōtre mydi est la cite de dabir ou cariathsepher cest a dire la cite de lettres laql le prit othoniel filz de zenez frere de iaseph le plus ieune/ et luy bailla sa fille afēme apelee axam/et luy dōna vng chāp de prez iardis et labouraiges le hault et le bas et sap le en iosue au.xv.ch. irriguū superiꝰ et iferiꝰ de ebron a deux lieues contre aquilon en declinant vers occident est la ville de Neelescholle torrent de totry ou la valee de larmes dou les explorateurs apporterent ung grant bourion et serment de vigne auec son resin que deux hommes portoient a ung baston auec des pommes de guernade des figues et autres bônes choses comme apert au liure des nobres au.xiii.chapitre. A main destre de ceste valee demye lieue pres descent le ruisseau ou saint Philippe baptisa le eunuchien chatre ethyopien seruiteur de la royne de ethiope appele caudace qui estoit tresorier de ceste dame et venoit en hierusalem adorer au temple en se retournant seyoit en son chariot et lisoit/et saint Philippe se trouua la et finablement le baptisa come apert es actes des apostres au.viii.chapitre.

De Neelescol quatre lieues côtre hierusalem est la maison de zacharie ou entra la vierge marie quant ala veoir et saluer helisabeth/en laquelle nasquit saint Jehan Baptiste.

De celle maison a deux lieues pres contre aquilon est la cite de Nobe cite sacerdotale qui a present sapelle bethenopol au chemin qui va a dyopolim et a zamatha la ou dauid print le conteau du geant goliath getien dequoy le tua/et le bailla au prestre de la loy achimeleth/dequoy est escript au premier des roys au.xxi.chapitre.

De bethleen a vne lieue pres et plus au chemin qui va vers thecuam est le sepulchre de saint barioth abbe et de ses moynes qui moururêt tout le iour qui mourut.et iadis ya eu grant affluence de peuple. Encore alât vers le mydi a quatre lieues de acco est la cite dicte cayphas soubz le pie du mont de carmel vers aquilon. De la a trois lieues loing contre mydi est le chasteau des pelerins fort et puissât a grât merueille situe au cueur de la mer qui iadis a este aux cheualiers de saint Jehan de hierusalez

De caypha a vne lieue ps est la cauerne de helye et la mâsion/demourâce de helisee et la fontaine la eu demouroiêt les enfâs des prophetes au mont du carme. Du chasteau des pelerins a.iiii.lieues est la cite de cesaree metropolitaine de palestine qui iadis estoit siege archiepiscopal.Et sa pploit deuât dor/apres sapela pirgus straconis/mais herodes le grât lauguemêta et redifia/et lapela cesaree a loneur de cesar lempereur de rôe duquel tenoit son pays de galilee/de laqlle force puissance et edifice iosephus dit plusieurs choses. elle est aurônee vuers occidêt de la grât mer vuers oriêt dune riuiere doulce et pleine de senge desoue en laqlle a grât multitude de serpês apelez cocodriles elle estoit situe en terre ferme et estoit fort et puissât mais a psêt ê tout destruite. sait phylippe y demoura et quatre de ses filles vierges et prophetes es actes au xxi. chapi. saint Pierre aussi en elle baptisa cornile centurion/c'est a dire qui avoit cent hommes soubz luy qui fut le premier euesque de la. Saint paul aussi prescha en elle devant le roy agappe et felix president contre terculun le grant orateur il disputa et le vainquist et subiuga.

De cesaree contre le mydi a une ville appellee a present assur/jadis s'appeloit antipatrida de antipater pere de herode le grant qui fut aux cheualiers de saint Jehan de hierusalem.

De assur contre orient a quatre lieues est la cite de manerich a present dicte et appelee stathy/et fut de la lignee de manasse en la pleine de soubz le mont de effraim situee non pas guere loing du mont Saron en ceste ville mirent grans gens d'armes les sarrasins contre le chasteau des pelerins quant ilz se prindrent.

De stathy contre le midi est le mont de saaron et la ville de sarone de quoy on parle es actes des apostres. De assur pa. viii. lieues iusque en ioppen qui est sus la mer dequoy a este parle cy devant de ioppe quatre lieues ps q̃ n'est geth non guere loing de la mer ia dis une des cites des philistins/mais a present c'est une petite burgade et s'appelle ybilym situee en montaigne/de la comment proprement la terre des philistins.

De beth a. ii. lieues côtre le mydi est bethsames de iude dequoi a est parle. De la a. ii. lieues contre le midi au mont de iuda on voit le mont de modyn dont estoient nes les machabeyens/et voit on bien leurs sepulchres de loig en la mer/et est le lieu situe hault de bethsames enuiro quatre lieues contre mydi non pas loing de la mer est la cite de accaron sec de des cinq cites des philistins/et est a present pou de chose/mais elle tient tousiours son nom ancien.

De accaron a quatre lieues contre le mydi est azotus la. iiii. cite des philistis loig de la mer une lieue et e a present semblablement ung petit bourg.

De Ioppe a deux lieues ps est lydie ou dyospolis/dequoy a este parle cy devant/de la ung pou declinant contre aquilon est la cite de lepna non pas loing de sachis laquelle print Josue et assiega senuaebrib/comme apert au. iiii. liure des roys au. xviii. chapitre.

De la. iiii. lieues loing le chemin de gabaon est Azecha petite ville et maceda lesquelles print Josue apres qu'il eut deliure les gabaoniteine la ou se mirent cinq roys en une cauerne/comme apert en Josue au. x. chapitre. De la trois lieues contre orient non pas loing de Noble est secbot de iude pres de la valee therebinte ou dauid ieune de aige tua un ne pierre et vne fonde le geant Golias/dequoy est escript au pmier des roys au.pviii.chapitre. De nobe qui sapelle a present bethenopol ya trois lieues iusques en emaus qui sapelle a present nichopolis De emaus vne lieue et demye on va en la valee de raphaim a coste de la maison zacharie que on laisse a destre en alant en hierusalez. et de ladicte maison de zacharie a vne lieue et demye a vng chasteau tresfort et puissant appele bethsura situe au coste du mont contre bethleem qui fut edifie du temps des machabees act par trayson le print anthiochus le ieune/ et est pres de hierusalem a vne demye lieue. De azoto. vi.lieues contre le mydi est la cite de ascalone la quarte cite des philistis situee en la greue de la mer qui a la figure dun demy cercle forte et puissant/et est comme la force et puissance des sarrasins. De ascalone cinq lieues contre le mydy est la cite de gaza situee en la riue de la mer qui sapele a present communement gazea. situee au chemin qui va en egypte/dequoy cy apres en la seconde partye de ce liure sera parle.

De gaza ya quatre lieues iusques a bersabe qui a present sapelle galbyn/et est la fin de la terre de promission contre le mydi. En ceste ville long temps habiterent Abraham et ysaac comme apert en genese au viii.chapitre/et est loing de ebron bien vne iournee comme Gaza. Les parties de la terre saincte qui vindrent en partage a la lignee de iuda en suit apres ce grant desert qui va et se eptend iusques au fleuue degypte auquel les enfans disrael demourerent long temps alant de lieu a autre Duquel cy apres plus aplain sera parle en la seconde partie de ce liure a laide de nostre seigneur. Et ce a present souffira de ceste terre et des lieux circumuoisins a icelle.

Comme ainsi soit que selon le tesmoignage de dauid le prophete disant. ffundamēta ei' in mōtibus sanctis. Les fundemēes de la cite saicte de hierusalez sont es mōtaignes sainctes nō pas sans cause mais raisonnablemēt iay propose parler plus aplai et plus aplemēt des mōtaignes de ierusalez veu et regarde q̄ de icelles en la saicte escripture est faicte mētiō en plusieurs passages tāt du viel q̄ du nouueau testamēt. Et pmier en parleray en general et apres en especial.

    Des montaignes de israel
    en general.

               D

et quatre de ses filles vierges et prophetes es actes au.xxi.chapi. saint Pierre aussi en elle baptisa cornile centurion/cestadire qui auoit cent hommes soubz luy qui fut le premier euesque de la. Saint paul aussi prescha en elle deuant le roy agappe et felip president contre terculum le grant orateur il disputa et le vainquist et subiuga.

De cesaree contre le mydi a vne ville appellee a present assur/iadis sapeloit antipatrida de antipater pere de hyrode le grant qui fut aux cheualiers de saint Jehan de hierusalem.

De assur contre orient a quatre lieues est la cite de manerich a present dicte et apelee kathy/et fut de la lignee de manasse en la pleine dessoubz le mont de effraim situee non pas guere loing du mont Saron. en ceste ville mirent grans gens darmes les sarrasins contre le chasteau des pelerins quant ilz se prindrent.

De kathy contre le midi est le mont de saaron et la ville de sarone dequoy on parle es actes des apostres. De assur y a.viii.lieues iusques en ioppen qui est sus la mer dequoy a este parle cy deuant de ioppe quatre lieues ps q nest geth no guere loig de la mer iadis vne des cites des philistins/mais a present cest vne petite burgade et sapelle ybilym situee en montaigne/de la commence proprement la terre des philistins.

De beth a.ii.lieues cotre le mydi est bethsames de iude dequoi a este parle. De la a.ii.lieues contre le midi au mont de iuda on voit le mont de modyn dont estoient nes les machabeyens/et voit on bien leurs sepulchres de loig en la mer/et est le sieu situe hault de bethsames enuiro quatre lieues contre mydi non pas loing de la mer est la cite de accaron secu de des cinq cites des philistins/et est a present pou de chose/mais elle tiet touiours son nom ancien.

De accaron a quatre lieues contre le mydi est azotus la.iiii.cite des philistis loig de la mer vne lieue et e a psent seblablemet vng petit bourc

De Joppe a deux lieues ps est lydie ou dyospolis/dequoy a este parle cy deuant/de la vng pou declinant contre aquilon est la cite de lepna non pas loing de lachis laquelle print Josue et assiega senuaclxxiii/comme apert au.iiii.liure des roys au.xviii.chapitre.

De la.iii.lieues loing le chemin de gabaon est Azecha petite ville et maceda lesquelles print Josue apres quil eut deliure les gabaoniteins la ou se mirent cinq roys en vne cauerne/comme apert en Josue au.x. chapitre. De la trois lieues contre orient non pas loing de Nobbe est sechot de iude pres de la valee therebuite ou dauid ieune de aige tua Gone pierre et vne fonde le geant Golias/dequoy est escript au pmier des roys au.pviii.chapitre. De nobe qui sapelle a present bethenopol ya trois lieues iusques en emaus qui sapelle a present nichopolis De emaus vne lieue et demye on va en la valee de raphaim a coste de la maison zacharie que on laisse a destre en alant en hierusalez. et de ladicte maison de zacharie a vne lieue et demye a vng chasteau tresfort et puissant appele bethsura situe au coste du mont contre bethleen qui fut edifie du temps des machabees/et par trayson le print anthiochus le ieune/ et est pres de hierusalem a vne demye lieue.   De azoto.vi.lieues contre le mydi est la cite de ascalone la quarte cite des philistis situee en la greue de la mer qui a la figure dun demy cercle forte et puissant/et est comme la force et puissance des sarrasins.   De ascalone cinq lieues contre le mydy est la cite de gaza situee en la riue de la mer qui sapele a present communement gazea. situee au chemin qui va en egypte/dequoy cy apres en la seconde partye de ce liure sera parle.

De gaza ya quatre lieues iusques a bersabe qui a present sapelle galbyn/ et est la fin de la terre de promission contre le mydi.   En ceste ville long temps habiterent Abraham et ysaac comme apert en genese au ptii.chapitre/et est loing de ebron bien vne iournee comme Gaza. Les parties de la terre sainte qui vindrent en partage a la lignee de iuda en suit apres ce grant desert qui va et se eptend iusques au fleuue degypte auquel les enfans disrael demourerent long temps alant de lieu a autre duquel cy apres plus aplain sera parle en la seconde partie de ce liure a laide de nostre seigneur. Et ce a present souffira de ceste terre et des lieux circuuoisins a icelle.

Comme ainsi soit que selon le tesmoignage de dauid le prophete disant. ffundameta ei? in motibus sanctis. Les fundemes de la cite sainte de hierusalez sont es motaignes sainttes non pas sans cause mais raisonnablemet iay propose parler plus aplain et plus aplemet des motaignes de ierusalez veu et regarde q de icelles en la saicte escripture est faicte metio en plusieurs passages tat du viel q du nouueau testamet. Et pmier en parleray en general et apres en especial.

        Des montaignes de israel
        en general.

D

Es montaignes de israel sont dictes en general les montaignes de toute la terre de promission soient celles qui sont dela le fleuue de iourdain ou celles qui sont deca. Souuent aussi on la prent pour la terre des .x. lignees disrael qui estoient bossue et montueuse especialement en la lignee de dan et de effraym/ car les .x. lignees acquirent non au temps de ieroboam filz de nabot q̃ estoit de effraym et q̃ regna p̃mierement en samarie sus les .x. lignees/ c̃oe ẽ escript au .iii. des roys au .xii. cha. Les mõtaignes auoiet de gras pasturages et de grãt abondãce de biẽs estoiẽt pleines et fort fructueuses et fromenteuses pleines de figues et dotiues et de arbres et de herbes singulieres et medicinales/ car toute celle terre la estoit iadis riche de diuerses richesses fertile en ble noble en eaue tresbonne en baume et autres biẽs tellement que pour la grace des grans biens qui estoient en elle les enfans disrael lappelloient terre fluant let et miel. Et montaignes dicelle terre pour sa grant abondance des pastures et unũbrables brebis moutons/ vaches/ beufz/ et veaulx qui y p̃ssoient/ et y estoient nourris inestimables moulxs a miel pour la suauite de la doulceur des herbes et des fleurs y estoient nourries les fruiz et les blez pour lattrempance de lair et abondance de rousee du ciel esdictes montaignes estoient meurs Or/ argent et autre metal se trouuoient la abondamment. En oultre fontaines et riuieres par les vaines des montaignes partoient lieux fors et puissans sy edifioiet/ bestes sauuages/ lyons/ leopars/ tygres/ et autres es bois des montaignes y conuersoient. Vray est toutesfois que comme les autres terres de par dela pour la mauuaitie et peche de ceulx qui y demeurent et les grans ruynes et destructiõs qui souuent y ont este faittes est ville meschãte et miserable sterile et infructueuse. Aussi semblablement lesdictes montaignes ne sont pas a beaucoup pres telles quelles estoient/ mais pour la plus part poures/ maigres/ et ruineuses. Neantmoins pource que de elles souuet est faicte memoire en la saincte escripture Aucune chose en brief en sera parle delles et declare.

   Sensuit des montaignes disrael en especial
   Et premier du mont de syon.

Le mont de syon estoit en hierusalem/ et au plus hault du dit mont estoit la tour ou forteresse de dauid la mise q̃ faitte pour la beaulte et defence de la cite. en ung des costes du mõt de syon estoit le teple cõme moyen cõtre la tour et le bas de la cite inferio re afin que la forteresse ou tour defendit le temple et le temple auec la tour defendit la cite/et pourtant souuentefois lescripture lapelle fille de syon/car ainsi comme la fille est defendue par la mere et est subiecte a elle ainsi la cite inferiore estoit subiecte au temple et a la tour. De tant grant auctorite et noblesse a este le mont de syon entre les autres q̄ non pas tant seulemēt la cite de hierusalez ne le pays de iudee mais aussi toute luniuerselle eglise tant des iuifz q̄ des gentilz congregee et assemblee en ūg/maintenant a este apelee syon/comme yci. Fundantur i exulta tione uniuerse terre mons syon. Sus le mont de syon soient fortees toutes les terres. Car le mont de syon a este de grant altitude et sublimite de grant force et fermete/de grant plenitude et uberte/de grant beaute et amenite/de grant confidence et securite/de grant opulence et locuplete/de grant exultation et ioyeusete/de parfaitte iustice et sainctete/ mont de doctrine et erudicion/mont de prophytie et reuelation /comme on pourroit monstrer en plusieurs escriptures de ses nobles et glorieuses conditions/mais pour cause de briefte ces choses dictes et autres transferions nostre parler.

Du mont de morie.

Orie est mont en hierusalem auquel est edifie le temple de salomon come il est dit au second de paralipomenon. au troisieme chapitre. Cestuy mont achxta dauid de ornan Iebuseo six cens cicles de pur or afin que en celuy edifia ūg autiel a dieu quant le dieu persecuta le peuple de mort pestilenciale pour ce quil auoit fait nōbrer le peuple/come apert au pmier de paralipomenō au xxi. cha. En ce mōt dauid fist sacrifice a dieu grāt et excellent/ et feist priere et oraison a dieu et fut exauce de dieu/car le feu du chiel fust enuoye q̄ cōsumma son sacrifice. En ce mōt offrit abraham sacrifice a dieu pour son filz ysaac qui deuoit la sacrifier du commandement de dieu. cōe apert en genese au.xxii.chap. la ou dist la glose de saint Jherosme. sus ce pas icy. Vade in terrā visionis et offer filiū tuū super ūnū montium etc. Va en la terre des visions et offre ton filz en sacrifice sus ūg des mons que ie te mōstreray. Le mont icy disent les hebrius les iuifz estre celui ou aps fut edifie le peuple en la grange de ornam iebusien au mōt de morie qui est interprete alumant et luisant/car la est dabir/cest a dire loratoire de dieu et la loy et lespirit qui inspire les prophetes et enseigne la uerite aux hommes iusques a present ce dist saint Jherosme. Et dist on en oultre que en ce mesme lieu Jacob dormit sus la pierre quil auoit

D ii

soubz la teste quant il vist leschielle dequoy deuant a este parle/et ce dit la glose sus ce pas descripture de genese au.xxviii.chapitre. Non est hic aliud etce. il nya icy autre chose que la maison de dieu et prenoit le seruice de dieu deuoir estre fait en ce lieu. Le lieu a este ung mont a coste du mont de syon ou fut edifiee la tour de dauid comme dit est par quoy appert esses que le mont de moree a este mont de vision et reuelatio prophetique mont de sacrifice et de oroison mont de doctrine et de instructio mot de clarete et de illumination/mont de angelique frequentation, mont de diuine apparicion/mot de misericorde et de propiciation.

Du mont doliuet.

Le mont doliuet est mont en iudee pres de hierusalem ainsi nome pour la grat abondace des oliues qui croissent la. Et pour ce dit saint augustin il sapele mont de cresme et de saincte vnction mont de lumiere/mont de gresse et de refection/de medecine et de curation/et ce pour la propriete des oliues qui croissent la en grat abondance qui sont de telle condicion/pourtant dit ysidore huile doliue de lamaritude de la racine est nourriture de lumiere en medecine des maladies et viande des gens. Au pie de ce mont court ung torrent ou ruisseau qui sapelle le torrent de cedron entre la riue duquel est le mont ou estoit le iardin ou entra nostreseigneur le iour de sa passion. Au pie du mont a este autresfois vne petite ville dicte gethsemani ou adonc auoit plusieurs iardins come dit saint augustin, dequoy est parle Johanis au.viii.chapitre ausquelz iardins aloit souuent nostreseigneur non pas pour plaisance mondaine/mais pour plus secretement prier dieu. Ce mont estoit a la partie orientale du temple/et pourtant le matin incotinet estoit illumine du soleil leuat et du soyr aussi estoit illumine des lampes du temple desquelles la lumiere redundoit iusques la/et pourtant non pas sans cause sapeloit le mont de lumiere premier/car du ciel et du temple receuoit lumiere/et aussi car grant abondance de huile doliue il portoit qui est matiere de lumiere comme dist saint augustin. En ce mont y auoit vne petite rue dicte bethfage qui estoit aux prestres de la loy/et en ung des costes de la montaigne abas estoit vne cite nomee Bethanie qui estoit a marthe et a lazarus/et magdaleine/come dit la glose sus saint mathieu au.xxi.chapitre. de ce mont monta nostreseigneur aux cieulx/et de la viendra au iugement comme apert aux actes des apostres au premier chapitre. En ce mont edifia salomon les haultes ydoles/comme apert au second des roys au.x.chapitre. et pourtant est apele mont doliue et de propiciation mont de offense au.iiii.liure des roys au xxiiii.chapitre/car en ces ydoles tourouta dieu salomon.

Du mont de ebron.

Bron est vng mont en iudee auquel estoit la cite tresancienne et iadis de grant renom a present toute destruicte et desolee ainsi dicte et nōmee ebron de ce mot prenant son nom. La valee dudit mont sapelle mābre auprés de laquelle est vne neuue cite apelee ebron pres dune double fosse ou cauerne constructe et edifice. Ceste montaigne et la cite de ebron de droit et de raison est plus digne et plus honnourable que nulle des autres montaignes de la terre saincte a cause des peres pmiers et patriarches qui des le commencement du monde reposent la. La cite de ebron est tresancienne/car ebron vii.ans deuāt thanny qui est cite principale de egypte a este faicte et construicte comme apert au liure des nōbres au.pij.chapitre. Ceste mōtaigne ont possidee et habitee tresnobles et tresnobles gens de droit heritage/cōme apert iosue au.v.chapitre.auquel est ainsi dit. Deleuit en ea caleph euach Sezei/et achinean/et tholomay de stirpe euach. de quoi ne fault point de expositiō vulgaire. En ce mont cōme au plus seur lieu dieu institua le principe et cōmencement du royaume de dauid auquel cōmanda quil montast apres la mort de saul et y demoura lespace de.vii.as regnant cōme roy et puis apres fut pris a la seignourie et domination de hierusalem du tout en tout. Ce mont des anciens fut pmieremēt apelé cariatharbe/cestadire la cite de quatre/car la les corps de quatre sont les plus renomees de ce mōde/et sont la en repos enseuelis/cestassauoir Adam/Abraham/Isaac/et Jacob/cōme dit saint Ihrosme/et aussi leurs quatre femmes dames de grant renom et de hōneur/cestassauoir Eue, Sarra/Rebeca/et Lya. Et sont tous enseuelis en vne double fosse et cauerne qui regarde vers mambre/laquelle acheta Abraham des enfans de seth/comme apert en genese au.xxiii.chapitre. Et vōt la souuēt les sarrasins en pelerinage ayant la leur musique et leur synagogue tresbelle et noble. Et ne laissent entrer nul dedens ne cristien ne ne iuif, vray est quil y a vne fenestre par laqlle leurs sepulchres on peut voir et regarder.

Des mons de bethel.   D iii

Es mons de bethel sont en iudee pres et voisins de hierusalez ou la maison de dieu fut edifiee soubz salomon les mons de bethel sont plains de bois et darbres fertiles et bien fecondz plains de graines de herbes aromatiques. Et pourtant les cherfz/ biches/ et chureaulx sauuages frequentent fort esdictes montaignes especialement au plus hault.

Du mont de Sylo.

Le mont de Sylo qui sapele a present a saint samuel est le plus hault de tous les mons qui sont en la terre saincte/ et quant au circuite et quant au hault/ car il passe en hauteur tous les autres/ et la fut reseruee long temps larche du testament. Et en celuy mont bien souuent furent faictes et celebrees plusieurs sacrifices de conuentions et assemblees de peuple pour diuerses causes et occasions/ côe apert en plusieurs lieux de la saincte escripture.

Du mont de garisym.

Garisym comme dit saint therosme est ung mont vers therico auquel est voisin le mont hebal se regardant a trauers.

En ces .ii. mons les benedittions et maledittions se promulgoient et bailloient au peuple entrant en la terre de promission afin que par benedittion feussent esmeuz a bien faire les amateurs de la loy et par maledittion eussent paour et crainte les transgresseurs de la loy. En ce mont de garisym les .vi. plus nobles lignees auec les prestres gectoient les maledittions come apert en detronomi au xxvii. chapitre. Et pour tant fut acoustume au peuple que ce mont estoit en grât veneracion et honneur a ceulx dapres/ et se frequentoit pour faire oroison et sacrifice/ et pour tant fut la la contention entre les iuifz et les samaritains du lieu ou on deuoit faire adoracion preferâs les samaritais le mont de garisym au temple de hierusalem disant que le lieu de garisîz estoit le lieu apte et conuenable a ce faire pour les causes predictes plus que le lieu de hierusalem et les iuifz disoient le côtraire comme apert en saint Jehan au quart chapitre tant au texte q̃ en la glose.

Du mont hebal.

Ebal est ung mont oultre le fleuue de iourdain auquel furent des .vii. lignees disrael apres que le peuple disrael eust passe iourdain et la sen alerêt a maudire ceulx qui ne garderoient les comandemens de la loy côe apert deutronomii au xxvii. chapitre. Et est selon quon dist plain de fosses et de cauernes et deuoracions auquel souuent ya terres mottes/ comme asses cotor de son interpretacion hebal est interprete Sorage. Et ainsi hebal a este mot de maledittion et de imprecacion auquel mal estoit requis a dieu et anucie a ceulx qui transgressoient la loy et les commandemens. Et estoit repute du peuple de israel mont de vilite et de abiection. Et pour les.vi.signes moins nobles/ cestassauoir ceulx q̃ estoiét descendus des.vi.enfans des chamberieres de iacob furent mis et deputes du peuple a faire ceste imprecation de mal et malediction cõe apert au.xxvii.de deuteronomi.

Du mont de quarentene.

Varentene est ung mont fort hault au pres de iherico a demye lieue. Au plus hault duquel mont nostreseigneur fust la porte et tempte de lennemy selon daucuns/ et luy mõstra tous les royaumes du monde et leurs gloires disant. Hec omnia tibi dabo si cadens adoraueris me. Je te donneray tout se tu me veulx adourer/ comme apert en saint mathieu au.iiii.chapitre. Selon dautres nostreseigneur fut tempte de lennemy en ung autre mont a.iii. lieues pres de celui de quarentene qui est au desert ou feist la quaräteine nostreseigneur a coste de hay et de bethel vers le mydi. Mais cest vray et certain que en ce mont de quarentene fut nostreseigneur quant il ieuna quarante iours et quarante nuys/ mene en ce desert de son esperit sainct apres que fut baptise afin quil fut tente de lennemy/ come apert au lieu prealegue. Au pie de ce mont flue et part le fleuue de helisee dequoy est escript au.iiii.des roys au.ii.chapitre que les gens de iherico venãs a helisee dirent/ tu sces bien sire que labitacion de ceste ville de iherico est bonne/ mais les eaues sont steriles et ne valent riens/ et il cõmanda quon luy aportast ung vaisseau neuf et mist du sel dens et se partist et alla a la fontaine q̃ est au pie du mont et mist le sel dens afin q̃ fust guerie et ostee la sterilite de ladicte eaue et que plus en elle ne fut mort par causation suple ne sterilite/ car elle faisoit la terre voisine sterile et aisi eust guerie leaue et oste sa sterilite iusq̃s a p̃sent selon la parole du prophete helisee q̃l auoit dicte et proferee a la fontaine. Et est a present doulx et delectable a boire et pourfitable a la terre.

Du mont de hermon.

Ermõ est ung petit mõt situe soubz iourdai q̃ est fertile fecõd en herbes et pasturages/ car au pie du mõt le fleuue de iourdai court tout du long dõt il est arouse et vers le hault et la summite du mõt de la rousee du ciel il est arouse/ et pour ces.ii.choses est beau come tous

D iiii

iours et plain de verdure et de vertus. Et pourtant la se nourrissent les bestes quon devoit sacrifier a dieu. Et pourtant que les bestes engressees de la rousee et des herbes croissant de la rousee estoient sacrifices au mont de syon/cest a dire en la terre du temple que est la situe/pource dit le prophete david en son psaultier. Quod ros hermon descedit i monte syon, que se peut entendre a la lettre car le mont de syon e plus hault beaucop que le mont de hermon Ite il est bien loing lun de lautre/pourtant il fault quil soit entendu des bestes que estoient la nourries et puis menees au mont de syon au temple pour estre sacrifices a dieu come dit est. ❧ Du mont du carmel.

Carmelus est ung mot en iudee auquel a une cite apelee carmela et en ya .ii. carmelus. lune en la sumite du mont contre mydi au quel nabal paissoit son bestial/brebis moutons etc. de quoy est parle au premier des roys au .xxv. cha. Lautre est au bas regardant la mer qui est au pres lun et lautre e fertile et abondant en biés et fruis et en herbages. ❧ Du mont de zif.

3 Jh e ung mot umbrageux et obscur auquel se muta david quant sen fouyt deuant le yre de saul/et est pres du mont de carmel auquel naabal carmesite habitoit que fut du lignage de caleph/come dit saint hierosme. Cest ung mot fort bosquageux de buyssons et arbres infructueux propice a bestes sauuages plain de fosses et de cauernes et pourtant est couenable a gens fugitis que se voulent mucier et celer il est bien perilleux a passans qui ne sont congneus et que ne congnoissent bien le chemin. ❧ Du mont de thabor.

Thabor est ung mot au milieu dun grant pais champestre/et est hault et de merueilleuse ioyeusete et plaisance loing de cesarce p. lieues vers orient/et est aux confins de zabulon ysachar et neptalim/ce mont est entre tous les mons de la terre de promissio de grant excellence et renom pour la situatio/la fertilite/lamenite/la force et fermete/la terre de la ditte montaigne de thabor est fertile de vignes/de oliues/et de autres arbres fruitueux et de bons herbages/layr y est bon et sain la rousee souuent y est bonne et doulce la pluye tant de iour que de nuyt moyenne et temperee la les arbres sont haulx que ne delaissent point ne pour yver ne pour este leurs fueilles ne leur verdure la le chant des oyseaux de diuerses especes est a grant foison et plaisance de leur plaisant chant est loye retree de la diuersite de leurs belles et plaisantes plumes la veue deslettee et esioye de leur cher bonne et doulce se goust refectionne. Et pourtant il y a plusieurs oiseleurs tendans leurs filez pour prendre ses oyseaux qui y sont

en grât abondâce côe dit saint hieroſme ſus ce pas la quaſi retlx pauſus
ſuper monté thabor.en oſee au.iiii.cha.côme la rois ou le file tédu ſus le
môt de thabor ſus tout eſt de grât loége et cômendacion ce mont de tha
bor en ce q̃ noſtreſeigneur y fut trâſfigure/et y p̃ſcha et enſeigna ſa ſain
te ſoy catholiq̃ dequoy a eſte parle cy deuât.   Du mont de libaȵ.

Ibanus eſt vng mont de la prouice de phenice treſhault duquel
ſouuêt parlent les prophetes et la ſaincte eſcripture/et ſappelle
ainſi pour lencés q̃ croiſt la es arbres q̃ ſont la en grât abondan
te ſelon yſidore duq̃l la partie vers oriét ſappelle libaȵ? libaȵ auſſi eſt a
dire blancheur/car yuer et eſte touſiours eſt blanc des neges q̃ y ſont en
aucunes parties aumoins touſiours.Le mont de libaȵ eſt pricipe et cô
mecemêt de pluſieurs fontaines et riuieres.du pie de libâ part la fontai
ne de ior et vne autre dicte dan q̃ enſemble conioictes ſont le nom de iour
daȵ.Libaȵ donceq̃s eſt mont de grât odeur et redolence/car la croiſſent
herbes fort aromatiq̃s.Ité ceſt môt de ſuffiſance et de fecûdite/car pour
labondâce de la pluye et de la rouſee il y a de bôs herbages et de bôs fruis
bons a merueilles/et pourtât en ce môt de libaȵ auſſi ſe nourriſſent les
beſtes et engreſſoient q̃ on deuoit ſacrifier a dieu.Jté il eſt de treſgrant
haulteur/car en haulteur il paſſe et ſurmôte toꝰ les autres mons de cel
le region la.Et pour tât eſt pour ſa haulteſſe guide aucunemêt aux ma
riniers auq̃l de loing ſe offre a regarder et par luy pñent eſme des pors
de mer ou veulent arriuer.Et eſpecialemêt en veṅat de thyre.Jtem tou
iours eſt ymbreux rouſeant et pluuieux au téps eſpecialemêt de pluyes
et de rouſees/car ia ſoit ce q̃ en ſuperficiete et par dehors apare ſec neât
mais par dedés intrinſequemêt abôde en vaines humides et caueuſes
côe apert es puis des eaues viues q̃ ſelon ſalomon es cantiq̃s ont de cou
ſtume de fluer et courir en grât abondâce et ſynuoſite du mont de libaȵ
es cantiq̃s au.iiii.cha.Quaſi puteus aquaru viuenciu ete. côme vng
puis de eaue viue.Jté ceſt le môt de côfidéce et ſeurete/car ceulx q̃ repo
ſet la ſôt aſſeures des ſerpés et beſtes veninueſes leſq̃lz les herbes ⁊ ar
bres aromatiques qui ſont la fôt fouyr les dictes beſtes et ny en a point
la et ne y peuent viure la beſte veninueſes.   Jtem ceſt vng mont de
grant beaute et amenite/car les cedres beaux et vers et la haulteſſe
des autres arbres qui la ſont/la verdeur continuelle des herbes.La
ſuauite du chant des oyſeaulx/la multiplicite des fontaines et fleu
ues font le mont du libaȵ eſtre de grant amenite et ioyeuſete.   Jtem
ceſt vng mont de medecine et de ſante,la les eſpices arromatiques de di

uerses bônes natures et côditiôs croissent q̃ sõt remede côtre plusieurs grãs infirmites et maladies la croit le cypres les oliuiers et s̃q̃lz les liqueurs sont fort bônes a medecine. Ité cest ũng mot de liesse et ioyeuseté, car les môs de Liban iadis croissoit abondãce de Vin bõ et excellent q̃ est cause de ioye et de liesse. Ité mot de dignite et hõneur car entre tous les môs darabie, de phenice, et de syrie le mot de liban en sublimite en secõdite, en amenite et salubrite de aer tiẽt la seignourie et dominaciõ cõme dit saint Iherosme et iosephus.

Du mont de Semeron.

¶ Semeron est ũng mot dequoy est parle en deuteronomi au secõd liure au.xviii.chap. auq̃l est a p̃sent la cite de Sebaste la ou les reliques de saint iehan baptiste repx̃sent En ce mot pmierement fut edifice la cite de samarie de laq̃lle toute la region apres a este ainsi nõmee ceste cite a cause du mot a este tresforte et a guerroyer tresdificile. Et pour tant les roys des assiries a grans fres et merueilleux despens a grãs guerres et batailles lassaillirẽt.iii.ans cõtinuelz et a grãt prine la peurẽt gaigner et subiuguer pour lestroit chxmin et voye q̃ y estoit, mais dist saint Iherosme et Iohan. iamais ne seussent gaignee se les habitãs en elle ne eussent prouocq̃ par leurs pchies a ire et courroup le dieu de israel, et sil eussent eu pleine fiance en luy.

Ey cõmence la secõde partie pricipale de la pmiere partie de ce liure En laq̃lle est puise ũne petite p̃face ou petit prologue des meurs des erreurs & des sectes et manieres de faire de ceup q̃ habitẽt en la terre sainte

Pres q̃ cy deuãt a este parle et declaire le s̃xyage et pelerinage de la terre sainte de hierusalez par figures expsses et par escriptures faites reste par ordre couenable tõc iay promis au cõmencemẽt du liure produire en auãt les meurs les lois les seruices infames faulp et detestables les fausses erreurs et hresies dãnables des habitãs en la terre sainte. Ainsi q̃ auõs peu a toute diligẽce et curiosite sçoir et enqrir en faisãt nr̃e pelerinage Et est cy cõpediẽusemẽt a noter et escrire a la loẽge de la foy sainte ypienne et catholiq̃ et de la saint eglise rõmaine q̃ est saine et etiere sãs macule sãs ploy et roulure seale a son espoup digne et glorieup nr̃e seigñr iesus cõioincte indiuisiblemẽt q̃ soyne siues se est baille pour elle afin quelle fut sainctifiee et lauee de son digne et precieup sanc et de eaue de vie eternelle q̃ est la grace du benoit saint esperit que saincte eglise espouse de ihesus obtient par le moyen de son espoup habundammẽt. Par quoy est belle et glorieuse saincte et immacumaculee a la confusion et deshonneur des orgueilleux suproses et arrogans turs/payens/et sarrasins qui ensuiuent les loys et ordonances de leur faulx et inique prophete mahomet et des faulx crestiens excommunies et stismatiques qui dient tenir la loy et foy de nostre seigneur laquelle chose nest pas vraye/car de bouche ilz dient croire en la foy mais de fait et de euure ilz renient la saincte foy catholique laqlle est cōe le puis des caues viues et lespouse des cantiques. ilz sont separes par leur orgueil et ambicion/arrogance et pertinacite de lunion de la saincte eglise romaine pour tant sont loing de leur salut/car tous ceulx qui sont hors de larche de noye qui est saincte eglise catholique est necessite quilz perissent cōme ceulx qui au temps du deluge furēt hors de larche de ēulx dōt le prophete dauid Loge a peccatoribus salus. Loing pour vray est des pescheurs salut especialement de ceulx dequoy est a present a parler. Et la cause quia iustificationes domini non requiesierunt. Cest a dire car ilz ne voulent pas querir ne tenir la loy de dieu qui est de lomme/la institution occasionalement par ordonnance de dieu ainsi mise leurs documens et loys preferans a la nostre que cureusement tenōs et croyōs. Dōc vray cest vne generation peruerse et mauldicte gens sans conseil et sans prudēce. Vtinam saperent et intelligerent ac nouissima prouiderent. pleust a dieu q sceussent et entendissent ce quil est a entendre et a scauoir et q par prouidēce eussent regard a ce qui est auenir et qui a este iadis especialemēt coment au roy saul pour son inobēdience le prophete samuel vint a luy de par dieu et luy dist. nunquid vult dominus sacrificia et victimas et non potius obēdiantur sibi. cest a dire Dieu ne veult il pas plus quon obeisse a ce quil commande, que luy faire sacrifices et oblations/Car il a dit qui contenera leglise et ne la vouldra ouyr entendant sans nulle doubte selon tous les clers parler de leglise romaine laquelle il a fonde et edifiee sus la ferme pierre soit a vng chascun cōme excōmunie ethnicien et publique pecheur lesquelz sont silz demeurent ainsi perdus et dānes dist samuel a saul. Maior est obēdientia quam victime et ascultare quā offerre sacrificia. mieulx vault obēdiēce q sacrifice et ouyr doulcement q sacrifier/quoniā quasi peccatū ariolādi e repugnare et quasi scelus ydolatrie nolle acqēscere. cest quasi cōe pechē de deuin repugner a ses souuerains et cōe pechie de ydolatrie ne voloir a eulx acqēscer obēdiēce est pour vrai celle q raporte le fruit de merite de la foy sans laqlle chūn e couaicu ifidele voire sil estoit par seblāt fidele dequoy sera cy ap̄s plus a plain declare mais ceey veus a p̄sēt auertir celuy q ceste partie lira ou regardera que contre les heresies et erreurs dequoy maintenant parleray ne veus pas a present arguer ne disputer pour les confundre ou reprouuer/ Car ce passe mes vertus et capacite et trop est transcendant eu sauoir mon engin et entendement iapieça a este fait moult autentiquement et elegament par nos peres anciens et predecesseurs clers sages et subtilz en eleuation de entendement et sains en vie et conuersation/ lesquelz fort et grandement ont pene et laboure es sains consiles generaulx et synodaulx esquelz plusieurs et graues canons contre ces erreurs ont este fais mis et ordonnes/ lesquelz comencerent des le temps de lempereur constantin deuant lequel nest pas donne congie et licence aux clers et docteurs de la crestiente de preschier la foyne enseigner la verite dicelle au peuple parquoy la crestiente a este diuisee en plusieurs faultes et erreurs/ car les prelas et docteurs de leglise ne peuent pas sassembler ensemble pour y prouoir et resister iusques audit temps de ce noble et trescrestien empereur lequel donna licence et congie aux prelatz de soy franchement congregier et assembler soubz lequel les sains peres anciens au general consile de nicene de toutes les pars de la crestiente sassemblerent et composerent apres le symbole ou credo des apostles le second simbole ou credo, qui est celuy quon dit a la messe. Entre les consiles qui souuent ont este en leglise quatre en y a eu especiaulx/ lesquelz comprenent toute la foy principalement comme les quatres euangilles ou les quatre fleuues partans de paradis terrestre/ desquelz le consile nicene auoit. cccc.pviii. euesques qui firent et constituerent regnant ledit empereur de sainctes et belles ordonnances/ et la fut condemnee lerreur faulse et inique de Arrien le grant herite qui metoit inequalite en la sainte trinite par son heresie la saincte eglise par diffinition alors y a mis toute entre icelle benoite trinite equalite. Le second contille fut soubz lempereur theodose lancien auquel y eut cent et cinquante euesques qui condenerent lerreur de macedone qui nyoit estre le saint esperit leql fut adoncques declare estre vng en deite puissance et maieste auec le pere et le filz/ et baillerent la forme du simbole que tient toute leglise gretque et latine qui est. Quicunqz vult saluus esse etcetera.

Le tiers fut celebre en ephese soubz le ieune et medre thodose empereur auql furet.ii.cēs euesques.et la fut condemne lerreur de nestorius q disoit en nreseigneur estre deux personnes. lune humaine lautre diuine et fut la declare par diffinitio q seulement en nostre seigneur est vne personne diuine fust entant deux natures/cestassauoir diuine et humaine.

Le quart concile fut le concile calcedonensis soubz le principe martian auquel furent.vi.c.que euesques q̃ prestres/et la fut condempne sãble euticen abbe de constantinoble et dautres qui se soutenoient come dioscorus tadis euesque dalepandrie et nestorius aussi auec plusieurs heretiques disant et preschant que en nostreseigneur ihesus ny auoit q̃ vne nature et q̃ en luy filz de dieu et de la vierge marie dieu et home ny auoit q̃ vne nature/laq̃lle erreur fut condenee et fut dit et declare par sentece diffinitiue mẽseigneur estre vray filz de la vierge marie et vray filz de dieu/auq̃l estoiet deuy natures vne diuine et lautre humaine. Et ce sont les iiii.conciles et sennes principaulx q̃ ont este en leglise declarãs et pleinement pschant/vray est q̃ nõpas esdis sennes et sains conciles seulemẽt mais en plusieurs autres subseques a este tres aprement et difficilemẽt argue et dispute contre ces erreurs et autres desquelz sera cy apres parle en leurs lieux et leurs fauteurs et defenseurs et cõtre eulx par terribles et craintiues tensures et senteces de leglise procede. Ces choses dites et pmises cõme iapieca grademẽt mises et declarees mõ intecion est decleremẽt et en stile comun mettre et declarer les sectes erreurs et heresies qui sont entre plusieurs manieres de gens habitans et manans en la terre saincte come par experiece ay veu en peragrã alant et examinãt en ladicte terre saincte afin q̃ lesdictes erreurs et heresies veues et cogneuces par lesq̃lles ladicte terre saincte est maculee et diffamee les bons et vrais crestiens catholiques soient plus fermes et stables en la saicte et imaculee foy catoliq et plus esmus et cocites cotre les faulx isrælles nõ pas seulemẽt habitãs en la terre saincte mais icelle par leurs faulses erreurs sectes et heresies gastãt et deshonourãt tellemẽt q̃ se au teps auenir la fortune viene a aucun des bõs crestiẽs daler la pour guerroier et bataillier cõtre eulx plus grãt vouloir et courage aiet cõe vrais tuteurs et defenseurs de la foy cõe bõs machabees detepredre le voyage et mettre la chose a fin et execucio pour vegier liniure et vitupere q̃lz sõt a nre seigneur et a sa saicte foy.et pour pouer purger et nettoyer ladicte saicte terre de ces vilitez ordures et ifamies en mettãt et abãdonãt leur corps et leurs ames pour ladicte chose en quoi faisãt sanctifirõt leurs ames.

  Pour plus proceder en ce que dit est en ordre premierement parleray des sarrasins et de leurs loys. En apres de plusieurs et diuerses sectes vray est q̃ pour auoir plus parfaicte declaration des sarrasins et de leurs lois et erreurs prophanes et mauuaises. pmieremẽt du seducteur et faulx prophete des sarrasins cestasa

uoir de mahomet aucunes petites choses seront dictes et declarees.
Premierement. — De sa nascence et natiuite.
Secondement. — De sa detestable vie et couersation.
Tiercement. — De sa pestifere secte et introduction
Quartement — De sa maleureuse mort et cosumacion.
Et quintement et finablement de sa loy et articles mis et contenus en son liure nome alcoram. Et de la improbatio et compedieuse impugnacion dicelle loy fausse et detestable. Et pour satisfaire aux rudes entendemens seront mis les dis articles lun apres lautre et declarez le contenu en eulx affin que ne cuident pas les auditeurs ou ceulx q̃ cedit liure liront que esdites fables et mensonges y ayt aucun fundement de verite.

De la sourse racine et natiuite de mahomet. Le chapitre premier.

Ou temps que le saint pere pape de rome boniface presidoit en la saincte eglise romaine et lempereur focas lempire de rome gouuernoit qui comenca a regner lan de nostre seigneur d.c.et.v.come apert es hystoires des romains. Et au temps q̃ ung roy de perse apele cosdrac. mena guerre griefue et mortelle a la saicte eglise. Et plusieurs prouices des romains assaillit et iuada et mesmes la saincte cite de hierusalez destruisant et prophanant les lieux sais et les eglises et prit et eporta la partie de la vraye croix de nostre seigneur q̃ saincte heleine auoit laissee en hierusalez. nasquit ce filz de perdicion mahomet lan de nostre seigneur aps so icarnatio. d.c.et.vi. le. xxiii. iour dauril. duql la natiuite se por de pricipe et origine le natiuite la vie et totale couersacion et aussi la fin la mort et consumation est mise et escripte en ung liure q̃ est es parties de oultre mer asses quat a ceulx qui sont la de mourant de grat fame et reputatio. et au liure du mirouer historial que feist maistre vincet de beauuais au liure. xxix. et es autres plusieurs ensuiuat en est de luy parle difusemet au log et bie copieusemet. duql est extrait ce q̃ est yci mis et escript asses au brief et copendieusement.

Ung home fut au pais darabie nomme abdimeneh de la lignee des sarrasins ou agarius/car les sarrasins proprement sapelent agarius/non pas sarrasins nes de la chamberiere de abraham sont descendus qui sapeloit Agar/et non pas de la femme france et legitime qui se nõmoit sarra pour quoy sapelent aussi hysmaelites de hysmael q̃ fut filz de ogar bastart de Abraham duquel est escript au liure de genese les mains de tous et de ung chascun contre luy et sa main sera contre toue abdimele ch fust marie a vne femme de son rite et de sa foy/ et adoroit comme faisoit adoncques les arabes la deesse Venus lequel engendra vng filz auql bail la nom quant il fut ne mahomet/ duquel nom linterpretatio est faisant confusion/ et pource bien conuenablement fut ainsi nome/ car a luy et a tous ceulx qui tiennent sa foy et sa loy fait grant confusion. Le iour de la natiuite de mahomet est grant et solennel aux sarrasins/ et en font a ce iour grant feste et solennite/ et par lespace de .vii. iours tous les ans se occupent a boire et a mengier bonnes et delicieuses viandes et a luxure et paillardise. En oultre apres q ledit mahomet fut ne tatost apres demoura par la mort de son pere et de sa mere orphelin/ et de luy ayat pitie et compassion son oncle frere de son pere come dun poure orphelin lequel sapelloit abdemutella, le print en sa garde tutelle et gouuernement. Et le nourrit en arabie en vng lieu aple Salingua/ et seruit et adoura le dit mahomet les ydoles luy et toute sa lignee aps q leut passe leage denfance et que vint en leage de ieunesse fut seruiteur a vne dame vefue qui sapelloit Cadiga et portoit en syrie et es pays voisins de la sus cameaux et asnes qui sont grans come mules marchandises de diuerses condicions iusques que par sa cautelle et subtilite luy pris de lamour de sa maistresse la print a feme. On list aussi q de son petit eage se mist a marchader/ et estoit marchat et alant auec ses bestes cameaux et autres aptes a porter les marchadises en egypte et au pays de palestine q est le pais de iudee et de hierusalem en alant et venant aprist le viel et nouueau testament et deuint vng grant et parfait magicien enchanteur/ et ainsi que aloit par pays dun lieu en autre vit a la cite de corosaym ou demouroit ladite dame apelee cadigan et luy aportoit de diuerses marchadises despicerie et autres drogueries bien souuent/ et a elle plus que a autre sa dressoit par quoy elle print aucune familiarite a luy et par son enchantement et sorcerie tellement se conduit enuers elle que la mist en ceste erreur et luy feist a croire quil estoit souuerain prophete de dieu. Et a ce luy bailloient ayde et faueur ses parolles de enchantement et sa grat subtilite et cautelle dequoy estoit plain. pour quoy seduite et receue ladite vefue riche et puissant le print a mary et luy bailla tous ses biens/ de ce est tesmoing le dit mahomet en son alcoran disant ainsi. None tu fuisti orphanus et collectus es in errore et iustificatus es pauper et ditatus. Cest a dire nas tu pas mahommet este orphelin et as este recueille et conduit/ na tu pas este en erreur et puis iustifie en pourete et puis riche et en richesse.

De la detestable vie et conuersation de mahommet le second chapitre.

Pres que mahomet se vist de biens de ladicte dame plaine et enrichy esleue en ābicion et orgueil pensa et en son penser entreprist dauoir et acquerir la seignourie et domination de tout le pays. Mais pource que ne pouoit pas bonnement paruenir a son intention especialement pource que peu auoit de coadiuteurs a ce par art magique cautele et subtilite dentendement vsoit au mieulx que pouoit faignant et par ypocrisie dissimulant estre prophete et especial messagier de dieu pour et afin que peut paruenir a son entreprise/cestassauoir destre par le consentement de ceulx du pays seigneur et roy de tout le pays. Et apres q̄ en ceste maniere eut a luy vsurpe fausement le nom de prophete asoit par deuers les simples gens et ignorans qui de tant plus facilement peut estre deceuz et trompez par sa fraude et deception que rien ne scauoient ne discerner entre vray et faulx prophete entre verite et faulsete entre prudence et honestete/car il demouroiēt aux champs et aux vilages sequestres de gens et separez/par quoy il sioit tel qui disoit ou autre nen peut riens sauoir. Et pour les deceuoir et seduire fut ayde par le port faueur ayde et conseil dautruns/de quoy sera cy apres parle.   Et premierement atira a soy vne maniere de gēs infames/comme brigans/guetteurs de chemins/homicides/larrons/ et telles conditions de gens/ quil enuoya par les passages dangereux es bois/es chemins/es rivieres/es fontaines/par tout lenuiron du pays pour guetter les passans/assaillir/murtrir/destrousser/et desrober ce q̄ portoient fut marchandises ou autres choses pour leur necessites. Et luy mesmes au commencement de sa prophesie comme il venoit a vne cite apelee mecha/il osta par force et violence le cameau dun poure homme/ luy estant de leage de .plōiii. ans qui preschoit se disant prophete et messagier de dieu dedia et consacra sa predication de tel malefice. Et ceulx de ladicte cite de mecha le hoyent grandement et persecutoient/car ilz scauoient et congnoissoient bien sa faulsete et mauuaitie. Et luy qui estoit trompeur tyrant et larron se disoit apu simples et ignorans quil estoit prophete/dieu quel prophete. Il sen alla a vne poure cite destruicte ou de mouroient des poures gens iuifz/en laquelle quāt fut entre pour aprouuer sa predication et prophetie/il print par force la maison de poures enfans orphelins desquelz le pere estoit charpētier et de ceste maison on fist vng temple pour luy de ceste cite et les grans mansy griefz domages et bestes/côe asses clerement apert en son alcoran au second chapitre ou la lettre dit ainsi. Contineatis vos a mulieribus in menstruis/et ne ales point a elles tant quelles soiêt nettes et gueries de leur maladie et puis apres ales a elles quant il vous plaira et par quel part quil vous plaira Et en oultre dit/vos femmes vous soyent comme la vigne laboures les tout ainsi quil vous plaira en adioustant ung dit venimeux et infame de ce q̄ est sien ou on en peut vser a son plaisir ou ainsi quon veult. et encore en son alchoram au chapitre .lviii. il dit dieu v9 a baille les bestes pour ce q̄ de elles aucunes vo9 megeries et des autres vous pries de ssus pour vo9 porter et par elles epequter et mettre en effect tout ce que de elles en vos cueurs vous propferies.

Et iassoit ce que vous autres sarrasins ces textes dessusdis escrips en lalcoran vo9 efforces a vostre pouoir de les palier et epposer tronqment et palieusement touteffois quant aux sages et pruxns vostre eppositio est nulle et rendue faulse et corrumpue

Car de vostre seducteur mahommet on list que vne fois quant aloit par pays rencontra vne femme laquelle voulist enforcier et prendre a force laquelle pensât au pechie de adultere ne luy voulist point côsentir mais luy feist comme preude femme toute resistence. Et quant le paillart infame et sodomitte puant veist quil nen pouoit ioyr il se va prendre a sa mule et la va congnoistre charnelement devant celle qui auec luy estoient pour son epcusation que celle femme auoit plus pechie de lauoir refuse que selle eut tue ceut hommes pource que luy eust egrossee qui estoit prophete de dieu.

Dequoy encore a present les folles femmes des sarasins pleurêt le pechie que feist se disent la dicte femme dauoir nye se dict prophete de dieu. Les manieres de folies et bestialites de vostre maudict mahommet côfesse tât pour escripre toute honnestete et que pour la folle et ecsempture/et eusse passe tout sans en parler ou en faire mencion sinon fust este que tu mas contraint aucunement de te rendre raison de pourquoy ie may esleu vn̄e loy faicte et commanœe de ung tel prophete quil nest prophete comme Jay esleu la loy des crestiens laquelle est toute pleine de toutes vertus/ et remplye de tous biens et toute saincteté faicte et donnee de dieu bien autre que la vostre/car par le tesmoing du psalmiste. Lex domini immaculata conuertens animas testimonium domini fidele sapientiam prestans paruulis. La loy de dieu qui est la loy des crestiês est pure/nette/et ima

ff

tuſee qui conuertit les ames de mal a bien/le teſmoing de dieu eſt leal/baillant ſapience aux petis/ceſtaſſauoir aux ignorans q̃ ignorent la loy de ſalut/mais voſtre loy eſt toute porcine/ceſtadire orde et ſale comme le pourceau qui neſt pas digne d'core deſtre dicte ou appelee epicurienne qui miſt toute felicite en delices et plaiſances mondaines voire raiſonables et honneſtes/et la voſtre eſt ſans raiſon/ſans honneur/ſans nulle quelconques honneſtete comme appert a cheſcun.

Le.ix.ce que tu as mis au.ix article des iugemẽes et iuſtices qui ſont en ladicte loy ie ne ſimpugneray point a preſent mais cy aps en ſera parle

Le.x.et ce.ie loue que les adulteres tãt lun que lautre vo? puniſſies de tant de peines et les larrons auſſi/mais ie adiouſteray a ce vne choſe ſeulement/ceſtaſſauoir que ſe tous les adulteres qui ſont entre vous deuoient eſtre lapides bien pou de viuans y en demourroit/car ſans nulle parfaicte loy tous vos maries leſquelz ſont plus adulteres que mariages. Et auſſi vous eſtes treſpromps et enclins a lartis et rapines. Et pourtant voſtre mahomet aſſes bien quant a ceſte partye cõſeille qui eſtoit de ces vices grandement entachie/comme a eſte dit a ordone pines et punicions aſſes doulces et faciles afin que ne laiſſiſſes pas ſa foy ne ſa loy. Le.xi.auquel a voulu que les ſiens ne boiuent point de vin ſynõ au iours des ieunes.la raiſon eſt aſſes prompte et apparente/car voſtre region et pays eſt treſhault et pourtant choſes froides vous a commande et chaudes defendu. Et auſſi il auoit paour de ſa peau que ſilz euſſent vſe de choſes chaudes comme eſt le vin ilz ſe feuſſent eſchauffez et leues contre luy plus facilemẽt/et leuſſent peu tuer/comme ſouuent on voit que pluſieurs ſeſlieuent par chaleur contre les ſeigneurs/car les ſarraſins facilement ſenyurent de leur vin ſans nulle attemprance/ie paſſe ceſte fabuleuſe parolle de honte et vergongne. Et eſt la cauſe pourquoy defendit boire vin/laquelle raconte en ſon dyalogue a abdia iuif de deux anges nõmes aroth et miroth qui ſenyurerent et congneurẽt vne feme charnelemẽt/pour laq̃lle choſe en peine du pechie furẽt mis et iectes au puis de bxbil/et la ſont pendus au fons du puys par les pies les teſtes en bas iuſques au iour du iugemẽt/certes ie ſuys tout confundu de eſcripre telz langages et par recitation leſq̃lz ce farſeur et trõpur mahomet na point eu de honte de aſſerer et affermer eſtre vray.

Le.xii ce q̃ l a dit et eſcript de paradis ſõt choſes vaines et friuoles q̃ ne ſe peut par nulle raiſon apparẽte prouuer cõe aps pl' a plain ſera declaire

S'nsuit des sarrasins Et de leurs meurs et erreurs.

Presentement et ia pieca demeurent en la cite saincte de hierusalem diuerses manieres de gens de diuerses loyp rites et sectes/c'est assauoir sarrasins/iuifz/et crestiens. Vray est que il y a trois sectes de sarrasins/les vngs sapelent turchz/et demeurent en la partie de vers acquilon soubz lempereur des turchz/les autres sapelent marrochiens et demeurent en affrique la grant vers la partye du mydi regardant hierusalem soubz la seignourie et domination de leur roy nommé Marrocke/et de ces deux nacions na point a present en hierusalem ne en la terre saincte/et nont la nulle puissance ne iustice. Les autres sapelent soldans/ et ceulx ycy proprement demeurent en hierusalem/ car pour le temps present la cite de hierusalez et toute la terre de promissio e soubz la seignourie et domination du souldan lequel communement demeure et fait residence au grant cheure. Toutes ces nacions viuet soubz la loy prophane du maudit mahomet/et sapelent tous sarrasins/car ilz sot venus de sarra dequoy bien se glorifient ou comme dient les gentilz il sont venus des syriens et de cedar filz de ysmael/mais a parler propremet ilz sont ysmaelites et agaren̄s de agar et non pas sarrasins de sarra.

Les meurs condicions et sectes des sarrasins en leur creace et en leur fais et dis et aussi en leur suruenance cy apres sera dit au .iii. article pour tant a present ie men passe. Ces sarrasins ont en leur possession et gouuernement le temple de salomon lequel ilz ont en fort grant honneur et reuerence/car iassoit ce que ait este autreffois destruit premierement de nabugodonozor et puis apres des empereurs rommains Titus et vaspasianus/et encore apres de lempereur aple helius adrian qui subuertit toute la cite de hierusalem et depuis la restaura et edifia lan de son empire lxpp. et lapella par son nom heliam. Et depuis des crestiens de euure subtile et sumptueuse en ront fut moult artificieusemet reparee.

Ilont vng autre temple a leur vsance a honneur de la vierge marie asses pres du temple de salomon au lieu ou apres sa presentacion elle demoura longuement iusques a tant q̃lle fut espousee a ioseph. Car le teple de salomon ensemble les attres et places qui estoient cotigues et prochaines dudit temple aloit iusques a ce dit lieu/et en ces deux temples les sarrasins ne seuffrent estre faictes nulles ordures ne immundices ne veulent souffrir que aucuns crestiens y entrent au temple de salomō

ff ii

sont inumbrables quasi lampes ardantes et iour et nuyt quiconques crestien est trouue deens ou il fault quil renye la foy ou qui soit tue et mis a mort. FFinablement pour clorre et fermer la voye et chemin de leur salut ne parmettent nul quel quil soit parler ou preschier contre leur loy ou disputer arguer contre elle mais la deffendet seulemet du glaiue materiel

Dant a la secte des sarrasins et de leur sacrilege prophete et acteur mahomet sont aucunes choses a noter et considerer pour le prouffit et information especialement des simples gens.

Premierement du principe et commencement de ceste secte.
Secondement des fains et faulx fondemens de ladicte secte.
Tiercement des grans erreurs et maulx contenus en elle.
Quartement de la cause et raison pourquoy tant grant nombre de gens tient et suyt icelle secte.
Quintemet de la diuturnite de sa duree et combien de temps elle doit durer

Dant au premier est assauoir q̃ obstant q̃ tous les hystoriographes conuiennet en ce que au temps de lempereur Erraclius a la fin de ses iours ceste maudicte secte ait en son principe et commencement comme a este dit et declaire cy deuant/neatmoins tous ne sont pas dune opinion quant a la maniere de la cause et de loccasion de ce principe et commencement il me semble que cest baillee asses bien et souffisamment en vne briefue hystoire composee dun apele frere Berthelemier deluque/lequel recueilla de richart de saintvictor de ysidore et de marti plusieurs choses et belles hystoires a ce appartenantes. En laquelle hystoire est escript que la cause et occasion du principe et commencemet de ceste erreur fut la grant tyrannye de lempereur nomé Erraclius lequel apres la victoire que auoit eu en prose se esleua en orgueil et en grant conuoitise en oppressant fort les persans les arabiens et ceulx de caldee/et autres pays circonuoisins en grans tributs exactios et cherges tresgrieues et desordonnees/pourquoy ceulx desdis pays et region voulirent resister et rebeller alencontre des officiers de lempereur/mais ilz ne osoient craingnant la grant tyrannie et puissance de lempereur. mais mahomet q̃ estoit fort hardi et chault et maliticeux et fort enseigne es ars magiques se adhera a eulx q̃ voyant la disposition du peuple a resister et rebeller a lempereur les concita et conseilla a faire ladicte rebellion especialement a ne poyer plus le tribut soubz couleur de les mettre frans et quittes desdis tributs et actions.

Pour quoy le prindrent pour leur duc et capitaine soubz lequel firent souuent grãs batailles et guerres contre les collecteurs et officiers de lempereur. Et obtint ledit mahommet cõtre eulx plusieurs victoires mais afin que plus asseurement peut obtenir lesdictes seignouries il se aduisa de leur baillier nouuelles loys et sectes soubz laquelle en ceste rebelliõ perseueroient. Et par le conseil dun heretique moyne et suggestion ou persuasion apelé Sergius print aucuns sacremens et escriptures de la loy de moyse et aucuns de la loy euangelique de ihesucrist comme a este dit cy dessus afin que on cuidast au mains les simples et les rudes gẽs qui fut obseruateur des deux testamens. Et q bien consideroit ceste secte infame et dãnee propremẽt est semblable a la secte et ydolaterie de ieroboam a son commẽcemẽt de son regne come apert au .iii. liure des rois au .xii. chapitre ou est escript q pour la simplesse et folye de roboã q desprisa le conseil des anciẽs mais creut et acquiessa aux parolles folles des ieunes gens se prist a menasser le peuple disant q les greueroit et chergeroit en exactions grãdes et excessiues. Adõcques ieroboã print occasion de se rebeller au roy roboã et le peuple aussi. Et pour mieulx venir a ses fins peruertit et destourna le peuple de la loy et culte de dieu par ydolaterie laquelle dura au .x. lignees de israel iusques a la transmigraciõ de babilonne ou furent destruis et perdus comme plus a plain apert au iii. et .iiii. des roys. Et aps ce commẽcemẽt q fist mahommet esdis pais et regions plusieurs autres nations se comurent et rebellerẽt contre lempereur Erraclius et se adhererent a mahõmet soubz couleur de liberte et especialemẽt vne gẽt de la racine du pié du mont apelé cautase gẽs inique et peruerse q sapele nabothee q selon saint iherome descẽdit du premier filz de ismael nõmé anabaioth laquelle gent gasta et destruit lempire et les regions plusieurs iusques en syrie et iudee. Puis apres par permission diuine croissant la malice des gẽs occuperẽt et prindrẽt tout le pays de affriq et de espagne. Et iassoit ce q par layde et grace de dieu et proesse des roys de espagne puis apres pour la plus part feussẽt chasses hors du pays / touteffois encore iusqs a present en demoura vne rasse pululante de iour en iour pour lexercice des bons roys et prices despaigne et obtiennẽt encore iusques a present le royaume de guernade qui est du pays despaigne. Mais le roy alphons despagne et darragon roy tres puissant leur a fait guerre par mer et par terre depuis. 8. a 9. ans. Et a pris plusieurs villes et chasteaux dudit royame / Mais encore na pas

ff iii

peu conquester ladite de guernade plaise a dieu tout puissant luy donner grace et ayde que la puisse gaignier et conquester.

Du second article qui est des faulx et fains fundemens de ceste loy et secte

Est assauoir que le seducteur mahomet considerant que en ce temps la ydolatrie estoit par la predication des apostres et disciples de nostreseigneur par tout extirpe et estainte comme auoit este prophetise du prophete psaie au second chapitre de ses prophesies ou dit parlant du temps de la venue de nostreseigneur. ydola penitus conterentur. les ydoles seront du tout rompues destruictes et extirpees. Et semblablement le roy cosdroe auec ses adherens et subiectz qui se faisoit adorer pour roy furent par lempereur eraclius vaincus et subiugues. Ne trouua point autre moyen de mettre et introduire ritte et secte nouuelle synon de se faindre executeur et obseruateur de la loy de dieu iapiesfa par miracles et fais merueilleux approuuee. Et pource que la loy diuine est fundee sus ledifice des apostres et des prophetes pour ce il faingnit estre prophete et apostre de dieu. Et de ces deux nous comunement de ceulx qui tiennent ceste secte et loy est nomme et apele cestassauoir apostre et prophete de dieu/dieu quel prophete. Ilz lapelent prophete par excellence sur tous les autres. Et apostre cestassauoir de dieu enuoye afin que soit estime obseruateur conseruateur et prescheur de lune et de lautre loy prophete quant au viel testament et apostre quant au nouueau.

Et pourtant est il bien figure par la vision que veist monseigneur saint Jehan leuangeliste en son apocalipse en son.xiiii.chapi. la ou dit. Vidi bestiam ascendente de terra habente cornua duo similia agni. Jay veu dit saint Jehan vne beste/cestassauoir lantecrist qui est apele beste car il viuoit bestialement en toute sensualite comme beste montat en domination et puissance temporelle sur les gens et regions terriennes/et dit quil auoit deux cornes semblables aux cornes dun agneau/car ainsi que la verite euangeliq a este diuulguee par deux cornes/cestadire par les prophetes et par les apostres de nostreseigneur. Ainsi la faulsete erreur et heresie sarrasine a este amplifiee et declaree par le faulx seducteur mahommet faingnant auoir les deux dictes cornes/cestassauoir de prophete et apostre comme dit est.

Et non pas sans cause est dit auoir ces deux cornes semblables aux deux cornes dun agneau/ a demonstrer que elles nestoient pas vrayes cornes de agneau sa prophesie est venue mais semblables qui vault a dire selon les sains docteurs faintes et simulees. Et les sarrasins sesforcent a vouloir prouuer ces deux cornes tant par le viel q̃ par le nouueau testament/mais la probation est petite/car elle est faulse et nulle a la verite. De la premiere corne prophetique aleguent ce quest escript au liure des batailles en deuteronomii au.viii.chapitre disant.Prophetā suscitabo eis ette. Je leur susciteray vng prophete/laquelle parolle disent estre de luy de la seconde corne aleguent ce quest escript en seuangille sait Jehan au.ptiiii.chapitre qui dit.Paraclitus autem spiritussanct? quē mittet pater in nomine meo ille vos docebit omnia. Le saint esperit que enuoyera mon pere en mon nom vous enseignera toutes choses.

Mais que lune et lautre allegation soit faulse asses se peut mōstrer et declarer car en la pmiere auttorite du viel testamēt est mis ce mot. De medio fratrum tuorum. du milieu de tes freres qui ne se peut entendre de mahōmet le seducteur/car comme ilz dient et tesmoignent il estoit ismaelitain quant a la seconde allegation en elle est dist que celuy qui deuoit estre enuoye de dieu le pere deuoit annuncier et preschier toute verite et suggerer ou persuader tout ce que nostreseigneur iesus a preschie et cōmande. Or estil tout cler et manifeste que autant quil a este possible il a aboly et subuerty la saincte euāgille pourquoy de luy nullemēt ne se peut entendre les dicttes allegations.

Et semblablemēt ce quest escript en sait luc au.ppichap.Ego dabo vobis os et sapientiam cui non poterunt resistere omnes aduersarii vestri Je vous donneray dit nostreigneur a ses apostres bouche et parolle de tel sapiente que nul de vos aduersaires ny pourroit contredire ne se peut entendre de luy lequel na preschie ne enseigne nulle verite. Et luy ne ses successeurs nullement ne resistent a ceulx qui leur sont contraires ou a leur secte par science ne par sapiēte/mais seulemēt par violence et puissance darmes/comme apert par experience. Et en son alcoran est escript que dieu luy manda que il contraingnit les gens par glaiue de retenoir sa loy.

Et a demonstrer et declarer se faingnant estre obseruateur de luy et de lautre testament/ afin que fut comme prophete et apostre il commanda a obseruer et garder le premier et principal sacrement de la vielle loy/

ff iiii

cestassauoir la circuncision et aussi le premier sacrement de la nouuelle loy qui est le Baptesme. Car tous ceulx qui tiennent ceste secte et loy si sont masles ilz sont circuncis et tant les hommes come les femmes sont baptises et mis en eaue. Et en tous les deux sacremens il a erre et aussi aux .ii. testamens/car la circuncision estoit commandee estre faicte au viii.iour/comme apert es leuitiques au .xii. chapi. et les sarrasins font la circuncision ou a aaige de ieunesse/et quant sont hommes parfais et ainsi elle nest pas conformee a la loy mosaique/mais est plus ismaelite que mosaique ou autrement nabarotique plus que mosaique/le baptesme selon la verite euangelique et apostolique ne se reitere point/car comme ainsi soit que baptesme soit vne maniere de generation espirituelle il correspond a la generation corpore qui ne se fait que vne fois/ et pour ce dit saint pol ad ephxseos.iiii. Vnus dominus Vna fides Vnu baptisma. Vng seigneur/vne foy/vng baptesme/car selon la glose sur ce pas/Vna christi mors Vnum baptisma consecrauit. Vne mort de nostre seigneur a consacre Vng baptesme. Et eulx soloyant souuent se lauent et baptisent especialement contre les ordures et immundices corporelles/car des ordures et immundicites espirituelles il ne leur chault ne nen font point conte. Et ainsi en disant quil obseruent et gardent lun et lautre testament corrumpent et destruisent lun et lautre. En quoy apert asses que les fondemens de ceste secte sont faulx et vaines inutiles fictions et derisions.

Le tiers article des diuerses erreurs.
et plusieurs vices cotenus en la loy mahomet.

Est a noter que pour comprendre en somme totale lalcoran de mahomet nous trouuerons q le faulx seducteur a failly et erre perilleusement. Et quãt a ce quon doit croire et la ou on doit mettre sa foy et creance. Et quãt a ce quon doit faire. Et quãt a ce en quoy on doit mettre son esperance. Et pmierement quant es choses quon doit croire il a communement ensuiuy les anciens fames et grans heretiques/ comme asses apert clerement e n ce qui croit en la trinite des personnes diuines mais il nye que n nostreseigneur ihesucrist soit diuinite en persone diuine/obstant quil confesse que il est creature digne et supereminente sur toutes les autres creatures du monde et tressaincte sur tous les autres sains du monde tresparfait et vertueux sur tous les vertueux du monde tellement quil se nomme parole de dieu/esperit de dieu/et ame de dieu usant de ces mos et parolles equiuocquement. En oultre il nie que lumanite de nostre seigneur iesus ait este vnie ypostatiquement a la personne du filz de dieu/obstant quil concede quil a este ne dune vierge sans pere. Et dit que ce ne fut point nostre seigneur que les iuifz firent mourir. mais vng qui luy estoit semblable et que dieu la translate et tyre a soy au ciel et que il reuiendra a la fin du monde et tura lantecrist et puis dieu le fera mourir. Il fait grant louenge et commendacion de la glorieuse vierge marie. Et concede et confesse que elle conceut nostre seigneur sans semence de homme et que elle demoura vierge et a lenfantement et aps et quelle ne engendra point ne conceu dieu mais homme tant seulement

Les sarrasins lonneurent fort et a elle ont grant reuerence/ et aussi font il monseigneur saint Jehan Baptiste pource quil baptisa nostre seigneur ihesucrist et mena saincte vie.

Tout ce quest escript au liure apocriffe de lenfance de ihesucrist croyent estre vray du tout en tout et des autres miracles qui sont en la saincte escripture des sainctes euangilles pou leur en chault/ et nen font nulle estimacion.

Oultre plus ledit seducteur afere et tient en son alcoran que les diables par sa loy peuent estre sauues et que plusieurs des ennemis diables denfer sont fais sarrasins.

En oultre il met en dieu et en ses anges corporeite disant qilz ont corps comme apert en plusieurs de ses fables et inuencions mensongieres. entre lesquelles il recite et raconte que apres que sen fut ale a dieu qui lauoit aplse par monseigneur saint gabriel dieu mist les mains sur luy/ et sentit partir vne si grant froidure de la main de dieu que depuis se continement du dos iusques au bas de son eschine la sentir descedre et aler.

Lesquelles choses sont aussi facilement a contenner et desprisier q facilement sont mises/car il nont apparence nulle de verite ne de raison ou fondement mais sont toutes contraires et repnugates non pas seulement a la verite euangeliq mais a toute raison naturelle. Quant au regard de lerreur en laquel quant aux choses quon doit faire apert asses par ce que dessus est dist de luy. Mais encores cecy de ses fais sera dit que les sarrasins obseruet la circuncision/leurs enfans sont circuncis a laage de treize ans/auquel an leur pere premier dont sont descendus ismael fut circuncis/comme apert en genese au.xvii.chapitre. Mais que leur peut pourfiter la circũcision comme ainsi soit que mahõmet leur dieu et duquel tienment la loy ne fut iamais circũcis. et aussi de la circũcision en son alchoran auqͥl liure est contenu sa loy nen est nullement parle synon que en ce faisant peut dire estre imitateurs et ensuiuir abraham/ mais ilz se vantẽt estre enfant de ismael et dieu dit. Abraham non in ismaele sed in ysaac reputabitur tibi semen. Ta semẽce ne te sera pas reputee de ismael/ mais en ysaac sera la reputacion de la semence abraham rien ne leur doit chaloir de abraham ne de sa semence car nullement ilz ne sont descendus de ysaac Si disent que ihesucrist fut circũcis quen est il a eulx qui ne sont ne veu lut estre crestiens ne iuifz aussi.

En oultre encore auec ce que a este dit de ses fais les sarrasins obseruent et gardent cecy tresestroitement. cestassauoir que en toutes les villes et villages des sarrasins trois fois le iour et trois fois la nuyt par gens deputes et ordonnes a ce faire font crier sur haultes tours a haulte voix. La loy de mahommet est saincte et iuste et luy souuerain prophete a este de dieu enuoye pour le salut du peuple. Et tout ceulx qui oyent ce cry responẽt Amen.icy est ainsi. Et disent que cela est souffisant pour estre saulue/ ilz donnent des aumosnes a aucuns ceulx lesquelz reputent estre sains.

Et est repute quant a eulx saint celuy ou celle qui nasquit du ventre de sa mere fol et qui est fol naturel iusques a la fin de ses iours. Et ainsi reputent celuy saint qui apres qua longuement mal veſqui laisse tout/ et prent pourete. Ceulx yci franchement vont par toutes les maisõs des sarrasins boere et mengier et vont aux femmes comme leur plaist/ et se aucune de eulx est grosse denfant/ les sarrasins croient q̃ lenfant est sait deuant quil soit ne du ventre de sa mere/ ilz ne ieunent que vne fois lan/ cõme cy deuant a este dit.

Autrement ne seruent dieu. ilz ne se confessent point/ synõ cõe a este dit ilz nont nulz sacremens/ ilz ne payent nulles dismes/ ne ne font nulles oblations. Et sy nont nul seruice diuin/ mais seulement le iour sont bien ne oroison comme a este dit vers oriẽt senclinẽt trois fois iusques a terre et la baisent et puis seslieuent. Et deuant q̃ facẽt leur oroison ilz se lauent les pies ette/ cõe a este dit cy dessus/ et ce font en eaue pure et nette et se ilz ne peuent auoir de leaue ilz mettent de la terre ou poudre sur leur

testes et cuident estre quittes et purges de tous pechies en ce faisant q̄l-
que grans quil soient par laquelle erreur sont enclins et promps a tous
maulx et pechies quāt croient que a nulle autre peine en penitance soiēt
obligies pour quelconque mal et pechie qui puissent cōmettre et perpe-
trer.   Ilz visitent deux cites en pelerinage faisaut a icelles. lune sape
le mecha/dequoy a este asses parle cy devant et lautre iherusalem la cite
saincte laquelle ont en honneur et reuerente a cause du temple de salomō
lequel lapelent laroque.

Et deux autres cites ont en grant horreur et abhomination/testassa-
uoir rama et anthioche. Des autres biens et vertus qui soient cōmādees
a faire ne quil le facent cōme humilite patience/ chastete/ misericorde
charitea dieu et a son proesme rien nen a escript en lalcoran digne de re-
lation ou de estre escript fors tant seulemēnt que mahōmet fort loue et
fait grant cōmendacion le psalmiste et les prophetes. Et especialement
moyse lequel disent auoir este grant prophete et ihesucrist plus grant.
mais luy mahōmet le plus grāt et excellent de tous/il loue fort le prophete iob et la loy de moyse et surtout leuangille de ihesucrist. Et dist q̄
nostre seigneur ihesucrist a de luy parle et prophetise en leuangille quant
disoit. Annuncio vobis denūcio dei qui post me venit et nomē eius Mahōmet. Je vous anūce et parle du messagier de dieu lequel viēdra aps
moy lequel sapelle mahōmet/et sō nom dit estre escript eternellemēt au
throsne de dieu eternel au plus hault a la dextre de dieu lesquelles choses
sont fausses et heretiques et toutes friuoles et mocqueries mises et contenues en son alchoran.   Et pource q̄ de tout ce q̄ est dit riens nen est
cōtenu au viel ne au nouueau testamēt cōe est tout notoire et il a cōmande a garder lun et lautre testamēt pourtāt il a fait vne grāde fictiō disāt
q̄ les iuifz ont corrūpu lescripture de la loy vielle et des prophetes et les
crestiēs la loy nouuelle et la saincte euāgille et q̄ riē nest demoure devray
de la loy vielle et de leuāgille synō ce que st mis et cōtenu en lalcoram/de
laq̄lle fictiō la faulsete et mēsōge iassoit ce q̄ soit clere et euidēte quāt
aux clers et sages touteffois pour les simples gēs et ignorās on la peut
mōstrer par ceste raison et maniere.

Car ceste corruption des escriptures sainctes du viel et nouueau testamēt ou elle a este vniuerselle cōmune et manifeste ou elle a este particuliere et secrete. Le p̄mier ne se peut dire/cestassauoir que elle a este genera-

se commune et notoire / car ses autres nations des gens du monde seussent sceu et eust este congneue et manifeste ceste corrupcion a toutes gés laquelle chose est manifestement faulse et mensonge. La seconde partye aussi ne se peut dire/cestassauoir q̃ ceste corrupcion et escripture ait este particuliere et secrete/car sil eut este ainsi aumoins en feussent demou res vrays et sans corrupcion laquelle chose est faulse/car en toute nati on et en tous les langues du monde on treuue la loy vielle et la nouuelle escripte tout vng sans differéce nulle ou difformite. oultre plus la loy en sa propre langue est escripte et ainsi tous les iuifz escripte / car elle fut donée aup peres anciés au mont de synai. Et puis aps q̃ ont este iec tes hors de la terre de promission et disperses par le mõde en diuers pais ilz ont ceste loy mesmes sans quelque variacion. Et la translatiõ faicte du comandemét du roy de egypte ptholomee de la ditte vielle loy de ebrïu en latin par les.lxx.interpretes a este de si grant accord et vniformite q̃ obstát la multitude des dis interpretes il sembloit q̃ neussét este q̃ vne bou che ou entendemét q̃ eut fait la ditte trãslacion/laq̃lle chose est vng grát argumét et signe euidét de la verite et ĩcõrrupcion de la vielle loy. Et encore mains peut estre applique ceste corrupcion a la loy euágelique q̃ est la nouuelle loy/laq̃lle chose se preuue et declaire en ceste maniere/car les.iiii.sacrees et sainctes euãgilles ont este diuulguees et notifiees par tout le monde/dequoy aucune dicelles a este diuulguee et pschie en grec lautre en hebrieu.lautre en latin. Et aps ont este des faulx apostres et heretiques en plusieurs manieres arguees et impugnees leur aydans et donnát faueur aucuns seigneurs grans princes/cõme empereurs et autres fauorisant a leurs heresies et erreurs. Et neátmoins sont demou rees les dittes sainctes euágilles par layde et grace de dieu en leur étier sans corrupcion nulle non pas sans grãs signes et excellens miracles.

Et iusques a present non pas seulement entre les latins mais entre eulx et les grecz qui sont grans aduersaires des latins en plusieurs o pinions les textes des sainctes et sacrees quatre euangilles est tout vng sans nulle quelconques difformite par quoy on conclud que la ditte fi ction et faintise de mohommet nest pas seulement faulse/mais est dire ctement contre luy et grantement.

Cõment comande il la loy et leuãgille obseruer a ses gés il ne cõmant de pas garder ce q̃ nous auõs par escript/car il dit q̃ tout est faulx et cor rupu.ne aussi autre escript de la saite euãgile q̃ soit en aucũ autre regio

et contree/car par luniuersel monde nen a point doubte que celle q̃ nous crestiens auons comme est cler et apparent a ung chascun.
　En oultre cõment ont peu les crestiens auec les iuifz conuenir ensemble pour faire ceste corruption cõme ainsi soit q̃ tousiours ayẽt este anemis mortelz lun et lautre et sont encores. Ou cõment ont il peu cõsentir et accorder ensemble de ceste corruption quãt sont totalemẽt ensemble cõtraires et discordãs lun dit cestassauoir les iuifz q̃ nostre seigneur ihesucrist nest point filz de dieu ne hõme saint/et les crestiẽs diẽt q̃l nest pas seulemẽt hõme saint mais tressaint et vray filz de dieu. Et pose q̃ plusieurs autres grãdes raisons cuidẽtes pourroit estre mises et dmenees a demõstrer et prouuer le p̃sent propos/toutesffois souffist a p̃sent ce q̃ a este dit pour cause de briefuete/car par les raisons p̃dittes appert asses clerement et peut voir chascun clerement q̃ aussi en plusieurs autres pas de falcorã mahõmet vse de tressaulx principes et fondemens/ et aussi de tressaulses fictions et inuentions pleines de toutes faulsete et mensoge laq̃lle chose une persone q̃ ne seroit pas grãt clercq mais moyẽnemẽt tãt seulemẽt pourroit voir et congnoistre bien facilemẽt et aisement. mais nest pas grãt merueilles se le chien ifame et vilain a este si oultrecuide et temeremẽt hardi de habaier cõtre les.ii. testamens,disant de sa bouche vile et porcine q̃lz sont fauly et corrũpus/car il nauoit la bouche synon a coustumee a mẽsonges cõme son pere lennemy denfer a trõperies, cautelles, subtilites, et deceptiõs voire a toute blassemes et maledittions.
　Et afin q̃ pour ses improbites diffamatiõs et iniures luy rẽde q̃ pro quo et q̃ du maillet de verite puisse rebouter son maillet de faulsete. ie de monstreray q̃ sa loy q̃ dit estre toute seule vraye saintte et iuste est faulse inique infame et dyabolique. Tellemẽt q̃ pour vray ie ne me peus trop esbahir cõment par q̃lconques persuasiõs a peu estre nõ pas seulement aux clers mais a hõme nul q̃ a en son cueur humain le dit mahõmet repute prophete duq̃l la vie et la doctrine est tãt cõtraire a sa religiõ diuine de dieu nostreseigneur et a toute hõnestete q̃ les bestes brutes aucunemẽt lentẽdẽt et ont aucune cõgnoissãce par estimatiõ. Et afin q̃ ne me esgare trop loig ie veul en peu de parolles demõstrer q̃ sa loy ẽ diabolicq̃ car nous auons tant seulement receu de dieu deux loys sans la loy de nature q̃ est loy generale et cõmune a ceulx q̃ sont participãs en humaine natu desquelles.ii.loys lune sapele loy de grace lautre loy de iustice. La loy de grace elle commãde. diligite inimicos vros bũfacite his q̃ oderunt vos

aymes vos ennemis faictes bien a ceulx qui vous hayent et ainsi des autres beaux et honestes comandemēs comprisetcōtenus en elle. La loy de iustice Dente pro dēte oculū pro oculo teste pro teste. Pour une dent une dent pour ung dent ung ocul/pour une robe une robe. Et ainsi comādre rēdre tāt pour tāt et la loy talione. Or est il manifeste q̃ mahōmet na baillé nulle de ces deux loys cōe ainsi soit doncqs q̃ seulemēt ces.ii.loys ont este baillees aux hōmes mortelz et humains desq̃lles lune est humaine lautre est diuine plus q̃ humaine ceste.iii.loy trouuee de mahōmet q̃ peut elle estre autre q̃ dyabolicq par linspiracion de lennemy denfer fault dire auoir este trouuee par subite inspiracion puis q̃lle nest ne de dieu ne de home fault dire q̃lle est dyabolicq. Mais par faulsete et trayson maintenāt cecy/maintenāt cela volant quon face autre synō dyabolique ne peut estre ladicte loy q̃ est moyēne entre les.ii.loys vieille et nouuelle/car luy ce,c assauoir lanemy denfer sest toustours voulu mesler cōe moyen entre dieu et lōme pour lōme dāner et perdre et le vouloir de dieu destourber. Et se tu dis et argues mahōmet estoit simple et ignorāt il neust dōcq̃ sceu escripre ne dicter sa loy sy nō q̃ eut este inspire et cōseille du sait esperit especialemēt/car il dit en son alcoran/sy nous eussions fait ceste loy autre chose seroit mais dieu la faicte pour la crainte de laq̃lle loy les mōtagnes se descēderoiēt et sencineroiēt se nō? les comandiōs pour la crainte et reuerēce de dieu q̃ la faitte et plusieurs autres folies et friuoles q̃ dist ou nya nulle apparēte raison dequoi a este parle cy deuāt. Et pour aprouuer sa loy amene signes et miracles disant q̃ les signes aprouuāt sa loy sont semblables a la mer rouge quāt souurist pour passer les enfans dis rael et semblables au soleil au tēps de iosue et semblables aux miracles par le filz thesucrist nreseigneur resuscitoit les mors/mais certes toʒles signes et miracles q̃la fait sont sans verite nulle/mais poures de verite et de efficace de euure/car tous ne sont q̃ mensonges et faintises sans nulle raison et verite. Et sauōs bien cōe auōs mis et escript cy deuāt par ql faueur cōseil et ayde a fait a sa loy et ses miracles.

En oultre quant aux choses esquelles deuons auoir esperance a encore plus erre et failly/car tout ce quil dist quant a ce est mocquerie et chose absurde sans nulle raison et apparence quelconques/lesquelles choses a mis en son alchoram. Car il dist et esferme en sondit alcoran q̃ derniere et finable beatitude lome est cōsiste en boire ou en mengier en luxure auec vierges et belles femmes. Et aussi en beaux vestemens et ornemens de beaulx lits en umbrages et beaulx et delectables iardins disant que les boutilliers les cuisiniers les seruiteurs de ces choses sot les anges de paradis. Et pour vray les erreurs radicales par ou a seduit et deceu ce peuple brutal des sarrasins sont sorties et procedees de ceste sourse et fontaine. Et pourtant a cecy me veulx arrester afin que les simples et ignorans ne viennent boire et puiser a ceste fontaine pleine de venin et abhomination. Sensus quoq3 hominis proni sunt et cogitatio ad malum ab adolescentia/cest a dire que les sens de lomme et les pensees et cogitations sont enclines et prones des son adolescence a mal. Et me semble que facilement ceste erreur et heresie peut estre remise et declairee non pas seulement par theologie/mais par philosophie morale comme de ce aristote prince des peripathytiques aduersaire des epicuriens escript asses au long en reprouuant ladicte erreur et heresie au .v. chapitre du liure des ethiques.

Et certes par raison naturelle nous sommes contrains de conceder que felicite naturelle non pas seulement de contemplation mais fais et euures politiques gist et consiste en bien honneste qui est bien de raison naturelle. Car selon boete ou .iii. liure de consolation/se volupte et plaisance charnelle faisoit les hommes benois et cureux en felicite souueraine il nya nulle cause que les bestes brutes ne feussent cureuses de felicite souueraine. et pourtant ces dis sont dis et parolles de bestes et non pas de hommes/car mettre souueraine felicite en luxures et delectatios charnelles est chose ridiculeuse entre gens sages clers et qui ont entendement

Oultre plus il apert asses et est manifeste que plus ou mois ne font poit diuersificacion de une espece et se seducteur mahommet ne promet a ceulx q̃ suiuet sa loy autres biẽs sy nõ les biẽs de ce mõde la ou il a promis let et miel et vin/et ne promet poit que ces liqueurs differẽs en espece a ceulx de ce mõde cy pose ores q̃ soiet plus souefz et sauoureux. En oultre nous leur demãdos se ces boires et viãdes q̃l promet a ceulx q̃ croyent en sa foy et loy nourriront leurs corps aps ce mõde ou nõ/se non sãs cause et pour niet doncq3 on les prẽt pour en boire ou mẽger. si ouy cõe ainsy soit q̃ on ne prẽt nourriture sy nõ pour reparer la cõsumpciõ de la sustace de lõme q̃ est faicte par vertu et chaleur naturelle/il y aura doncq3 en celuy estat aps ce q̃ seront partis de ce mõde cõsumpciõ de nature et reparaciõ dicelle il fault donc dire que les corps seront corruptibles et reparables et par consequent defaillables et mortelz de necessite si nest fait prouision sur ce par nutrition et aliment.

Et ce est admixtion de grant misere/cest assauoir quothidienne batail
le et guerre contre la ruyne du corps et quothidiane refection contre la
dicte ruyne et corrupcion. Et seront ces viandes nō pas felicite mais ne
cessite par lesquelles tous les iours est reparee la ruyne et corrupcion
de la nature/oultre plus nous leur demāderons se il ya la digestion des
viandes qui fault qui soyent la necessairement. Et comme ainsi soit que
les viandes nutritiues que nous prenons ayent plusieurs partyes/car
lune la plus pure se conuertit par euure de nature en la sustance de celuy
qui prent la nourriture/et lautre qui nest pas pure et nest pas conuena
ble au nourrissement de la personne se separe par vertus de nature de la
sustance de celuy qui receut la nourriture et va en lieu la ou puis apres
fault qui soit iette hors par diuers conduis qui sont au corps humain et
de ce est necessite de le faire. Et pourtant que ces digestions nont point de
fin paradis ne seroit pas asses grant pour receuoir leurs ordures quilz
gectoient hors de leurs corps/car toute region corporelle est de finie et li
mitee grandeur. Moult beau et elegamment se farsa et mocqua ung cre
stien dun sarrasin qui ce disoit ainsi disant cest ung bien vil et ort para
dis auquel on fait tous les iours ses ordures comme en vnes latrines
ou chambres quoyes. Que se tu voulois dire qui il aura dedens le vētre
de ses gens yci si grant vert? q̄ tout ce qui est de superflu sera absorbe et cō
sume/beaucop mieulx tu dirois se tu disois que y aura des corps telles
vertus que il nauront point de consumpcion ne de resolucion ou corrupci
on. Cest beaucoup moins ne souffrir point de consumpcion et resolucion
en la viāde du boire et du megier. Et encore plus q̄ mettre latte et euure
de lupure il fault quil mette superfluite de la tierce digestion et per con
sequent de la premiere et de la seconde pour quoy de cela sensuiuent plusi
eurs abhominables ordures et se dites ou il y aura generacion de vser de
femmes ou non. Si ouy elle sera comme est maintenant et par consequent
grant peine auront les femmes qui conceperōt et les enfans q̄lles nour
riront comme nous voyons par esperience tous les iours et de tant plus
grande la misere que plus souuent sera la dicte euure et opracion/ et
en quelque maniere quelle quelle soit ou a peine comme maintenant/ ou
sans peine finablement le peuple croistra en si grant multitude et si grāt
nombre que sera comme infiny et paradis est lieu de soy finy/ car cest le
ciel qui est finy de soy par quoy en aucun temps ne pourront dedens para
dis et fauldra quil saillent dehors et auoir autre lieu pour leur habitatio

qui sont choses ridiculeuses et vaines sans nulle apparence. Et se y nya point la de generation il y aura doncques sterilite pourquoy sans cause seroit es hommes et es femmes Vertus generatiue et pour neant feroiēt les œuures de nature. Et aussi sterilite et vice en nature et percōsequēt nest pas paradis/car en paradis na nulle imperfection.

Et en oultre se ainsi estoit comme disent la Vertus generatiue ne seruiroit en rien pour le fruit de generacion/mais tant seulement a la voluptuosite vile et deshonneste le plus grāt bien de generacion est la lignee et sans nulle comparoison meilleur est le fruit de generacion qui est la lignee que nest pas la volupte ou delectacion de la cōmixtion qui est entre lomme et la femme. Et ainsi la sera selon ce dit la Vertus generatiue de son operacion qui est ce que peut estre meilleur en elle. Et aura le mendre bien sans compairoison quelle nauoit pas quant estoit en ce monde et par consequēt la Vertus generatiue ne sera pas beatifiee et naura pas sa souueraine felicite qui est chose nullement a dire. Et se tu dis que y ny aura point la adoncques en la cōmixtion de lomme et de la femme de se dire ne de immundicite/mais seulement les corps seront conioins ensemble par embrachemēs sans emission de humeurs et de semēce ne lun ne lautre. Ainsi parlant est chose manifeste que est equiuoquier et parler par equiuocation de generation et de facte de luxure.

Oultre plus que sera se est vray ce que dit le faulx seducteur Mahōmet paradis nest autre chose synō vne tauerne et reparc de ingurgitacion et bordeau de perpetuelle turpitude et infamie/pour passer autres diffamaciōs et vilaines coloquuciōs deshonnestes dequoy on pourroit parler se nestoit pour honnestete qui sensuit de telles manieres de cōmixtiōs entre homme et femme.

Et quant il dit que ses anges sont boutilliers et cusiniers de ceste feste et belle congregacion de ceulx cestassauoir qui tiennēt sa foy et croyent en luy. Qui ne riroit les saiз anges de dieu laisser la felicite et gloire que oeuil corporel na poit veu de cōmun cours ne oreille de homme ouy ne cueur humain pense ne comprins pour appareillier les litz a paillars a ribauz et ribaudes pour acomplir leur paillardise et infamete. Et cōmuer leur dignite angelique qui est de veoir dieu de estre messagiers de dieu a sainctes et deuotes personnes en toute chastete et honnestete pour soy occuper a ce beau mestier auquel se occupent paillars infames et rufiens. Certes incomparablement est plus vil seruir a pōrs et bestes mues que a tel mestier. Et pourtant cest homme bestial mahommet parlant a gens bestiaulx comme luy na point eu de congnoissance de lautre vie q̃ est a venir apres cecy ne de la felicite et gloire dicelle et qui est plus grãt cho se ne cognoissoit point sa propre vip prectorine ne ses songes lesquelz cui doit que feussent inspirations de dieu.

En oultre pour parler en general et vniuersalement Je luy fay cest argument ou auec ses delices charnelles seront ensembles delices espiri tuelles ou non/on ne peut dire que il soient ensemble/car il est tout cler et manifeste que il ne sont point toutes deux ensemble/car les espiritu elles delices tirent lame a soy du tout et la rauissent a soy du tout/et ne seuffrent point a celle heure nulles delices corporelles/comme asses ap pert a ceulx qui sont rauis espirituellement lesquelz sont du tout seque stres des choses téporelles et corporelles par plus forte raison quãt sera beatifice lame humaine du tout en tout ne souffrera nulle charnelle vo lupte péser ne ymaginer. Si dune petite esticelle spirituelle quant é en ce monde/ elle est toute rauie et absorbee de toutes autres charnelles et temporelles, Que serate quãt elle sera inebriee du grãt torrent et ruis seau des eaues de grace de lamatson de dieu/parquoy apert que ensem ble ne peut estre la felicite spirituelle et charnelle.

Et si dit que ces felicites seront lune apres lautre en celle felicite la sensuit asses bien que lune ne lautre nest parfaicte comme ainsi soit que ne lune ne lautre nest point continuelle laquelle continuite est partye de felicite. Encore plus experience demonstre que ceulx q̃ goustent les deli ces spirituelles tantost en anuy et fastidie les delices corporelles/com me dit la sentence comune qui dit ainsi. Gustabo spiritu desipit omis ca ro. Cestadire quant le sperit gouste la cher et sensualite cesse a gouster/

Et pourtant est rigle theologale generale que cest chose impossible q̃ les espris spirituelz quant ont gouste et senti les choses spirituelles es pecialement en paradis quil retournent iamais aux temporelles/car ilz ne peuent appeter chose mains bonne que celle a laquelle sont conuertis. Et la charnelle est moindre que la spirituelle parquoy est a coclure que iamais lune nest auec lautre ou lune sans lautre. Et nya point de coartiõ ou contrainte qui les peut contraindre leur appetit voluntaire/ car la na nulle violence pourquoy est manifeste que se vne fois ilz sont receus aux delices spirituelles iamais delle ne se partiront ou diuertiront par quel que petit de temps que ce soit par quoy sensuit que lune des felicites cest assauoir la corporelle et charnelle ne peut estre apres la spirituelle ne econtra parquoy il fault conclure que la felicite spirituelle est ia du tout en tout elle ny est point comme ainsi soit quelle ne peut estre ensemble lune et lautre/cestassauoir la charnelle et spirituelle comme a este dit ne aussi lune apres lautre.

Et si nya point en son paradis dequoy y parle de felicite spirituelle q̃ est la tres principale partye de souueraine felicite/iasoit ce que lautre soit vne de ses partyes bien riglee par honnestete et raison. Et asses cler et manifeste qui na point mis vraye felicite mais partye dicelle et la plus petite et plus ville/car seulement la charnelle se elle estoit digne dauoir nom de felicite souueraine sy pro non/cestadire non a tous/est notoire et manifeste que cest bien pou de chose en nous des choses que ouons auec les bestes. Et sera en dieu grãt iniqte et peruersite/car il est notoire et tout manifeste que celle partye corporelle et sensitiue est tousiours rebelle et a tout bien et a la voulunte de dieu et encline a tout mal/et ce seroit grãt chose de ainsi la remunerer et prouuer. La portion souueraine de nous qui est nostre voulunte et entendement qui est bien plus noble et plus digne sans compairoison qui bataille contre lautre pour la vraye honnestete et pour la diuine voulunte faire et acomplir ne seresse poit remuneree de sa propre gloire et felicite ia dieu ne plaise soit loing de dieu telle faulte et peruersite qui toutes choses fait et iuge en equite et iustice.

Or me semble que asses souffisamment est declaire que nest pas seulement impossible estre vng paradis charnel et felicite souueraine des choses sensibles/come met le fauly et inique mahommet/mais est chose digne de mocqrie et risee/car il nya nul fondement de verite. Et auoir songe ou pense ceste felicite nest q̃ brutalite et toute bestialite/car vraye felicite ne met point ces delices charnelles lesquelles ce souillart mahommet a mises et preschees mais les oste du tout de elle. Et pourtãt en paradis ne pourront estre nullement selon la parolle de nostre seigneur escripte Mathei.xxii.ou est dit. In resurrectione non nubent neqz nubentur. Apres la resurrection on ne se martera point ne ny aura nulz maries.sed erunt sicut angeli dei in celo/mais seront comme anges de dieu en paradis/et en saint Luc au.xxi.chapitre. Neqz nubent neqz ducent vxores qui dignum habebuntur in seculo equales enim erunt angelis dei. Ceulx qui seront dignes dauoir paradis ne seront point maries et si ne se marirõt point mais sont egaulx et semblables aulx anges de dieu. Et ce souffit pour ceste article pour les simples mis et escrips yci a present afin que par ses fallaces et derisions ne soyent frustres et diuertis de la nostre saincte foy.

Le quart article des causes pour quoy tant de gens croyent en ceste secte qui contient tant de erreurs et de heresies.

Vant au .iiii. chapitre qui est des causes pourquoy tant de gens croyent et tiennent ceste loy et secte qui contient tant de erreurs et de heresies côme ainsi soit q̃ raison naturelle tousiours suyue le mieulx et la meilleur partye côme dit aristote au premier de ethiques et pource les hômes qui ont raison naturelle doiuẽt auoir en horreur et abhominacion telles faulsetes et erreurs. Sachez le faulx seducteur q̃ iamais a homme de bien et de entendement ne pleust ladicte secte/mais aulx simples miserables ruraulx et ignorans populaires lesquelz a esleuz et tyres de lieux siluestres et sauuages lesquelz apres que ouyrent ladicte secte et loy esbahis creurent fables et mensonges estre propheties et choses de dieu. En oultre pource que auoient acoustume de estre en grãt peine et labeur merueilleuse ouyans que en croyant a luy et en sa loy deuoient auoir vins/viãdes festemẽs precieulx belles maisons/belles fẽmes a leur souhet en toute plaisance et spurtisite abhominable pour paradis de plaisance au temps auenir par sa promesse a tout ce qui a voulu et q̃ luy a pleu les poures pegorins et bestiaulx ont consenty et adhere. Et pourtãt quãt voulit aler cõtre le roy de perse assẽbla ce populaire bestial en grãt nõbre leur promettãt q̃ toꝯ ceulx q̃ mourroient en la bataille pour luy auroient les delices et plaisãces de son paradis dequoi a este parle. Et pourtãt de plus grãt courage bataillerẽt cõtre le roy de perse pour fin de obtenir les vmbrages et biaulx iardins que leur auoit promis auoir/et en ceste vie et apres les arabes se delettẽt fort a auoir beaux iardins. Et se on dit q̃ nõ pas seulemẽt simples gens et ruraulx ont ensuyui ceste loy/mais aussi grãs seigneurs marchãs bourgois et clers côme philosophes. Certes il est vray q̃ plusieurs autres gẽs ont creu et croyent en ceste secte/mais q̃lz gẽs pour vray mauuais infames gẽs dignees de mort pour leurs malefices ou larrons et murtriers q̃ aucun hõme sage ou hõneste soit venu de autre loy ou secte a la loy et secte des sarrasins iamais ne se trouue. Les philosophes arabiques nes en arabie qui ont este de ceste secte côme antiêne et plusieurs autres de grât et excellêt engin q̃ ont eu bien cognoissance de la faulsete de ladicte secte/ mais de resister a tant grant multitude de rure et bestial populaire non pas peu ou de pou de estre tues nont ose dire mot ou peut estre que de iuste iugement et ordonnance de dieu pour estoient charnels et plains de leurs voluptes/ dieu les a fais en sens et de sens reprouue tellement que la secte en laq̃lle estoiêt nes plus tost defendoient que la reprouuer ou a elle côtredire et la impugner. Et les crestiens ou iuifz q̃ se rendent a eulx ia dieu ne plaise q̃ cela facent pour honnestete aucune a laquelle soiêt enclins et prouoques/ mais pource que sont ribaux et miserables ne veullant suiuir les rigles de leurs loys et sectes se tyrent et vont a la large et spacieuse voie que mahomet a mis et enseigne qui les maine finablement a damnation eternelle. Laquelle chose auient a plusieurs meschans crestiês desquelz la loy et honeste spirituelle et celeste qui comande a desprisier tout ce que est en ce monde pour le desir et espoir de la vie eternelle et pour lamour de la vision et fruicion diuine et pource que veulent viure charnellemêt et lachier la bride a flupe de luxure sans repugner a leurs appetis et voluptes charnelles laissent ladicte loy et sont côme desesperes et gês q̃ veulent ayder a la secte sarrasine/ mais sachent tous en general que et faulx crestiens et iuifz ou payens quelque chose qui facet par dehors touchât la loy sarrasine a laquelle sont tires et conuertis toutesfois par dedens en cueur et en pensee sceuent bien la verite et ce que doiuent croire ilz faignent estre ce que ne sont pas afin que eschaper puissent quelque misere ou pourete en quoy estoient/ ou afin q̃ en voluptes et charnalites portines dequoy asses en a quant a eulx puissent viure et finer leurs iours

En oultre côme dit saint thomas en sa somme contre les gentilz au premier liure au.v.chapitre. Autremêt a este introduicte la loy euangelique au monde et autrement la loy de mahomet car la loy euangelique a este mise et introduicte au monde par miracles euidens et vrays miracles. Et la loy de mahomet tout a lopposite/ côme appert clerement/ car en la loy euangelique on presche choses toutes transcendantes lentendement humain comme estre trois personnes en la trinite en vne essence/ et deite et nature diuine et humaines estre vnies en vng suppot diuin/ et plusieurs autres belles doctrines qui passent humain entendement.

En la secte de mahomet il nya rien qui soit a croire/ mais tout ce q̃ est en lalcoran ou est ladicte loy mise nya rien que vng petit entendemêt

G iii

humain ne puisse bien entendre comme qui nest que ung dieu et que iesucrist estoit ung grant et excellent homme et prophete/et ainsi des au
tres. Oultreplus en la loy euangelique come a este dit cy deuant sont
prohibees et defendues luxures et voluptes charnelles honneurs mun
dains/richesses temporelles en y mettant trop son cueur etc. Et en la
loy de mahommet est abandonnee toute luxure et charnalite. Et tou
tes pompes et beubans comme feussent choses vertueuses sont dictes et
preschees pourquoy plusieurs la tiennent et ensuiuent.

Et encore plus en la verite euägelique sont promis loyers et premi
ations non pas seulement inuisibles/mais aux humains entendemens
incomprehensibles comme apert par le dit de lapostre qui dit ainsi. Ocu
lus non vidit nec auris audiuit nec in cor hominis ascendit que prepa-
rauit deus diligentibus se. Oeul na point veu ne ouye na point ouy et nest
cueur qui comprint iamais ce que dieu a prepare a ceulx qui laiment/a
telles choses ne sont pas fort enclins les hommes par nature/mais aux
choses sensibles et visibles asses et trop lesquelles choses sont le loyer
et remuneration de la loy de mahommet. Et cecy est la cause principale
pourquoy tant grät nombre de peuple ensuit ceste secte/car de folles gés
le nombre est infini/côe dit le sage. Stultorū infinitus est numerus.

Et pourtät est repute a bien grans miracles des sains docteurs de
leglise saincte q̃ la loy euägelique a este par simples et poures gens preschie et diuulguee par tout le monde/comme par les apostres et disciples
de nostreseigneur lesquelz ont tellement plante la dicte saincte foy euan
gelique q̃ lont ainsi esleue les entendemens de ceulx qui croiēt en la dicte
loy que les choses visibles et sensibles sont par eulx desprisees et mises
et non chaloir pour les choses inuisibles et insensibles dieu faisant leurs
parolles creables et ausquelles on doit croire par signes et vertus plu
sieurs miracles euidens et merueilleuses graces et dons distributis du
benoit saint esperit. Et ce a este et est la cause totale pour laq̃lle nous crestiens sans nulle doubte receuons et croyons tout ce que dit et preschie
nostre mere saincte eglise tellement que ne doubtons point souffrir et en
durer tourmēs et peines inumbrables. Sachent que pour ce nous reste
la gloire infinie et immortelle aux cieux en paradis. Laquelle nous doint
apres ceste mortelle et caduque vie miserable celuy qui est seigneur de
la vie et de la mort nostre seigneur iesus. Amen.

Le .8. article de la diuturnite et grand duree de ceste miserable secte.

Plusieurs sont grant admiration de ce que ceste secte si vielle/si faulse et erronee dure tant et si longuement comme a ainsi soit que selon la saincte escripture du viel et nouueau testament nulle secte iamais na eu tant longue duree iusques a ceste exclusiuement.

Nous voyons que ceulx de perse de caldee/de syrie et de grece q̃ ont persequte le peuple crestien de dieu nostre seigneur iesus par empaintes et interualles de temps nont point eu de duree au regard de ceste maudicte secte.

Que se on dit que de ce on nen doit point demander la cause/car ainsi est le plaisir et voulunte de dieu qui ainsi le permest de laquelle ne fault point demander de cause.

Et ne semble point estre souffisant/car iassoit ce que de la voulũte diuine qui est son espouse et sa viete ne soit point a demander cause/car elle premiere cause de toutes choses/touteffois de ses effes et operatiõs les sains docteurs de leglise en demandent bien cause et raison/comme theremie au .xii. de ses prophesies dit. Quare via impiorum prosperatur bene est omnibus qui priuaricantur et inique agunt plantasti eos et radices miserunt proficiunt et faciunt fructum. Pourquoy seigneur dieu demãde le prophete les fais et euures de mauuais prospere et bien viẽt aceulx qui font mal tous les aues plantes et ilont germine et fructifie. Et abatuch semblablement dit parlant a dieu au pmier chapitre de ses prophesies dit. Mundi sunt oculi tui ne videas malum et respicere ad iniquitatem non potes quare ergo non respicis super inique agentes et taces deuorante impio iustiorem se. Sire dieu vos yeulx sont nes car il ne peuent voir mal ne regarder iniquite. Et pourquoy doncques ne regardes vous sur ceulx qui sont tant iniques et mauuais et vous celes et taisies ne disant riens du mauuais qui deuore le bon et le iuste lesquelles paroles on peut appliquer au present propos/car il semble q̃ dieu se taise parmettant que ce peuple de sarrasinesme qui est tãt adõne a erreurs et faulses creances et vices horribles et detestables/et touteffois y deuore et destruit le poure peuple crestien qui tient en sa captiuite et subiection et ce par si long temps et espasse de temps/car des le cõmencement de ceste secte iusques a present qui est lan mil. CCCClxxxviii. ya .viii.c. ans

G iiii

et cinquante ou ung peu plus/comme apert par les hystoires. Et neantmoins on ne voit nulle apparence ne signe de leur destruction ou consummacion dequoy plusieurs sont grandemēt esmerueillies des crestiens ne trouuant point cause de ceste si longue duree. Et qui est pis aucuns vacillent et sont clochant murmurans de la diuine prouidence et contre icelle et de sa tresdroicte et leale iustice.

A ceste question ung docteur iuif conuerty de iuif a la saincte crestiente duquel le nom ie ne nommeray point pour reuerēce de humilite cuidāt respondre a la question dit et assigne trois differences entre les sarrasins et les autres payens du temps passe lesquelles ie reciteray a pñsent seulement pour le premier. Et apres ie improuueray et impugneray ses raisons par voyes et raisons necessaires.

Quant au premier il dit ainsi obstant que tant les sarrasins que les payens leurs predecesseurs soient semblables et tout ung en infidelite car ilz sont tous infideles/car tant les uns q̄ les autres faillent en vraye foy/touteffois ilz sont differens en trois choses principales qui sont au present propos desquelles la premiere est telle/car la secte des sarrasins pose quelle est mauuaise et tresmauuase comme a este dit cy dessus neātmoins en elle nya point de ydolaterie ne adoracion ou seruice de ydoles/ laquelle chose en tout leur seignourie et dominacion ne souffrent point ne veulent endurer comme faisoient les autres sectes et loys par deuant eulx/comme est chose manifeste/car des le temps des assiries et des caldeens iusques au temps de cosdre empereur inclusiuement de laquelle seignourie et dominacion fut pres mahommet/comme a este dit cy deuant tousiours a eu regne ydolaterie entre les gentilz qui expoient fort et perturboient le peuple de dieu/comme apert au vieux testament et a listoire scolastique et es legendes des sains. Or est il ainsi que entre tous les pechies par lesquelz dieu est plus offense cest le pechie de ydolaterie tant q̄ dieu sest monstre plus punir ce pechie la que nul autre/et pourtāt en exo de au. xx. chapitre ou dieu defent ce pechie la est escript. Deus zelotes. tant seulement et non es defenses des autres pechies/cest a dire q̄ne permet point que lame qui est son espouse voise forniquant apres les autres dieux par ydolaterie ainsi que lomme qui ayme bien sa femme est apele zelotes/car par lamour quil a a elle il ne parmet point quelle aille a autre qua luy par fornication ou adultere. Et la mesmes au.xxxiiii.chapitre apres quil eut dit. Non adorabis deos alienos statim subdit quoniam dominus deus tuus zelotes nomen eius. Tu ne adoureras point dieux estranges/car ton seigneur et ton dieu sapelle zelotes dequel nom le pposicion est dicte cy devant et en deuteronomii.xxix.chapi.parlant de ung homme ydolatre dit.Tunc femet furor eius et zelus contra hominem illum. Adonc la fureur de dieu se icetera en rigueur contre celuy qui est ydolatre et son zel cest adire zel/comme dit est devant/et de ce est dit en plusieurs autres pas de lescripture saincte faicte mention dequoi la raison est telle/car zelus selon saint augustin au liure des rois octantetrois questions zelus emporte en sa signification vne affection vehemente de cueur et de courage par laquelle homme quiert a oster ce que ny plaist pas/ et qui luy est contraire et repugnāt. Et pource que ydolaterie est seruite aux ydoles entre les autres pechies repugne fort au seruice diuin pour tant quant a ce pechie sapelle dieu zelotes et zelare plus singulierement que es autres pechies et pourtant ne souffrit pas tāt la duree et demourance de celuy pechie comme il fait des autres. En la maniere que les hōmes souffroient de leurs femmes tous autres vices plus tost que estre adulteresses a autruy que a leurs maris/car cest chose qui leur est plus desplaisant et repugnant que autre chose quelle peussent faire. Et pour ce que ceste secte ne seuffre point ydolaterie ne se commet point pourtant nest pas de merueilles se dieu plus long temps la seuffre que les autres sectes des payens et philistins du temps passe desquelz plusieurs publi quement adouroient les ydoles.

Et se on dit que dieu a parmis autrefois ydolatrie plus long temps elle commenca selon aucuns des le temps de euos qui fut le.iiii.apres adā des peres patriarches dequoy est escript en genese au.iiii.chapitre.selon les autres elle commēca au temps de nembroth dequoy est escript en genese au.x.chapitre/et quoy qlen soit de cela neantmoins il est cler et manifeste que au temps de moyse les egyptiens adouroient les ydoles/de quoy en exode est escript.   In diis egypti faciam iusticiaz. Es dieux de egypte ie feray iustice et au tēps de dauid on sist au psalmiste.oēs dii gētiū demonia/tou? les dieux des payēs et des gētilz sōt ydoles et diables

Et pourtant semble que la raison predicte nest nulle comme il soit manifeste que autresfois dieu a plus long temps souffert et endure regner ydolaterie entre les gentilz et payens. A ce on peut respondre que ydolatrie est nom commun de gendre soubz lequel sont compris et contenus plusieurs especes et diuerses manieres de ydoles et seruice ca elles comme ce mot cy arbre est nom generique qui a soubz soy diuerses especes de arbres/comme pommiers/poiriers/cerisiers/noyers/et ainsi des autres Or est il ainsi que diuerses manieres de gens adouroyent diuerses ydoles et en diuerses manieres au liure des iuges au .v. chapitre est dit des enfans de israel qui seruoient aux dieux de aaram et de sydon et de moab et de amon et des philistins quant il y auoit guerre entre aucun peuple celuy qui estoit victorien destruisoit les dieux de celuy qui estoit vaincu et tout leur maniere de seruice aux ydoles dequoy est escript en ysaye au .xxxvi. chapitre que rabsaces autremēt appelle senacherib q auoit vaincu et surmonte plusieurs et maintes nacions et gens disoit. Vbi sunt dii amath et arphat et Vbi sut dii saphat et baym etc. Ou sot les dieux de ces gēs la aisi nōmes cōe se il vouloit dire q aisi ql auoit vaicu ces gēs la aussi auoit il fait leurs dieux parquoy apert q aisi q na este nulle puissance et dominaciō terrienne qui ait tant dure/comme celle secte dequoy auons tant parle/comme apert par les histoires aussi na eu nulle ydolatrie qui eut tāt dure/car vne espece de ydolatrie destruicte par les aduersaires des vns tantost se leuoit et mettoit sus lautre ydolaterie des autres/cestassauoir de ceulx qui auoient eu victoire et par ainsi iasoit ce q dieu long temps ait parmis ydolaterie parlant de ydolaterie quāt a son nom generique/toutesfois iamais ne souffrit longuement regner ydolaterie en especial/mais lune destruisoit par lautre et punissoit. Et pour ce quāt lempire rōmai eut mis a sa subiectiō tout le mōde et de toutes naciōs auoiēt a rōme les dieux et les ydoles au teple dit panthẏō. dieu puis aps les anichila et destruit toutes par vng nōme nresseigneur iesus/cōe auoit este prophetise en daniel au. Vi. q lapis de mōte abscisus sine manib? statuā cōmunit. La pierre q est iesucrist decoppee de la mōtaigne sans operaciō humaine et pouer a cōmune/cestadire destruit la statue lydole ou lydolatrie quāt a toutes ses especes et diuerses manieres de ydoles cōe plus aplain apert ailleurs et la est declaire/cestassauoir audit liure de daniel et par ce apert que ceste faulse secte de mahōmet en son espece et mode ou maniere de faire a regné tant long temps et espace et a este tollere de dieu plus que nont este les autres ydolateries. En ceste secte ya infidelite sans ydolaterie. Es autres sectes precedentes y avoit et infidelite et ydolaterie/la punition de ydolaterie celle est soubz la main de dieu/zelotes q̃ la punit plus tost et plus aigrement q̃ ne fait pas les autres pechies. Le secõd en quoy est differente ceste secte des autres est car les autres precedentes contraingnoiẽt par force les gẽs leaulles et feaulx a dieu a adourer les ydoles et a encensser aux ydoles/comme apert au livre de daniel. des trois enfans daniel/misael et azarie et les livres des machabees et plus es legendes des apostres de nostreseigneur et des sains martyrs lesq̃lz estoient en plusieurs et diverses manieres affligies et tourmentes afin quil adorassent les ydoles pourquoy souffroiẽt mais tourmens iusques a leffusion de leur sant et iusques a la mort les sarrasins de cõmun cours ne contraingnent point les crestiens a delaisser leur foy car en lalcoran est cõmande que ceulx qui ne troient en ceste secte q̃lz soyent tues sy ne payent le tribut. et par ainsi en payant le tribut ilz sont q̃tes et ne sont point contrains de laissier leur foy et leur loy. Leq̃l tribut payer a ses souverains est licite et raison/comme apert par le tesmoing de nostreseigneur iesus voire quant ilz seroient infideles lesdis seigneurs et souverains en saint luc au .xx. chapitre. Reddite que sunt cesaris cesari etc. Rendes a cesar ce quest a cesar/et a dieu ce quest a dieu. Et que les sarrasins ne contraingnent point les crestiens a delaisser la loy apert par experience/car au saint sepulchre en la cite saincte de hierusalez et en la cite de bethleen sont les freres mineurs vivans bien devotement et servãt dieu nr̃e createur cõe noꝰ faisons en christiẽte. Et au mõt de sinai ou est le corps de madame saincte Katherine ya beaucop de moynes servans dieu cõe noꝰ faisons vivãs selon la rigle de saint basile. Et par ce apert q̃ ceste secte obstãt q̃ soit faulse et mauuaise touttesfois nest pas si perilleuse ne si dure aux crestiẽs cõe les autres precedentes par quoy nest pas merveilles se dieu la seuffre et tollere plus long tẽps q̃ les autres precedentes

Et seon dit et argue q̃ il est biẽ vray q̃ ceste secte ne cõtrait point les crestiẽs a apostater et renier la foy cõe les autres precedentes/touttesfois elle tient en grãt servitute et captivite les crestiẽs q̃ vivent soubz eulx
Itẽ toꝰ les iours ilz font de grãs guerres aux crestiẽs et en tuẽt beaucoup aucunefois et bien souuent/et gastent leurs pays et leurs villes/

et chasteaulx/parquoy semble'que pour l'onneur de la foy et du nõ de dieu ne deuroient estre tant de temps souffert et tolleres. Au premier ie respons q̃ viure en pourete et grãt seruitute et calamite ne diminue en rien de la perfection de la loy crestienne et de la dignite ecclesiastique/car comme dit saint hilaire au.vii.de la trinite. Hoc habet propriũ ecclesiast dũ persequionẽ patitur floret dũ opprimitur crescit dũ cotennitur persistit dũ leditur vincit dũ arguitur intelligit tũc stat cũ superari videtur. Leglise de dieu a ce de propriete et de propre quãt elle seuffre persequion el le flourist/quãt elle est oprimee elle croist/quant elle est cotennee elle persiste quant elle est blesee elle vainctqt/quãt elle est impugnee par argumẽtacion elle entẽt adoncqs elle est forte et stable quãt on cuide q̃lle soit surmõtee par quoy apert cleremẽt q̃ la verite de la dignite ecclesiastique nest pas en prosperites mũdaines disant nostre seigneur en leuãgile saint Jehã au.xviii.chap. Regnũ meũ nõ est de hoc mũdo. Mõ regne nest pas de ce mõde/mais a duersites et tribulaciõs mũdaines souffrir pacietemẽt pour lamour de dieu nostre seigneur laq̃lle chose on peut veoir asses cleremẽt par le proces de leglise primitiue/car depuis le tẽps des apostres iusques a saint siluestre auq̃l tẽps nauoit poit de seignourie temporelle en leglise crestiẽne mais toute pourete et tribulaciõ et aduersite adoncqs leglise prosperoit et flourissoit en choses espirituelles/cõe es triũphes et victoires quauoiẽt les martyrs cõe les sains et saites des tyrãs les q̃lz pour l'onneur de iesus et pour sa loy sustenir toꝰ et plats et hommes et femes et religieux et autres gẽs ioyeusemẽt souffroyet les tourmẽs et grãt fureur et rage des tyrãs infideles iusqs a la mort agoisseuse par quoy se mõstroit q̃ les vertꝰ diuines cõe foy/charite/et esperance q̃ sont grãs biẽs espirituelz adoncqs abõdoiẽt grãdemẽt en leglise. Et puis quãt aps grãs dominaciõs et seignouries temporelles sõt venues aux chrestiẽs les vertꝰ nõ pas du tout par la grace et misericorde de dieu mais en grãt partye ont este et sont diminuees et ne sont pas telles ne en si grãt feruecur cõe elles estoiẽt en leglise primitiue cõe est chose toute clere et manifeste. Entre les crestiẽs demourãs aussi a present es parties de oultremer plusieurs sõt trouues plus deuotz q̃ es parties de par deca laq̃lle chose se mõstre en la grãt pascience q̃l ont es grans griefz et opprobres iniures et dõmages q̃ leur fõt de iour en iour les sarrasins en despit du nom de iesus.

Au secõd argumẽt on respõd selõ la sentẽce de sait augusti au.iii. liure de la trinite au.xvi.ch. Mala q̃ ab iniqs infidelibꝰ fideles pie perferũt ipis scilicet fidelibus vtique profunt ad emundanda peccata et expercendaz probandaqz iusticiā hec ille. Les maulx q̄ seuffrēt et endurēt piteusemēt et en pacience les fideles et bons crestiens des infideles et sarrasins sont au grāt proufit et vtilite de iceulx fideles/cestassauoir a auoir pardon de leurs pechies/ou de aprouuer par effect et experiēce leur vertu et iustice Et certes sans nulle doubte ces tourmēs et guerres maulx et aduersites q̄ sont inferees aux crestiēs des sarrasins ne se font pas autremēt q̄ par ordre et permission de dieu pour les grās pechies q̄ sont souuēt cōtre dieu et sa iustice/et en telles persequtions que font les sarrasins ne doit estre reputee la guerre tourmēt et aduersite de iceulx sarrasins synō verge de dieu et flayau de ire et indignacion de dieu/cōe dit ysaie au .v. de ses propheties et ainsi se font toutes ces choses pour la correction et amēdement des pechies q̄ faisons alencōtre de dieu. Et aussi se font telles persequcions aucune fois pour la probation de la bonte vertus et iustice de la persone et des crestiēs/car dieu q̄ ne laisse poit passer le tēps sans tesmoing de sa bonte pour la tepidite et langueur desdites vertus a proueu a son eglise en luy baillant roys et prices q̄ ont autrefsfois virilemēt bataille cōtre les aduersaires de son eglise/cōe sont les sarrasins et mene guerre strenueusemēt et vaillāmēt/cōe apert es hystoires des empereurs de alemagne et princes dicelle regiō et cōtree et des prices du pais de europpe/cōe frāce/engleterre/escosse/et autres pays desdite region desqlle plusieurs ont conq̄ste ladite terre sainte/et ont iouy pour aucun tēps de ladite seignourie et dominatiō. Par lesquelles choses apert q̄ ainsi cōe iadis contre les ydolatres cruelx et feroces q̄ contraingnoiēt les fideles delaisser et renōcer au seruice diuin et a la foy de dieu/ et adourer les ydoles dieu de sa prouidēce disposa et ordōna pour remede a ce et prouision la cōstance victorieuse des martyrs par laqlle se demōstreroit la fermete et stabilite de leglise enuers dieu. Aisi cōtre les faulx et desloyaulx turchz et sarrasins se confiant en puissauce de armes/ dieu a pourueu de puissans et belliqueux prices et rois bataillans pour la foy de dieu tres puissāment en quoy la diuine prouidence qui ne fault point en sa disposiciō se mōstrer estre la defense garde et protection des feaulx et fideles crestiēs. Le tiers en quoy differe ceste secte aux autres est que les autres sectes des ydolatres nyoient du tout en tout la dignite et excellēce de nostre seigneur ihesucrist nyant non pas seulement sa vraye vite/mais aussi sa bonte et vertus humaine disant quil estoit seducteur et malfaiteur. Et pourtant quant ilz vouloient contraindre aucun a renier la foy ilz se mocquoyent de la croix et passion de nostreseigneur disant comment se doit il nombrer entre les dieux et honnourer comme dieu qui ne se est pas peu sauuer soy mesmes laquelle parolle blasphematoire souuent on treuue es legendes des sais et des saintes de paradis qui ont este martyrises des princes tyrans de perse et des romains aps la passion de nostreseigneur. Ceste secte ne fait point ainsi/car comme a este cy deuant au .iii. chapitre iasoitce que elle nye la diuinite de nostreseigneur iesus qui est ineffable et excellente en personne diuine/touteffois elle concede que il a este excellent en humaine nature sur tous et toutes autres creatures du monde. Et pourtant nest pas merueille se la diuine iustice est plus doulce et plus tolere ceste secte que les autres precedentes vituperantes nostreseigneur iesus.

Et est a noter q̃ enuers la fin du monde lantecrist se leuera/come dist saint paul secūda ad thesalonisenses secūdo capitulo. q̃ excedra et passera en persecution toutes les autres passees/car les fideles bons crestiens ne contraindra pas seulement a laisser et renier la foy de nostreseigneur/mais a luy faire adoration come a dieu/come est escript la des la dicte epistre. Et pourtāt ne se appelle il pas seulement antiapostre ou antiprophete come on faisoit mahomet mais antecrist come pire et plus contraire a iesus que tous les autres. Et pourtāt come dieu disposa contre la prosecution des ydolatres tyrās come a este dit les martyrs qui ont este fors et constās en foy en tāt quilz ont vaincu le monde tous tourmens du monde sustenans victorieusement pour la foy de iesus selon ce quest escript en la canonique de sait Iaques a la pmiere au .v. chapitre Hec est victoria que vincit mundū fides nr̃a. De la la victoire q̃ a vaincu le monde nostre foy. Et ainsi que contre la persecution des sarrasins dieu a disposé les princes et roys crestiens lesquelz pose q̃ en fermete et grandeur de foy nayent pas attaint si hault degre que les sains martyrs / ilz ont este touteffois stables en foy et en puissance darmes bataillans a dieu et pour dieu vaillamment et de grant puissance entant que de eulx on peut dire. Per fidem vincerunt regna. Par leur grant foy ont vaincu les royaumes obstant que non pas le monde comme est dit ad hebreos .xi. Ainsi a dieu disposé cōtre la persecution de lantecrist son secōd aduenement. La ou contre le grant persequuteur viendra le grant conseruateur et deliurant les fideles et bons christiens de la main dudit antecrist/lesquelles choses consideree apert la cause de la longue ou briefue duree desdites sectes et prosequtions/car pource que la persequcio de lantecrist sera grante et terrible elle ne durera gueres de temps comme est escript Mathei.xxiiii.capitulo. Et nisi breuiasset dominus dies illos non salua fuisset ois caro. Se dieu neust abregie ces iours la/nul homme neust este sauue. Et par semblable raison/car la persequcio des sarrasins entre les autres est la plus moindre/comme apert es trois predites differences pourtant sa duree sera plus longue. Et pource que la perseqution des tyrans ydolatres a este moyenne entre les deux pourtāt sa duree est comme tenant le moyen entre les deux autres persequtions et ce parlant de la mesure du temps en commun et en general/non pas pour la mesure du temps singuliere et exquise/car cela est enquerir des temps et momens que dieu le pere a mis en sa puissance/comme on dit es actes des apostres au premier chapitre.

Esquelles choses reluit la sapience diuine qui en vainquissant la malice dyabolique et humaine ataint dun bout iusques a lautre et disposāt toutes choses doulcement.

Vray est que ce docteur samble en ses dis trop esleuer et exaucter la secte des sarrasins infame et deshonneste sur les autres sectes dont les fideles crestiens pourroient estre tepides et aucunement refroidies a la ferueur de la saincte foy catholique/comme encore sont asses et trop sans cecy pour expugner par force darmes les inhumains et iniqs sarrasins ennemis cruelz de dieu et de sa saite eglise et de la croix mort et passio de nreseigneur. Et en oultre ses raisons sur quoy il se fonde defaillent du fundemēt de verite. Et ces.ii.choses sont fort dāgereuses et perilleuses cestassauoir nensuiuir point en ses dis verite quāt a son fundement. Et estre cause de retirer et soubztraire les fideles et bons catholiqs a la defēse et impugnacio des ennemis de la foy. Pourtāt pour lamour de verite qui est a preferer a toute amitie et a prouocquer et esmouuoir les crestiens a bataillier contre les dis infideles ie demostreray clerement q̄ en ces trois differētes dessusdittes ilz sont pires et leur secte plus mauuaise et detestable q̄ les autres faulces et errouees sectes ou aumois sēblables et egaux. Et ce selō lordre des.iii.differētes que met ledit docteur au regard des autres sectes.

En mettant la premiere differēce il fait trois choses/ premieremēt il dit que ceste secte des sarrasins pose quelle soit mauuaise toutesfois elle ne permet point ydolaterie ne seruir aux ydoles en publique.

Secondement il met que dieu plus aigrement et plus asprement punit le pechie de ydolaterie que nul autre pechẽ.

Tiercement il met oppositions et argumens de la diuturnite et longue duree la dicte secte et sefforce de les souldre et respondre.

Les trois articles predis demonstreray nauoir nul fundement de verite quant a fonder son intencion.

Je demōstre le premier par telle maniere/ cestassauoir que les trois differences quil met sont nulles.

Car tous les pechies qui sont semblables et egaulx quant a illacion de peine et prouocacion de offense diuine ne peut auoir difference de impunite/ cestadire de nestre point punis ne entre eulx lun na point plus de excusacion quant a estre puny ou tollere de dieu et endure que lautre puis quilz sont semblables et egaulx comme dit est/ or est il ainsi que linfidelite des sarrasins est semblable a ydolaterie quant a offense diuine et peine de pechie/ il sensuit doncques que par ceste difference ne peut estre rendue cause suffisante de la duree de ceste secte plus que des autres. La premiere proposicion est asses prouuee car cest tout son fondement/ cestassauoir que les sarrasins ne pechent point si griefuement ne si grandement que les ydolatres. Se doncques la mineur ou seconde proposicion/ cest assauoir q̄ lun pechie autāt et aussi griefuemēt q̄ les ydolatres il est manifeste que le fondement nest nul par ceste raison selon touiours humaine inuestigation. Or doncques la mineur et seconde propsicio de nostre argument fault prouuer et ie la prouue ainsi. Car monseigneur saict hyerosme sus ce que dit saint Paul Ad galathas quarto. Quomodo conuertimini iterum ad infirma et egena elementa. Comment vous tournes vo⁻ et couertisses vo⁻? encores a suiuir debiles malades et indigens ou poures elemēs/ dit ainsi lobseruance de la loy vielle apꝭ sa diuulgation suffisante de la loy de grace et declaration dicelle laq̄lle estoit adonnee adont ceulx de galathẽ estoit pechie comme semblable ou a peu pres au pechie de ydolaterie. Et son veult dire ilz seruoient et adouroient en la loy vielle adoncques dieu/ et en ydolatrie le dyable estoit serui et adoure. Respōce est a ce q̄ ia soit ce que dieu soit et fut la serui nō pas toutesfois comme on deuoit/et comme il deuoit estre serui. Et monseigneur saint Thomas dit en la seconde partye de la seconde en la question. xciiii. au tiers article a la responce du troisieme argument que lobseruation de la loy nest pas du tout egale au pechie de ydolaterie selon la raison generique de pechie/car lune et lautre ne sont pas contenus soubz vng mesmes genre prochain/mais neantmoins ilz sont egaulx et semblables quant a la peine/car tous deux sont especes de pestifere superstition

Par lesquelz propos ie procede ainsi a prouuer mon intention et la sienne improuuer se le pechie des iuifz de lobseruation de la loy vielle durant le temps de la loy de grace est pareille et semblable en peine au pechie de ydolaterie il doit doncqs estre puni selon humaine iuestigatio et congnoissance/comme le pechie de ydolaterie/et touteffois nous voyons encore iusques a present ladicte obseruation estable et vigoreuse/il sensuit doncques que le fondement de ce docteur ne conclud riens en verite raisonnable.
Et pource que le pechie des iuifz quant a lobseruation de la loy au temps de lan de grace est egal et pareil en peine et seruitude des ydoles il apert asses clercment que la loy et secte des sarrasins est tresfanlse et mauuaise/et iamais de dieu ne fut baillee ne par aucun temps na nullement este bonne/mais tousiours supersticieuse et mauuaise contraire a la loy vielle et nouuelle et destournant du tout de la vraye obseruance de la loy vraie de dieu nostre seigneur iesucrist/lesquelles choses sont pires que de obseruer la loy vielle comme font les iuifz au temps de grace car elle a este donnee de dieu/et pour le temps quelle a dure elle estoit bonne et necessaire a garder a ce peuple iudaique pour celuy temps vraye tousiours et nullement contraire a la loy nouuelle/ne ne blaspheme point ladicte loy vielle ne dieu ne la loy nouuelle/mais la figure. Ne aussi quant a soy elle ne diuertit point ou destourne de seruir dieu et la loy nouuelle/mais plus amaine et conduit homme a seruir et obseruer la loy de grace se elle est bien entendue et a croire en la saincte foy catholique. Mais se on regarde bien diligammnet la loy de mahommet en lalchoran toutes ses choses nephandissimes infames et detestables et plusieurs autres tant en leurs meurs et obseruances inuocacions oroisons. Et en la doracion et veneration de ce pourceau seducteur mahommet. Et aussi si on considere que il a este enchanteur et magicien de laquelle art vsoit a fin q̃ il peut

D.

enchanter et seduyre le peuple a croire en luy et q̃ fut prophete de dieu Et ainsi sont tous les sarrasins iusques a present les loys ensuyuãs de leurs peres et predecesseurs induis a ce par deceptions de art magique Et pource que ceste superstition et faulse creãce est tenue par pacte promis et iure a lennemy denfer pourtant cest ydolaterie selon la doctrine de monseigneur saint Thomas en la seconde de la seconde en la question pe̅d. et q̃ est tres inique et peruers ont fait loy et ordõne q̃ nul ne soit receu a arguer cõtre leur loy en mõstrãt la faulsete de elle en quoy sont venus en labisme de mal et de toute peruersite. Et toutes ces raisons veues et cõsiderees cõparant les iuifz quãt a lobseruãce de la loy durant la loy de grace sont pechie pareil et semblable a ydolaterie quãt a peine de pechie. nest point de doubte que le pechie de linfidelite des sarrasins ne soit plus grief et plus grãt q̃ le pechie des iuifz et par cõsequẽt q̃ ne soit equal et pareil a la seruitude de ydolaterie. Pour laq̃lle chose na poit de raison de diuersite quãt a ce pourquoy la secte des sarrasins a plus de durec et dure plus q̃ celle des ydolatres. Et quant il dit q̃ les sarrasins ne parmettẽt poit ydolaterie il ne dit pas vray car il nya nulz ydolatres q̃l deboutassent pour le temps present ou repellissent synon bien peu/ come mesmes dit ledit docteur dessusdit en son liure q̃l intitule Scrutinium scripturarum La perstructaciõ des escriptures/ tellemẽt q̃l nont poit de propre dominaciõ ou seignourie/ et pourtant ilz sont soubz la iurisdiciõ des sarrasins. Et ne peut estre mõstre iamais nul ydolatre auoir este deboute ou repulse des sarrasins apres especialemẽt la mort de mahõmet

Quãt au second article ou est dit par ledit docteur q̃ dieu se monstre plus aigremẽt et grãdemẽt punir le pechie de ydolaterie que les autres pechies. Et veult ce prouuer pource que dieu en la prohibiciõ de ydolaterie il sapelle Deus zelotes et ce. Certes par ce ne peut pas prouuer son dit estre raisonnable/ et touteffois en ceste raison est tout le fondemẽt de son opinion. On ne list point q̃ dieu ait este aspre et rigoreux en punissant les pechies des payens/ mais seulemẽt des iuifz pource q̃ les auoit espouses par la foy/de la loy q̃ leur auoit baillee sur tous autres peuples et pource sapelle quant a eulx Deus zelotes, sur le pechie de ydolaterie et cõme ainsi soit q̃ les sarrasins ne soiẽt pas iuifz riẽ nest par ceste raison cõclud pour eulx ne cõtre eulx/côe apert cleremẽt pour le fundemẽt de ce docteur q̃l cloche du tout. Et q̃ argue tiercemẽt et quãt au tiers article et puis respõd aux argumẽs q̃l a fais. Et dit q̃l ya. ii. manieres de ydolaterie lune generique lautre spetifique/la spetifique nauoit point longue demeure mais bien la generique/nest pas pource solu largumēt car largument est de ydolaterie en general et vniuersal/et par tout en general elle a regne si long temps. Respōdre donc des diuerses especes de ydolaterie en general est plus longue en duree que la secte des sarrasins nadure nest pas bailler solution a largumēt mais est le cōter en psseniēt. Et contre lautre solution on pourroit dire toute ydolaterie cōuient en ceste raison spetifique que lonneur diuin qui sapele eusebia qui est deu a dieu seulemēt est attribue a la creature par quoy apert q̄ tāt de temps que a dure ydolaterie ou en vne maniere ou en lautre tousiours cela a este propre a ydolaterie q̄ elle a attribue lonneur diuin q̄ est deu a dieu a la creature/et ainsi de plus longue duree a este ydolaterie q̄ la secte des sarrasins parquoy sensuit q̄ dieu na poit plus este zelotes sur la punicio du peche de ydolaterie des gētilz q̄ sur les autres pechez dicenly. Et pourtāt largumēt q̄l fait a lopposite et q̄ veut souldre et a luy respōdre demeure en son estre et cōuaint sa raison. et iassoitte q̄ les .iii. choses q̄l met en sa pmiere raison fussent vrayes touteffois nul ne veuroit pource arguer q̄ pour ceste secte des sarrasins doit plus longuemēt durer/car il semble chose raisonnable plus q̄ dieu est home et mort pour lome et tāt de biēs et de benefices a fait a lome q̄ nō pas seulemēt q̄lconque infidelite et nō pas seulemēt ydolaterie au tēps de grace plus et plus aigrement et aspremēt a toute rigueur doit persequter q̄ deuāt son icarnatiō en tol peuples et gēs de q̄lque loy ou secte q̄lz soyent/cōe aussi a p̄sēt pl9 griefuemēt pechēt les homes q̄ deuāt lincarnatiō nostre seigneur auq̄l temps lome et humaine nature nauoit pas tāt de ayde et cōfort a sa poure fragilite q̄ maintenāt. Itē maintenant en tout pechie a plus grāt ingratitude que deuant lincarnation nostre seigneur/laq̄lle ingratitude agraue le pechie.   Item plus grant elucidation est maintenant de la verite de nostre foy que deuant pourquoy le peche de infidelite est a present plus agraue et de plus grāt grauite a p̄sent q̄ deuāt lincarnation nostre seigneur pourquoy me semble q̄ ce docteur en sa raison biē cōsiderement a mis son fontemēt pour prouuer son intēcion forcee sus ceste difference. La secōde differēce par laq̄lle sot differēs les sarrasins selon sō dit aux autres natios et sectes de ydolatres est/car les autres cōtraignēt tol a ydolatrer et eulx nō etc. en quoy veut mōstrer les sarrasins estre meilleurs q̄ les autres payēs et ydolatres du tēps passe et plus vertueux

H ii

mais cela vault pou de chose. Les iuifz ont occis et fait mourir nostre seigneur et neantmoins leur secte dure encores doncqs apert q̃ celle differéce amenee ne cõstraint point/et oultre elle est de nulle raison et apparente laq̃lle chose se mõstre ainsi. Celle secte q̃ persecute pour la foy crestienne tresgriefuemét ceulx q̃ la tiennét en les emprisonnát tuãt en seruitude grãde mettãt les oppressant et subiugãt en toute pourete et misere mettãt tout son pouoir et effort a destruire & effacer du tout en tout le nom de dieu et de sa foy celle secte ne cõtraint elle pas tãt quest en elle se partir et aler hors de ladicte foy et seruice du vray dieu. Certes il ne est nul de bon entendemét q̃ ne voie clerement cõbien ce est cõtraire les poures crestiés quõbien test destruire la saincte eglise de dieu cõbien est detractif des crestiés et retractif de la saicte foy catholique. helas cõbien de crestiés ont esté murtris/tues/mutiles/et escorchies/pource q̃ ne veulent point croire en mahõnet. Quel difference ie vous prie auditeurs ou lecteurs de ce liure ya il entre ceulx q̃ par violente ont pris tãt de royaumes tãt de cites tãt de pays de leglise de dieu en contenement du nom de dieu et de la foy crestiéne. Et les autres sectes qui ont cõtraint par force plusieurs crestiés a estre ydolatres. Par ces choses dittes apert q̃ la tierce difference de ceste secte au regard des autres nest nulle en laq̃lle dit q̃ les autres sectes toutes denigrét et deshonourét la dignite de iesucrist nostre seigneur et la secte des sarrasins le honoure etc. et comét ceste prophane secte ne denigre et deshonoure iesucrist et sa dignite quãt tant de terres royaumes et seignouries a pris et osté hors de la seignourie et puissãce de iesucrist prophaner les sacremés et autres choses apartenantes a la foy crestiéne abolir prohiber et defendre et la gloire de toute leglise vouloir absorber et vsurper. Mais le docteur palegue dit q̃ ceste secte permet les crestiés en leurs terres et seignouries helas tout le mõde scet bien q̃ elle ne permet pas ce sinon pour auoir les biés des crestiés tant des pelerins q̃ des marchãs ou des bõs religieux/et en la fin les oppssent et opprimét fort/cõe ledit docteur dit et cõfesse dõcqs ne font ilpas ce pour honneur de dieu et de sa dignite q̃ laissent habiter les crestiés auec eulx/moult facilement et incõtinét crachét encõtre eulx et se batét et mutilét et les despouillét et traictét fort rudemét et inhumainemét. et cõe dit nr̃e seigneur iesus. il repute cela a luy estre fait disant q̃ vous receut il me receut q̃ vo? fait mal il me fait mal et dõcqs riën vault la raison de ce docteur sauf la reuerence par quoy vouloit prouuer la diuturnite et longesse de ceste secte des sarrasins plus q̃ des autres sectes. Et si on veult plus hault et au plain enquerir de la verite de ceste duree ou longue permissiõ de dieu il fault lire les escriptures sainctes et pricipalemẽt le dit de zacharie le prophete au cha. piii. la ou dit ainsi. Et erũt i oĩ terra dicit dñs partes due i ea et dispergetur et deficiet et tercia pars relinqtur i ca et ducã tercia parte per igne et urã eos sicut uritur argẽtũ qd aut sacramẽti uerbũ hoc hz q̃ legit itelligat/cest a dire en toute la terre y aura. ii. parties et serõt dispersees et faldrõt et la tierce partie demourra et merray la tierce partye par le feu et les bruleray coe on brule largẽt en la fournaise et le sacremẽt ou itelligẽce de ces parolles est q̃ les. ii. parties q̃ serõt dispersee et q̃ fauldrõt nõ sãs cause peut estre entẽdue les iuifz et les sarrasis et la tierce partie le peuple crestiẽ laq̃lle partie se maine par le fu de mantes et plusieurs tribulaciõs mais elle ne fauldra poit iusqs a la cõsumaciõ et fin du mõde/mais par elle e purgee et nettoyee etce. Ainsi q̃ iadis au tẽps de la loy de moyse et des enfans disrael quãt estoiet en la main de dieu plusieurs peuples/coe les philistis et autres afin q̃ par eulx feussent en epxercisse de bataille et q̃ en eulx fut enseigne hierusalem. Ainsi peut estre nõ pas inconuenablement mais asses congruement quant au present propos que dieu laisse les sarrasins pour fleau et epxercisse du peuple crestien/mais moy ne uoulant pas trop temererement de ce baillier la cause et raison laisse la raison et solutio aux clers et docteurs ie scay une chose tesmoing le psalmiste. Quia iudicia dei abissus multa Cest abisme de profundite que des iugemens de dieu. Et iterum Quis nouit sensum domini aut quis consiliarius eius fuit. Cest a dire qui est celuy tant grant soit en entendement qui puisse congnoistre lentendement de dieu/ou qui est celuy qui a este son conscillier/comme si vouloit dire nul. Et lapostre crye souuent. O altitudo diuicia rum scientie et sapientie dei quam incomprehensibilia sunt iudicia eius et inuestigabiles vie eius. O haultesse inaccessible de la puissance et richesse de la science de dieu combien sont incongneues et incomprehensibles vos iugemens et vos voyes. Et ce souffit des sarrasins.

H iii

Les sarrasins vsent en leur parler et escript de langue arabique cy de ffoubz mise et imprimee.

Dal	Dal	Kch	Hadz	Gzym	Tech	Te	Be	Aleph
ﺩ	ﺫ	ﺡ	ﺥ	ﺝ	ﺙ	ﺕ	ﺏ	ﺍ
Ayn	Dadz	Ta	Dadua	Sad	Schyn	Szyn	Zaym	Re
ع	ط	ط	ض	ص	ش	س	ز	ر
hehe	Nun	Mym	lam	lam	caph	kabh	ffea	Gayn
60	ن	م	ل	ل	ك	ف	ف	غ
volſuls m. pox	ye	lanoleph	lvau					
ghnl	ي	x	و					

Des iuifz qui iusques a present sont et demeurent en la cite saincte de hierusalem.

En la cite saincte de hierusalem a present ya des iuifz demourans le nombre de quelque cinq cens tāt hommes que femmes en leur mauuaistie et obstination pertinacement perseuerans ayans le voile de moyse stche sur leurs testes afin que ne voient la lumiere de verite/et afin que ne se conuertissent et soyent saulues eulx qui indignes de la vie eternelle se iugans ont reboute et deboute la parolle salutaire de nostreseigneur et nont voulu auoir ne sauoir la voye de dieu/mais ont comme dit est tue et mis a mort le acteur et conducteur de la vie et de la mort crians cruellement quant estoit de par eulx deuant le iuge pilate. Sanguis eius super nos et super filios nostros/Son sanc soit sur nous et sur nos enfans/et pource que ilz ne souffrent pas auoir la benediction/mais la refuserent elle est de eulx bien eslongee tellement quil ont de dieu en lieu de benediction ceste male diction qui sont hays de crestiens et de sarrasins et de toutes gens plus que nulle autre nation.

Et pour ce que des autres nations en ce liure sont recites les erreurs des iuifz qui sont grandes seront ycy mises et recitees par escript. Iuifz est a dire confesseurs et de eulx plusieurs qui estoient en lobstination perfide iudaique sont venus a vraye confession de la faulsete et erreur de leur foy et de la verite de la foy catholique les hebrieux est a dire transiteurs ou passans par lequel nom ilz sont admonestes que passent de mal en quoy sont en bien et leurs erreurs precedentes delaissent. Les pharisiens et saduciens entre eulx sont contraires/car pharisiens en hebrieu est a dire diuises pource que ilz preferent leurs reigles et obseruances quilz apelent iustice parfaicte quant a eulx aux statuz et ordonnances des saduciens et pource sapelent diuises du peuple come par leur iustice

Saduciens sont interpretes et est a dire iustes et attribuent ce que ne sont pas ilz nyent la resurrection des corps et disent que les ames meurent auec les corps ilz tiennent tant seulement les cinq liures de moyse dit penthatheton les dis des prophetes refusent et reiecttent. Et se disent que iesus est crist qui leur enseigne toute abstinence. Marbonei disent semblablement qui les a enseignes a sabbatiser en toute chose Benister sont ainsi dis et apeles pour ce que se glorifient de estre de la lignee de Abraham/car quant le peuple de dieu fut venu en babilonne plusieurs delaissans leurs femmes se adiousterent aux femmes de babilonne aucuns de eulx furent contens seulement des femmes disrael et quant furent retournes de babilonne se diuiserent de tout le peuple et prindrent se nom de Santansse. Misterei sont apeles pour ce que ilz separent les escriptures no croyant a tous les prophetes disant que ilz ont prophetise de autres et autres diuers esperis de prophesie. Meris en grec/cesta dire en latin partye. Samarites sont ainsi dis et nommes pour la loy seulement ilz recoiuent. Humerobatiste sont ainsi dis et apeles pource que tous les iours ilauent leurs vestemens et leurs corps.

En oultre les iuifz de present errent grandement en plusieurs choses/car ilz faingnent et disent que dieu est corporel et nyent la trinite de personnes en la diuinite et ihesucrist lequel disent quil nest pas encore venu mais a venir et le disent estre pur home et croyet q̃ nostreseigneur ihesus nostre sauueur et redempteur soit este ne/et conceu de nostre dame et de Joseph/il ne mettent point de purgatoire ne de pechie originel estre contract de nulle personne mais seulement pour mettre difference des vns et des autres il disent que la circuncision a este baillee de dieu.

Et disent que leur messias leur baillera quant sera venu liberte et rendra la terre de promission/ilz tiennent que la resurrection des corps sera et durera iusques a mille ans pour les delices et plaisances du corps des vsures quilz font en prestant a vsure/et nen font nulle conscience/ plusieurs de eulx mettent leur entente a sortileges des pechies du cueur comme des pensees ou cogitations il ne leur en chault/et nen font nulle conscience ilz interpretent leur loy selon la lettre qui est occision du sens dicelle et de leurs ames et non pas selon lesprit qui viuifie.

Et de plusieurs autres erreurs et heresies sont enuelopees et entachees/comme apert a celuy qui voudroit lire le liure dit et apele thalmuthique qui est vng traictye en leur loy qui plus se doit dire et apeler destrision ou fiction que exposicion.

Sensuit de la troissement de lusure iudaique.

En oultre est a parler et escripre des vsures que font et exercent inhumainement les iuifz et que on leur seuffre vser en prestant aux crestiens en bien grant interestz et dommages des lieux et places ou ilz demeurent en grant et trop grant nombre en aucuns lieux/ especialemēt lesquelles moult cruellement ilz prennent sur le prest qui font a vsure ē a parler a psent et non pas peut estre inutilemēt entre les autres grans maulx qui sont en eulx.

Et en especial ie demonstreray en especial la grant et merueilleuse creue et gaing qui est sus le prest dun flourin tant seulement de la monnoye de franchfort qui est plus commun et congneu a plusieurs/car la sont plusieurs gens de diuerses regions pour les foires qui sont la au pays de alemaigne tous les ans. Quant vng flourin est demourant au iuif. xx. ans en debte sans se racheter ou payer.

Car en contant pour le prest dun flourin toutes les sepmaines oustre le capital et principal deux deniers tant seulement de la monnoye de la dicte Ville de franchfort/et puis apres de sepmaine en sepmaine prendre a gaignier tousiours lesdis deux deniers oustre le capital et principal iusques a.xx.ans la somme de lusure qui se gaigne est telle comme cy apres est dicte et notee.

Premierement.vi.sz.et cinq.d.halenses.
Secondement.ung flourin.quatre.s.vi.halenses.
Tiercement deux flourins six soubz.
Quartement.trois flourins.xix.sz.d.halenses et demy
Quintement six flourins trois.sz.ii.halenses et demy.
Sixiesmement.ix.flourins.viii.sz.six halenses et demy
Septiesmement.xiiii.flourins.v.sz.viii.halenses.
Huytiesmement.xxii.flourins quatre sz.viii.halenses.
Neufiesmement trente et trois flourins.ix.sz.et demy halense
Dixiesmement quarante et neuf flourins.xxii.sz.trois halenses
Vnziemement sexante et douze flourins.x.sz.sept halenses
Douziesmement cent vingt flourins dixhuit sz.vi.halenses
Treisiesmement cent sexante et quatre flourins.vviii.sz.iii.halenses.
Quatoriesmement deux cens quarante et.iiii.florins.vii.sz.viii.halen.
Quinsiesmement trois cens sexante deux flourins.x.sz.vii.halenses
Seisiemement.v.cens.xxxvii.flourins.x.sz.v.halenses et demy
Dixseptiesmement sept cens nonante et six flourins.vvi.sz.vii.halen.
Dixhuittemement mille cent.lxxx.flourins.vviii.sz.iiii.halen.et demy
Dixneufiesmemēt mille vii.c.lx.et neuf flouris.vviii.sz.iii.ha.et demi
Vingtiesmemēt.ii.mille.v.cens.lxxxvii.flouris.vvii.sz.iiii.halenses

Item ung flourin en.xxi.an.emporte de gaing pour lusure trois mile.viii.cens.xlviii.flourins.viii.sz.iii.halenses et demy.

Item ung flourin en.xxii.ans emporte la somme de.v.mile.vi.cens lxxxxi.flourins.v vi.ſz.iii.halenſes et xcini.

Item.xx.florins en.xx.ans emportent tant dvſure/ ceſt aſſauoir cinquante et ung mille.viii.cens et.liiii.flourins.viii.ſz.viii.halenſes de la monnoye de franckfort.

Et quant.viii.halenſes valent ung blant et.xxiiii.blans valent.i. flourin luſure monte a cinquante et.viii.mille trois cens.vi.flourins ix.blans trois halenſes et xcniy.

Item.xx.florins en.xxii.ans font vſure de cent et.xiii.mille.viii. cens.xxxiii.flourins.vv.ſz.vii.halenſes de la monnoye de franckfort. Et en blans comme a eſté dit deuant cent.xxxviii.mille et octante et.v. flourins.viii.blans et.vii.halenſes.

Les iuifz qui habitét en hieruſalem et es circuuoiſins pays parlent la langue arabique en parlant aux autres nacions et entre eulx la langue hebreique dequoy le.a.b.c.eſt yci figure bien correct.

Joth	Cheth	Hceth	Sain	Vau	Hee	Deleth	Gymel	Beth	Aleph
ר	ט	ח	ז	ו	ה	ד	ג	ב	א
pe	Eyn	Sameth	Nun	Nun	Mem	Mem	Lamed	Kaff	Kaff
פ	ע	ס	ן	נ	ם	מ	ל	ך	כ
		taff.	Schyn	Reſz	Kuff	Jodich	Jodich	ffe	
		ת	ש	ר	ק	ץ	צ	ף	

Des grecz desquelz plusieurs sont et demeurent en hierusalem.

Oultre en la saincte cite de hierusalem pour le teps de psent demeurent et habitent plusieurs gens de diuerses nations qui de bouche se disent et confessent estre cresticns/ mais de fait ilz le nyent come adoncs et entachies de plusieurs erreurs et heresies. Et en lan. M.cccc.lxxxiii quant ie y fus des grecz y en auoit bien mille tāt de hommes q de femes sans conpter les petis enfans parlant le langage des sarrasins entre lesquelz ilz habitent et conuersent pesle mesle en ensuiuant plusieurs de leurs meurs et conditions obstant que obseruent leur loy. Et especialemēt quāt a la couersation epteriore dehors et ciuile/ et nest pas de merueille/ car come dit seneque. Ep conuictu mores formātur. Par viure et couerser ensemble les meurs et conditions des gēs se formēt de lun en lautre le sq̄lz sont soubz le tribut du soudā viuāt selon leurs rites et conditions. Et come brebis sans pasteur ainsi sont ilz sans cherge et hors lobediēce de la saincte eglise rommaine.

Et de culx a.ix. differētes les vngs sont grecz desquelz sera tātost parle les autres se nōment surians/ les autres iacobites ou iacobins/ les autres maronites/ les autres nestoriās/ les autres armeniēs/ les autres Georgiens/ les autres abbasiēs ou indiēs/ et finablemēt il y a la aussi ces latins mais bien pour lesquelz seuletz sont vrais crestiens de to[u]s ceulx dessusdis. Qui ont bonne et honneste conuersation de vie et de maniere de faire entre les gens et gentilz et sarrasins. Et luisans au milieu de gent et nation inique et peruerse/comme lumieres cleres au monde obeissans en tout et du tout a la saincte eglise romaine comme sera declaire en la fin. Toutes les autres nations dessus nommees tiennent et abondent en leur rite et maniere de faire selon leur temps antien sans nulle rigle et ordre de la saincte eglise crestienne.

Ces nations apres que la cite saincte de hierusalem eut este prise de saladin soudan roy de egypte lan de grace mil cent et lxxxvii. le second iour de octobre soubz le tribut des sarrasins demourerent en hierusalem le patriarche de hierusalem nomme Erraclius et tout le clerge et les latins se partyrent de la et sen alerent/car quant ledit seigneur fut arriue deuant hierusalem et leur assiegea de la part devers occident et tout et nuyt de grans assaulx et grans guerres leur faisoit/et eu ia de ses bombardes et canons les murs de ladicte cite fort abatus et destruis ayans pour les crestiens ne esperant ayde de nulcoste ne secours se rendirent soubz certaines conditions audit seigneur craingnant que ladicte cite subitement ne print par force darmes/et fut la composition telle que apres que arions paye la renton telle que fut ordone en la composition que ceulx qui souldroient sen aler et partyr hors de ladicte cite sen pourroient aler a leur bon plaisir la ou bon leur sembleroit/et adoncqs se partyrent ceulx dessus nommes et demourent les nations pdittes.

De leur vie doncques et de leurs meurs et conuersation aucunes choses ay considere de mettre yci par escript pour la ioye et consolation de ceulx qui sont bons et leaux a la saincte foy et pour la confutation et confusion des superbes et orguilleux et obstines Ausquelz et desquelz neantmoins auons compation de leur erreur et contumace obstination afin que pour nostre leale et droicte foy nous resioissons laquelle plaise a dieu de sa grace puissons monstrer de fait et de euure tousiours en itegrite et viuacite

Et premierement parlerons ung petit des gretz. Les gretz en leglise primitiue ont este de grant honneur et epcellent renom en la saincte foy catholique. Et plusieurs epcellentes et sumptueuses eglises edifieret en especial en anthioche/en alexandrie et en constantinoble lesqlles long temps et grant espace tindrent et possesserent soubz lobediete de leglise romaine. Et eulx iadis la monarchie du monde ont eu tant en temporalite que en spiritualite et obtenu/comme apert de alexandre roy et empereur comme quasi de tout le monde et de saint pierre qui sept ans tint le syege de leglise vniuarselle en antioche. Mais ilz ont tousiours este de dur ceruel/cesta dire rebelles et obstines en leur propre sens et opinion et a present sont encore plus car par leur arrogance et presumpcion sont a present rebelles a la saincte eglise de romme et aux sains consiles et ordonnaces fais en iceulx/car ilz tiennent et dient que nostre sait pere le pape et tous nous crestiens latins sommes excommunies et des censures et excommunications qui sont de iour en iour fulminees contre eulx ne leur en chault ne nen tiennent compte les prestres et autres es sainctes ordres ordonnes se marient non pas vne fois seulement mais iusques a quatre fois se marient ilz ne tiennent point lordre de soubdiacre pour ordre sacree/ et les autres maindres ordres ne reputet pour rien ilz font et nourrissent leurs barbes studieusement/ et ceulx qui nont point de barbe disent qui ne sont point dignes de estre prestres/ ilz honnourent fort le sabbat quasi comme les iuifz iamais ne ieunent celuy iour excepte le samedi de pasques et mengent chair opulentement mengant et beuuant.

Le sacremet de confirmation ilz baillent a leurs enfans ceulx qui sont baptisies par simples prestres contre lordonnance de leglise qui a defendu que seulement le doiuet baillier les prelatz de leglise. Et baillent le sacremet de lautel soubz lun et lautre espece/ cesta dire soubz pain et vin consacre lun et lautre a leurs enfans et aux grans aussi. Et consacrent nostreseigneur en pain de leuain contre lordonnance de nostre seigneur/ et de leglise/ car nostre seigneur en sa cene derraine qui feist auec les apostres au premier iour azimoru/cesta dire selon lexposition de iii. des euangelistes quant rien leue de leuain ne deuoit estre aux maisons des iuifz. come est escript en exode au.xii.chapitre de pain sans leuain a consacre le sacrement de lautel. Et ne veulent considerer ne regarder que selon la sentence de lapostre nous deuons mengier le saint sacrement ex purgato fermento nequicie et malicie in azimis sinceritatis et veritatis. Cesta dire eppurge et netoye la conscience du leuain de iniquite et malice et pur et net sans corruption en sincerite et verite. en disant la messe ne mettent point de eaue au vin au calice/ et comme dit le maistre des sentences au quatriesme liure a la distinction.xi. Leaue doit estre mise auec le vin car probablemet on peut croire q̃ nreseigneur y en mist selo la coustume du pays, car en ce pays la on ne boit point de vin sans eaue pour la force du vin qui est en ce pays la.

Et pose que en la saincte euangille ne soit point faicte mention de eaue car ce nest pas la principale matiere du sacrement mettre toutessfois de leaue auec le vin au calice appartient au sacrement, et quant a la representacion de la passion de ihesucrist, et quant a la signification de la chose du sacrement qui est le corps mystique de iesucrist signifie par leaue come dit lescripture aque multe populi multi, Plusieurs eaues, plusieurs peuples. Et pource la proposicion de leaue auec le vin signifie lunion des membres auec le chief par raison de sa signification.

Et signifie lamour du chief a ses membres pour lesquelz il souffrit mort et passion a cause de deux choses vnies ensemble, et fait vne chose seulement. Et signifie le proces de la redemption du chief aux membres par la transformacion et mutation de leaue en vin.

Et en ce faisant aucuns gretz consacrent en pain leue et sans eaue au vin pechent grandement en obseruant et tenant point les rigles et ordonnances de leglise par orgueil et mesprisement dicelle. Car a nos sacremens de leglise rommaine ne ont honneur ne foy ne reuerence nulle.

Et si aucun des latins en leurs autielz chante messe a la maniere de leglise rommaine tantost apres lauent lautiel eaue comme sil estoit poly et souille par laquelle chose mostrent asses de fait et de euure q̃ nont point de foy a nostre sacrement consacre en pain pur et non point leue de leuain pose que de parole nen disent rien.

Et finablement persistent et parseuerent en leur erreur viel et ancien disant que le saint esprit procede du pere et non point du filz pour le ql erreur oster .iii. cens prelatz et .pviii. de saincte eglise furent assembles au consille de nicene ou fut establi le symbole de anastase auql fut coclud quant a cest article. Spiritus sanctus a patre et filio non factus nec genitus sed procedens. Le saint esprit qui nest point fait ne engendre mais procede du pere et du filz.

Et fut audit consile qui est vng des quatre principaux de leglise anathematise tous ceulx qui presumeroient iamais de rien mettre ou adiouster audit article et ceulx qui vront iamais alencotre. Mais leur cueur ignare et ignorant pour leur arrogance et insipience est obstine disant quilz sont les sages du mode, coe gretz de sqlz est procede la sapiete mais ilz sont simples et coe ignorans et trop iniques et peruers.

Les gretz sont en grant nombre en hierusalem et fort contraires et infestans et empeschans nous autres latins/ ilz ont le grant cueur du temple du saint sepulchre de nostreseigneur pour leur vsance. Et la chapelle des sains anges pres du temple dehors/ en faisant le seruice diuin ilz vsent de leur langue grecque seulement pourquoy les gens lays entendent tout ce que dient les prestres les clers soit en lisant soit en chantãt. En leurs autres negoces et afaires ou contraux auec les autres gens ou nations ilz vsent de langage arabique ou des sarrasins.

La lettre grecque q̃ est leur propre langage est cy dessoubz figuree.

Alpha	Bita	gama	delta	·e·	zita	ita	thita	iota	crypa	labda	mi
α	β	Γ	Δ	ε	Ƨ	H	θ	ι	K	λ	μ
ni	xi	Omicron	pi	zo	sigma	tau	ypsilon	phi	chi	psi	omega
N	ξ	o	π	ρ	σ	τ	υ	φ	χ	ψ	ω

Des suriens qui habitent et demeurent en hierusalem et es lieux de la terre saincte qui se disent et reputẽt estre crestiens.

Noultre en ladicte cite saincte de hierusalem ya dautres nacions de gens apeles suriens ainsi nommes de ladicte cite de sur que iadis estoit excellente et de grant preeminence/come disent aucuns ou selon les autres sapelent ainsi de la prouince de syrie de laquelle syriens sont nommes et apeles. Ces syriens au pais et region de orient sont opprimes en grant seruitute de plusieurs rois et princes des sarrasins et barbariens iapiessa et de long temps sers et tributeres/gens imbecilles et de faibly courage du tout ineptes et inhabiles a guerre ne a bataille/et ne vsent point de arch ne de arcbalaistre ne de scopes ne de culeuurinnes a main ou de autres batons de defense/come font les autres nations mais de batons a labourer et autres cuures mechaniques ausquelles choses faire sont propices et non a autre.

Ilz sont tous plus laplus part heretiques gens faulx et deceptifz doubles en cueur et en parolle et grãs menteurs amis de dame fortune et promps et enclins a receuoir et prendre dons et presens de larrecin & de rapine ne font nulle difficulte ou consciete/mais nen font extime nulle/les secretz des crestiens tantost quil peut en sauoir les vont dire et reueler proditeusement et traicteusement aux infideles et sarrasins entre lesquelz nourris ont apris leurs eunres mauuaises leurs femmes a la mode des sarrasins en grant diligete gardent fermees et encloses quon ne les voye point/et ne les laissent point aler hors en publique/ne leurs filles synon quelles soient enueloppes de linceulx et voueles de drap noir sur leurs testes afin quon ne les voye point Les filles gardent si songneusement que nul ne les voit synon leurs maris a qui elles sont espousees q̃ les serra. apres que la premiere nuyt sera passee que auront couche auec elle et non point deuant/laquelle chose font les sarrasins semblablemēt a lexemple du patriarche Abraham qui cuidoit apres que les nopces furēt faictes auoir couche auec rachel sa feme et no auoit/mais auec lya sa fille chose quãt au matin la regarda il fut fort couroute etc.

Ces gēs cy suries nomes tiēnēt la ritte/les meurs istitutiõs des gretz en tout et par tout sans rien excepter. Et comunemēt ont vng de leurs gēs enclos de des le sait sepulchre. Et pour leur vsage ont vne eglise ou iadis estoit la maison de la feme de zebedee mere de sait iehã leuãgeliste deuãt luis de laq̃lle maison se trouua sait pierre quãt lãge de dieu la mist hors de la prison de herode/coe est escript es actes des apostres au.vii.ch. En leur negotes tēpor̃elles ilz vsent de lãgue arabiq̃ ou sarrasine. Ces cho-

J

ses espirituelles et es choses du seruice diuin de la langue gretque. Et aucuns de eulx sceuent la langue caldaique et en vsent quant leur plaist de quoy la lettre est veritablement cy dessoubz mise et figuree.

aleph	Beth	gomal	Dolath	he	waff	Zoy	hoeth
ル	ﾍ	＜	ℓ	⊙	o	J	ح
theth	Jod	kaph	lameth	mym	Nun	zemoat	hee
8	⌒	＋	∠	⋈	⊢	∽	π
ffe	zsade	koph	res	thaf sym	a	i	o
⌒	J	⊙	⊙	⌐⌐	▷	⌒	⌒

Des iacobites et de leurs erreurs.

Alpha	veda	gama	delda	e		zso	Syeta	heda	theda	joda	caba	Lauda	Men
△	B	Γ	Δ	E	⋎	Ƹ	H	⊂⊂	8	X	λ	⋈
Nyn	Axi	off	By	ku	Syma	thaff	he	ffy	chy	ebsi	o	they
SV	Ξ	O	π	P	⌒	⊥	χ	Ψ	χ	Ψ	ω	ω
vey	hadji	hori	gensa	Syma	dy								
℘	⌒	⌒	⌒	⌒	⊥								

A hierusalem la cite saincte et es lieux voisins dicelle a de gens fort differens aux grecz et aux latis q̃ sapplet Jacobis ainsi nommes pour lamour dun q̃ sappeloit Jaques iadis disciple dun q̃ estoit patriarche de alexandrie q̃ leur dit et les seduit en plusieurs et diuerses erreurs. Ces manieres de gens long temps de piessa furent interdis et excomunies de vng patriarche de constantinoble nõme dyoscorus q̃ presidoit et estoit recteur de leglise de grece laqlle adõcqs estoit fixele et soubz lobeissãce de leglise romaine et lui les seqstra pour leurs erreurs de leglise/ilz habiterent la plus part du pays de asye les vns mesles auec les sarrasins les autres habitent aucunes regiõs separees du cõsorte des isideles et sarrasins cõe la regiõ apelee nubie pres de egypte et grant partie xj

de ethiope possessans et ayans toutes les regiõs et contrees iusques a la haulte indie la maieur tenãs en leurs seignouries et dñacios bie̅.xl.roiaumes ainsi q̃ disent. Et disent q̃ sont to9 crestiẽs cõuertis p̃mieremẽt a la foy par mõseigneur saint mathieu apostre et de dieu euãgeliste mes puis aps par linstigaciõ de lennemy de nature humaine le dyable enfer q̃ a semé le canesson et mauuaise herbe sur le bon grain de fourment ont este impliques et entachies de plusieurs et diuerses erreurs Car p̃nieremẽt leurs petis enfans ilz circũcidẽt a lexẽple des sarrasins. Et plusieurs de eulx deuãt la circũcision dun canet de fer chault brulent lesdis petis enfans les signant en leurs frõs et les cauterisant dun fer chault les ungs au front/les autres derriere le col/les autres es.ii.ioues/les autres aux temples cuidãs q̃ par ces manieres de signes et brulemẽs materiaux soiẽt leurs enfans q̃ttes et deliures du peche originel prenãt occasion de ce croire pour la parolle de saint Jehã Baptiste q̃ disoit ipse vos baptisauit in spū sancto et igne. Il v9 baptizera au saint esprit et en feu laq̃lle parolle il entẽdent tãt seulemẽt litteralemẽt et a la lettre gramaticale/laq̃lle chose bien autremẽt se doit entẽdre selon la glose des sains docteurs sur ce passage. ilz portẽt aussi des trois ĩpssees de feu en leurs bras pour lõneur et reuerẽce de la saincte vraye crois q̃lz ont en grãt honneur et reuerẽce. Et aussi pour estre differẽs aux sarrasins et payẽs es lieux principalemẽt ausq̃lz il demeurẽt auec eulx Ilz ne cõfessẽt iamais leurs pechies a nul home/mais a dieu tãt seulement en lieu secret en la maniere q̃ sensuit/ ilz mettẽt du feu au p9 de eulx et mettẽt de lencens de sus ledit feu et puis ilz prient dieu et cuidẽt q̃ leurs pechies voisent auec la fumee deuãt dieu et q̃ soiẽt effaces en ce faisant. ilz tiennẽt et croiont q̃ en nostre seigneur nauoit q̃ vne nature tant seulement ainsi q̃ nauoit que vne personne laq̃lle erreur au cõsille calcedonẽse a este cõdempnee et tous ceulx qui tiennẽt ladicte erreur liés du lien de perpetuelle excommunication.

De ceste erreur le p̃mier inuẽteur a este vng nõmé eutices abbé iadis de cõstantinoble vng tresmauuais heretique q̃ prescha et enseigna par doctrine en nr̃e seigneur vne operaciõ seulemẽt/ cestassauoir diuine/ cõe en luy selon son heresie nauoit q̃vne nature laq̃lle chose est manifestemẽt faulse/car cõe dit sait march au.viii.chap. de ses euãgiles quant le

J ii

peuple l'eut suyui trois iours et aps il auoit faim nreseigneur eut pitie et copassion de eulx pource q̃ de faillissent et mouruissent de faim au chemin et les nourrit bie.iiii.mile hommes de.vii.pais de froumet et de.ii.poissõs sur quoi dit beda en l'omelie dessus ce pas q̃ e celuy q̃ ne cognoist bie ceste pitie et compassion que eut nostreseigneur sur le peuple auoir este de humaine nature et fragilite et rassasier quatre mille hommes de.vii.pais et deux petis poissons est euure et operacion diuine donc ques en luy auoit plus de vne operation.

Item saint Jehan au quatriesme chapitre de ses euangiles dit. Jesus autem erat fatigatus en itinere. Nostreseigneur iesus quant ala en samarie et parla a la samaritaine estoit las de cheminer/estre las et trauaillies de cheminer nest pas euure de dieu/car dieu ne se lasse poit mais est opration humaine conuertir la samaritaine/et tout le peuple de la ville de sichar est euure de dieu.

Et aucuns des iacobins tiennent non pas mains errant que les autres que en nostreseigneur a bien deux natures/mais de ces deux natures resulte vne nature en nostreseigneur. lequel erreur a este de piessa conẽne aux sains conciles.

Et le maistre des sentences au.iii.liure des sentẽces et les docteurs de leglise argue et reprime fort et moult aigrement ladite erreur mais pour suyuir ce que iay encommence ie laisse la chose aux clers et aux docteurs.

Les manieres de gens ne se signent que de vng doy quant il font la troix/laquelle chose les grecz et les suriens disent quilz le font pour ce que tiennent que en nostreseigneur na que vne nature en se mocquant de eulx/ilz communiquent leurs petis enfans en leur baillant le sacremẽt de lautiel encore aletans la mamelle de leur mere en ce semblables aux grecz et aux suriens/ilz vsent de diuers langages selon les diuers pais esquelz ilz demeurent. Mais ilont vng propre langage duquel les lettres au vray sont cy deuant signees et figurees.

Des nestoriens et de leurs erreurs.

En la cité saincte de hierusalem demeurent autres gens apelles nestoriens ainsi nommes de nestorien qui fut ung grāt et mauuais heretique lequel par ses pestiferes et euelmes enseignemens une grant partye de orient mist en erreur et heresie especialement ceulx qui habitent et demeurent en perse separes des autres en grāt nōbre et multitude copieuse se disent estre crestiens. Et pose que la secte prophane de mahumet ne tiennent point/mais sont en grāt horreur toutesfois corrumpus et seduis par les heretiques errēt moult miserablement/car ce filz de perdicion Nestoriam iadis euesque de constantinoble et tous les nestoriens imitateurs de iceluy nyent la vierge marie auoir este mere de dieu ou theothecon qui est nom grec/et est a dire en latin q̄ a engendre et conceu dieu/mais ilz dient bien quelle est mere de ihesucrist quāt a ce qui estoit homme/et lapelent ypotecon qui est a dire mere de ihesucrist/car il tiennent et dient quen iesucrist a la personne diuine et la personne humaine distingans en nostreseigneur iesucrist et mettans deux personnes comme ya deux natures/et parconsequent nō pas ung crist sustentant en une personne diuine deux natures diuines et humaine/mais deux suppos et personnes separees lune qui est filz de dieu lautre filz de homme.

Ceste heresie detestable au consille de ephese ou auoit trois cens prelatz et clers de leglise a este reprouuee et condempnee et tous ceulx qui la tiennent excommuniés et heretiques reputes.

En oultre ces nestoriens consacrent le corps precieux de nostreseigneur en pain de leuain/comme les grecz et le recoiuent eulx et leurs petis enfans tous soubz lune et lautre espece/cestassauoir de pain et de vin ce que ne faisons pas au moins les gēs lais mais soubz espece de pain seulement.

Et plusieurs autres choses abusiues sont contraires du tout a la saincte eglise de romme desquelles parler lun apres lautre seroit trop long Ilz vsent de la langue caldaique et des lettres en leurs escrips et au seruice diuin. Et de la langue sarrasine en hierusalem et en la terre saincte Et es autres partyes du monde ilz parlent le langage de la ou il se tiennent et demeurent.

Des armeniens et de leurs erreurs.　　　　　　J iii

Es armeniés sont ceulx qui habitent et demeurent en la prouince de armenie pres de antioche entre les partyes des crestiens et des sarrasins.

Ilz ont aucuns rittes et manieres singulieres de faire moult a nous latins differentes/car il ont ung propre primat ou prelat quil apellent catholique auquel ilobeissent en souueraine obedience honneur et reuerence a tout ce que y commande/comme se cestoit nostre saint pere le pape du plus petit iusqs au plus grant ilobeissent. Entre eulx et les grecz a noises et discordes implacables et que on ne peut en nulle maniere apesier tellement que sur leur rittes et manieres de faire et celle des grecz tousiours ya debat et contradiction.

Les armeniens ne font point de feste de la natiuite temporelle de nostre seigneur/mais les iours de noel/il ieunent au iour des roys font feste du baptesme de nostre seigneur en laquelle disent qui font la feste de la spirituelle natiuite de nostre seigneur/mais ilz errent/Car nostre seigneur na point este en luy spirituellement regenere/car il nen auoit que faire a cause que nul peche ne commit iamais ne mal nul onques il ne feist mais adoncques bailla et confera vertus regeneratiue aux eaues esquelles nous sommes purges et nettoyes. Les armeniens font la quaresme/comme nous et la font si estroictement que oeus ne burre ne fromage ne poisson ne huile ne mengont point ne nen vsont point nullement il ne boiuent point de vin/vray est que tant de fois qui veulent ilmegussēt des fruis et du potages de lentiles. Et afin que plus se monstrent contraires aux grecz et aux suriens/il mengēt de la char en daucūs vendredis.

En oultre leurs prestres en disant messe ne mettēt poit de eaue au vin/comme les grecz en quoy ilerrent grandement et griefuement/car comme a este dit cy deuant pourtant en la messe on met leaue auec le vin afin que on demonstre que le peuple signifie par leaue soit associe auec iesucrist et et son precieux sang qui est signifie par le vin/car se offre le vin seulet sās le eaue le sanc de ihesucrist est sās nous. Se leaue seulement le peuple est sans iesucrist et nest point representee la dicte uni on et coniunction de luy auec lautre. Et pourtant ne doit point estre offert au calice le vin seulemēt ou leaue seulement mais luy auec lautre car aussi nous lisōs que du precieux coste de nostreseigneur partist eaue et vin.

En oultre plus les armeniens en loffice de la messe conuiennēt fort auec nous tant seulement ayans les calices et les platines comme nous et leuāt nostreseigneur cōme nous excepte ce que dit est.
Les armeniens pose que iadis ayent este en lobedience de leglise romaine quant leur roy feist foy et feaulte a lemperour de romme nomme Henry/lequel auec leuesque de Magonce le sacra roy et luy bailla couronne reale/touteffois leurs vielles coustumes et manieres de faire ne voulirent point muer pour quoy ainsi que leur obedience adonques fust imparfaicte aussi maintenant est du tout remise a rien.

En oultre les armeniens sont en hierusalem la cite saincte en asses grant nombre. Et ont la communement vng euesque qui a deux cercles en sa teste sus ses cheueulx de ses cheueulx mesmes pēdās les bōs sus ses temples comme est leur vsage de faire.
Leur euesque et tous les prestres porte grās tourōnes et larges sur leurs testes et autrement ne leurs cheueux ne leurs barbes nullemēt ne laissent coupper ne barbier. Entre toutes les autres nations les prestres des armeniens sont plus graues et meurs en vie et honneste couersacion alant en vil et simple habilement.

En leurs oroisons et offices fors deuotz faisans honneur et reuerence grande aux sacremens des latins et a eulx ayans grant deuocion.
Ilz ont pour leur vsement leglise de saint sauueur/ en laquelle estoit la maison de cayphe au temps de sa passion en laquelle nostreseigneur fust detrache colaphise et de iouees frappe et de saint pierre regnie auec plusieurs autres iniures et opprobres/ et ont aussi leglise de saint iaqs le grāt qui est le propre lieu la ou il fut de herodes decole.
En leur eglise de saint sauueur est la pierre grande qui estoit couchee contre le huys du saint sepulchre laquelle lange de dieu osta aux

dames le iour de la resurrection et scoit dessus. Et la aussi on mostre le lieu la ou le cocq chanta quant saint Pierre nostre seigneur regnia les gens lays des armeniens sont tous tondus leurs testes a maniere de croix. Et ce a cause de ce come on dit que les tyriens inuaderēt par guerre lan. vii. cens quarante et quatre, et a fors estoient fort persequtes de peste per suade de aucuns crestiens tondirent leurs testes en maniere de croix, et tantost eurent salut de dieu contre les deux persequtios et pour perpetuelle memoire encore ainsi font iusques a present. Les armeniens ont vng tout propre langage et propres lettres desquelles tant les gens lays que les gens clers vsent en leur commun parler et au seruice diuin de laquelle est yci la figure anotee.

Des georgiens et de leurs rittes manieres de faire et de leurs meurs.

En la region de orient habite vng autre peuple fort loing de la terre saincte de promission, desquelz la seigneurie et domination sestend iusques aux montaignes de capsios, gens moult belliqueux et en guerre vaillans fors et robustes habondans en grant multitude et copiosite de gens darmes de prose, de sarrasines, de mede, des assiriens sont pres et sur les frontieres, mais les dis gens ont de eulx grant crainte et grant peur. Et pose que ceste nation de gens soit auironne de toutes pars de gens infideles et sarrasins de tous toutefois sont crains et doubtes et nul ne les scet ou perturbe.

Ilz sapelent georgiens de saint George lequel contre les payes portent en bataille en leurs estandars, et sont en grant honneur et reuerēce, de eulx en demeure grant nōbre en hierusalem occupās diuers lieux et especialle mont de caluaire et le pertuys auquel estoit la saicte croix plantee a leure que nostre seigneur espira, auquel lieu ya vng autiel, et vng de leurs gens tousiours enclos dedens.

Ilz ont aussi pour leur vsement leglise des anges en laquelle iadis estoit la maison de anne, en laquelle fut amene nostre seigneur du mont de oliuet le iour de sa passion, auquel lieu fut de anne examine de sa doctrine et de ses disciples et en respondant a anne fut frappe en la ioue dung des seruiteurs de anne.

Ilz tiennent et vsent en tout et par tout le ritte et les erreurs des grecz et en leurs sacremens et es autres choses pour quoy sont sismatiques et excõmuniés sans en faire doubte/cõme les grecz/leurs prestres ont en leurs testes couronnes rondes et les gens lais quarrees. Et toutesfois quilz viennent de leur pays pour visiter la terre saincte ilz sont sans payer tribut/et entrent leurs estandars desployés dens la ville / car les sarrasins nullement ne ses osent offenser craignant que leur retour feissent ainsi aux sarrasins qui leurs sont voisins les femmes nobles de eulx sont en la guerre/les hommes nourrissent longz cheueulx/ et ont des chapiaux en leurs testes de diuerses couleurs/ilz vsent de langue grecque et lettre grecque en leur seruice diuin et en leurs escrips/mais autrement de langue sarrasine ou caldaique il vsent/ desquelles a este cy deuant parle.

Des abbasins autrement apeles indiens et de leurs serimonies.

figura indianoꝝ sacerdotum

forma indianoꝝ secularium

En hierusalem pour le temps de present habitent et demeurent vne maniere de gens nommes et apeles abbasins/ou autrement indiens ainsi nommes de la prouince dindie de la seignourie et domination du trespuissant roy apele prestre ian/lequel trespuissant et vaillant roy auec ses subgcctz sapelent crestiens. Ilz ont este conuertis en la foy de par monseigneur saint Thomas lapostre/le dit roy fist obeissance a la saincte eglise rommaine au temps du pape sixte lan mil.cccc.lxxvii. Auquel requist par son embassade humblement estre informe de nostre foy et de nos meurs/et sont tous noirs en maniere de ethiopes/et ont grât desir et affection de visiter les sains lieux de la cite saincte de hierusalem/ilz prient dieu deuotement et longuement le seruice diuin font en leurs manieres moult reuerètemèt il ayment pourete.et viuent en grant pourete et indigence voire quant ilz seroient bien riche dauoir.

Et sont vestus de vestemens de lin/couloures de diuerses couleurs. et ne sont vestus que de linge et non point de drap/et ont tant les hommes comme les femmes des couuerchiés pers entortillies en tour de leurs testes/et vont deschaux et nus pies.

Et pose que toutes ces choses tiennent/toutessois dont est grât dõmage et chose dolente ne sõt pas sans plusieurs petites erreurs et faultes/car il tiennèt la circûcision charnelemèt côe les sarrasins et leurs petis enfans circûcisent côe les sarrasins et les iacobittes ne côsixerât pas les miserables la menasse q dit sait pol.si circûci dimini pps nichil proderit vobis.se võ? estes circûcis iesucrist ne võ?pourfitera riès. Ilz bruslent leurs enfans au frõt en maniere de trois dune plume de fer/les vns au frõt les autres au teples/les autres au ioues/les autres sus le nes les aucûs en toutes lieux cuidât q pour ceste adustiõ soiêt qttes du pechè originel.Et côe ayâs deux côpassiõ q autremèt sõt asses bônes gès en europe par vng interpte ou truchemèt pourquoi il faisoiêt tela côe aisi soit q soit côtraire a leglise rômaine a laqlle sestoiêt sumis par obediéce/respondirent afin que die vray que il faisoient la circuncision non pas comme sacremèt ne côe chose de netessite de salut mais pour lõneur et reuerẽte de nreseigneur iesucrist q a este circûcis.Et le brusement de leurs enfans pour ce que dit saint Jehan Baptiste dequoy a este dit ey deuant

Mais instruis et informes de nous de la Verite disoient que laisseroient tout ce que dit est et prendroient le baptesme en eaue seulement comme nous. Et non pas seulement en cecy faillent mais en plusieurs autres choses/car ilz consacrent en pain fermente et leue a la maniere des grecz baillant le dit sacrement soubz lune et lautre espece a leurs enfans et les font confermer par simples prestres estans petis enfans.

En loffice de la messe ilz ont aucuns rittes et manieres singulieres Moult studieusement les gens lais sont a la messe especialement aux festes et solempnites. Et adoncques tous tant les hommes que les femmes commencent a haulte voix a chanter et danser des pies en sautant en hault et esleuant les mains en hault de assemblant ensemble en cercles sept et sept/dix et dix/douze et douze/et ainsi sont toute la nuit aucunefois/et especialement la nuyt de la resurrection nostreseigneur car adoncques ne cessent de chanter iusques au iour/Et aucuns font cela tellement et si deuotement et feruentement q̃ aucunesfois en sont folles et debiles voyre bien souuent malades.

Les abbasins ou indians suppose qui sceuent bien la langue sarrasine et en vsent quant il leur plaist/touteffois ilz ont vng propre langage et vng.a.b.c.côtenant.lxvii.lettres.desqlles les figures sensuiuent.

α	Le	phü	Beth	Theth	Ba	Me	Lie	Dath	Le	zihü	he	vm
⊢	△	⑀	⌂	℈	⌐	⊞	⅋	∠	⊤	⌇	Φ	
nouf	za	Ju	he	Thu	The	thu	Jo	Du	ka	phu	La	me
⊙	A	⌘	sh	⊺	ℳ	✢	8ˆ	⋯	⊓	⩌	Λ	ℛ
Du	So	Num	Sach	Mum	The	Thu	Me	Mum	e	ffe	Sah	de
℘	⨀	₹	⋔	⥀	⥉	⌇	⍜	8	⌂	ᚱ	ℒ	
Co	ffi	ke	Su	Sah	Num	Tha	vwo					
⅋	∄	Ɀ	⋂	⋂	ʼs	⊬	⌬					

N syrie soubz le mont de liban en la prouince de phenice habitent aucunes gens non pas loing de la ville et cite de Bibliense. En asses grant nombre et copieuse multitude fort doctez et expert a guerres et batailles vsant de arcs et de flesches bien abilement et expeditiuement/ilz sapelent maronites ainsy dis et nommes dun heretique qui fut leur docteur et maistre nome maron qui mist et tint par opinion expresse en nostre seigneur tant seulemēt vne voulunte et perconsequent seulement vne operation suiuāt en ce lopinion dun euesque de antioche apele Maquere/laquelle heresie fut cōdempnee au sixiesme concille fait en constantinoble auec le dit heretique et ses complices.

Ceste heresie ont tenue et suyuie les maronites .5. cens ans ou enuiron/ et comme heretique des fideles et autres crestiens separes/Mais a la fin par diuine inspiration retournans a leur cueur et la verite et congneu leur faulte et erreur en la main dun apele cmeri patriarche de antioche se sont mis a loste diete de la saincte eglise de romme et sont retournes a lunion de la saincte eglise et sont du nombre dicelle.

Et suppose que tous les euesques et prelatz du pays de orient ne vsent point de anneaulx en leurs dois ne de mittre en leurs testes ne crocke pastoralle/toutesfois les prelatz maronites en vsent quant ilz font le diuin seruice/et aussi de cloches comme nous ce qui ne font point les autres Et es sacremēs et en disant la messe font cōme nous du tout en tout

Et leur patriarche fut en personne au consile general soubz Innocent tiers fait et celebre. Les maronittes ne demeurent pas en hierusalem continuellement/mais souuent ilz viennēt en pelerinage en grāt deuotion es grās solennites. ilz nont point de langue propre mais vsent de langue arabique ou sarrasine.

Sensuit vne disputacion vtile et necessaire
a ce que dit est cy deuant.

Noultre afin que par occasion des sectes et rittes diuers qui cy deuãt ont este dis et narres aucũ ne puisse cheoir en erreur croyant vngchascun se pouoir sauuer en sa secte ou en la loy/ mais qui croye quelle soit bonne et a dieu plaire ce q̃ fait. Et tout ce quil fait le fait pour lamour de dieu. Iay entrepris comme chose necessaire vtile et pourfitable contre telle erreur pestilencieux et dãgereux mettre vne disputacion conforme a aucuns docteurs qui deuant nous ont estes afin que aucuns ne soit de la dicte erreur infect et empoisonne mais a nostre pouoir contre la dicte erreur par deue prouidence remede bailler.

Il est notoire et manifeste sans doubte nulle a tous crestiens quod vna est fides vnus dominus vnum baptisma apostolo teste. Il est vne foy vng dieu vng baptesme. Et est dicte vne vraye foy tant seulement/ car ce dequoy est la foy principalement est vng tant seulement/ cestassauoir vng dieu apud quem non est transmutacio nec vicissitudinis obumbratio. enuers lequel na point de mutacion ne aucune obumbracion. En oultre la formele raison de tout ce que on doit croire est vne/ cestassauoir la premiere verite q̃ est dieu a laquelle la foy principalement sarreste et se occupe. Et la foy est lumiere infuse de lassus et non point de la probabilite des choses que on croit pour quoy ne fault point que la foy soit diuerse selon la diuersite des choses que on croit.

En oultre la foy crestienne est seule celle qui est vraye laquelle chose se preuue par plusieurs moyens. Et premierement par la confirmacion de plusieurs miracles et aussi par la grande multitude des grãs et excellens tesmoings et aussi par les reuelacions et prophesies certaines quelle a. En oultre elle ne sent de dieu synon choses tresdignes et aussi elle croit et tient de homme choses propables et que appartient a creature raisonnable. Et finablement par ce quest auenu au peuple qui a eu tres vraye et singuliere foy et qui a receu celle foy et qui a vescu selon la dicte foy/ et par la deiection diceluy quant a laisse la dicte foy/ et na pas voulu viure selon la dicte foy. Et toutes ces choses premises et presupposees cestassauoir la verite et la vnite de nostre foy facilement on peut obuier et resister a lerreur predicte par nulle foy on ne croit en dieu synon par celle. Et nulle nest digne de ce nom de foy synon celle. Et par nulle foy dieu est honnoure synon par celle. Et nulle ne est

E

tertus synon telle/car elle seulette est fundement et chief de toute religion en ceste vie presente comme son euure et operacion est pmiere es euures de dieu et en ses opracions et son seruice est premier en lonneur de dieu et seruice dicelluy/côme sentendement est premier entres les operaciôs nobles de lame duquel la perfection est la foy/parquoy sensuit necessairement que par toute autre credulite dieu nest point serui mais sont a luy opprobre et contumeliosite par quoy apert que nulle autre crudelite nest digne de estre ainsi nommee. Et pource premierement soyons du fundement parquoy est procede ladicte erreur afin que rompu et destruit ledit fundement tout ledifice soit destruit et rompu la cause principale de ladicte erreur semble estre laquelle confont et constraint plusieurs de la grant multitude et nombre des dannes et de la paucite des sauues disâs plusieurs et enquerant pourquoy a dieu tant peu de gens esleu la misericorde de dieu a estre sauues et tant grant nombre a estre dannes espetialement comme ainsi soit quil est plus prompt a saluation donner a somme qua damnation ou aumoins sa misericorde nestre point moidre a pardonner que sa iustice a punir. Et pource il concluent q̃ il est a croire pour la diuine misericorde et bonte et inuisite de dieu que vngcha cscun en sa secte et loy sera sauue ou aumois se peut sauuer mais quil croye quelle soit bonne et a dieu plaire ce quil fait.

En oultre il arguent et disent que semble presumption que les crestiens qui sont en petit nôbre au regart des autres sectes et loys du môde cuident eulx seulement estre sauues et tous les autres dannes/comment doncques disent il sera emplie la maison de dieu de si petit de nôbre de esleus et enfer qui est maindre lieu beaucop que paradis est souffisât de comprendre de tous les autres si grant multitude de dannes Et semble quil nest point conuenable que le roy eternel dieu tout puissant doiue auoir plus de Saintus et au gibet denfer pendus et aux grans peines denfer conuaintus que de ses seruiteurs et subgectz et a saluation esleuz Helas la grant et infinie misericorde de dieu de laquelle nest point de nôbre ne de mesure comment peut elle sustenir tant de tourmens et peines estre infligees et baillies au poures dannes ne pour quoy a dieu cree tât grant multitude de dânes et se il les a crees pource esse chose appartenante aux richesses de sa grant et infinie misericorde lesquelz peut sauuer sy luy eu pleu. Et espetialemêt ceulx q̃ pour luy et lamour de luy font tout ce quil sont cuidans bien faire et faire grant seruice a dieu pose que mal font ignoramment toutesfois ilz font ce qui sont/que serace que de eulx et encore plus est a doubter de ceulx qui nont pas seulement toute peine et tourment seuffrent pour dieu patiemment mais ioyeusement aussi comme de plusieurs heretiques auons souuent veu et ouy parler qui voluntairement et de grant cueur se mettoient dedens le feu pour soustenir leurs erreurs et heresies et disent que y seuffrent tout ce q seuffret pour lamour et honneur de dieu ayant dieu en leurs cueurs comme nous ainsi qui disent.

En commenceant a respondre disons que cest erreur a plusieurs gens est cause de damnacion. Si vng homme qui veut cheminer ne veut se donner garde des perilz et dangiers qui peut estre au chemin mais aler les yeulx clos par le chemin ne luy seroit il point a imputer tout le mal q lui auiendroit au chemin il pourroit de luimesmes euiter tous les perilz et dangiers a celuy doncques qui peut fouyr et euiter les perilz et dangiers de soymesmes on peut dire par raison que a luy est a imputer se mal luy auient et ce est notoire a chescun/comme apert clerement. Semblablement se aucun veut aler en qlque lieu et il ne scet point le chemin et peut auoir qui le maine seuremet ou aumoins luy enseigne le chemin et ne en veut point et si nen enquiert point sil fault ne luy est il pas a imputer certes il est cler que ouy. Semblablement est il a parler du chemin et de la voye de bones meurs et encore plus necessaire est de voir et regarder aux dangiers et inconueniens qui sont a ceulx qui y veulent cheminer que du chemin corporel. Celuy doncques qui veut vser de son propre sens la ou y ne souffit pas et q ne veut se aider du sens dautruy la ou le peut auoir tout prest pour se aider et conseillier contre les perilz et dangiers q sont au chemin espirituel si se treuue esdis dangiers ne luy est il pas a imputer. En oultre se tu vois vng homme errer en son chemin/ tu es attenu de le adressier et remettre a son bon chemin et le defendre ou destourber du peril et dangier en quoy peut trebuschier et encore plus en la voye de bonne meurs et espirituelle tu es attenu de ce faire. Et encore es tu plus attenu de toy conseillier toymesmes pour ta seurete et pour ton proufit q de conseillier autruy/car chascun est plus attenu a soy que a autruy comme ainsi soit que chascun soit plus prouchain a soy qua nul autre/par quoy apert que ceste negligence de querir la voye veritable de salut et de gloire est coulpable et digne de damnacion. En ceulx doncques q de leur

y ii

propre sens et entendement industrie les dangiers et perilz esperituelz ont peu euiter et eschaper ou par lescripture ou par doctrine et enseignement ou par miracles ou autrement la dannacion de telles gēs est iuste et raisonnable et sīgnorent en telle maniere iustement selon le dit de la postre sera ignore telz sont ceulx qui ne veulent entendre a bien faire.

Se on demande de celuy qui se veut conseillier et y treuue deux clers contraires en opinion lun sarrasin lautre crestien ou heretiques lun et lautre fidele et bon crestien. Et nest pas de si grant entendement q̄ puis de soy cognoistre lequel dit mieulx et auquel il doit plus croire assauoir sil doit a damner sa foy. Certes celuy doit selon saint augustin demāder et requerir layde de dieu et prier deuotement et tres instantemēt a celuy dieu qui est la lumiere des entendemens des hommes quil le veulle illuminer a congnoistre la verite et se decliner a la partie de la cōtrariete qui est. Et est a croire de foy piteuse que la misericorde de dieu a celuy qui ainsi frappe a luys luy ouurira et que mais que ne soit negligent de faire ce que dit est luy monstrera la vraye voye et destournera son cueur et son entendement quil ne consente pas a la mauuaise partye.

En oultre on doit sentir et ainsi croire que en tel cas cest assauoir ou vng heretique ou seducteur soubz vmbre de bonne foy et de catholiq̄ vouldroit a aucun simple et ignorant enseignier aucun erreur q̄ dieu destournera le cueur de lignorāt tellement quil ne croira pas si sa negligence ou de faulte de quelque pechie lempeschant de layde diuine/le psalmiste dit. Custodit dominus diligentes se. Dieu garde ceulx qui layme/et es prouerbes. Custodiet dominus iustorum salutem et proteget gradientes simpliciter. Dieu garde le salut des iustes et garde ceulx qui sont simplement. Et aussi nous disons que comme ainsi soit que lumain entendement soit de dieu cree pour querir et encherchier et congnoistre / finablement la verite salutaire trespecialement/doncques de ce doit estre songneux et diligent/car sy en ce est parresseux et negligent sa negligēte et paresse luy sera coulpable et dannable.

Oultreplus chascū est plus eppeditif et plus prest a son propre cas a son fait propre que au fait de autruy/comme apert par experience. Or est il manifeste que nostre vertus intellectiue est plus prompte et preste a querir dieu et plus facile que a autre nulle chose especialemēt/car dieu est tousiours prest de aider ceulx qui ont vouloir de le querir et scauoir et de soy aprouter de ceulx qui a luy veulent aprouver. Considerons doncq̃s et voyons ce que dit est tous ceulx qui errent en la voye de verite et ignorans icelle sont dune mesmes culpabilite errans en elle et dune mesmes ignorance dãnable. On ne trouvera nul en eulx qui ne soit negligent et non chalant en investigant et enquerant de soy mesmes la verite salutaire de son salut ou de le demander a autruy ou de invoquier et implorer layde de dieu. Et celuy qui est negligent de faire le bien qui congnoit q̃l doit faire il desert et merite qui naye point cõgnoissance de faire ce qui ne scet pas qui doit faire.

Il est a esperer et croire dun chascun que se dun denier ou talent d'entendement qui lui est baillé du seigneur pour en negocier et bien besongnier sil lemploye bien et en besongne bien et diligãment a enquerir la verite de ce quil doit savoir et faire selon son pouoir et puissance que luy sera accreu par don de dieu et multiplie ainsi que par divine inspiration en prendra plus amplement que au pretedent et finablement viendra a la vraye congnoissance de ce qui veura faire a laquelle de soy ne peut provenir ou par miracle ou par predication/comme apparut de cornelius ce turion qui estoit payen/mais de vie religieuse et craingnant dieu auq̃l fut envoye saint pierre et le convertit et baptisa luy et toute sa maison/ comme est escript es actes des apostres au.v.chapitre.

Et pource nous disons que se ung homme estoit sequestre et separe des autres et vouloit diligãment besongnier du talent a luy de dieu donne qui est son entendement en la cõsideration des choses sensibles et visibles qui sont au ciel et en la terre facilement pourroit venir a la cõgnoissance du createur et de plusieurs choses de luy pourroit congnoistre / comme quil est a honnourer/a amer/et a adourer etc. Et sil vse bien de ce q̃ de soy trouveroit dieu luy adiousteroit autres choses par inspiracion ou predication que dieu luy procureroit ou envoyeroit il est a croire certainement que dieu ne veut nul delaissier qui a vouloir de soy adherer a luy

Et par ce quest dit me semble asses souffisamment avoir este declaire la damnation iuste de ceulx qui ont congnoissance et entendement qui sont en erreur de infidelite et faulse secte ou mauvaise creance.

Et encore plus clerement et evidentement le declairõs. Car ainsi comme de sa voulunte franchẽ il se peut destourner de tout mal que veut la voulunte et ne soy point consentir a ce faire, Ainsi de son entendement se peut

E iii

diuertir et destourner de toute male creante et ne asentir point nullemēt a elle et ce luy est possible ou de sa propre lumiere et congnoissante naturelle ou de autre de sa propre lumiere/cestadire de sa propre inuestigatiō et inquisicion/de autre lumiere cestadire de inspiration diuine come donques la voulunte franche dannablement et a sa dannation se consent a vne mauuaise voulente ainsi lumain entendement dannablement et a sa dannation baille assentement a faulse et mauuaise creance/car il est attenu de soy corriger ou de procurer sa correction par aucune des voyes et manieres cy deuant mises et declairees.

En oultre lentendement nest point mains attenu a dieu en ses opracions que laffection et la voulunte/or nestil iamais licite a laffection ou voulunte amer chose a dieu contraire ou aux choses qui sont de dieu semblablement ne luy est iamais licite de ne point amer dieu ou les choses q̄ sont de dieu donques aussi iamais nest licite a lentendement de ne croyre point dieu ou les choses qui sont de dieu etc. ce quest non amer en affection et voulunte est ne croire point ou ne congnoistre point en entendemēt pourquoy semble que loy et limite est mise a lentendement en ses operacions et luy estre limite et determine ce q̄l doit croire ou ne doit poit croyre. Et en oultre ignorance dentendement aucunesfois estre dānable cest assauoir en aucuns hōmes ignorans semblablement et la credulite daucuns estre dannable et inique et peruerse et ne lune ne lautre ne eptuser nullemēt de dannatio totale ceulx q̄ en sont ētachies peut estre quelle excuse en aucune petite partye/car celuy qui peche par ignorāce grasse et supine/cestadire negligente ne peche pas tant que fait celuy qui peche sachamment et contre conscience.

Et donques afin que disons sommereemēt que ce est consonne a la grant pitie et misericorde diuine que la ou il y a ignorance inuercible laquelle est ou somme na point de raison humaine par laquelle luy soit dicte qui doit faire comme de inuoquier layde de dieu ou de faire ce q̄ dit est ci dessus a dieu apartient a faire tout la ou en somme na poit de soy de quoy y puisse faire exemple. Se lucifer se trāsfiguroit en telle figure ou forme que nullement ne se pourroit apparoir a lentendement de somme que ce ne fut ih̄esucrist et par quoy il peut dire ce nest poit iesucrist a dieu seulement appartient garder somme et ny rien a somme quant a cest article synon implorer layde de dieu/et nest poit a doubter que ne soit prest dieu le createur en tel cas a celuy qui l'appellera se n'est par sa coulpe ou negligence. Et quant ilz demandent de la multitude des damnes pourquoy il les a crees, c'est chose certaine que il les a crees des grans et inestimables richesses de sa bonte et que leur a donne et confere plusieurs grans et inestimables biens. Et iamais princes ne tournies a nul ne baille synon iustement et a cause et raison ne ne baillera, par quoy est cause manifeste que la iustice diuine est cause efficiente de leur damnacion, de laquelle nulle plus iuste ne plus raisonnable ne peut estre pensee leurs pechies et maulx qu'ilz ont sont cause materielle de leur damnation esquelles et pour lesquelles par ordonnance et iustice de dieu louable et magnifique leur est rendu damnacion.

Et pourquoy est ce disent ilz qu'il y en a tant de damnes et si peu de sauues. En nature et en moralite on treuue la similitude expresse, il y a tousiours plus grant multitude de choses viles et meschantes que des bones et pretieuses comme plus de fer et de plont que d'or ou de argent et de pierres et cailloux que de pierres precieuses et aussi plus de chesnes que de palmes ou de cedres, et de simples et sotes gens, car comme dit le sage. Stultorum infinitus est numerus. De sottes gens le nombre est infini. Nous voyons aussi que en si grant multitude de gens qu'il y a au monde bien pou en a de roys et princes en la seignourie temporelle et on ne se esmerueille point q̃ chascun n'est roy ou prince des royaumes ou seignouries temporelles de tant plus doncques on ne se doit point trop esbahir ne esmerueillier se au pou de gens il baille les tresnobles et tresdignes royaumes celestiaux. En oultre comme ainsi soit qu'on voye si pou de gens qui desirent et appetent des royaumes celestes ou a eux mectent bien pou leur cure et sollicitude. Et tant y en a qui voyent et font les choses contraires a iceluy pourquoy se doit on esbahir ou esmerueillier si tant pou de gens peruiennent et tant de gens ne peruiennent au dit royaume de paradis.

Oultreplus se on voit de cent partyes du monde les nonante et neuf de tout leur pouoir et puissance courir par la voye qui maine a la mort et bien petit courir au contraire, c'est assauoir par la voye qui meine a la vie on ne se doit point esbahir ne soy esmerueillier se ceste grant multitude toute va a la mort et seulement l'autre petite partye va a la vie. Ainsi est il a considerer la conduite du monde quant a la plus grant partye co-

E iiii

me des sarrasins infideles payens et iuifz tous courir a la mort denfer par leurs erreurs et infidelites et au contraire ung pou de gens cõme des bons crestiens courir a la vie eternelle. N'est pas doncques grant merueilles se chascun va et paruient a la fin a laquelle il tyre tant quil peut et de laquelle prent le chemin. La grant multitude des hommes perdus et damnes fuit et court tant quelle peut en y mettant tout son estude cure et solicitude a la mort eternelle et delaisse du tout la vye eternelle.

Et doncques que chascun va et tresbuche a damnacion eternelle est de la pesanteur de pechie et de iniquite. Et que daucũs sont tyres lassus a la haultesse de la vie eternelle est de la vertus et puissance de la bonte de dieu.

Et doncques que dieu ait cree tant grant multitude de gens qui preueoit par sa sapience infinie deuoir estre damnes tu dois ensuiuir et bien considerer les richesses de sa tresgrant bonte quant a telle multitude tãt de grans dons et biens a donne obstant qui preueoit leur ingratitude et que deuoient de ce estre ingras et mescongnoissans. Et est bien grãt merueille de la peruersite et mauuaistie de telz gens qui ainsi impugnent et sont alencontre de celuy qui tant leur a fait et donne de biens. Et aussi penser tu dois a la tresgrant misericorde de dieu afin que tu ayes memoire de sa iustice laquelle ceulx que sa misericorde a cree nourrit, gouuerne et conserue ingratz et mescongnoissans de ces biens/ dons et beneficez raisonnablement et iustement damne. Et quel merueille esse se la iustice de dieu rent au mauuais ce quil ont deserui tu ne te esbahis ou esmerueille point se le soleil eschauffe et la chandelle alumee esclaire et se la misericorde de dieu baille et donne beaucoup de biẽs a plusieurs ne te esmerueille point se la iustice punit ceulx qui sont mauuais ingratz et a luy rebelles. Ne te esbahis point se on cueille ce que on a seme et se le pecheur prent ce quil a deserui/ pourtant dit lecclesiaste au. vii. chapitre. Noli facere mala et te non apprehendent/ ne fay poit de mal et le malue te apprehendra point. et lapostre a8 galathas. Si que seminauerit homo hec metet. Ce que semera homme il messonnera. se noz sommes liens nõ pas sans fruit se nous sommes mauuais infructueusement/ et en lecclesiaste au. p8. Deus ab inicio posuit hoiem in manu consilii sui posuit ante ipsum ignem et aquam bonũ et malum quod placuerit sibi dabitur illi. Dieu au commencement de la creacion de homme le mist en la main de son conseil qui est liberal arbitre rigle par raison est mis deuãt luy leau et le feu le bien et le mal et aura ce quil luy plaira.

Et disent en oultre pourquoy soustient dieu si grãt destruction (perdicion de gens quil a creé assavoir se les grans douleurs et peines quilz seuffrent en enfer luy fait ioye et plaisir. Nous disons pour respondre a ceste raison que y nya riens es choses qui sont hors de dieu/cõme sõt toutes choses creés en quoy dieu prengne plaisir ne delectation. Et que les peines des mauuais et des dannes luy plaisent/car ilz sont bonnes car il sont creatures de dieu.et ce pour sa iustice qui en elles reluit/et est admirable et digne de louenge. Laquelle les sains plus delectablement viendront en paradis que icy de tant plus q en eulx y aura plus grãt amour de iustice diuine adõcques que iamais ne fut quant estoient en ce mõde de tant plus que mieulx et plus parfaictement viendrõt et cõgnoistrõt la grandeur et excellence de la iustice diuine q iamais nont fait eulx estãt en ce monde. Et pourtãt est il escript au psalmiste. Letabitur iustus cũ viderit vindictã. Le iuste se esiouira quant il verra la iustice vindicatiue des mauuais et de leurs pechies et malfais.

Esmerueille toy dõcques chrestien de la grant et inestimable bonté de dieu q vse de la peine des mauuais dãnes a lutilite et pourfit des bõs La ioye des bons en paradis sera inestimable quãt chascun ioyeusemẽt se esiouyra disant. Miam et iudiciũ cantabo tibi domine, Je te chãterai iustice et misericorde seigneur dieu. Auquel chant y aura double matiere de ioye/cestassauoir de iustice aux reprouues et dãnes et de misericorde aux saunes dieu tout puissant/car il est piteux et clement ne se appesse poit des peines et clameurs quõt les dãnes. Et pource qil est iuste ne se desiste point de la punicion perpetuelle des iniques et pecheurs. Et to? sõt deputes a eternelle peine et cruciation non pas sans cause/car en ce voyent les sais et les bons la ioye en quoy il sõt au regard de eulx et le grãt mal et douleur qil ont eschappe ou sont les mauuais dãnes afin que a iamais se cõgnoissent obligies a la grãt grace de dieu qui les a saunes et nõ pas punis cõme sont les mauuais eternellement/laqlle punicion ont euitee de la grace misericorde et aye de dieu et eschape.

Par lesquelles choses predictes a toy homme doit estre asses manifeste que la diuine bonte est bien digne de estre louee en ce que aux dãnes et mauuais ou ltre le bien de estre en nature creés et produis / et la vie naturelle quil ont en ceste presente mauldicte et maleureuse vie tant quil y ont este leur a donne aussi et donne de iour en iour en tant quilz sont viateurs en ce monde plusieurs dons et biens gratuites et biens temporelz.

Et quil ne leur donne plus de biens ce nest pas pource que deulx retire la main de sa tresgrant largesse mais de par eulx vient qui se occupent et mettent leurs mains ou ne les doiuent pas mettre parquoy e chose iuste qui de tant mains receuent que ilz se destournent et partent de la main de dieu tout puissant pour se fier en autruy main debile et de pou de pouoir et puissance/ comme est le monde et les mondaines. Ainsi comme que la lumiere du soleil ne chet sur plusieurs et ne les illumine pas/ pource que le soleil retraie sa lumiere/mais pource que se destournent de sa lumiere/ et ce pour cecy q̃ a este premis soufist a p̃sent.

Des causes des varietes de plusieurs sectes et diuerses erreurs.

De se aucun peut estre en lisant ces varietes de sectes demandoit dont vient ne qui est la cause de tant de erreurs et de varietes ou diuersites de sectes. A quoy peut respondre pose que par ce quest dit cy deuãt pourroit on asses auoir la responce/ touteffois pour auoir encore plus grant euidence de ceste demande et question. Est a considerer que la cause principale de errer est ceste/ cest assauoir le pechie de negligence par laquelle on ne demande point layde de dieu et tout autre pechie qui coppe et empesche la voye de la grace de dieu.

Bien raisonnablement et par iugement de dieu droiturier ne obtient pas laide de dieu qui nen tient compte/ mais en est du tout non chalant/ Et ne doit pas estre de la grace diuine illumine en son ame qui y met obice et du tout a son pouoir empeschement. Et iustemẽt de celuy nest pas la maison illuminee de la clarete du soleil qui ferme les portes les huys et les fenestres par la ou vient la clarete et lumiere.

La foy qui est la vraye et parfaicte lumiere de sentendemẽt humain nest pas naturelle/ mais est de don et election de la grant bonte diuine ne et don gratuite de dieu donne. Car se elle estoit naturelle elle seroit tout ung a chascun/et ny auroit point si grant dissention comme il ya a present au monde et pourtant on la doit demander a dieu pour quoy ung homme disoit a nostre seigneur/comme il est escript en saint mathieu au ix.chapitre. Credo domine adiuua incredulitatem meam. Je croy bien sire aydes ma credulite. Et lapostre ad ephesios secundo. Aycbat gracia saluati estis per fidem et non ex vobis donum dei est. La foy vous a sauue qui est grace de dieu et non point de vo us/car cest don de dieu/comme doncques le soleil ne se voit point synon par sa lumiere. Ainsi le soleil de lentendement qui est la foy sy non par la lumiere de grace qui est sa clarete et lumiere. Mais pource que plusieurs sont rebelles de auoir ceste lumiere pourtant sont ilz aueugles. Et lautre cause sauersion ou destournement de lentendement qui se depart et destourne de ce qui doit croire et des choses qui le peuent induire et amener a croire et la conuersion et adhesion quil a aux erreurs. Ainsi que quant homme a ses yeulx destournes deuant ce qui doit veoir et autre chose a regarder en tel cas ne peut veoir ce qui doit veoir et regarder. Et ceulx sont qui de si grat affection et amour embrassent leurs sectes et erreurs et icelles ensuiuent que de rien qui est alentontre ne veulent penser ne ouyr parler. Et ont si grat hayne a ceulx qui leur sont contraires que comme pertinaces et obstines tellement en leur sens et oppinion que non pas seulement a ceulx qui sauent plus que eulx sans comparaison ne veulent croire/mais aussi ont hardiesse et presumpcion de resister au benoit saint esperit qui parle par eulx/pourquoy dit le sage es prouerbes au.xviii.chapitre. No recipit stultus verba prudentie nisi ea dixeris que versantur in corde suo. Le ignorant et simple ne recoit que ce que tu diras synon ce quil a en son opinion et en son cueur/ dieu na pas donne grace a lomme de voir par derriere/car les yeulx il na pas par derriere mais par deuant/ne de voir ce quil a deuant soy synon qu il y entende et mette son intention/car coe dit saint augustin en sa logiq Intentio copulat sensum cum obiecto. Lintention assemble soiet auec le sens/et aussi ne entent pas lentendement les choses lesquelles il reboute de sa consideration et intellection. Telz gens ne veulent rien ouyr des miracles de la foy ne les sainctes escriptures ne les grandes et euidentes raisons des sains docteurs par lesquelles y pourroyent estre induis et amenes a la foy/pourtant ne sse point de merueille se y demeurent en leurs erreurs et infidelites.

Telz sont tous les sarrasins et ceulx qui sont des regions et nations predictes qui trop obstinéement croyent en leurs opinions concepcions et heresies en ne soustenant point saine doctrine mais ad desideria sua coaceruant sibi magistros pruriens auribus etce. Assemblent maistres q̃ leur sont aggreables et a plaisance/et selon leur affection se destournãt de la verite pour se adhxrer et conuertir a fables et choses vaines et pleines de mensonge come iapieca a predict lapostre saint pol.

Lautre rayon est la subtilite des choses creables et la rudesse et grosesse de lentendement humain/et nest pas de merueille se les choses qui sont soubz la foy ne peut estre comprises de humain entendement qui est rude gros et ignorant. Ainsi comme vng homme q̃ a mauuaise veue q̃ ne peut voir vng petit poil la ou il est. Il content et de tout son pouor sesforce de monstrer qui nest pas la ou il est/ car il ne le voit pas estre la ou il est/ pource quil est subtil et menu et ne voulent pas croire a ceulx qui se voyẽt estre la ou il est. Ainsi semblablement ceulx qui doiuẽt croire les choses deuoir a croire pour la rudesse de leur entendement et ignorance ne les veulent croire mais contendant et debatent qui nen est rien et ne les veulent croire.

En oultre la cause est de ce la distance des gens q̃ est entre eulx et les choses qui doiuent croire/ et ceste distance est a cause de linexpriecce (tex)ercitacion quil ont esdictes choses quon doit croire/ come dit aristote q̃ les ignorans et ceulx qui ne sont point clers spéculent comme fort loig de leurs speculacion. Car ceulx qui se veulent conduire selon seulement les choses sensibles qui sont bien loing des choses quon doit croire/ car elles sont insensibles pour vray il sont bien loing de leur compte/ cestadire des choses qui doiuent croire. Et pourtant ne peut voir lesdictes choses/ car ne par estude ne par expercite ne saprochent de celles choses creables pour tant nest pas de merueille se il ne les voyent point ilz veulent auoir leur sens duc et prince ou conducteur des choses quon doit croire leql est aueugle quant a ce pourquoy nest point merueille sil trebuchent et chẽt en la fosse et abisme de plusieurs erreurs et heresies et perilleusement errent et pernicieusement et ne souient point les grans et dangereux perilz do̅mages et interestz de leur salut. Lautre cause est la folie et bestialite de plusieurs qui veulent entendre de leur entendemẽt naturel par eulx mesmes ce qui ne se peut ainsi comprendre ny entendre come seroit celuy qui de sa veue humaine vouldroit voir ce que voit de sa vertus visiue et de sa veue legle il seroit bien fort et trop difficille. Ainsi lentendement naturel aux choses qui sont de la foy de soy nullement ne se peut aider mais fault q̃ soit aydé et conduit de plus haulte lumiere que la sienne. Ceulx sont q̃ ignorẽt la capacite et pouoir de lentendement naturel qui estimẽt de leurentendement comprendre toutes choses/et ce que ne comprennent ou entendent de leur entendement cuident que ne soit point en estre de nature ne sachant ne point congnoissant que lentendement humain est mesure et a sa comensuration et limitacion de son intellection naturelle / et des choses qui sont soubz la capacite naturelle et ce est de dieu le createur qui a mis terme et fin ou limites de ce que doit comprendre et de quantes choses et des quelz choses plusieurs choses secretes a soy reseruãt lesquelles reuelera quant luy p laira et semblera.

En oultre encore auec ces causes et raisons predictes les docteurs theologiens baillent celles ycy disant que toutes faulses supersticiõs et adinuentions de erreurs et heresies pour en parler en somme vient ou de faulte de inuestigacion philophique cõme les erreurs des philosophes qui a cause de ce ont mis et opiné que le mõde est eternel et que iamais ne fauldra et plusieurs autres grans supersticions et erreurs qui est per uertir toute la saincte escripture ou il prouiennent de malentẽdre le sens de lescripture saincte/comme quasi infinies erreurs on treuue a cause de ce/ou il procede par affection desordonnee en charnalite/comme lerreur des epicuriens qui disent qui n y a point dautre vie que ceste presente/et des premiers comme des philosophes qui se vantoient estre sauuas et en tendans est chose clere et certaine que ne peut estre excuses du peché de in fidelite/et de ce alegue la cause et la raison lapostre aux romains disant. Reuelatur ira dei de celo super oẽm impietatẽ etc. ire de dieu/cestadire la punicion et vindicatio de la iustice diuine est reuelee sur toute impiete/cestadire sur tout pechie cõtre la foy et sur tout pech̃ cõtre iustice cest adire cõtre pechy q̃ est cõtre bõnes meurs des hõmes q̃ par erreur et iniustice retiẽnẽt la vraye verite de dieu et de sa foy et loy nõ pas a eulx seulemẽt mais empẽhẽt q̃ ne soit baillee aux autres par doctrine ou enseignement/et dit apres. Quod notum est dei manifestum est illis deus enim reuelauit inuisibilia dei q̃ ea q̃ facta sunt intellecta cõspiciũtur a creatura mũdi sempiterna quoq̃ virt?eius et diuinitas. Les choses de dieu notoires sot a eulx cleres et manifestes dieu leur a reuele les choses de dieu inuisibles sont congneues et entendues par les choses faictes et crees de lomme qui est la plus digne des creatures de dieu/et aussi par les choses sensibles et que nous voyons aucunement nous venons auoir cognoissance de la vertus de dieu infinie et de sa cite et diuinite. Et dit apres. Ita vt sunt ineptusabiles quia cum cognouissent deum non sicut deu eux glorificauerunt aut gracias egerunt sed euanuerunt in cogitacionibus suis et obscuratum est insipiens cor corum. Tellement que sont ineptusables car apres quilz ont congneu dieu ainsi qua este dit ne lont pas honnoure come dieu ainsi que deuoient/et ne luy ont point rendu graces coe il deuoient mais se sot euanouis ou mis en vanites en leurs cogitacios et a este obscure et obtenebre leur cueur et leur entendement disant quilz estoient sages ilz sont deuenus fos et ignorans et ont mue la gloire de dieu incorruptible en la similitude de limage de lomme corruptible et de oiseaux de bestes quadrupedes de serpens et autres choses mundaines pourquoy dieu les a baille et mis au desir de leur cueur en sens reprouue etc.

En oultre des deusiesmes/cestassauoir des heretiques ainsi parlent les sains decretz et canons que celuy quiconques il soit que croit autrement les criptures que le saint esperit na baille le sens et lentendement/et iasoit ce que nait point este separe de leglise touteffois il se peut apeler heretique. Et aussi se celui expose ou entend autrement lescripture saicte que le sait esperit ne lentent que par son exposicio ou entendement retorq au cotraire de ce q le sait esperit a dit ou reuele. Et pource ceulx q en leglise de dieu soustiennet ou opinent aucune chose morbidale ou mauuaise si on les corrige afin que tiennent ce que doiuent tenir et ne le veulent faire mais sont pertinaces et obstines au contraire et detenir leur oppinion et preschent ou enseignent tousiours selon leur entendement ou opinion ilz sont a iugier heretiques.

Et les troisiesmes cestassauoir les epicuriens et leurs semblables desquelz les erreurs viennet de affection charnelle desordonnee de la mauuaise voulunte et fracise de leur liberal arbitre ilz pechent par certaine malice affertee. Laquelle chose procede de deux choses. Premierement par inclinacion de vng habit vicieux apele malice/et vient de mauuaise accoustumace de pechier par laqlle il est engluc tellemet a mal ql a vng desespoir de ne se pouer desgluier parquoi sans refrenacion il se laisse couler irrefrenement a mal et a pechie selon le dit de Hieremie au. viii. chapitre. Desperauim? post cogitationes nostras ibimus et vnusquisqz post prauitatem cordis sui mala faciemus. Nous nos sommes desesperez apres nos mauuaises pensees et cogitacions nous yrons ungchascun apres la mauuaistie de nostre cueur et ferons mal selon que vouldra nostre cueur. Secondement cela vient et procede de ce que homme contemne et mesprise ce que peut empeschier et destourber le mal et le pechie comme esperance par desespoir quilz ont crainte par presumpcion en quoy ilz sont et ainsi des autres pourtant dit le sage es prouerbes. Impius cum in profundum malorum venerit contenit. Le mauuais quant il est venu a la profundite des maulx il contenne/et apres son entendement se depart et destourne de la vraye consideracion de la grauite de mal de pechie. Et par cecy sont mises et semees plusieurs et diuerses erreurs qui sont mises au decret.xxiiii.q.iii.c.quidem. et tous eulx obstant que non pas equalement sont coulpables de infidelite et heresie et par consequent de eternelle damnacion. Et est a noter que infidelite se entend ou prent en deux manieres. En une maniere selon pure negation/comme ung homme est dist infidele/car il na nulle foy/comme sont ceulx qui nont rien ouy de la foy et ainsi infidelite na point raison de pechie mais de peine/car telle ignorance des choses diuines procede du pechie du premier homme.

Et ceulx qui ainsi sont infideles sont damnes ou seront ou auront peine de sens et sensitiue pour dautres pechies sil en ont fait aucuns lesquelz ne se peut pardonner sans foy et ne sont point damnes pour telle infidelite synon de peine de domnage. Et pourtant dit nostreseigneur en saint Jehan au.pii.chapitre. Si non venissem et locutus ei non fuissem peccatum non haberent. Se ie ne feusse venu et neusse parle a eulx il nauroient poit de peche. En autre maniere est pris infidelite quant a ce q cest pechie contraire a la foy/cestassauoir car celuy q est ainsi infidele repugne a la foy en repugnant et contredisant a ouyr parler de la foy ou se il ne y repugne formellement/touteffois il se contemne et mesprise totalement selon q dit ysaie au.l.chap.qs credidit auditui nostro. q croit en nostre auye et en ce e propremet la raison de infidelite/et nest pas seulemet pechie mais tresgrief pechie. Et procede de orgueil en tant q ne veut poit submettre son entendemet a obeir aux rigles de la foy et au sain et entier entedemet des peres sains fundateurs de la foy rebelle et inobedient au saint siege apostolique de leglise rommaine et au chief dicelle nostre saint pere le pape a laquelle mauuaistie sont tous les nacions dessus nomes.

Des latins qui sont en hierusalem.

Pres la pʳositiō interiettee asses ſtile a mon aduis reste a parler des latins qui sont en hierusalem lesquelz sont en bien petit nombre. Cecy deuant auons recite en pure Berite la diuersite des nations et sectes diuerses qui sont en hierusalem/ mais dieu grace depuis aucuns temps enca ya aussi aucūs bons et deuotz catholiques et crestiens religieup de lozdre et religion de monseigneur saint francois q̄ sapelent en comun langage freres mineurs ou cordeliers lesquelz sōt en uoyes la de leurs souuerains et maieurs/ et quant lun meurt/ ou sen va de la on y en enuoye ung autre/ et viuent soubz la reigle saint francoys/ des aumosnes des pelerins qui vont la des terres crestiennes/ et des aumosnes de aucuns princes crestiens qui ont audit lieu de hierusalez affection et intention et leur enuoyent leurs aumosnes pour leur sustentation/ ilz receuuent les pelerins crestiens qui vont audit saint voyage doulcement et benignement et les tracttēt selon leur pouoir et puissance tres humainement en monstrant les lieup sains et pensant les malades/ en leurs faisant plusieurs grans et singuliers seruices/ ilont ung monastere au mont de syon/ et sont communement.ppuiii. religieup tres deuotement et sainctement seruans a dieu. Et la asses pres ont en leur cherge et gouuernement le couuent des dames religicuses de saicte claire ou il ya pour le mois.vi.religieuses.Et le temple de la glorieuse vierge marie en bethleen ont aussi en leur gouuernement et ung couuent ont la ou ya.vi.religieup qui gardent le tressaint et sacre lieu ou est la crescle en laquelle nostreseigneur fut mis le iour de sa natiuite.Et au saint sepulchre de nostreseigneur aussi ont tousiours deup religieup reclus lesquelz souuent ilz muent en y enuoyāt dautres lun apres lautre successiuemēt Et en tous ces lieup et places les dis religieup ont a pouruoir de ce q̄ est necessaire et aup lieup et aup personnages. Et nonobstant ilz sont tousiours et comme continuellement en peines et trauaup et labeurs intolerables et des sarrasins et des heretiques deuant nōmes qui les mocquēt et font de grans insultes et afflictions merueilleuses si q̄ leur vie en est abregie/ mais pour vray si ne demouroiēt et se tenoiēt la a grant peine a nous latins qui alons la aucunefois en deuotion et pelerinage seroit possible dy aler ne conuerser a pouoir voir les sains lieup tant sont trueulp et terribles especialement les dis heretes dessusdis et nōmes contre noꝰ qui sommes latins et crestiens/ et nous ont en grant hayne et abhomination.

S'enfuit une oroison ou harengue piteuse et plaine de pleurs sus la desolacion de la terre saincte.

Il apres quant se font les choses devant dictes qui est celuy fidele et bon crestien de quelque estat et condicion qu'il soit ainsi la saincte foy catholiq̄ q̄ se puisse contenir de plourer e⁊ larmoyer. Et qui ne doiue demander auec le prophete Jheremie q̄ dit. Quis dabit capiti meo aquam et oculis meis fontem lachrimarum. Qui pourra donner a mes yeulx fontaine de larmes pour plourer la grant desolacion et desite de la saincte cite de Hierusalem et du grant roy seigneur de toutes vertus quant non pas seulemēt la cite saincte de Hierusalez mais tout le pays circumuoisin et toute la terre saincte de promission est ainsi hors la main et domination des crestiens. En laquelle a este pris le commencement et principe de nostre foy et de nostre salut acompli et consumme l'œuure de nostre redemption. Et qui est chose digne de complainte et lamentacion a grant peine y a a present quarante bons crestiens catholiques en toute ladicte terre et toute la region qu'ilz soyēt obeissans a nostre mere saincte eglise romaine mais grant nombre et multitude de infideles sarrasins et apostatz de la saincte foy y habitent/ come cy dessus a este declare. Et est encore plus a plorer gemir et larmoyer comme chose de moult grant dueil et doleur plus que de toutes les abhominacions et maulx q̄ sont en toute la crestiente que en ladicte cite saincte en tout et par tout et alenuiron se font de maulx inumbrables et excogitables et si grans qu'ilnest point a pēser et nest point a doubter que nos demerites en sont causes dequoy bien deuons suspirer que ceste digne et tres glorieuse terre et pays de nostre dieu seigneur maistre redempteur et sauueur enoblie et honnouree par sa natiuite conuersation/predication/ et miraculeuses operations. Et de son digne et precieux sang arrousee par sa digne mort et passion et puis par sa resurrection et glorieuse ascension dignifiee par si long espace de temps/comme par depuis que fut .ii.c. lxxxv. ans en la seignourie des crestiens et iusques a present depuis celuy temps a este soubz la seignourie et domination des turchz sarrasins et payens au grant vitupere et deshonneur du nom de dieu et de nreseigneur iesus et de sa saincte foy et pour nos faultes negligences/et sans nulle doubte plusieurs demerites.

Et nest point seulement a plourer aux bons crestiēs et catholiques mais a recourir a l'ayde et secours de dieu tout puissant pere de toute misericorde et consolation. Et crier fort incessamment de cueur par devotion quil luy plaise davoir pitie et misericorde de lautre partye qui est demource en la crestiente. Et illuminet vultum suum super nos et misereatur nostri. Veuille illuminer sa digne face sur nous et avoir de nous misericorde. Gentesque aufferat perfidem de finibus ut sibi laudes debitas persoluamus alacriter et Veuille oster la gent perfide inique et perverse afin que ioyeusement le puissons seruir et donner louenges condignes.

Jadis le prophete daniel mis soy et le peuple disrael en captiuite plourant sus les fleuues et riuieres de Babilonne pour come semblable cause prioit dieu bien deuotement lequel a present ensuiurons en disant

Peccauimus O domine iniuste egimus iniquitatem fecimus i omnem iustitiam tuam. Sed auertatur que sumus ira tua et furor tuus a ciuitate tua hierusalem et a monte sancto tuo etc. Nous auons peche. O dieu createur nous auons fait plusieurs maulx et iniustices contre Vostre saincte iustice. Mais nous vous prions deuotement que Vostre ire et Vostre fureur se osse de nous et de la saincte cite de hierusalem et de la saincte montaigne ou est le sainct sepulchre de nostre seigneur pour noz pechies et les pechies de noz peres predecesseurs. Hierusalem et les sains lieux dicelle sont mis en opprobre de sarrasins et leur suggession et sont lesdis sains lieux deshonourez des chiens mescreans et prophanes. Et vous plaise seigneur dieu a present et maintenant ouyr et exaulter noz prieres et oroisons et monstrer Vostre digne face sur le sainctuaire qui est comme desert et desole Vueillez regarder du saint siege de Vostre maieste et penser de nous enclines pour honneur et reuerence de Vous seigneur dieu Voz oreilles et ouurez Voz yeulx et soyez nostre tribulation et de la cite saincte en laquelle iadis a este inuoque et apele Vostre saint nom Vous estes le seigneur de tout le monde / et nest nul qui puisse resister a Vostre saicte maieste / car en Vostre main et iurisdicion sont toutes choses et toutes les fins des terres et tous les droiz de tous les royaumes du monde. Et doncques seigneur roy des roys ayez pitie et merci du poure peuple crestien / car nos anemis nous quierent a inuader pour nous perdre et destruire et tout Vostre saint heritage de la crestiente. Ne Vueillies pas despriser et abandonner heritage que aues atquis et rachete / mais soyes propice et ayde a icelluy afin que les payes et sarrasins ne disent pas ont est leur dieu. Nous Vous prions et requerons humblement que a eulx soit congneu vostre pouoir et puissance et que faictes vengance du sanc de voz seruiteurs q̃ est et a este par eulx infixeles et sarrasins respandu. Entre deuant vostre regard et face les pleurs des poures crestiens captis et prisonniers mis en ceps et en fers bien estroictemēt selon la grandeur de vostre inestimable puissance mettes en vostre possession les enfans des mors et mortifies pour vostre saint nom, et rendes a noz voisins ennemis au septieme selon les maulx qui nous ont fait. Nous sommes vostre poure peuple et brebis de voz pasturages qui vous confesserons nostre pasteur seigneur et maistre iusques a iamais. Et anuncerons vos louenges de generation en generation.

Sensuit vne deploration compendieuse de leglise et terre orientale

Ie estime que a tout vray catholique et lecteur de ce liure est bien a doloir et plourer et vehementement a souspirer veu q̃ non pas seulement est mise en erreurs et diuerses heresies, comme a este dit cy deuant la saincte cite de hierusalem cite du grāt roy eternel auec toute la prouince voisine et a elle adiacente laquelle iadis sapeloit terre de promission, mais tout le pays de orient dilate en plusieurs regions royaumes et pays est tout heretique et en erreur contamine et conculque ainsi et tellement qui est chose a ouyr et voir dolēte lamentable et moult piteuse entre les latz et lieux qui sont sans caue est difficile a trouuer le lieu ou a este iadis la fōtaine signee close et fermee et le iardin ainsi dit semblablement si que semble iamais ny auoir este O chose digne de pleur et lamentacion la vigne du seigneur dieu sabbaoth iadis belle honnourable esleue par grant especiaulte. Helas elle a este gastee destruicte et exterminee et erradiquee par vne maniere de regardiaux qui y ont fait leurs fossez et tainnierer par quoy sont la toute subuertye et desemparee, cestassauoir ce grant herite arrius appolinar, Eutices, Nestorius, Sabellius, Pellagius, Faustus, et les autres grans heretiques qui sont toute rompue et destruicte. Las q̃l doleur quel pitye las quel dommage et vng porc sangler de la forest singuliere beste sauuage est saillye, cestassauoir mahumet est party qui toute ladicte vigne a froissee rompue et extirpe qui est celuy qui se peut tenir de plourer qui veut cecy piteusement considerer voyant ladicte terre et

L ii

noble digne labouree iadis tresdiligãment des apostres et disciples de nostreseigneur/cõme le pays de asye en sept eglises cathedrales par mõseigneur saint iehan leuangeliste Et le noble pays de affrique/le tres puissant pays des iuifs et le tresnoble pays de grece auec les autres diuers pais de la terre orietale en laquelle iadis estoit leglise nõmee leglise dorient tant digne/tant saincte tant honneste et venerable de tant de si grans et excellens sains et notables clers aournee regie et gouuernee desquelz aucuns yci reciteray/comme de saint augustin euesque de yponense organe especial de la sapience diuine qui est dit la pierre precieuse des docteurs pere et maistre des theologiens maillet fort et puissant des heretes qui fort illustra et illumina le pays de affrique de sa presence doctrine et saincte conuersacion. Saint Jehan crisostome euesque de constantinoble qui pour la grant doctrine et sapience de luy bouce dorse nõmoit qui en son temps illumina et gouuerna la dicte noble et digne cite et pays de constantinoble. Le noble saint martyr cyprien de cartage anastase de alexandrie/saint Jegan damascene/Gregoire nysene/Gregoire nazarieny Hylaire de poetiers/Le grãt basile de cesarce et autres plusieurs tresgrans clers desquelz la saictite et doctrine seroit trop longue a reciter. Mais depuis comment les dictes terres et pays ont estes remplies dorties de chardons et espines/helas comment tout est commune et ce que pour lors estoit beau comme lor est tourne en vilite comboue ou fange qui est es rues des villes et cites. Ou sont maintenãt les nobles et excellentes eglises patriarchalles de alexandrie de antioche de constantinoble et de hierusalem desquelles nul orateur seroit dire et racõter les louenges et dignitez dicelle. Helas romme dame du monde et maistresse iadis elles estoient tes seurs a toy deuotement et humblement oboyssant a toy adherentes et conioinctes collateralement.

Et iassoitce que tu obtiennes le premier siege en preeminente et dignite par monseigneur saint pierre consacre et de dye et alexandrie le second de saint pierre et de saint march euangeliste fonde et consacre. Antioche en apres de saint pierre aussi lequel regenta et gouuerna la par lespace de sept ans et puis la laissa a monseigneur sait ignace a gouuerner et la premier print le nom de crestien aux crestiens. En apres constantinoble que edifia et consacra le noble empereur cõstantin auec plusieurs rommains qui mena la apres que eut donne romme a monseigneur sait siluestre et a ses successeurs. Et puis finablement est la cite saincte de hierusalem laquelle nostreseigneur iesucrist a dedice et consacree de son precieux sanc/ toutes ces nobles citez comme vierges apres toy romme dame et du monde princesse a toy seruir et honnourer tenoient mais helas helas a present de toy sont bien loing et eslongies infectes et corrumpues derreurs et heresies diuerses decopees de la simplicite de la vraye foy catholique et comme adulteres de leur vray espoux iesucrist sont fornication auec lucifer prince de damnation. Et ainsi en occident et en ses partyes voisines nest et sourt le soleil de iustice dieu graces et mercys et reluist treselerement Et en orient lucifer qui est cheut et tresbuche par son orgueil de paradis a mis son throsne et siege en orient. En occident est la lumiere du monde le sel de la terre/ les vaisseaux sacramentaux dor et dargent. En orient obscurite tenebre de ignorance et de erreur et de heresies diuerses et infinies. La est le sel de la terre rasotty et deuenu sol tellement que ne vault par le tesmoing de nostreseigneur/ synon a estre mis soubz les pies et de iceulx coculq la y a a grant peine vaisseau de bois ou de terre lesquelz sont couuers de fer et couuers de feu eternel de damnation. Et vela comment est ale a perdition le pays de orient destruit et du tout mis a ruyne et desolacion sequel a mis et diuise la robe de nostreseigneur incosutile et sans cousture depicee et mis par pieces rebelle du tout en tout encontre dieu et son eglise qui ne veut congnoistre que elle soit de lauctorite de dieu qui dit a saint pierre qui print de luy son auctorite quant luy dit. Tu es petrus etc. Tu es pierre et sur ceste pierre ie funderay mon eglise et les portes denfer ne pourront riens encontre elle et tout ce que tu liras en la terre sera lie au ciel/ et tout ce que tu desliras en terre sera deslye au ciel/ Et ainsi dieu seulet a fonde leglise/ laquelle a fondee sur la pierre de la foy de seglise et esleuee sur icelle qui la baillee au portier eternel et temporel et ses drois aussi. Laquelle a cóstituee chief et gon/ tar cóe luys se tourne et maine deuens le gon ainsi de ceste saicte eglise romaine les autres toutes se tournent ouurent ou ferment/ cest a dire de son auctorite et puissance. Et vse du priuilege de celuy duquel elle a son auctorite et puissance. Et pourtant nest point a doubter que celuy qui luy est rebelle et inobedient ne soit heretique et viole la saincte foy celuy qui va encontre leglise qui est dame et maistresse de la foy. Et est rebelle et contumax a celuy qui la preferee et deuant mise a toutes autres eglises. Et pourtant monseigneur saint ambroise confesse soy en-

L iii

suyuir en tout et par tout sa dame et maistresse saincte eglise par singuliere et cerieuse protestacion. Et aussi monseigneur saint Jherosme au temps de la pululacion de lerreur ariane qui fut en son temps le siege de saint pierre a romme et la foy louee de la bouche de nostre seigneur se conseilla a ensuiuir et a tenir du tout en tout. Et ainsi doiuent faire toꝰ les fixeles bons trestiens catholiques a lexemple diceulx/ car Vbicunqz fuerit corpus illic congregabuntur et aquile. La ou sera le corps la se co gregeront et assembleront les aigles. Mais leglise de oriēt aueuglee ne entēt poit ces raisons ne ny veut acquiescer nullement/ et pourtant quelle est hors de larche de noe elle perira et seranoyee en son erreur/ car hors delle ne peut estre sauuete comme tesmoingnent tous les sains docteurs et les canons des sains peres papes de rome/ car Vne est la saincte mere eglise inmaculee ayāt vng chief diuisie de vng esprit fundee en vne foy quiconques donqs de ceste vnite et fundacion et societe de saint pierre se separent et diuisent ilz ne peuēt auoir absolution de leurs pechez ne entrer en la porte du royaume de paradis Et qconques mengera lagneau hors de ceste maison il est necessaire quil soit prophane

Sensuit vne vision horrible iadis monstree a Charles le chauue. iiii. apres le grant Charlemaine empereur inseree et mise yci pour aucun bon regard.

EN nō de dieu souuerain roy des roys. Je Charles empereur du don de dieu roy de germanie patricien des rommais et roy des francoys. A vng dimence apres que furent celebrees les matines du saint dimence et q voulsye aler reposer et mendormir/ vint vne voix terrible disant. Charles ton esprit de toy partyra des pou de teps Et apres tantost ie fu rauy en esprit et celuy q me portoit estoit blanc comme nege et portoit en sa main vng noute au de fil de lin q estoit cler rendant clarete et lumiere comme feu/ comme sont les commectes quant elles se monstrent/ et me dit. Charles prens le bout du fil de ce nouueau reluisant et le lye bien fort au pouce de ta main dextre/ car par luy seras mene es peines laborieuses et terribles denfer. Et incontinent ce dit tost et legierement me preceda desuiuāt le fil du dit nouueau de fil reluisant/ et me mena en valees fort basses et parfondes a merueil les pleines de feu et depuis tous plains de feu de plonc bouillant de poge et de souffre/de cyre et de gresse. La ie treuue les prelatz et euesqs du teps de mon pere et de mes oncles lesquelz quant leur demanday tout treblāt pourquoy ilz souffroient si grans peines et tourmens/me respondirent nous auons este les euesques de ton pere et de tes oncles et quant nous les deuions amonester a paix et vnion entre eulx et le peuple nou auons semé noise et discorde et auons este incitateurs de guerres et de diuisiōs plus que de paix et pourtant maintenant sommes nous en ces grās peines et douleurs de ces enfers et nou et les homicides et vsuriers que tu vois icy auec nous. Et aussi viendront tes euesques et satelites q̄ font ainsi que nous faisons. Et comme ie ouoye ces parolles en grāt paour et crainte ie la veys vne grant compaignie de diables auec des haues de fer ou graunes qui vouloient a leur puissance prendre et aggriper a soy le fil que ie tenoye par le pouce/mais il gettoit si grant clarete quilz ne pouoient et puis venoient a moy par derriere et me vouloient bouter et pcipiter en ces puys de feu/mais mon conducteur qui me menoit getta le fil q̄ tenoit sur mes espaules et le doubla et lenuirōna autour de moy bien fort et me tyra a soy comme par vne corde. Et ainsi montames sur haultes montaignes toutes de feu desquelles sourdoient boues fanges et eaues troubles et bouillantes de toutes espces de metail/et la ie trou uay inumbrables ames de hommes et de princes de mon pere et de mes freres la iettees et pcipitees les vnes iusques aux cheueulx/les autres iusques au menton/les autres iusques a lumbril qui crioyēt a moy en plourant piteusement en disant. Quant nous estions viuans au mōde nous auons ame auec ton pere/auec ton oncle/et auec tes freres noises guerres/et homicides/rapines et tyrannies pour la couoitise humaine et terrienne/et pourtant en ces fleuues yci bouillans nous sommes mis en grant peine et grans tourmens. Et quant ie pensoye et consideroye ces choses en grant crainte iay ouy derriere moy le cry terrible de plusi eurs ames et disant. Potentes potenter tormenta patientur. Les puis sans puissamment seront tormentez. Puis apres ie veiz sur les riues de ces riuieres de fournaises de poge et de souffre bouillās pleines de grās dragons/de scorpions/crapaux/serpens/et autres bestes venimeuses la ou ie veiz aucuns des princes de mon pere et de mes oncles et de mes fre res me disant/Bien mauldis nous sommes Charles qui sommes en si grans tourmens pour nostre malice orgueil et mauuais conseil q̄ auons

L iiii

domie a nos roys et a toy aussi pour nostre cupidite et auarice. Et quāt ie en grant dueil et desplaisance gemissoient et souspiroient acouroiēt a moy dragons et serpens la gueulle pleine de feu et souffre pour me vouloir deuourer. Mon conducteur tripliqua le fil alentour de moy et de la clarete diceluy ne peurent atoucher et me retyra hastiuement. Et de la descendimes en vne grant valee qui estoit dun coste obscure et tenebreuse et ardante comme vng four embrase. Et de lautre coste tant doulce plaisāte et amene que ne le pourroye dire ne racōter/ie me tournay vers la tenebreuse et ie veiz la aucuns roys de mon lignage en grans peines et tourmens et moy estant en grant tristresse cuiday estre iectes la dedēs ces fours de gras noirs geans q̄ enflamboiēt la dicte valee en feu et en flāme et moy ayant grant paour le fil du nouueau va illuminer mes yeulx et veiz du coste de la valee vng petit blanchir la fumee et la courir deux fontaines lune estoit fort chaude et lautre clere et tiede/ et y auoit deux tonneaux/et moy la alant le fil du nouueau me menāt et conduisāt me mis sur vng des tonneaux ou estoit leaue bouillant/et la veiz mon pere loys estāt iusques aux cuisses et moy fort mari et dolent me dit charles mon filz naye point de paour ie scay que ton esprit retournera en toy et en ton corps dieu a parmy que tue vinses ycy afin que tu vises pour quelz pechies moy et les autres que tu a veuz sommes punis et tourmētes/vng iour ie suis en ce tonneau qui est tout bouillant et lautre iour ie suy transmue en lautre tonneau qui est tempere/et ce par les prieres de saint pierre et saint remy par layde desquelz nous et nostre lignage real a regne. Et se bien tost tu me veulx ayder toy et mes euesques platz et abbes et toute lordre ecclesiastique en messes/oroisons/oblatiōs/aumosnes et autres suffrages tantost seray deliure de la grant peine ou ie suys/car mon frere lothaire et son filz lois par les prieres de saint pierre et de saint remy sont deliures de ces peines et menez en paradis. Et puis me dit. Charles regarde a senestre derriere toy et ie veiz deux tonneaux bouillans treshault ces tonneaux te sont prepares se tu ne te amēdes/et fay penitance de tes maulx et pechies/dequoy eu grant horreur ce voyant mon conducteur me dit/suy moy a destre/et la veismes la belle valee ioyeuse de paradis. Et comme alions par ladicte valee ie veiz seoir en grant clarete et ioye auec les autres roys lotaire mon oncle sur vne pierre de thopasion de merueilleuse grandeur couronne dun dyademe tresriche et pretieux et au pres de luy son filz loys coronne semblablement et me voyant me dit doulcement. Charles mon successeur iii. en la dignite imperiale bien a moy ie scay que tu es venu par ung lieu bien penible la ou est ton pere et mon frere mis et detenu mais par la misericorde de dieu bien tost sera delivre des peines esquelles il est cõe nous auons este deliures par les prieres de saint pierre et de sait remy auquel dieu a donne grant pouoir sur les roys et gens du royaume de france, lequel si nestoit layde que auons de par luy iapieṡṡa fut perdue et destruitte la lignee, mais ie scay biẽ que tost sera ostee la seignourie et geanologie de nous et de nos predecesseurs que tu as de la puisance imperiale, et puis ne viuras plus gueres de temps apres. Adonques son filz loys se destourna vers moy et me dit lempire que au temps passe tu as tenu here vitalement aura loys filz de ma fille, et me sembla que subitement fut la loys qui estoit petit enfant.

Lequel quant mon oncle lotaire le dit me dit. Tel est test enfant que estoit celuy enfant que mist nostre seigneur au milieu de ses disciples et dit. Talium enim est regnũ celorum. Le royaume du ciel est a telz gens Et toy remes luy la puissance imperiale par le fil du nouueau q̃ tu tiens Et adonques deslyant le fil du nouueau que auoye en mon pouce luy donoye la monnarchie totale de lempire par le fil du nouueau. Et tantost apres le fil du nouueau luisant comme le soleil a este tout assemble en sa main. Apres mon esprit est retourne en mon corps bien las et bien trauaille.

En quoy finit la premiere
partye de ce liure.   ∴   ∴   ∴   ∴

Cy commence la preface commendatoire
de la seconde peregrination ou pelerinage de
hierusalem la cite saincte par terre vague et de
serte iusques au mont de sinay a madame sain
cte Katherine.   ∴   ∴   ∴   ∴

Si aucun veut lire et regarder les sainctes hystoires du viel testament et especialement du pentathlicon qui sont les.5. liures de moyse/cestassauoir/genese/exode/leuitique des nubres et deuteronomii auec le liure de iosue/ et reuoluant souuent lesdis volumes ne pourra point ignorer/mais fort se esmerueiller la magnificence de la gloire de dieu et de sa tresgrand santite de ses merueilleuses euures et terribles vertus/et aussi la memoire de sa grand suauite et benignite esquelles dieu tout puissant se desert auquel estoit le serpent gectant feu de son aleine et soufflement serpens et escorpions/ et plusieurs choses/comme ymages de mors/dieu a tant et si grandement honnoure illustre et magnifie quant les enfans de israel il introduit conduit et mena en la terre quil auoit promise a leurs peres/Abraham/Isaac/et Jacob par longz circuitez de chemin en.plu. mansions alant deuant eulx en une grant colomne de feu de nuyt/et de iour en une colone de nuee leur administrant du pain celestial manne du ciel ayant saueur de toute suauite et delectation.

Et audit desert de syna frappa la pierre et de elle fluirent et partirent eaues a grant abondance tant que les hommes et les femmes et eulx tous auecques leurs bestes en beurent abondamment ledit peuple estoit partye grande de lheritage de dieu et corde sette de iacob/lequel dieu au desert estoit vaste et sterile conduit et mena instruit et enseigna defendit et garda come la pupile garde lueil. Et come laigle prouocque ses petis a voler sus eulx volitant. Ainsi a estendu ses esles et la prins et porte sur ses espaules desquelles choses parlent amplement les escriptures sainctes qui plus clerement que la clarete demonstrent la grant excellence et dignite du mont de sinay pour les graces et excellentes euures et operations faictes en luy et aux enuirons de luy et aussi pour les grans misteres et secretz qui sont en luy signifies et par lui car syna est une montaigne en arabie duquel une partye sapele oreb situee au pays et terre de madian montaigne pour certes excellente et treshaulte es partyes de la auquel a bones et grasses pastures et porte de herbes fort bonnes et de bien grant vert?

Et a este iadis lopinion anciene de plusieurs et renom peut estre non pas inane et inutile/cestassauoir que dieu habitoit audit mont pourquoi non obstant que ledit mont soit apte et couenable a nourriture et pasture de bestes/touteffois nul ne presumoit dy faire paistre ses bestes ne den aprocher pres de luy. et moyse senhardit une fois de mener ses bestes pour y pasturer au dedens dudit mont/mais il feist ce grant et singulier mistere/cestassauoir le feu dedens ung buisson et ne bruloit point pourtant le buisson et sa verdure ne ses fueilles ne ses fleurs pource ne perdoit point iassoit ce que la flambe du feu estoit grande a merueilles duquel fu tantost saprocha dieu de moyse en luy disant Ne te aprouche poit dyci moy se mais deschausse tes souliers/car le lieu ou tu es est terre saincte et ce. par lequel dit et tesmoignage ledit mont est assez et bien assez digne et glorieux. Et nest pas pource que ledit mont soit grant et treshault et q̃ aye plusieurs summitez comme inaccessibles quil estoit en grande estimation renommee et reuerente a tout le peuple/mais pource que sa commune opinion de tous estoit q̃ cestoit le lieu de dieu et terrible et moult venerable et honnourable.

Duquel pour plus apparoir et declarer sa magnificente grant dignite et excellence ie prenderay les passages de la saincte escripture qui sont a ce pource que nous auons a layde de dieu entrepris le voyage et afin q̃ autres apres nous ayent a luy affection et deuotion plus grande. Et premier en exode est escript que le.iii.moys apres que les enfans disrael furent partis de egypte vindrent en ces desers de sinay/et la demouras asses grant temps furent instruis et de dieu enseignes des commandemens de dieu moraux/cerimoniaux/et iudiciaux. Car partant de raphidym et venant iusques en syna la mirent leurs tentes et mansions qui estoient a la semblante de chaste aux au pie de ladicte montaigne/et de la moyse fut de dieu apele premierement/et luy commanda dieu quil dit aux enfans de israel ce qui sensuit. Vous voyes ce que iay fait aux egyptiens/ et comment ie vous ay prins et porte sus les esles des anges et vous ay prins a moy doncques se vous ouyes ma voix et gardes le patte que iay auec vous me seres entre tous les gens du monde puple peculier Toute la terre est a moy et vous seres a moy royaume sacerdotal et gens sains Et en apres va au puple et les sainctifie au iourduy et demain/et leur dy quilz lauent leurs vestemens et quilz soient prestz au tiers iour/car au tiers iour dieu descendra deuant tout le puple sus le mont de synai. Et tu costituras limittes au puple alenuiron et diras donnes vo⁹ garde q̃ ne montes en la montaigne et naprouches ponit ses confins.   Tout homme qui touchera la montaigne morra no point de mains de homme mais de pierres dequoy il sera lapide et suffoque ou de dars ou fleches il sera perse de part en part soit homme ou femme il ne viura point. Et au commandement de dieu le peuple sanctifie apres le tiers iour vit et faisoit chault au matin et furent ouys tonnoirres esclers corruscations et nuee espesse qui va couurir tout le mont et le son dune trompette va sonner vehementement et grant force dequoy tout le peuple qui estoit es chasteaulx tentes et pauillons fut en grant crainte.

Et quant moyse eut amene le peuple au deuant de dieu du lieu ou il estoient demouroient au pie du mont lequel estoit tout en fumee pource que dieu y estoit descendu en fu/et montoit le feu dudit mont en lair come de vne fournaise/et estoit ledit mont terrible et le son de la trompette croissoit ptit a ptit de plus en plus en grosseur et en estendue de pais et de terre. Moyse parloit et dieu respondoit. Et dieu descendit sus le mont de sinay au plus hault de la montaigne/et apela moyse au plus hault du mont et la luy bailla ses commandemens de la loy et les loys qui commanda a estre declairees au peuple. Entandis tout le peuple voyoit les lampes et ouoit la vois de la trompette et le mont fumant dequoy furent tous espouentes/et pource se reculerent loing dudit mont. En aps vint moyse qui raconta au peuple toutes les parolles de dieu et tous ses iugemens/auquel respondit tout le peuple a vne voix disant. Toutes les parolles de dieu que tu nous a dictes nous ferons et luy serons en tout obeissans. Encore apres monterent en la montaigne Moyse et Aaron Nadab et Abiu auec septante des plus anciens du peuple de israel et virent le dieu qui auoit soubz ses pies vne pierre de saphir clere et belle come le ciel quant il est serain/ilz veirent dieu et beurent et mengerent/apres encore parla dieu a moyse. Monte a moy au hault du mont et soyes la ie te bailleray deux tables de pierre et la loy et les commandemens que iay escrips afin que tu les enseignes aux enfans disrael. Quant moyse eut monte la le mont fut couuert dune nuee et fut la habitat la gloire de dieu couurant le mont de sinay lespace de .vi. iours.

Le septieme iour il apela du milieu de la nuee la face et figure de dieu estoit comme feu ardant sur le hault du mont deuat et au regard des enfans disrael. Sen entrant moyse au milieu de la nuee sen monta en la montaigne et fut la quarante iours et .xl. nuys/auquel teps voyat le peuple que y demouroit longuement a retourner s'assembla alentour de aaron disant. Lieue toy tost et nous fay des dieux qui nous precedent. Nous ignorans qu'est auenu a moyse qui nous a gette hors d'egypte. Adonc aaron prit du peuple les aneaulx d'or qu'ilz auoient pendans a leurs oreilles et en feist par euure de fonte ung veau conflatil lequel quant le veirent les enfans d'israel hors la fournaise l'adourerēt et sacrifierent luy disant Xcy tes dieux israel qui t'ont mis hors de egypte pour lequel mal et peche de ydolaterie dieu tua plusieurs milles dudit peuple de israel.

Par lesquelles choses dictes et a elles semblables appert clerement pour sommerement parler, car plusieurs autres hystoires laisse a cause de briefuete que ce mont de synai s'apele veuement mont de diuine habitacion/ et de angelicale frequentacion/mont de lumiere et dilluminatiō ou inflammation/mont de nuee et de obscurete de pluye et de rousee de pasturage et de refection de sapience et de erudicion/car de ce mont dieu enseignoit le peuple et luy bailloit loy et commandemens/mont de misericorde et de promission/quia de la promit au peuple biēs inestimables et incongneus/mont de iustice et de communicacion car paour et crainte il mettoit aux ignorans et insipiens de fouldre et corruscacion de son et de Voix de amitie et confederacion/quia par le moyen de la loy/la fut uny a soy le peuple par perpetuelle confederacion/mont de pudicite et purete/ de liesse et ioyeusete/car nul ne peut monter audit mont s'il n'estoit pur et net de cueur et de pensee et de corps et ceulx qui telz estoiēt deuāt dieu mengoient et beuuoient en ioye et epultacion/mōt de sacrifice et de oroison/car faisoient les sacrifices et par l'oroison de moyse dieu pardonna l'offence du peuple et de plusieurs autres excellences et semblables prerogatiues estoit ledit mont lesquelles se les vouloye toutes par ordre et en nombre reciter ne fauldroit pas ung iour mais ung an et plus/et papier asses et tant que parauenture me fauldroit.

Et se par les choses pdictes ledit mōt est digne et excellent encore fait bien grādemēt a sa louēge et exaltaciō la presence du grāt et precieux tresor du corps de madame saincte Catherine qui est en ladicte montaigne/ et y a este l'espace de trois cens ans au plus hault de la montaigne en ung fait et pie pare par seuure des anges de paradis et la moult merueilleusement par bien grandes deuocions long temps et grant espace du du peuple ont este faictes et celebrees.Mais a present ledit corps dingne et precieux est en vne abbaye de moynes belle et sumptueuse au pied de ladicte montaigne en vng sepulchre de pierre beau et riche auquel repose ledit precieux corps saint.

Quiconques est vray amy de la saincte vierge et martyre madame saincte Catherine et a elle a deuocion et de elle est leal seruiteur le cy miltassoit ce quil soit grief dificille et laborieux luy sera aise et facile pour lamour de elle.Et qui ne auroit amour et grant deuocion a ceste tressaincte dame laquelle ama tāt iesus nostre seigneur et des sa ieunesse lespousa. De ceste glorieuse dame belle sage prudente noble lignee grande famille de laqlle le pere charnel estoit roy et la mere royne et des grans biens et richesses de fortune de sa beaulte corporelle lassaray a parler a cause que selon le dit du poete. Non tensus non clarum nomen auorum sed probitas magnum ingeniumqz fac. La personne nest point grande ne excellente pour richesses ne noblesse de parens seulemēt/mais prudence sagesse bonte de entendement la font estre grande.

Qui est celuy qui sa grant sainctete de sa vie la conuersation et desponsation de sa ieunesse auec iesucrist/sa ineptimable sapience en vne ieune pucelle esquelles bien et souuēt nen a gueres pourroit escripre ne racōter.Cest chose clere que vne des grans excelleus et vertus q̃ peut estre en vne femme espetialement ieune est sapience et sciente/car comme dit le sage. ffalax gratia et vana est pulchritudo mulier autem timens deum ipsa laudabitur.Beaute de corps est deceuante et vaine/ mais la femme craingnant dieu sera louee et prisee/car crain dre dieu dit le sage est principe et commencemēt de sapience.Et pose que plusieurs femme soient louees es histoires de sagesse et sapience/toutesfois madame saincte Catherine est par sur toutes les autres digne de estre prisee et louee pour quoy en ce est sur toutes a deuoir estre honnouree et prisee ou louee.plusieurs de vrai estude de sapiēce ont vaque et plusieurs ont esté graues en sciēce mais nulle nest semblable ne digne destre cōparee a elle ne les filles du roy cyrus ne la mere de denis Tanaql calpurnea la sibil tyburtine ou les autres desqlles ē memoire es histoires antienes ou la dame sebya sapho q̃ au tēps de omere le grāt poete fut fort esleuee en c

prit de poesie de laquelle la chausson saphique print nom. Ne centoua q̃ composa la vie de Jhesucrist de vers de Virgile et sa passion et resurrection treselegamment. Ne auresia qui fut tres experte en lart de oraterye qui fut accusee mais elle se defendit honnourablement. Ne gaya fromea femme de lucius eloquente plaine de rhetorique par laquelle a plusieurs mis en perilz fut ayde et secours. Ne angeriona tressaige en medecine que les rommains eurent en grant honneur et reuerence. Je ne parle point de plusieurs autres, comme de yside qui enseigna la premiere de labourer les champs et de filer et de faire les toiles et les lettres en grec premierement trouua, car nympha carmente apelee nichostrate fille de touius roy darcadie ensuiuant icelles lettres bailla les lettres en latin. Minerue trouua a faire filer la laine et faire les draps et les nombres les chiffres et figures de algorisme elle mesmes trouua. Et trouua la pratique de faire huyle et de faire les charrios et charrettes, et de plusieurs autres choses. Noema seur de thubal trouua les autres ars mechaniques. Ceres comme dame de la terre et deesse enseigna de labourer la terre la semer et messonner. Jrenes fille de cratin souuerain se surmonta en celle art. Marcia pharonis excede tous la pieres et paitres, et sopolin et vng nomme venis excellens en celle art elle surmonta de laquelle les figures ymages et paintures encore en dauctis lieux on treuue bien especiales et fort singulieres.
Madame saincte Katherine surmonte et excede toutes ces dames yci nommees en sapience, en science et en engin et prudence, passe et surmonte lesquelles elle a eu non pas seulement par engin et entendement naturel mais par science infuse de dieu qui est chose bien rare et singuliere. Elle estoit si tres elegante et eloquente en parler que les cinquante grãs clers et docteurs ne luy sceurent que dire ne que respondre mais tous rauis estoient de louyr parler si sagement et haultement parquoy furẽt a la foy conuertis, et quant furent mis dedens le feu ne vng seul poulc de leurs testes ne de leur robe ne fut brule du feu, mais seulement moururent et leurs ames par martyre alerent en paradis. et elle mesmes aps plusieurs tourmens que elle souffroit ioyeusement fut decolee ou elle auoit les yeulx esleues au ciel en priant et donnant gloire a dieu disant. Seigneur dieu veullies receuoir mon ame en paradis, et faictes grace et misericorde a tous ceulx et a toutes celles qui de moy auront souuenance et memoire.   Apres laquelle oroison vne merueilleuse voix

du chiel fut ouye disant Xenes ma tresbien amee entres aux nectes de vostre espoux et en sa chambre ce que auez dit et demande vous est ottroye et ceulx qui vous aymeront saulvez seront. Et au coup du couteau q luy couppa le col se set saillit en lieu de sanc le corps enseuely fut apres et porte des sains anges de dieu au plus hault de la montaigne de sinay. Et de ses membres virginaulx sault huyle et baume odiferant et salutaire a plusieurs malades. O vierge glorieuse martyre venerable. O pierre precieuse et reluisant sur toutes vierges. O espouse glorieuse du roy des roys digne et piteuse. O vraye hostie a dieu dediee et sacree qui a ceulx qui ont en vous fiance et devotion prestes secours et par vos merites ayde et consolation. Et si autre chose nauoit a ladicte saincte montaigne q la decorassent q la presence de la dicte saincte vierge si cesse assez pour tyrer ung chascu devot crestie a y aller par devotion. Mais moy a leurs et autres choses me convertissant ce que dit est peut estre a peu de gens congneu et qui est a dire nay pas volu de laisser incongneu

Et certes ledit mont combien quil soit beau a veoir et regarder et en situation est fort a narrer apres la vision duquel ce beau iardin balsamique iadis de grant renon iadis clos et ferme et la fontaine de marie fontaine marquee et signee veismes et regardames auquel iardin arrouse de leaue de ladicte fontaine et nō dautre eaue a fruis fort bons et de grāt doulceur et delectacion. Et de la venir en la grant babilonne de egypte et a la cite du chaere cite principale des sarrasins tresgrande tres peuplee abondāte en toꝰ biens du mōde riche a plente et grāt merueille on reside et se tiēt le soudā trespuissāt en richesse et en gēs de la de rechief entrer en la mer rouge et la se baptisier et lauer comme font les anciēs au lieu especialement ou passerent les enfans disrael a pie sech, de la au fleuue de paradis partāt appelee le nille ou gyon qui arrouse toute la terre de egypte et la rent tres fertile/ de la venir en la cite ancienne de alexādrye de la on vient a venise pour le retour. Et puis chascun pelerin prent de la son chemin pour retourner en son pays magnifiquement rendre a dieu graces et mercis et a la glorieuse saincte Xatherine du grant don que luy a este fait et donne de dieu dauoir este es lieux et places dessusdictes Et en apres souuent auoir en memoire et recordation les grans perilz et dāgiers en quoy il a este et biē souuēt afin q tousiours aye crainte de dieu et louenge dicelluy q desditz perilz et dangiers la deliure. Et peut estre q ce luy sera au tēps auenir vtile et bien pourfitable

Avant que vienne a escripture le dit voyage et pelerinage de madame saincte Katherine vueil dire la forme du contract fait pour le dit voyage avec les seigneurs et gouverneurs de Iherusalem sur la sauvegarde a nous baillee de eulx et saufconduit pour faire le dit voyage de madame saincte Katherine et de retourner de la au Chayre. Ledit contract se doit faire le plus tost quil est possible avant le partement du patron et des pelerins en la presence du patron et du pere gardien des freres mineurs du mont de Syon/ pource que apres le partement du patron et des peleris les sarrasins font tant de moleste et de peine aux pelerins que merveille/ et les contraindroient par force de payer le tribut du passage a leur plaisir et voulunte/ donc ques fault faire marchie avec le lieutenant du soudan qui est la en hierusalem et ainsi le feismes qui pour lors sapeloit Nayodon/ et avec le maieur casine/ cestadire maistre de lospital des pelerins qui sapeloit Sabatythaneo le.xviii. de Juillet en faisant tel pacte et contract avec eulx comme sensuit.

Premierement ilz nous promettoient nous bailler saufconduit et le nous promirent de hierusalem iusques a madame saincte Katherine/ et de la iusques au chayere. Et que luy a ses propres despens nous devroit conduire de hierusalem iusques a gazeram.

Item que tous treus/ gabelles/ payages/ exactions/ et autres choses qui fault payer de hierusalem iusques audit lieu de gazerem il payeroit luimesmes de ses deniers a ses mis tous et propres despens/ car autrement en payant lesdictes choses les pelerins seroient trop travailles et grevez des sarrasins.

Item que a vugt chascu pelerin prouverroit dun asne pour le porter et ung homme pour les mener qui sapelent mucretz depuis hierusalem iusques a madame saincte Katherine et de la iusques au chayre lesqlz prouverroient de toutes vitailles et fourrages pour eulx et pour leurs asnes synon que les plerins de leur volunte et bon plaisir leur voulsisent donner quelque chose.

Item que tous nos vestemens et nos vivres feroit porter a ses despens depuis hierusalem iusques a gazeram/ exepte seulement le vin le

m

quel nous mesmes faisons porter a nos despens.

Item qui nous prouuerroit de cameaulx en la dicte cite de gazeram qui porteroient toutes noz bagues iusques a saincte Catherine/et de la iusques au chayre/car mieulx beaucoup valent les cameaulx a porter le fais en ces lieux arides et desers q̃ les asnes. cestassauoir ilz sont plus fors et puissans a porter charge que les asnes.

Item quil nous deputeroit ung de ses seruiteurs et familiers qui en son nom et en lieu de luy nous acompaigneroit depuis gazera iusques a madame saincte Catherine/et de la iusques au chayere/lequel depute se nommoit lemandre calin/auquel par le chemin nous prouuerions de viures pour sa necessite selon sa personne.

Item que a chascun pelerin prouuerroit ung baril pour porter de leaue par les desers/car on ne treuue point de eaue par plusieurs iour nees en ces desers.

Item qui nous prouuerroit dung pauillon oud une tente q̃ nous pour rions mettre quant nous plairoit es desers contre lardeur du soleil.

Item que ung chascun de nous payeroit audit prefet ou lieutenant Nayodon pour le saufconduit et pour toutes les choses deuant dictes xxviii. ducas le moytie de la dicte somme payer en hierusalem/et lautre en gazeram apres que nous auroit prouueu de tout ce q̃ a este dit selon la forme et maniere de la cõuention

Item tout ce contract et marche fut mis par escript signe et sele des scaulx de la chancelerie des seigneurs de hierusalem et du grant maistre calin lieutenant du soudan/mais est de coustume a eulx payens et sarra sins de mal obseruer et garder ledit contract et marche quelque escript ou signature quil facent/et nous cousta ledit instrumẽt escript et seele deux ducas.

Et est tresdiligamment a noter que les pelerins qui veulent aller a madame saincte Catherine se il se peut nullement faire sans offenser et tour outer les autres confreres pelerins qui veulent retourner en leurs pays sans aler a madame saincte Katherine ne les doiuent point acompagnier iusques en ioppen ou iapha comme est aucune fois de couseume par amour et charite les conduire iusques es galees laquelle chose ia iadis que ne se doit faire/car les pelerins sont fort greues et iniuries et tourmentes des payens et sarrasins et pour se vengier quant ilz retournent et qui sont pres des galees si peuent trouuer ou rencontrer quelque sarrasin il luy font tout le mal qui peuent et puis senfouyent courant en leurs galees pour estre sauf et en seurete.

Et puis apres les sarrasins qui sceuent le cas se veulent venger des pelerins et leur font du pis qui leur est possible aucune fois le tyrent et font mourir en sen retournant pourquoy mieulx est de donner coseil aux pelerins que pour lonneur de dieu ayent pascience en ne se vengant point des offenses et iniures quilz ont eues des sarrasins/ afin que ceulx qui viendront apres eulx ne soyent greues/iniuries/et tues/comme souuent a este fait.

Le vingtdeusieme iour de Juillet q estoit la feste de la magdaleine nos confreres pelerins sen retournat au pays partirent de hierusalem alant aux galees qui les attendoient au port de ioppen. Et nous qui estions dixhuyt de toute la multitude esmeuz de deuocion et affection a la dame vierge saincte Katherine et les autres lieux demourames en hierusalem. xxxiiii. iours craingnans lardeur vehemente du soleil qui nous empeschoit de encommencer nostre voyage. Et en celuy espace de temps souuent visitasmes les sains lieux de hierusalem et des autres lieux alenuiron.

Les noms de ceulx qui demourerent et alerent en hierusalem ensemble audit voyage sont ceulx qui sensuiuent lesquelz plaise a dieu soient escrips au liure de vie/cestassauoir Monseigneur Jehan conte de Solins/seigneur en mytzeuberg qui estoit le plus ieune de aage de tous/ mais non pas de courage/car en noblesse de vertus et courage nauoit de second/car il estoit tousiours en toutes choses vertueuses et diffici-

M ii

ses le premier. Monseigneur Bernard de Breydenbach a lors cha=
nonier/mais a present doyen de la sacree metropolitaine eglise de mago=
ce acteur principal de ce liure
Monseigneur philippe de Bicken/cheualier.
Auec eulx estoit entre les autres ce paintre fame et de grant renom Er
hard reuuich du treth qui tous les lieux yci pains et figures il a faict z
composes. Monseigneur mapinien de son sournom nomme sinasmus
de rompstsseyn seigneur en Poinelre.
Monseigneur Bernant de mernasse Baron.
Monseigneur Gaspar de Bulach Cheualier.
Monseigneur George mary Cheualier.
Monseigneur Nicolas dit maieur en sturt cheualier auec lesquelz sans
autres leurs seruiteurs y auoit deux freres mineurs aprez luy ffrere
Paul/et lautre frere Thomas sachans plusieurs langages parler.

Monseigneur Henry de Schassenberg Cheualier
Monseigneur Gaspar de Sienky Cheualier.
Monseigneur Sigismundus de marszbach Cheualier.
Monseigneur Pierre Velsch Cheualier.
Monseigneur Jehan lazinus Archidiacre et chanoine de leglise de tras
siluane en hungrie.
Et frere felip feure de lordre des prescheurs liseur en theologie a Vlme
grant preschur qui autreffois auoit este en la terre sainete.

Le.xxiiii.iour de Aoust qui estoit le iour saint Bertholo=
mier apres que eumes toutes nos choses necessaires dispo=
sees pour passer les desers nous partimes hors de la cite
sainete de hierusalem a leure de Vespres/et portans tous nos
negotes et besoignes sur les asnes vismes en bethleen apres soleil tou=
chy.En quantes angoisses et miseres nous fumes en ce pou de temps
et de chemin pour les guettes et espies des sarrasins et la peine que nous
eumes pour le vin que nous portiemes ie men tais et nen parleray mot
pour bon regard.
Nous demourames deux iours en bethleen et visitames les sains

lieux desquelz a este cy deuant parle.
 Et au point du iour le.xxviii.de Aoust partimes de bethleem et Vismes a iour failly en vne ancienne cite nommee Ebron ou alames Voir les sains lieux/cestassauoir la double fosse et le champ damassene et la fosse dessus nommee. Et especialement le monastere de saint george auquel les moynes de grece demeurēt auquel lieu est la chaine du glorieux martyr saint George qui a.xxix.aneaux laquelle les sarrasins ont en grant honneur et reuerence/et la mettent en leur col ceulx especialemēt qui sont beves de lennemy et gens frenatiques qui en latouchāt sont tā tost gueris/et la mismes en nos colz chascun de nous a lexemples des sarrasins.Et la pres on voit encore tout clerement et maguifestemēt les pas et enseignes du cheual dudit glorieux saint George en la terre de laqlle vng pou en aportames.
 Lendemain.xxviii.de Aoust partimes au matin bien matin/ et cheminames tout le iour iusques apres soleil couchant iusques en lieu ou nous trouuames vne grant maison et demourames la pour la nuyt. La est la fin des montaignes/ et commence vne plaine belle et asses fertile et fructueuse/et en passant celle plaine passames par vng chasteau apele saint samuel a senestre duquel est vne villette apelee Saint abrahā ou y a vng hospital bel et noble soubz la seignourie des sarrasins/auquel a tous alans et passans de quelque pays et nation qui soient on dōne du pain et de huile et du potage/la tous les iours on cuyt mille et deux cens pains pour donner aux poures. La desrente qui se fait la tous les ans en aumosnes monte iusques a.viiii.mille ducas.

 E.xxix.de Aoust qui estoit le iour de la decolation de saint Jehan baptiste au matin partimes et alames a Gazeraz et y arriuames vng pou apres mydi/ mais nous ny entrames point iusques au soyr par le conseil du truchement et conducteur/et ce nous conseilla afin que parauenture le seigneur de ladicte cite de gazeram ne nous ostat le vin que nous portiōs/comme souuent auoit fait a daultres pelerins. En alant ce iour la par le chemin nous trouuames plusieurs sisternes desquelles les sarrasins tirēt leaue a grant peine et grant labeur pour donner aux pelerins pour lamour de

M iii

dieu. En entrant en la cite de Gazerā nous veismes vne figuiere fort haulte a merueilles especialement en largeur qui porte figues. vii. fois lannee/ et sapelent les figues de pharaon. Et quant le soleil fut couchie nous entrames en la cite auec nos cherges et trouuames a grant peine et difficulte lieu ne maison ou puissons demourer et logier pour la nuyt conuenablement. La maison accoustumee pour les pelerins estoit trop petite pour tant de gens et de bestes. En la fin en vne grant court orde et sale pleine de tieules et de terre fusmes la bien rudement boutez cōme bestes. Et puis la nuyt et dautres aps demourames la et couchames sus la terre nue/ et au descouuert la demourames. vii. iours et .vii. nuys en grant annuy et trauail/ et fusmes comme tous malades bien griefuemēt car lair y est mauuais a grant merueilles. Nous eumes de grans tromperies et deceptions et de nostre guide et conducteur qui sapelle en leur langage calme/ et des sarrasins aussi/ dequoy seroit long a tout compter et reciter. La cite de Gazeram est deux fois plus grande en longueur et en largeur que hierusalem/ mais nest pas pareille en edifices/ et est pres de la mer vne petite lieue francoise q estoit iadis la cite principale et metropolitaine des philistins apelee adonc Gaza/ dequoy est parle In dil̃bſi que sanson y ala a vne femme dequoy estoit amoureux/ et elle le dit aux philistins que sanson estoit venu et qui seroit auec elle celle nuyt/ adōcques ilz mirent gardes et feirent assemblee pour prendre et mettre a mort sanson/ et quant ilz vindrēt a luy pour se cuyder prendre il eschapa de eulx par sa force/ et ala aux portes de Gaza qui trouua fermees il les rompit et les emporta toutes deux sur ses espaules qui estoient grandes a merueilles/ et les mist sus ses espaules en les portant sus le hault de la montaigne qui a son regard vers Ebron.

Et en apres deceu et mocque par dalida/ femme quil amoit par folles amours qui demouroit en la valee apelee soreth. fut pris et luy furēt creues les yeulx fut mene en ladicte cite de Gaza la ou les philistins le lierent de chaines et encloyrent en prison en le faisant mouldre le ble cōme vng cheual a tourner au tour dun moulin. En la parfin fust amene deuant les princes des sarrasins et philistins et toute leur compaignye pource quil iouast deuant eulx en faisant quelque chose nouuelle par lin uotation de son dieu. Et y va prendre deux grans coulonnes qui soustenoient toute la sale ou se faisoit le conuiue et banquet des seigneurs philistins lune de la main dextre/lautre de la main senestre et les rompit et froissa en pieces/comme on feroit ung petit baston/et toute la maison tumba sur ceulx qui estoient dedens/et en tua trois mille tant de hommes que de femmes qui estoient la a le regarder et veoir iouer/et suymesmes aussi par especial et familier secret et reuelation du sait esprit parquoy est excuse de estre de soymesmes homicide.

Et ainsi en mourant en tua plus et feist mourir que nauoit fait par deuant quant estoit viuant. Celle maison estoit apelee le temple de dagon de laquelle encore iusques a present on voit les ruynes.

E.ix.iour de septembre partimes hors de la cite et alames au champ ou estoient.xxiiii. camiaulx prestz et apparcillez par le truchement. Lequel alors se departit de nous & sen retourna en la cite saincte de hierusalem. Nous demourant le petit talin en son lieu pour nous conduire mener et ramener/comme auoit este patte et apointie.

T le.x dudit moys de septembre partimes dudit champ/alant par vne grāt pleine ayās la grāt mer a coste dextre/et la terre saincte a senestre et contre nous vers le midy ung grant desert et pays de gatiue infertile et infructueux. Auquel et par lequel nous perforsions daler. Et venant pres dune petite ville nommee sebhem a ung mille pres de gazera demourames la ceste nuyt pour nos compaignons qui estoient malades qui ne pouoyent aler synon tout plan et bien en paix. Nous tendimes nos tentes et pauillōs en alant et decourant toute la nuyt par la region dudit pays pour contueillir et amasser ung petit de boys.

En ladicte region nya de boys synon ung pou de buissons tous secz/et coupions les rochines et tout en les aportant sus nostre costāt pour cuyre nostre viande que pour nous chaufer. En celuy lieu ya ung puys hault et bas/mais pour seure nya point dyaue/et diston que quant la

M iiii

vierge marie auec Joseph aloient en egypte portant nostre seigneur iesus que de celuy puys tiret de leaue pour boire et demourerent la toute la nuyt.

Le .xi. de septembre au matin departimes de la et passames par vne plaine sablonneuse qui estoit si grande et spacieuse que nen vismes point le bout synon vers occident la ou elle estoit chainte et auironnee de la grant mer. Finablement vismes en vne region laquelle sapelle en langue arabique chauuatta, mais en latin elle sapelle cares. Et la au pye dun petit mont fichames nos tentes et pauillons / et demourames pour la nuyt alant deta et dela cueillant boys pour nostre affaire et necessite. Et on nous apportoit en vaisseaulx de leaue, mais pour la corruption des vaisseaulx estoit sy mauuaise et corrumpue que ne nous seruoit comme de riens / mais nous estoit dangier et anuy de la voir regarder ou sentyr.

Celle nuytee la eusmes vng pou de pluye / laquelle chose est rare, et peu souuent auient en ce pays la. Et ainsi depuis que alions en auant trouuions la terre plus sterile meschante et aux hommes inhabitable. Car ce iour la quant nous mismes a chemin entrasmes dens le vray desert la ou iamais ne habita homme ne femme / car la terre ne se peut labourer ne semer / par laquelle terre alant et cheminant ne trouuames ne villes / ne vilages / ne chasteaux / ne tygurio / ne vignes / ne pres / ne chaps ne iardins / ne arbres / ne forestz / mais terre seulement adustee et brulee de lardeur du soleil du tout sterile et infructueuse pleine de torrens et ruisseaulx de montaignes et de valees qui quasi portent figure et semblance de mort.

Souuent par le dit desert nous veismes grant fumee / comme dun bien grant feu / mais nous par vraye experience congneumes q nestoit synon eleuation de la pouldre de la reue subtile et menue esleuee du vent en semblance de fumee de grant feu a le soir de loing / dequoy se font de petites montaignes / et quant au iour duy en vng lieu le chemin est plain / demain il est tout montueux et bossu pour la cause que dicte est.

Et ainsi a grāt peine et labeur vismes a pie le mieulx que nous peumes

Le .vii. de Nouembre en vng lieu dit et nomme Gayon la ou nous tendismes nos tentes et pauillons pres dung torrent asses large et nauions eaue nulle synon en bouteilles et vaisseaulx toute corrumpue/ne pain synon de bescuit/ne bois pour nous chauser/synon des rachines de herbes/et tout ce que auios aporte de la cite de Gazera nous estoit failly. Et celle nuytee nous fismes nos arabes cuyre les pains soubz la tendre. Et apres le .viii. iour arriuames a vng grant torrent auironne des deux costes de montaignes lesquelles arabes apelent Baldazar/et si trouuames des colloquintidâ en bien grant nombre et abondance

Le iour apres .xiiii. de septembre entrames en vne plus grant gatine q̃ celle de hyer plus laix et horrible miserable et meschante trois foys la ou depuis ne vismes ne bestes ne gens ny oyseaux synon des osteriches qui demeurent aux desers/et arriuames en fort haultes montaignes et steriles assembles de pierres grandes grosses et dures a merueilles et en lieu a ceulx dit magare tendismes nos têtes et sapelent les dis môs en langue arabique pour especiaulte gebelheles.

En oultre le .xv. entrames en vng estroit desert et bien froit/et demourames en vng lieu la ou la terre estoit fort blanche et les pierres tôme croye/le sabelon ou arene comme chaux estaincte/et sapele ce lieu la en langue arabique mynsceue.

Lendemain .xvi. de septembre entrames en vne region fort difficile estroicte et froide qui na point de fin vers orient/et en deux moys a cheual on ne la pourroit pas passer/et se a lors on trouuoit terre habitable ne seroit pas la fin de ladicte region. Et selon lestimacion des aucuns cest la partye de la tainture torride ainsi apelee qui dure iusques a paradis terrestre/et celuy iour venant a leustremite de ladicte region arriuames en vng lieu nomme en alhero.

Le iour apres .xvii. arriuames a mesinar au pye dun mont treshault qui sapele Caleb qui semble estre fait artificielemẽt. Et dela departãt xismes le .xviii. de septembre en vne terre salee ou les pierres les môs et les vaulx et la reue sont cõme sel/et arriuames a vng torrent quil apelent aquosum.

Le iour .xix. de septembre arriuasmes en montaignes desquelles nous vismes le mont de dieu oreb de loing/ et a la dextre le mont de synai a senestre la mer rouge/ lesquelz lieux estoient loing de nous quatre iournees

Et la fismes colacion/ apres descendismes tout a pie pour les mauuais passages des pierres et pas haulx et bas et tres dangereux et perilleux/ et demouramesen vng lieu nomé Ramathim par lespace dun iour et de vne nuyt pour les malades de nostre compaignie en tauernes de pierres couuertes pendantes nous muchant et logant a grant misere et pourete inextimable et ny auoit nulz arbres nulles eaues ne gras ne petis ne brosse ne boys.

Lendemain .xx. de septembre nous leuames a faulte du iour et deslogames pour aler nostre chemin/ entrasmes en montaignes treshaultes et tresaspres la ou nauoit que arbres fort plais de espines qui pour lors estoient flouris et rendoient fort bonne odeur dequoy estions bien et grandement consoles et confortes.

Et dient aucuns que de ces espines fut la digne couronne de nostre seigneur/ et en prinsmes beaucoup pour porter auec nous.

Les montaignes des deux coustez de la valee estoient non pas seulemét steriles/ mais plains de pierres et scopulosieux a merueilles de couleur rouge et noire/ et sembloient les pierres a la lueur du soleil comme se estoient ointes de huyle.

La nous vismes vne beste plus grande que vng cameau. Et disoit nostre guide que cestoit vne licorne. La aussi nous vismes vng pasteur menaissant et menant ses bestes par le hault de la montaigne/ laquelle chose nous fut bien estrange et nouuelle/ car ia grant piessa nauions veu ne homme ne beste nulle au mains domestique/ Et quant la nuyt fut venue nous logames en vng lieu apelé schothie. Et en ces peines et grans labeurs ievcogitables par telles vopes et chemis estranges et dangereux. Nous eumes seulement vne consolation et sans doubte de la grate de dieu et des merites de la benoite vierge Madame saincte Katherine/ que vne estoile plus belle et plus clere que les autres nous auions tousiours apres nous la mynuyt/ laquelle

se leuoit et sapparissoit vers le mydy/laquelle au pays est apelez lestoi
le saincte Catherine.

Et ceste estoile estant sus le mont de synai nous monstroit tousiours le
chemin des deuant le iour/ et quant nous nos eslongions de elle sans
faulte nulle nous ne nos eslongions de nostre chemin.

Finablement le .xxi. de septembre contre le mydi nous entrames en
vne valee/et de la nous veismes le mont de synai plus hault sans compairoison que nul des autres passant sus tous les autres lequel quãt le
eumes veu et aperceu feusmes resiouys et fort ioyeux et consoles/non-
obstãt que encore estoit bien loing de nous sy que nulle especiale cognois
sance nen pouyons auoir/mais seulement voyons de bien loing le mont
en general et obscurement plus hault que les autres.

Et quant vint au soleil touchant arriuames en vng lieu dit et apele aBalharo/qui est vne pleine grande auironnee de montaignes de tous
costes especialement de la part du mydi.   Et la tendismes nos tentes
et pauillons et la demourames la nuyt. Et dit on que la estoit le lieu ou
moyse paissoit les brebis de son cousin Jetro.

Et la vismes vne tauerne en vne roche la ou on dit que le saint hom
me demoura et reposa souuentesfois/duquel lieu peut asses bien veoir
toute la plaine de la valee et aussi tout le bestial que luy estoit commis
a garder.   Et est a croire que la maison de Jetro prestre de Madian
et le temple de son ydole nestoit pas guere loing de la.

Nous posames nos tentes contre le chemin qui va au haultes mon
taignes vers vng val bien deens le desert par lequel chemin Moyses
menoit ses bestes au mont de sinay par laquelle voye nous deuions pas
ser lendemain.

Lautre iour apres qui estoit le vingttreupiesme iour de septembre
bien matin nous leuames et nous mismes a chemin par le trauers du
desert par vne grant valee close de pierres grosses et grandes/ et arriuames en vne autre pleine areueuse ayant la reue rousse / comme les

me les montaignes estoient rouges en telle region/ la pleine estoit large et la valee grande et longue attaingnant iusques au pie de la saincte montaigne de synai/et dit on que les enfans de israel habiterent la en ce lieu apres que eurēt passé la mer rouge la ou mirēt leurs tētes au tēps que moyse parloit auec dieu. Nous veismes aussi ung lieu fort eminent a la maniere dune chayere dung prescheur auquel on dit que moyse prescha et promulgua la loy aux enfans disrael. Et ainsi que montions par la valee saiouterent a nous plusieurs arabes qui aloiēt comme nous au mont de sinay/et ne nous demanderent riens.

Et comme nous eumes passe ladicte valee nous entrames en vne autre valee fort estroicte et parfonde pleine de pierres et de callouy / et alions bien en pais/car le chemin estoit fort mauuais. Et en alant tousiours eumes deuant nous le monastere de madame saincte Catherine mis et situe au pie de la mōtaigne de synai laquelle chose quāt nous vint a veoir et regarder nous resiouist moult grandement et plus q̄ on on ne scaroit penser/car ia grāt piessa par auant nauions veu ne borde ne maison ou aucune habitation de homme sy non celuy qui est la fin et le terme tresdesire de nostre voyage et pelerinage lequel auions deuāt noz yeulx.

Nous quant feumes au monastere arrinez nous receurent benignement et caritatiuement en nous assignant chambres et logis pour noz logier et reposer et mettre nos bagues et besongnes. Esquelles portames tout nostre fardage/et incontinent alames ouyr la messe des latis religieux de leans/car encore nestoit pas mydi. Le demourant du iour nous le epposames a repos au monastere/car de ce auions bien grant affaire et necessite.

Et lendemain qui estoit le.xxiii. de septembre nous nalames point aux montaignes sainctes de oreb et de sinay pour les poures malades/et ceulx qui estoient las et trauaillies du chemin si grief et laborieux que nul ne seroit dire ne raconter.

Et le.xxiiii. de septembre deuant le iour nous partimes du monastere portans auec nous viures suffisans pour deux iours nous alant et et montant a la saincte montaigne de oreb. Et en montant a grant peine nous eusmes alencontre de nous vne belle fontaine laquelle iapieca en ce lieu subitement se trouua dequoy sera tantost apres de elle parle/et montant ledit mont auions tresaspre et rigoreux chemin tout pierreux/tant que veismes a vne chapelle de nostredame fondee iadis en memoire de ladicte fontaine.

Car vng temps fut que les serpens viperes crapaux et autres bestes venimeuses a grant nombre dedens le monastere et alentour arriuerent si que les moynes delibererent de abandonner le monastere/vray est que lesdis moynes pmierement alerent en procession bien deuotement pour prendre conge dudit mont et du monastere deuant que voulsissent en partir et emporter leurs besougnes laquelle chose faicte quant furent venus au lieu la ou est ladicte chapelle la Vierge marie mere de dieu glorieuse se apparut leur commandant que ne partissent dudit monastere/leur donnant seurete desdis serpens et bestes venimeuses et tantost se dit ne sapparut plus mais sen ala.

Les moynes pensant que ce fut quelque illusion ou fantasme se mirent a deuotement dieu prier disant et requerant a dieu en leur oroison que se lapparition estoit vraye que leur estoit apparue leur voulsist demonstrer par aucun euident signe.

Et tantost eulx estant en oroison sourdit dessoubz leurs pies vne belle fontaine dequoy furent fort consoles et resiouis/laquelle iusques a present flue et court largement qui est grant consolacion et recreacion a ceulx qui montent ou descendent ladicte montaigne.

Et les serpens et autres bestes venimeuses depuis ne saprocherent dudit monastere/de la montant plus hault en grant peine et labeur arriuames a vng arc de pierre qui a vng decostes/comme vne porte par laquelle il fault passer. Et dit on pour vray que nul iuif ne peut etrer par celle porte/et ce a este souuent experimente.

Finablement nous parusmes au plus hault de la montaigne la ou est vne plaine de la ou se mont de oreb sans adiunction de nul autre montaigne se eslieue en hault/car toutes les autres montaignes ptites attouchent tout alentour de luy/mais non pas alant iusques au hault de la montaigne.

Au pie dudit mont de oreb trouuames la chapelle de helye en laquelle entrames par vng petit huys auquel lieu ya trois chapelles closes de vne muraille seulement ayant vng huys ou porte tant seulement. La premiere est de nostredame. La seconde de saint helisee. La tierce de sait helye/et ya en chascune dicelles chapelles sept ans de pardons et sept quaranteines.

En ce lieu la repose le tresgrant zelateur helye le prophete apres la commendable et digne de memoire cōfutation et execucion des faulx prophetes de baal/lesquelz il tua et mist a mort qui estoient quatre cēs et cinquante hommes de compte fait lesquelz vaincus et confusiblemēt conuaincus mena au torrēt de cyson et la les tua et occist/comme est au long escript au troisieme liure des roys au dixhuytiesme chapitre.

Apres laquelle chose la mauuaise femme la royne Jesabel manda par vng messagier a helye disant/ainsi me facent les dieux se demain re ne fay de toy comme tu as fait aux prophetes de baal. Adonc helye eut paour et sen ala au desert et se gecta dessoubz vng geneurier demandant a son ame quelle mourist et sendormit la dessoubz/apres vint lange de dieu a luy et latoucha disant qui se leuast et qui mengast. Quant helye fut esueille il va veoir vng vaisseau plain de eaue au pres de sa teste et vng pain cuyt soubz la tendre/il en beut et menga/et apres se ren dormit/lange de dieu reuint a luy sa seconde fois et se toucha disant qui se leuast et qui mengast/car grant chemin auoit il a faire/Adont se leua et se mist a chemin et en la force du pain quauoit menge chemina quarante iours et quarante nuys iusques a la montaigne de dieu oreb. Et quant il fut la il demoura en teste cauerne dequoy on parle a present quil ya trois chapelles auquel lieu dieu parla a luy et saparut en vne petite aure soufflante et luy commanda quil oyngnist helisee en prophete au lieu de luy/dequoy est escript au.iii. des roys au.xix.chapitre. De ce lieu la montames encore plus hault et trouuames vne grāde pierre q̄ cheut de la montaigne en la voye quant helye montoit le dit mont qui signifioit que helye deuoit retourner en iudee et deuoit cōsacrer helisee en sō lieu

Et de la vismes en vne sumite et haulteur de ladicte montaigne et vismes le lieu auql moyse vist dieu par derriere/car il auoit receu a grāt desir et souhet de voir la face de dieu disant se iay trouue grace enuers toy ie te prie monstre moy ta gloire/et dieu luy respondit disant. Je te monstreray tout bien etcetera. Mais tu ne pourras veoir ma face/car homme viuant ne me pourra veoir/dequoy au long est escript en exode au xxxiiii.chapitre. Et en ce lieu la les pelerins ont de coustume de se mettre par deuocion dedens tout courbes car le lieu est fort estroit comme vng trou ou pertuys en vne pierre.

Et de la au plus hault du mont dores arriuames la ou a vne petite chapelle belle et bien edifice close fermement dun huys de fer/ et est au lieu la ou moyse receut les dix commandemens en deux tables de pierre escrips de la main de dieu estant seulet auec dieu au plus hault du mont de sinay/dequoy est ainsi escript en exode au.xxxiiii.chapitre. Ascendit moyses in monte sinay sicut ei preceperat deus portans secum duas tabulas quas prescinderat instar priorum cunq̃ descendisset dominus per nubem stetit moyses coram eo inuocans nomen domini. quo transeunte festiuus moyses curuauit se pronus in terram et adorans ait etcetera. Cest a dire/Moyse monta au mont de sinay comme luy auoit commande dieu portant deux tables de pierre quil auoit taillees a la semblance des autres premieres.

Et dieu descendit du ciel en vne nuee clere au pres de luy. Adont moyse ce voyant tost et hastiuement senclina iusques en terre et adoura dieu en luy disant. Seigneur dieu tout puissant clement et misericors qui ostes les faultes et pechies des poures pecheurs en mille manieres de doulceur/de misericorde etcetera. Et ainsi fut la le sainct prophete moyse quarante iours et quarante nuys auec dieu ne point beuuant ne mengant.

Et quant apres il descendoit de la montaigne il tenoit ses deux tables de tesmoignage ne sachant que sa face fut cornue par la compaignie de dieu auec lequel il auoit este a laquelle chose voyant son frere Aaron et les enfans de israel craingnirent de saprouchier pres de luy.

Et ce voyant Moyse il mettoit vng vouelle sus sa face quant parloit a eulx/comme appert au dit liure de exode.

Ladicte chapelle nous ouurit le religieux qui estoit venu du monastere auec nous et entrasmes dedens tout nudz piés pour la reuerence du
lieu nous mettans tous a genoulx et prosternans contre terre baisans
le lieu ou moyse auoit receu les tables du testament en grant deuocion
lequel lieu est signé de deux pierres a costé de ladicte chapelle enuiró lespace de.v̄.pas est la fosse ou moyse ieuna quarante iours et quarante
nuys afin qil meritast receuoir la loy de dieu en laquelle nous entrasmes
par grant deuocion. Et sur ladicte fosse est vne eglise de arabes et sarra
sins dicte mustque la ou ilz sont souuent en grant reuerence et deuocion
a lonneur de moyse/car il tiennent q̃ ce fut vng grant prophete/en celuy
lieu a vne grãt cysterne qui cótient en soy bonne eaue et doulce froide et
bien sainne de la ou on dit que moyse tyra de leaue et pourtant sapele la
fontaine moyse/alentour de la apparent grans murailles toutes en ruy
ne/et croist on que autreffois y auoit eu vng monastere. Le mõt a pour
singularite que au hault il est comme ront/ et nest point ioint ne depen-
dant des autres mons/non pas quil soit le plus hault des autres mais
est plus singulier en admiration et plus difficile a monter que les autres depuis le monastere iusques au hault du mont ya sept mile degres
ou enuiron sans aucuns passages que on va sans nulz degres car la ter
re est pleine. De ce mont saint nous veismes la mer rouge et le signe demonstrant le lieu la ou pharaon fut noye auec toutes ses gens poursui-
uant les enfans disrael. En ladicte chapelle a pleine remission. Et la
nous seymes et reposames faisant colacion tous ensemble pour mieulx
pouoir acheuer les autres pelerinages et voyages ou nous faloit aler.

Apres la collacion et que fumes aucunement renfortes descendimes
de la montaigne deuers occident vng chemin terrible/aspre/difficile/pe
rilleux/et faloit faire de grans saulx a merueilles/en la fin arriuasmes
a vng monastere dit des quarante sains la ou arrestames et reposames
vng pou. Apres tantost montaines le mont de sinay par vng chemin
pire et plus dangereux que nauions pas eu par deuant/car nestoient q̃
pierres que mons/ et saulx que crestes de pierres agues et pendantes
en bas que saulx grans et bien fort dangereux la ou estoit vne grãde et
terrible ardeur de soleil/et seulement auions pour tout refrigere q̃ trou
uames deux fontaines contenantes eaue froide et asses bonne qui nous
donnoit aucune refrigeracion. Et quant fumes montes cóme au hault

dudit mont nous trouuames le col du mont si tortu et si long que nous fumes tous esbahis et esperdus/ et ny auoit autre voye par ou puissons aler/ mais a la fin le mieulx que poyons gripions et rapions aux mains et a pies comme cherfz ou chieures a grant peine et grant dangier tellement que a laide de dieu paruismes iusques au hault dudit mont de synai le.xxv.iour de septembre.

Nous doncques vismes au lieu ou les sains anges de dieu porterent de alexandrie le digne et precieux corps de madame saincte Katherine auquel lieu elle gist et demoura trois cens ans a la garde des anges de dieu iusques a tant que fut revele a vng saint abbe que y print le corps saint et le apportast en son monastere la ou a present est ledit saint corps

Et en grant devocion et reuerence nous prosternans la tous baisat le dit lieu et nous mettant tout le corps en celuy saint lieu ou auoit este ledit saint corps.

Le lieu est de telle disposicion le mont de oreb et le mont de synai sus quant au hault des mons distans bien loing lun de lautre obstat que au pied ce nest que vng mont/ mais petit a petit en montant ilz sont divises lun de lautre et au milieu des deux mons le monastere des quarate sains est situe/ vray est que le hault du mont de synai la ou fut porte la Vierge saincte Katherine des anges est beaucoup plus hault que le mot de oreb et de toutes les autres montaignes alentour.

En la summite du mont de synai ya vne petite plaine pierreuse ayant limpression dun corps humain non pas incisee de marteau ne de cyseau ne par art aucune faicte/ mais la pierre se offrit par vertus diuine comme cyre mole a receuoir limpression du corps saint de la dicte Vierge

Et ya des touftes du sepulchre retza/ et dela aucunes autres impressions portant et demonstrant signe des gardes des anges qui autresffoys ont la este et longuement tant que ledit corps estoit la.

En celuy lieu tresdigne et tressaint estions tous tant resioups et co soles que on ne le scaroit croire pour plusieurs causes et raisons considerant que estions au terme et a la fin de ce que tant auions desire/ et pour lequel veoir auions eu tant de peine et de dangiers. Cousiderans aussi que doresnauant retournerions la face deuers le pays de nostre nation pour nous en retyrer auquel chascun a desir nature le se finablement retraire. Apres que la eumes fait nos deuocions nous feismes ioyeuse colacion tous ensemble beuuant et mengant ce que nous auions ren dons graces e dieu et a sa digne mere et a la glorieuse dame Madame saincte Katherine. Et de la voyons les regions circuuoisines de loing du long et du large a grant plente nous semblant que de tous costes fussions auironnees de la mer rouge excepte uers le desert par la ou estios venus et sembloit estre pres de nous comme a trois lieues/mais a la verite y auoit bien .ii. iournees loing.

En la dicte mer rouge nous veismes plusieurs ysles steriles et desertes. Mais oultre le bras de la mer rouge dont a este parle/nous veismes les treshaultes montaignes de la region dicte et apelee Theketa la ou saint Paul le premier hermite saint anthoine et plusieurs autres sains peres menerent vie heremitique/de la aussi on voit le port de mer tresrenomme par dela apele thor/auquel viennent toutes les nefz chargiees de espiterie venant de inde en alexandrie et de la a venise et es autres pays de france et de par deca.

De la aussi nous veismes le desert de helym et de sur. La ou moyse auec les enfans disrael apres que eurent passe la mer rouge mirent premierement leurs chasteaulx/leurs tentes/et leurs pauillons. Et de la vindrent au pie du mont ou nous estions/cestassauoir de synai/la ou lespace de quarante ans pour la plus part demourerent vagans et errans es desers circuuoisins par la ou auions passe.

En oultre en la region qui estoit entre la mer rouge et le mont de synay/nous fut monstre vng lieu auquel est vng monastere de sainctes gens lequel pour le temps present nul ne peut trouuer/iassoit ce quon oye le son des cloches aux heures canonniques sonner tous les iours. Et nous dirent autcuns arabes y auoir este/mais tantost qui furēt hors perdirent le chemin et le monastere. Et aucūs des freres du monastere saicte Katherine comme nous dirent ont prins aultresfois grant peine et diligence de se trouuer qui disent bien auoir ouy le son des cloches/mais non point auoir peu trouuer le monastere.

De la aussi veismes vng iardi tresbeau et amene auquel y auoit grāt abondance de arbres bien fertiles espcialement de dates qui est aux freres du monastere de madame saincte Katherine.

De la aussi on voit la grant montaigne apelee phasga/lequel mont est tresgrant contenant en soy plusieurs mons particuliers cestassauoir le mont de arabim et de Nebo qui sont les mons sur quoy monta Moyse afin qui feist le pays de la terre de promission deuant qui mourut et qui fut enseuely en la valee dudit mont es champestres de moab/ comme apert au liure des nombres au.xxviii.chapitre. Et aussi en deuteronomii au derain chapi. Cestuy mont a este es confins des moabitains et amonitains diuisant leur terre de la terre des amorreens laquelle puis apres gaignerent et possederent Ruben et gaad/ et la moytie de la lignee de manasse/ comme apert en deuteronomii au tiers chapitre.

Le pye de ceste montaigne touchent la mer rouge qui est la mer tressalee/ comme apert deuteronomii tercio.tant au texte que en la glose

Et cestes montaignes faisoient la diuision de la terre que habitoiet les moabitains et les amonitains/et de la terre que prindrent en possession les enfans disrael. Et iusques au plus hault de ceste motaigne ala Moyses duquel lieu il contempla toute la terre de promission et mourra la/et comme dit est en la valee fut enseuely et iusques a present muce et cache tellement que nul ne scet ou il est.

Sus ceste montaigne de phasga monta Baalam ariolus auec Balac roy des moabitains afin quil baillast malediction aux enfans disrael/laquelle maledictio dieu couertit en benediction/ comme apert au liure des nombres au.xxviii.chapitre par quoy apert que cesuy mont a este mont de diuision/car les confins des mauuais diuisoit des confins et mettes des bons. Et aussi mont de benedictio car dieu par Baalam bailloit benediction au peuple de israel. Et aussi mont de speculacion car de la Moyse cotemploit les confins et limittes de la terre de promission.

Apres lespace de vne heure nous descendimes par la voye que auios monte/ et alames a la fontaine saincte Katherine la ou nous coupames et cueillames des petites verges qui disent estre semblables au buysso auquel dieu sapparut a moyse lesquelles comme il disent par cela vault fort contre la maladie que on dit choir du hault mal quat ceulx qui en sont malades les portent sur eulx.

Et puis apres plusieurs labeurs arriuames au monastere des quarante sains ou nous demourames la pour la nuytee. Ja dis ce monastere abondoit en grant nombre de religieux gens sains et de saincte vie. Et vng iour iapiessa les payens de thor vindrent en grat felonnie sur eulx et en tuerent quarante qui furent la enseuelis pour quoy sapele le monastere des quarante sains. Mais a present tant seulement deux moynes y demeurent du monastere de saincte Katherine qui seuffrent et endurent plusieurs molestes iniures et opprobres des arabes. Tous les edifices dudit monastere sont de terres et de caues fors leglise, et le mur dou est clos le monastere. Et y a ung iardin asses douly et gracieulx qui ioinct au monastere asses long en descendant de la valee et estroit abondant en oliuiers, figuiers, amandiers, et autres arbres bons et fructueulx desquoy iadis ont eu grans rentes les moynes de saincte Katherine de celuy iardin, mais depuis peu de temps tout a este destruit et gastes des hanetons et locustes.

En celuy iardin y a une petite chapelle en une roche la ou saint honofrius mena vie heremitique et anachoritaine, comme on list en sa legende. Nous fumes refectionnes audit monastere de boire et de mengier et trouuames nos cameaulx pres des murs dudit monastere et descendimes tout a bas en circuyant le mont de oreb pour nous en retourner au monastere saincte Katherine.

Nous trouuames au pie du mont la pierre de oreb la ou Moyse frapa de la verge la pierre par deux foys, et saillyt de leaue largement par vii. partyes de ladicte pierre selon le nombre des vii. lignees de israel.

Ceste pierre est moult singuliere sans atouchier a nulle montaigne mais de elle mesmes fait son mont en signe de plus grant miracle, de laquelle hystoire sont dictes plusieurs choses au liure des nombres au. xx. chapitre la ou entre les autres choses est escript. Cum venissent filii israel in desertum syn et populus maneret in cades indigeretq; aqua etc. Quant les enfans de israel vindrent au desert de syn et le peuple demouroit en cades ayant grant necessite de eaue sesleuerent contre moyse et Aaron et se tournerent en sedicion contre eulx disant, pourquoy aues vous mene leglise de dieu en lieu desert pour nous faire morir de pourete et misere, et nous et nos bestes, pourquoy nous aues vous amenes de egypte en ce meschant pays maigre et sterile que on ne peut labourer ne semer, qui ne porte ne fruis de figues, ne de oliues, ne de guernates, ne dautres et qui est grant misere de ce quy nya pas une goutte de eaue a boire.

En la parfin par les prieres de Moyse et de Aaron, dit dieu a Moyse prens la verge et assemble le peuple toy et Aaron ton frere et deuant eulx parles a la pierre et elle vous donnera de leaue, et quant leaue sera hors de la pierre le peuple en beuuera et leurs bestes aussi.

Et de la alant ung pou plus auant arriuames pres dung lieu la ou chose filz de ysaar enfant de chaath filz de leui auec dathan et abyron enfãs de Elias ces enfans de ruben seslleuerent contre moyse auec de autres en nombre de deux cens et cinquante hommes nobles et principaulx de la sy nagogue/lesquelz estoient apelés au temps du conseil par leurs noms pour estre au conseil/lesquelz dirent tous ensemble a moyse et a Aaron Vous souffice que toute la multitude du peuple est sortye de sainctes gés nos peres predecesseurs et en eulx est dieu/pourquoy dõcques vo? voulés vous esleuer sus le peuple et plusieurs autres rigoreuses paroles et ru des. Et apres dieu parla a moyse et luy dit. Moyse separe le peuple des tabernacles de chore/dathan et de abyron/laquelle chose faicte cõe dieu lauoit commande dathan et abyron estoient a lentree de leurs taberna cles auec leur femme/leurs enfans et la famille. Et soubitement la ter re se ouurit soubz leurs pies et les transgloutist tous ensemble leurs ta bernacles et tous leurs biens descendans tous vifz en enfer couuers de terre et perirent de ladicte multitude des enfans de israel. Et apres partit le feu du chiel qui descendit sus le.ii.cens et cinquante dequoy a este cy deuant parle/et les consumma et brula tout subitement ainsi quil offroient sensés a dieu/cõme apert en numeri au.xvi.chapitre.

La iadis y estoit ung monastere nomme au nom de saint cosme et de saint damien fait et construit par saint anastase la ou a a present deux des freres du manastere saincte Catherine demeurent.
Et a la maintenant ung iardin et vne vigne la ou fut fait tout ce myste re. Et non pas guere loing de la est la fontaine de laquelle moyse dõna a boire au peuple des eaues de malediction parquoy plusieurs des éfans de israel moururent la/et y sont enseuelys en grant nombre apres la con flation du veau. La pres est la sepulture des freres du monastere saincte Catherine la ou plus de.ix.mile sepulchres ya signes et escrips de dis religieux. La est vne sale nommee tholas/en laquelle a ung mo nastere desolé de saint Jehan de clugny apelé/auquel est vne fosse en la quelle les sains peres iadis ont fait grande et aspre et fort estroicte peni tance. Et de la nous arriuantes en ung champ asses large auquel cõ manda moyse au peuple et aux anciens gouuerneurs du peuple quil atté dissent la iusques a ce quil eut este luy et son seruiteur Josue parler a dieu en la montaigne de synai disant sil auient que aucune noise ou que stion se meuue entre le peuple vous auec Aaron et hur qui pourront

mettre paix et accord/comme apert en exode au .xxiiii. chapitre. Et ainsi circui et auironne tout alentour du mont de oreb entrames en vne valee bien estroicte et pierreuse par laquelle retournames de la ou estions departis/cestassauoir au monastere saincte Catherine.

Le .xxvi. de septembre nous leuames tous bien matin En nous disposant nos besongnes par oroisons deuotes et par confessions pour veoir les sainctes reliques dudit saint monastere. Et ainsi nous tous ensemble estans/vint labbe du monastere auec ses religieux la ou la tumbe du digne et precieux corps de madame saincte Catherine auec plusieurs chandelles estans alentour dudit corps saint selon leur mode de faire chantans aucunes antiennes en langue grecque.

Et finablement nous fut ouuerte iassoit ce que a grant difficulte et bien grant priere la tumbe ou est le dit corps saint/et vint labbe et le prieur en grant reuerence baisier le chief de madame saincte Catherine especial sacrere et saintuaire du benoit saint esprit/et ainsi firent tous les moynes lun apres lautre et nous apres culx lun apres lautre faisions semblablement en grant deuotion en atouchant nos bagues de ioyaux au saintuaire. Et du cotton en quoy reposent les membres du digne saint corps de la dicte saincte nous en donna a chascun vng pou labbe/laquelle chose nous receumes en grãt ioye lyesse et deuotion et le mismes chascun en luyle qui est en la lampe de la chapelle nre dame du Buysson.

En apres la tumbe de la dicte glorieuse saincte est a coste dextre du cueur de leglise mise en vng lieu patent et eminent/et est de marbre blãc bien poli et fait bien artificialement auquel le precieux chief de la saincte vierge et les deux mains/et aucunes autres partyes du saint corps de la vierge sont et reposent bien dignement et honnourablement. Et les autres parties dudit saint sont dispersees en diuers lieux de la tres sciente

De la au mesmes coste du cueur ya vng petit huys par lequel on entre en vne saincte chapelle apellee saincte marie du Buysson. La soubz lautel de la dicte chapelle est le lieu ou estoit le buisson qui estoit tout en feu et ne bruſloit point/auquel quant Moyſe vouloit aprouther on luy dit oſte tes ſouliers de tes pies etc̄.et les religieux nous dirent que ainſy deuions faire/et auſſi feiſmes nous tous/et y entrames deuotement en viſitant le lieu auquel a plaine remiſſion comme eſt le lieu ou eſt la tumbe de ladicte ſaincte Vierge.

En ladicte egliſe par le circuit dicelle ya pluſieurs egliſes eſquelles ya de grans pardons comme la chapelle ou eſt le lieu auquel dieu comanda a moyſe qui print Aaron/Naabaß/et Abiu/et ſeptante des anciens de iſrael qui montaſſent en la montaigne etc̄.dequoy me tais pour cauſe de briefuete a preſent en parler.

En ladicte egliſe ya.vii.coulonnes eſquelles ſont miſes pluſieurs ſainctes reliques et ſont des tabliaux pendus en icelles ou ſont les ymages des ſains dont ſont es coulonnes les reliques.

Et es.vii.moys de lan de ce ſe fait grant feſte audit monaſtere des grecz du pays de par dela.En ladicte egliſe ya vne chapelle de petite value des latins et pourement decoree/et ornee/en laquelle les preſtres de noſtre compaignie dirent meſſe/et donnerent a receuoir noſtre ſeigneur aux cheualiers de noſtre compaignie/il ya auſſi vne egliſe des ſarraſins ou muſque aſſes large et belle ſelon leur mode et maniere en laquelle ya vng tour ioincte a la chapelle a laquelle les arabes et ſarraſins la Senāt ſe tiennent et la frequentent/car il honnourent madame ſaincte Katherine et y viennēt bien ſouuēt la voir et viſiter.

Ledit monaſtere eſt ſitue en vne valee entre montaignes treshaultes/et eſt clos de mur tout alentour fait le premier par Juſtinien lempereur.Et eſt le premier monaſtere en la nation de grece de telle ordre et religion.Et ſont les religieux de lordre et rigle de ſaint Baſile tenant le ritte et mode de faire des grecz ilz ne ſonnent point de cloches/mais ſouuent de anneaulx de fer pendus contre quoy il frappent/et de ce font leur ſonnerie pour apeler les freres au ſeruice diuin/il ya beaucop de anciens poures religieux demourans en poures et meſchantes chambrettes faictes de terre qui gardent grant aſperite de vie en veſtemens/et en viure mais ilz ſot tous proprietaires labourās de leurs mais et touſiours faiſant quelque choſe vendans et aceptans ayans grans enuies et emu lacious les ungs auec les autres peut estre en peine et punicion de ce que ne sont soubz lobedience de leglise rommaine.

Ilz ont ung iardin moult beau et solacieuy plain de plusieurs et diuers arbres de toutes especes pres et ioingnant dudit monastere. Et dit on que la est ou fut fait par consolacion en la fournaise le beau dequoy a este cy deuant parle/il y a aussi une grande pierre ronde contre laquelle Moyse iecta les tables du testament et les rompit du couroux quil eut quant veist lydolaterie des enfans disrael/par le milieu du iardi court leaue de malediction dequoy fist boire les enfans disrael/lesquelz on congnoissoit en beuuant sil auoient este causes ou fauteurs du pechie et crisme de ydolaterie.

En celuy iardin au hault du mont nous veismes ung beau bien grât de pierre. Et nous dirent les moynes que quant on va la hault pour le veoir nul ne le peut trouuer/et est tout vuide sans pierre ne sans rien qui soit/mais on le voit bien de au bas.

Et aucuns disent que le dyable porta la hault ledit beau et quil le garde la pose que soit superstition. Et la valee ou est situe ledit monastere et es autres valees circuuoisines du mont de synai on treuue de la manne du ciel en aoust et en septembre tant seulement laquelle cueillent les moynes et les arabes et la vendent auy pelerins qui vont par de la. Et le chiet du ciel a la pointe du iour a maniere de rousee et bruyne/et pent auy pierres et auy branches des arbres comme gouttes de eaue. quat on la cueille elle est comme pege et au soleil ou au feu elle font comme beurre/elle a le goust de miel bien douly se tenant auy dens de celuy q̃ en mengue. Nous en achetames plusieurs partyes et aussi du bois dequoi fut faicte la verge de moyse de laquelle tant de merueilles feist en egypte des x.playes de egypte.

En oultre audit monastere y a une grant cisterne faicte et incisee en pierre qui est tousiours abondante en eaue. et disent les moynes que elles vienent des merites de leglise dequoy nous emplismes tous nos vaisseauy afin que par le desert eussions des eaues a suffisance car ia le tẽps estoit de nostre retour et partement/les arabes souuentfers ledit monastere/et y font souuent de grans mauly et greuemens si que labbe tous les iours cent ou six vingtz arabes nourrit de pain et de potage pour estre de culy supporte. La dedens toutes manieres de gens et de nations sont receus quant ilz viennent / excepte seulement les armeniens et iacobites/et quant sont leans il fault viure comme eulx et selon les status et ordonnances des grecz.

Du retour du mont de synai au chayre.

L.xxvii.iour de septembre a laube du iour nous leuames aps que eumes dispose de toutes nos besongnes pour partyr. Arriua le capitaine des arabes auec les madianites ses complices demandant ses droiz iniustes lequel longuement nous retarda seq apz que seumes contente nos conducteurs et ceulx q menoyent les cameaulx eurent grant debat ensemble lesquelz aussi appaisames et les contentames a leur plaisir. Et puis apres departimes a la grãt ardeur du soleil au nom de iesus et de sa saicte espouse la vierge Catherine passames par la valee par laquelle estions venus/et tendimes nos tentes pour ceste nuytee la entre les montaignes en lieu sec et sterile la ou a bien grãt peine peumes trouuer peu de boys pour faire vng petit de feu.

Lendemain a la pointe du iour de la partimes et arriuames a vng torrent beau et fort delectable clos de montaignes pierreuses/mais il estoit plain de beaux arbres. Et apres que seumes passe et que fuissons venus a vng lieu spacieux et grant nous vindrent alencõtre des asnes sauuages a grant nombre au bas du mont.

Et dela comme a soleil couche vismes en vng lieu dit elphat la ou tendimes nos tentes et demourames pour la nuyt. Celle nuyt vindrẽt a nous aucuns sarrasins menant quatre cameaulx charges de pommes et de poires mises et closes en paniers. Le pere abbe de saincte Catherine tous les ans en septembre a de coustume de enuoyer au soudan au chaire des fruis qui croissent a lenuiron des sainctes montaignes de oreb et de synai/laquelle chose est fort plaisante et aggreable a cause des sains lieux dou ilz sont aportes.

Et en fait present singulier a ses bons amys. Auec eulx donques nous alames deux iournees alames les suyuant par torrens fort beaux et delectables mais steriles et desers desquelz les vngs sont de terre tres blanche en la region apelee laterra auironnes de mons haulx et blans comme croye.

Et finablement le premier iour doctobre arriuames au chemin real froye et batu ou ferre par lequel de Gazera on va droit au chayre.

Celuy chemin est fourchu en deux chemins lune voye va du chayre en Gazera/ lautre au port de la mer rouge apelee Thor auquel de indie par.pvi.iournees loing on aporte les espiceries en naues qui ne sont point faictes de clous ne de nul ferrement/ mais de cordes et de cheuilles de bois bien fort. Et la cause est/ car les naues venant de inde audit port passent par aupres de montaignes dayemant qui attyrent a soy les nefz se y auoit fer nullement et les rumperoit contre les roches dauant qui sont en la mer de par de la. La nuyt venue appliquames a vng torret apele oron dem la ou nous tendimes nos tentes pour les eaues qui estoient la/ et demourames la pour la nuyt.

Auquel lieu sont plusieurs fontaines viues ayans eaue clere et bonne et plusieurs palmiers de quoy nous auions suspicion asses vehemete que ne fut le desert de helym auquel les enfans de israel apres quil curet passe la mer rouge mirent leurs tentes a maniere de chasteaux/ auquel trouuerent.vii.fontaines et septante palmes ou palmiers comme est escript en exode au.pv.chapitre. Et le lieu ou demourames la pour la nuyt estoit plain de grans pons qui sapelent les pons de pharaon/ et sont grans comme vne auelaine.

Lendemain secod de Octobre leuames bien matin et nous misimes a chemin la ou nous eumes a rencontre vng mamelus auec quatre cameaux venant de Thor alant au chaire. Et quant il veist les seigneurs cheualiers auec leurs gens de nostre compaignie armes de leurs espees au coste et de leurs ars et fleiches desquelz estoient armes demanda a nostre cafin truchement pourquoy gens de estrange pays et region aloient en armes par le pays du seigneur le souldan/ les seigneurs pelerins respondirent que quant estoient en hierusalem leur fut dit que aucuns mauuais larrons estoient et mauuaises gens par les desers et souuent rompoient le saufconduit du seigneur soldan en prenant ce que peut trouuer et rencontrer contre lesquelz dirent nous sommes armes pour resister a eulx et a leurs entreprise/ de laquelle responce il fut content. Et nous dit que nauires et nefz estoient na gueres de temps arriuees au port de Thor/ chargees de espiceries et de la par cameaux auoient este portees au chayre.

Et du chayre par le fleuue de Nil deuoient aler en

aler en alexandrie la ou les galees veniciennes estoient attendans lesdictes espiceries pour en brief temps sen aler a venise/ pour laquelle chose doresnavant nous hatames le plus quil estoit possible afin que nous puissions trouver lesdictes galees pour alersauec eulx.

Celuy iour a leure de midy arrivames au rivage de la mer rouge qui estoit large et tresfort sec la ou a grant peine peumes tendre nos tentes/ La aucuns pelerins a la nuit qui de hierusalem venoyent au chayre et de la aloyent au mont de synai.

Lautre iour apres.iii. de octobre cheminans pres du rivage de la mer rouge vismes au lieu la ou moyse feist passer les enfans disrael ladicte mer a pie sec/ et la nous despouillames et nous baignames et a la maniere des peres anciens nous baptisions de ladicte mer / laquelle est non pas rouge comme dit le peuple vulgaire/ mais clere et salee semblable a lautre eaue de la mer grande/ mais elle sapelle communement ainsi/ car la terre est la rouge/ et les montaignes pres de la sont comme rouges pour quoy la mer semble estre rouge. Ou car celle mer fut figure du digne sang espandu en la crois de nostre seigneur iesus/ ou du baptesme ayant force et vertus diceluy precieux sang de iesucrist/ en la greve de ladicte mer on treuve des pierres precieuses de diverses especes de couleur blanche/ et es hysles de ladicte mer croit du bois rouge comme bresin ou pieraset. Nous seant en ladicte greve beumes et megames ce q nous avions en grant liesse et consolacion.

Et apres nous alames aux fontaines de moyse ainsi dictes pour ce q la habita avec les enfans de israel/ et la asseurames nos bestes et nous departimes de la/ et vismes en ung champ apele hanadam encore pres de la rive de la mer/ et demourames la pour la nuyt.

Lendemain matin cheminantes sus la rive de la mer tant que arrivames aux montaignes ou finit la mer rouge/ la ou nous vismes aucuns magnifiques edifices de tres grant sumptuosite iadis faictes et commencees par ung roy de egypte qui vouloit faire aler la mer rouge iusques au fleuve de Nil et ainsi assembler orient et occident ensemble par mer afin que les marchandises de inde peussent venir par la mer iusques au fleuve de nil et de la a la mer dalepandrie/ et pource fist il percier et cauer pierres et motaignes mais ne parfist poit son euvre tāt grāde et sumptueuse lui resistāt et ce empeschāt les sages de egypte disant que par le flus de la mer rouge seaue de Nil doulce et bonne a boire seroit amere et sterile la ou elle est de soy fertile et fecunde. Et aussi pource que par linundacion des eaues decza et de la la plus part du pays pourroit bien estre absorbee et gastee/ et par ainsi le dit edifice demoura imparfait.

De celuy lieu arriuames et vismes en ung champ dist choas la ou nos tentes et pauillons ne peumes tendre nullement pour le grant vent qui faisoit/ ne aussi ne peumes trouuer rien qui fut bon et apte ou conuenable a faire feu pour quoy nous rompimes nos vaisseaulx de bois que nous auions pour faire du feu et faire ung pou de soupe pour nostre refection. Apres la nuyt nous partymes et alames par ung chemin laborieux par grans champs larges et steriles tout ce iour la le.v. de octobre la ou ne trouuames chose nulle verde/ mais tout sec comme boys/ et trouuames nulles eaues et sy ne poyons tendre nos tentes pource que la rene estoit sy menue que ne peut tenir les crampons du cordage desdictes tentes/ et ainsi sans couuert nous faillit dormir celle nuyt.

A laube du iour le.vi. doctobre nous leuames et alames par lieux plain de arene et sablonneux/ et apres arriuames a montaignes sablonneuses qui ne sont point stables/ mais selon le vent se meuuent de lieu en autre si que non pas tout a ung coup mais petit a petit et par succession le vent les oste et porte le hault de larenne en autre lieu iusques que ny demeure rien de sablons au premier lieu la ou premier il estoit.

Au bout desdictes montaignes nous vismes grant congregation de eaues/ comme se eut este la mer et vne cite et terre tres fertile de oliuiers/ palmiers/ et de autres arbres plaine. Et estoient lesdictes congregacions de eaue du noble fleuue du nil venant de paradis terrestre apele Gyon qui a present sapelle nil duquel toute la terre de egypte est arrousee et fecundee en grant amenite et sterilite/ comme cy apres sera dit et declaire.

Et en apres alames contre lesdictes eaues/ et arriuames a la ville de mathera/ en laquelle est le iardin de bausme. Et apres auec toutes nos choses fusmes mis en la maison en laquelle est la fontaine nostre dame qui arrouse le iardin ou est le bausme contigue et ioinct a ladicte maison. Et adont nos bagues et besongnes mises en sauuete donnames congie a nos guides truchemens et conducteurs et aussi a ceulx qui conduisoient les cameaulx et aux cameaux aussi.

Apres nous enuoyames ung messagier au chayre qui est pres de la a deux mille d'allemagne qui valent bien quatre lieues ou enuiron de france. Et feismes assauoir au truchement du chayre charyn apelle feismes sauoir nostre venue luy priant quil nous feist entrer au chayre sans sa protection et garde ou conduicte les chrestiens ne iuifz ne peurent entrer en ladicte cite en paix et sauuete. Lequel quant sceut nostre venue vint a nous acompaigne de grant nombre de sergans et gens du souldan nous voulant mener et introduire au chaire. Vray est que pour l'amenite du lieu ou estions et grant doulceur ineptimable et encore plus nous sembloit pour les grans desers et miserables pais que auions passe/car toutes choses delectables quon peut desirer ou souhaitdier sont la ecxeptte du vin et pour bon pris et marche raisonnable/et sur tout bonnes eaues doulces/cleres et fresches desquelles iapiessa auions eu grant faulte et necessite pour laquelle cause nous deliberames de demourer la celuy iour si plaisoit au truchement. Et l'en priames bien et singulierement laquelle chose il nous ottroya par telle condition que vng de nostre famille qui iouoit bien du lus et bien singulierement yroit auec luy au chaire/car il se cognoissoit bien en ladicte art luy mesmes/et y prenoit fort grant plaisir. Nous auions pres de nous celle belle fontaine et singuliere/de laquelle la vierge marie et iesus nostre seigneur auec ioseph beurent

L'ancienne opinion et tradition des peres antiens est telle que quant Joseph par le commandement de l'ange s'en ala de la terre de promission en egypte auec iesus nostre seigneur et la vierge glorieuse/et quant il arriua en celuy lieu il aloit par les maisons de Mathera demandant vng peu de eaue/mais il n'y auoit nul qui en voulsist donner vne seule goutte

Et finablement la vierge lassee et trauaillee du chemin se reposa la audit lieu a la presence de Joseph. Et pource quelle auoit bien grant soif et nauoit ne elle ne nostre seigneur quelle peut boire/dela a son coste reptre ladicte fontaine qui va sourdre/et en beurent et furent confortes et consoles. Celle fontaine gette eaue si bonne et singuliere que de nulle autre eaue du monde le bausme ne croist/iassoit ce que les anciennes hystoires des payens disent que es vignes de eugaddi de premier crust ledit bausme et de la par la royne de egypte nommee Cleopatra/fut arrache de la et plante en Matherea. Mais par experience on voit et a este trouue que se on prent de ladicte vigne ou croist le bausme pour planter ailleurs que elle ne croist en nul lieu que la.

Par la irrigation et arrousement de ladicte eaue les arbres ou rameaulx verdoient et flourissent et non par autre eaue. Ung pape de romme et aucuns souldans ont atteté autresfois de la planter ailleurs mais elle ne croissoit point en nul lieu quon la plantast tant bon et tant fertile peut il estre/car il ne croist synon par larrousement de ladicte eaue. Les sarrasins ont fait au pres de la fontaine ung grant puis ou quatre beufz puissent et tyrent leau/et quant ilz ont arrouse le dit iardin de celle eaue du puys pour plus largement arrouser le iardin afin que plus largement y fructifiast fois mains aporte que parauant/parquoy ont este contrains de conduire les canaulx dudit puis a la fontaine nostredame/ et ainsi de leaue du puys auec leaue de la fontaine meslee ensemble et arrouse ledit iardin et en fructifie son fruit abondament. Lendemain matin disines messe solennelle de nostredame deuant ladicte fontaine nostredame/et apres la messe nous mengames ce que nous auiõs auec nous/et beumes de ces eaues fois et grandement delectes et recrees de ladicte fontaine. Et dauculns de nous se baignerent et plongerent dedeslaidicte fontaine esperans en estre plus fois et vertueux pour la vertus de ladicte eaue/et les sarrasins souuent se baignent et lauent par maniere de baptisacion en ladicte fontaine. La maison en quoy nous estions estoit belle et grande et des fenestres de ladicte maison nous voyõs ledit iardin par quoy odeur moult grande et suaue partant dudit iardin remplissoit ladicte maison de grande et merueilleuse suauité. Apres vint le truchement qui nous aporta le saufconduit pour aler au chaire et pour nous enmener Auquel donnames grant argent en le priãt treshumblement que nous laissast entrer dedens ledit iardin auant que alissiõs en babilonne qui est le chayre/laquelle chose nous ottroya nous mettãt dedens par ung petit huys auquel quant fumes entres nous veismes plusieurs et diuerses especes de arbres/desquelz les ungs estoient encore en fleur/les autres en fruit/les autres en la seconde flourison qui sentoiẽt vne odeur moult soueue et bonne. Au premier iardin a lentree trouuames vne grande figuiere a merneilles et tresvielle/et est le tronc caue grandement/et deuãt pendẽt deux lampes ardãtes/de le chose nous enquerismes de la cause/et nous fut dit que quãt la vierge Marie aloit fane trouuoit nul lieu a se reposer/et se reclina au pie de ceste figuiere auec son enfant iesus laquelle se ouurit par le tronc et se mist la la dame vierge marie pourquoy et ladicte fontaine et larbre est a eulx en grãt reueren ce aux sarrasins et aux trestiens. Nous mengames des pommes dudit arbre, car il estoit plain de fruis de la licence et congie du truchement.

De la nous alames plus auant et trouuames ung autre arbre bien merueilleux et non pareil aux autres, duquel les fueilles sont de .xv. ou xvi. pies de long, et de large xii. pies ou enuiron, les pommes et fruys de cestuy arbre sont fort longs, et en croist et .xviii. xix. ou .xx. ensemble en ung rameau comme de hues dedens ung raisin, et sont tres doulces quant sont venues a maturite il sapellent musi, et de quelque coste quon les puisse coupper la croix y est auec limage du crucefis de tout les deux costes. On dit pour vray que le bois de larbre de science de bien et de mal qui fut defendu a Adam nostre premier pere en paradis est de ceste espece. Et dit on que anciennement auant que fut trouuee la pratique du papier on escripuoit es fueilles de celuy arbre apres que elles estoient seches, les fueilles dudit arbre ont des lignes tout du long ordonnees regulierement loing lune de lautre comme on rigleroit du papier pour escripre. De la passames par plusieurs et diuerses bonnes herbes fort odoriferant et vinmes a une maison faicte de terre et de caues ou rosiers la ou auoit ung petit huys, mais de barres de fer et de serrures fortes bien clos deuant lequel estoient les gardes embatonnes de glaiues et de autres armes pour garder le noble iardin du Bausme afin que nul ny entre. Et la de rechief donnames aux gardes de nouuca u de largent asses a foison pource que nous laissassent entrer dedens. Lesquelz nous laisserent entrer dedens par tel sy que .vi. de nous y entreroyent, et quant aroyent tout veu et que feussent retournes .vi. autres apres y entreroyent, et ainsi iusques a la fin. Et aussi par tel condition que nul de nous ne fut ose ne si hardy den prendre ung seul petit rameau ou branche quelque petite que elle fut ne aussi des fueilles. Nostre truchement alant deuant entrames dedens comme dit est, et ce que autre foys auions ouy dire et que auios lu du Basme en nostre terre et pays nous demonstra le dit truchement a lueil et a la veue car il en prist ung petit ramelet ou une petite bien petite branchette a ses dois et le courba ou flescha deuers le soleil, toe en faisant ung petit chapelet et de la flexure se creuat la corte du rameau saillit et partist une petite clere et grasse goutte de eaue semblant a huyle, dequoy tout layr alentour de nous fut embasme doeur merueilleuse, car cestoit vray et approuue Bausme ce faisoit souuent le truchement en alant par le dit iardin. Et ongnoyt nos mains par dedens en la paulme de nostre main q

D ii

estoit de si grant vertus que subitement nous perçoit la main tout oultre sans nulle violence/les fueilles du bausme semblablement pressees
et frottees en la main sentent aussi bonne odeur et les rameaulx aussi.
 Les branches du bausme sont longues enuiron de la haulteur dun
homme semblables a celle herbe quon apele en commun langage herbe de
saint Jehan. Trois fois lan lestoc du bausme est intise dun couteau
en lescorce/et dessoubz lincision on lye une petite fiole de voirre et des
distille et flue de lincision goutte a goute/et ce qui se cueille en ces fioles
le premier est garde pour le seigneur souldan/duquel se nul autre en cueil-
loit il seroit sans remede mis a mort. De celuy bausme il en enuoye comme pour chose singuliere et especiale a quatre roys de son pays/cestassa-
uoir au grat chain de castey. Au preftre Jehan. vau ssa qui est le roy des
tartariens et au grant turch. Ce qui se cueille apres la seconde foys et la
tierce nest pas si excellent comme le premier/et se vent au chayre/mais
a grāt peine sen vent il pur/car il se mixtione auec huyle doliue ou eaue
rose ou quelque autre liqueur.
 Et ainsy nous passant par ledit iardin tresdoulx et odoriferant estions consoles et recrees moult delectablement et estions fort esbahis
et esmerueillies de tant subite mutacion de la condicion et nature de la
terre au regard de lautre voisine si sterile et infructueuse. Car hors la
closture de la ville de Matherea toutes les terres alenuirō sont sans labeur steriles infructueuses et rien ne valant brulees de lardeur du soleil
contoinct au grant desert par lequel estions venus. Mais si on considere
bien la situation de ce lieu ne sera tātost plus esbahy ne esmerueille/car
le noble fleuue de paradis terrestre apele le Nil au temps de son inundation et quil est grant fleuue et vient iusques a Matherea se diffundant
et espanchant par toute ladicte terre. et aussi leaue de la fontaine nreda-
me terre sans doubte nulle q̄uient par aucūs meatz de ladudit nil arrousant ladicte terre et non lautre sont cause de la fertilite de ladicte terre.
 Le fleuue du Nil qui sapele autrement Gyon vient de paradis terrestre passant par mesopotanue qui a son eaue tourble et terreuse ou ly-
moneuse/et sourt non pas loing de une terre apelee thalante/et auironne toute la terre et pays de ethyope descendant par egypte et arrousant
tout ledit pays/comme dit saint Jheronime exposant le prophete Amos
sur ce passage. De fluet quasi riuus egypti etc̄. Le Nil par la disposition de dieu arrouse une fois lan toute la terre de egypte/et closent les egy

ptiens les passages par ou pourroit aler en la mer de montaignes de arene. Apres larrousement ostent larenne et leaue sen retourne en son cours ordinaire et sen va iusques a la mer et est absorbee et recueilie en la mer asses pres de alexandrie. En ce fleuue sont nourris plusieurs bestes venimeuses et inuisibles comme le cocodrille qui a sept testes/et q en couppe vne incontinent en reuient vne autre sinon q on couppe tout.

Et aussi vne autre beste serpentine dicte Enidros dequoy dit ysidore au second liure au.ii.chapitre..Enidros inquit est bestiola ey co nuncupata quod in aquis versetur et maxime in nilo etc Enidros est ainsy apelee pource que elle habite es eaues et en especial au nil/laquelle se elle treuue le cocodrile dormant premierement elle se boute et enuelope en la fange et entre dedens luy par sa gueule iusques en son ventre/et luy roge tout ses entrailles et ainsi le fait mourir. La glose aussi sur le.xvii. chapitre de lecclesiaste dit que le fleuue de Gyon apelee le nil est tourble de soy/et atyre moult de lymon et de terre/parquoy par la ou y passe fait grant fruit et grant bien aux terres car il les engraisse de soy et les fait fructifier bien fort et a grant abondance.

Toute la terre de egypte de soy comme asses apert est sterile et infructueuse/mais de la inundacion et passage du nil par elle qui aporte auec soy de la noble terre de paradis terrestre la fait fecunde grasse et fertile et en signe et tesmoignage de ce leaue du Nil venāt de egypte a matherea est toute tourble/et quant elle apetisse elle delaise sa terre et lymon sus la terre ou elle a passe et les engresse et rent fertiles a grant merueilles et en croist fruis bons a merueilles.

Et pour ce que comme dit est le fleuue du nil ne passe point les limittes de Matherea pourtant lautre terre hors delle est ainsi sterile et meschante et celle de dedens est comme iardin de plaisance et paradis de voluptes.

De lentree de Matherea dedens le chayre.

Pres doncques que eumes visite ledit iardin comme venant sus le soyr partimes de la ville de Matxerea auec nostre truchmēt alant vers le chayre ayant a dextre de bien beaux iardins plains de beaux arbres et de fruis esquelz y auoit des palais fais comme chasteaux si que le chayre sembloit auoir son principe et commencent de la ville de Matherea pource que ces iardins durent et les palays aussy depuis Matherea iusques au chaire a senestre ne voyons synon terre gastee et sterile, car elle nest point attainte ne arrousee du Nil, mais a des ytre elle se estoit espandue par les iardins comme vne mer si que les arbres et les maisons estoient tout en eaue. Nous etrames dedens le chayre quil estoit encore grant iour, mais deuant que arriuissons au logis alant par ladicte ville bien auant et fort loing il estoit toute nuyt. Si que non pas sans grant peine et angoisse vismes au logis de nostre truchement qui aloit deuant nous de loing lequel nous ensuyuons par rues longues et estroictes et fort populeuses, et nous tyroyent les sarrasins par les robes et expoient criant apres nous comme apres poures chies

En la fin etrames en la court de sa maison et de la nous mena en vng palais beau et bien precieusement paint et prepare la ou demourames pour ceste nuyt. Le matin nous assigna chambres distinctement La ou nous mismes nos bagues et besongnes. Et nonobstant que beaucop mieulx eussions este ailleurs logies que a sa maison, toutessois ne poyons partir de la sans encourir sa grande indignacion. Celuy truchement auoit este ne iuif et aps crestien et finablement apostat de la foy crestiéne laqlle auoit regniee, et estoit mamelu parquoy estoit esleue du souldan en honeurs et offices dequoi estoit trespuissat et riche des pecunes des iuifz et des crestiens desquelz estoit guide et conducteur de par le souldan, desquelz estorquoit argēt par phas et nephas a tort et a trauers par toutes voyes a luy possibles.

Ledit iour nous estans a nostre logis plusieurs et diuerses bestes monstrueuses nous furent monstrees et amenees par mores qui venoient du chasteau du souldan pour nostre consolation desquelles parler me deporte pour ceste heure a cause de briefuete. Et pour passer le temps nous mena nostre hoste et truchment par tous les lieux de sa maison. Nous monstra aussi ses femmes deux quil auoit et leurs enuchiés, et armes de guerre les selles des cheuaulx et les brides qui estoiēt toutes dorees et les paremens de sa maison qui estoient grans sumptueux et fort richẽs. Il auoit vne beste enclose en vng lieu laquelle quant on lauoit despee aucunement elle fientoit la fiente qui sentoit tout ainsi come eut este musq, laquelle chose se vent au pois de lor.

En apres le iour ensuiuant qui estoit le .v. iour doctobre et le vendredi lequel iour les sarrasins font a grant solennite ne peumes partir hors de la maison auquel temps ung poure crestien vint a nous tout enferre demandant laumosne pour sa deliurance/car il auoit achete deux enfans dun more laquelle chose est contre la loy de mahommet/et fut accuse de ce auoir fait pour deux ans auoit este en prison.

Et quant la nuyt fut venue par la permission de nostre hoste montames au plus hault de sa maison pour voir la feste q̃ font les sarrasins ilz auoient adoncqs solennelle ieune lequel ilz obseruent et gardent tout le mois doctobre par chascun an leur maniere de ieuner est telle tout le iour depuis soleil leuant y ne boyuent ne menguent mais dorment et reposent en leurs lis. Et tantost apres soleil couche ilz alument plusieurs luminaires es tours de leurs musques et cryant a haulte voix font la confession de leur loy apres ce fait ilz boyuent et menguent a toute abondance et superfluite se occupant en luxures supersticions et diuerses insolences la nuyt en ce passant sans dormir/il font aussi grant noise et grant bruit afin que se aucun sendormoit qui se reueille et que y se mette a mengier boire et gourmander. Et ainsi font toutes les nuys du moys doctobre gardent la difference des iours selon que les ungs leur sont plus grans que les autres/car de tant plus que le iour leur est grant et solennel de tant font plus grant insolences et derisions la nuyt ensuiuant.

Ce voyans estions en grant admiration especialement de tant de milliers de tours et de lampes inumbrables lesquelles sont alentour desdictes tours par trois circuites si que sembloit qui fut iour tout cler. Les principaulx et plus grans des sarrasins en leurs ordonnances et testamens laissent de grans biens pour ces luminaires et pour edifier leurs musques et les tours et pour nourrir ceulx qui crient esdictes tours a se heure predicte/comme nous faisons nous crestiens ceulx qui sont riches pour edifier leglise.

E. xix. octobre vindrent a nous plusieurs mameluz voyant se entre nous de nostre compaignie auoit nulz de leurs pays et contree entre lesquelz y en auoit ung qui estoit de alemagne et plusieurs autres de honguerie gens graues et honnestes personnes qui vindrent a monseigneur Jehan archidiacre et chanoine de leglise de transiluane home de grant religion et de grant science de conuersation humaine et benigne ioyeux et honeste feal faisoit en ladicte ville de grans et icy tinmables biens a se portacio de monicio de lui car plusieurs de eulx iurerent en sa main q̃ de brief et le plus tost q̃ leur seroit possible retourneroient a la foy de leglise et feroient condigne penitances de leurs faultes il conforma leurs mariages fais a la maniere des sarrasins a la maniere des crestiens/et baptiza aucuns de leurs enfans. Et fist toutes ces choses en la maison de ung homme de honguerie secretement entre eulx et nous presens lequel portoit labit et vestement de mamelu/mais pour vray non estoit/car il nauoit point regnie la foy et si nestoit point circuncis/mais estoit loyal et bon crestien soubz sa robe de mamelu/de laquelle chose le soudan et deux autres de sa court estoient consentant et le scauoient bien. Mais pour la prouesse vaillance et leaulte de luy en bataille en quoy estoit expert du tout et de conduicte et de force/et le celoient sachant pour vray que plus tost mourroit de diuerses mors quil regniast la foy pour quoy le souldan luy donna prouision par lettres patentes et a autres bonnes gens que apres leur mort seroient quittes de la seruitude en quoi sont a lui obligies. Celuy mamelu soffrit a nous faire tout plaisir et courtoisie pour la reuerence dudit monseigneur Jehan. Nous mena aussi par plusieurs lieux de la ville du chaire nous monstrant plusieurs secretz en ladicte cite. Nous veismes pou de mamelus q ne nous disent au mois de parolle en brief se retourner a la foy de leglise. Et mesmes ce nous disoit nostre truchement/car toutes ses deux femmes estoient crestiennes et ses enfans baptisies. Cest chose certaine que tous les mamelus baptisent leurs enfans especialement enfans masles non pas pour ce quilz soyent sauues selon lopinion de plusieurs ne pour ce qui viuent en la foy crestienne mais pour ce que soyent successeurs des biens paternelz et offices de leurs peres/car tous temps quant ilz meurent tout est cofisquie au souldan. Ne ne peut nul sarrasin ou ne a la maniere de sarrasin/come non point baptize estre mamelu. Et pourtant les mamelus leurs enfans baptisies presentent au souldan des quilz ont aage de discretion promettant de regnier la foy crestienne se il plaist au soulda les laisser succeder aux biens de leurs peres et meres et aussi aux officiers diceulx/laquelle chose faicte ilz regnient la foy a leure presente/et a dot sont coferenes ces biens et offices de leurs peres et meres/laquelle chose ne se pourroit faire si lestoient nourris sans estre baptisies mamelus. Et iassoit ce que ainsi soit il est bon touteffois de auoir eu le saint sacrement de baptesme et le non de crestien pose que on soit entre les payes et estre ainsi nourris des sa natiuite.

    On nous dit pour vray que se les sarrasins seulement et non autres demouroient la nuit crestien ne pourroit aler visiter le pays de la terre saicte pour la grant et execrable hayne quilz ont a nous pourquoy nous font tous les maulx du monde. Mais pour ce que le souldan et tous ceulx de sa court et les officiers du pays et aussi les gens darmes sont mammelus nous auons de eulx defendus et soulagies.

E.vii. de octobre ouymes messe/car a lors estoit le dimenche xx. apres la trinite/et nous fut dit de vng qui venoit de alexandrie que les galees venicienes qui estoiet au port chargees de espiceries estoient prestes pour partyr et sen aler a venise/dequoy nous feumes bien resiouys pensant esdittes galees pouoir repatrier et retourner a nostre nacion et pays. Celuy iour apres que nous eut este amenee vne beste apelee toppin qui fait plusieurs ieux et esbas merueilleux. Trois crestiens vindrent a nous comme tous nudz liez de chaines criās et lamentans a grant pitie et compassion leurs pitie et necessite demandant ayde et secours de leur pourete et misere.

Les sarrasins ont celle discretion et bonte a leurs prisonniers q.iii. iours en la sepmaine les enuoyent et mettent hors de leur garde et prisons enferres de chaines/lesquelz vont par les grans rues et plus populeuses et aussi aux cours et maisons des grans et des seigneurs pour demander lomosne conduis et menes par gardes et conducteurs. Et de ce quilz peuent atquerir en ce faisant ilz se poyont tenir et en achxter a boire et a mengier ou en payer leur rencon.

Quant le soyr fut venu auquel temps les sarrasins comme dit est se mettent a boire et mengier toute la famille de loste ou estions se mist a cryer et braire comme gens enragies en chantant et dansant et a instrumens musiquaux iouans. Et mesmes nostre hoste et truchmēt auec ses deux femmes aournees et parees a maniere de femmes infames et deshonestes auec ses concubines et chamberieres ayant des chandelles alumees en leurs mains vindrent alentour de nos litz pour se farser et se moc quier de nous parquoy celle nuytee neumes point de repos pour leur cryrie et insolence infame et detestable. Et nō pas seulement de eulx/mais des voisins et autres gēs de la ville q̄ ainsi de tous costes faisoient et par les rues et es maisons et aux tours de leurs musiques cōme est de coustume de faire a eulx ainsi cōme dit est.

Le .viii. iour de octobre a laube du iour vindrent deux maximelius toues de nostre hoste et truchment menãs des asnes selon le nombre de nous et des asniers/cestadire des conducteurs de asnes pour nous mener par la cite a voir aucuns lieux et places de la ville. Et quant nous feusmes hors du logis passames par une rue et par une vieille porte de fer/et de la vinsmes a des places de la ville fort pleines de peuple la ou apres plusieurs criees et derisions faictes sur nous/nous vint au deuant plusieurs poures gens lyes de chaynes de fer nous demãdant lomosne. Et de la par ung peuple quasi et comme infini passames la ou y eut grant presse de gens/car ung marchant de barbarie auoit plusieurs gẽs tant de homme que femmes a vendre et achetter qui bailloit a si grant marche que se eut este chose robee et pour les achetter estoit venu la si grant multitude de gens.

De la passames une grãt place ou auoit plusieurs maisons neuues lequel lieu depuis. v. ans auoit este fait/car par deuant il ny auoit come rien/apres nous trouuames a ung port du Nil ou plusieurs poures esclaues faisoient des tieulles de terre et de paille meslee ensemble/et aps que estoient faictes les mettoient au soleil a sechier et cuyre comme faisoient les enfans disrael en egypte seruans a pharaon en terre et latte/ lesquelz trop chargies crioyẽt a dieu qui leur enuoyast Moyse pour les deliurer ayant de eulx pitie et compassion.

La mesmes on voit le lieu ou Moyse fut trouue en la fischele de ioinh en la riuiere du nil qui fut pris de sa seur marie et deliure du peril ou il estoit/car ny auoit q̃ luy seul/et estoit petit de ung moys ou enuiron alant alauenture a trauers de la riuiere/dequoy est escript en exode au second chapitre la auoit ung pont fait a ung arch sus la riuiere du nil la ou les egyptiens gettoient les enfans masles pour les noyer / afin q̃ les iuifz ne feussent point en si grant nombre a ce auoit ordonne Pharaon.

De la feusmes aux murailles de ung iardin auquel auoit ung arbre fort haulte et belle soubz laquelle on dit q̃ la vierge marie reposa quant auec iesus et Joseph sen aloit en egypte/laquelle les crestiẽs et les sarrasins ont en bien grant honneur et reuerence. Mais aucuns larrons et gens sedicieux furent pẽdus en celuy arbre/ et tantost larbre secha et cheut a terre. En laquelle memoire les sarrasins y ont mys vne coulonne grande et haulte de pierre la ou le fait est escript de lettres dor/de la veismes a vng lieu ou sont les naues a la riuiere du nil q est large et parfont a grant merueille ou nous veismes de grans negoces et besongnes esdictes naues.

De Babilonne de egypte.

Napres par aucunes portes horribles vielles et espesses entrames en Babilonne qui nest pas celle Babilonne q estoit pres du fleuue chobar/mais la Babilonne de egypte qui est vng peu loing du chayre si que ne font point deux cites mais vne seulement de laquelle vne partye est le chayre et lautre Babilonne et elle toute sapelle de nom compositif chayre/et iadis sapeloit memphis apres babilonne/et maintenant le chayre dequoy linterpretacion est a dire cõfusion ou Babilonne. En celle Babilonne pharaon roy de egypte demouroit iadis en vng palais moult sumptueux lequel est a present du tout destruit et desole. Alors cestoit la principale et metropolitaine cite de egypte/comme asses on peut veoir et regarder par les edifices ruineux et destruis en grant merueille qui sont la a present. Nous passant en ladicte ville par vne rue longue finablement veismes aux portes de vne eglise laquelle est aux crestiens de la chainture qui sont de la foy et credence de Saĩt paul. Nous entrames en legilise descendant par degres en vne basse chapelle faicte avoulte qui est soubz le cueur de ladicte eglise qui est selon que dient ceulx de dela le lieu ou la vierge marie demoura sept ans. quant senfouyt en egypte la ou aucuns corps sains reposent de la alions par plusieurs lieux desquelz choses merueilleuses on disoit/finablemẽt veismes au pie du mõt sus leql est fait et edifie le chasteau du souldã/la ou nous eumes alencontre de noous plusieurs mammelus qui retournoient de leurs euures/car tous les iours ou au mois quatre fois la sepmaine viẽnent les mamelus de la court du souldan a bas en la valee et plainiere se exercitant en armes de batailles diuerses/ilz mõtent aussi en lieux haulx et mõtaigneux faisant fais darmes afin q eulx et leurs cheuaulx soiẽt expers et exercites en guerre tãt es mõs cõme es vaulx

La veismes plusieurs beaux iouuenteaux blans comme lis et vermaulx comme roses semblables aux enfans de nobles et seigneurs de crestiens. Et estoient bien de mamelus le nombre de .xxii. mille. Lequel nombre se continue par la suggestion des enfans au lieu des peres quant sont mors, ces mamelus sot de cõmũ cours de sclauonie de albanie de ytalie bien pou en a de asemaigne ou de france ilz nos passerent alant devant nous sans nous faire nul dōmage ne moleste.

De la contemplacion et regard du chayre du hault de la montaigne.

Pres que furent passes lesdis mamelus nous montames au hault de ladicte mōtaigne par vng chemin asses perilleux tellement que ne poyons pas estre sus nos asnes pour la dificulte de la montaigne/mais alions a pie a bien grant peine. Et quant feusmes au hault de la mōtaigne nous retournames vers le chayre la regardant et cōtemplant laquelle est grande a grāt merueille/tellemēt quon tient que cest la plus grant cite du monde. Aucuns disoient quelle a .vii. mille de large et cent et sept pas comme sauoient souuent experimente

On dit que le nombre des parroisses ou des rues de ladicte ville sōt xxiiii.mille dequoy.viiii.mille on clost a serrures et portes la nuyt.

Le chasteau du souldan contient bien autant que la ville de Vlmense ou que la moytie de la ville de Nurēberch qui sont villes de alemaigne Tellement que a cheual en lespace de quatre heures sans ne cesser de cheuaucer le bon trot on la pourroit passer/ et en .v. heures la circuyr. Il ya de belles musquees qui sont leurs eglises/et ont de belles tours haultes Et croy que a romme ny eut iamais tant de eglises quil ya la de musquees toutes edifices de marbre polit et bien ouure.

Et ainsi a lennemy denfer amplie et multiplie dont est grāt doleur et pitie sa sinagogue. Les edifices de ladicte ville par dehors sont asses petis et meschans et lees et ors de terre et de bricque fais/mais par dedens ilz sont biē beaux et bien composes et disposes distingz et diuises par mansions et habitations diuerses. Ladicte cite est fort populeuse plus q̄ cite quō sache ou mōde/il ya tāt de peuple quō tiēt q̄ en toute ytalie na point tant de monde ne de gens. Il ya plus de gens qui dorment de nuyt par les rues sus la terre on comme il peut/car ilnont poit de lieu ne de maison pour demourer qui nya en la cite de venise de toutes gens. Lacteur dit que en ce il parle par ouy dire/car il ne les auoit pas compte

Il demeure la dedens plus de quinze mille iuifz tous de diuers mestiers/et se meslant de diuerses marchandises. La cite se regit et gouuerne par administration du roy le souldan apres lequel comme la seconde personne lamiral ē apele apres lequl le tiers en ordre sapele dypodre

Et ces trois presidēt en regime gouuernemēt et domination a tout le pays des payens subgectz au souldan lesquelz sont leur residence au chaire. Et par tous les lieux pays et seignouries villes forteresses et chasteaulx sont enuoyes de par eulx mammelus pour officiers soubz eulx esdictes villes et seignouries.

Cest chose certaine que grans gens et de grant entendement de oriēt et occident sont iadis et sont encore a present venꝰ voir ladicte cite pour voir les grans choses et merueilles que on dit de elle.

Pictagoras grant philosophe et platon aussi delaisserent tout ce qlz auoient pour venir et aler en egypte dont comme dit est le chayre est cite la plus grant et plus principale des autres pour voir et ouyr les poetes et orateurs dudit pays et region.

Le grāt magicien selon aucuns ou grant philosophe selon les pictagoriens nomme apolin apres que eut ale par tout orient pour voir et aprendre vint en egypte comme tesmoigne saint Iherosme pour voir la table du dieu le soleil qui estoit a chayre côme on dit.

Pres que eumes veu et regarde ladicte cite nous tournimes au fleuue du nil pour le voir et contempler lequel a lors tout le territoire auoit occupe pour sa grant inundation et crescente: tellement que la plus part de la ville du chayre estoit toute en eaue.

Le Nil fleuue partant de paradis terrestre est diuisee en trois parties et en trois lieux diuers et distins entre en la mer duquel vne partye tant seulement vers le chayre et babilonne court et descent passant par les terres et pays du prestre Iehan. Et vng petit au dessoubz du chayre se diuise en deux partyes lun a senestre va et fait son cours vers deux cites nommees lune foy/lautre rosette/et lautre a dextre court vers vne cite grande de maritime apellee danuette/et est loing lune de lautre ledit fleuue plus beaucop de distance que nest la riuiere du ryn qui dure biē en large demye lieue ou enuiron. Leaue du Nil est tousiours tourble côme le tymbre a rôme/mais apres quelle est vng pou a reys elle est doulce clere et moult suaue a boire. En oultre le nil par tout est fort copieux de poissōs fort bōs et saoureux meilleur q̄ en nul autre fleuue du mōde q̄ on sache/il y a au chaire plus de viii.m. hōes q̄ viuēt de vēdre et mener de ladicte eaue par la ville du chayre. Es eglises et musques y a de par fois fosses lesq̄lles sepliss̄et deaue quant le nil est grant laquelle eaue apres que est apuree et clere on donne a boyre aux malades q̃ bien souuent sont gueris de leurs maladies. Il y a plusieurs cameaux ordõnes et deputees a porter seaue par la cite et la espandre par les rues pour donner fresheure ou pour les nettoyer ou afin que la pouldre qui se pourroit esleuer par les alans et venans ne donne empeschement a ceulx qui font leurs operaciõs mechaniques/car la ou ne se fait cela de arrouser les rues la pouldre se esslieue et monte en hault comme se cestoit fumee grande tellement que a grant peine peut on discerner se cest de feu ou de ladicte pouldre.

Le souldan a iapiessa enuoyes gens en naues proueus de viures pour deux ans ou trois assauoir dou procede et prent son commencemẽt ledit fleuue du Nil/lesquelz apres deux et trois ans retournant disoient nauoir point peu trouuer le commencement dudit fleuue/pose que eussent este oultre les indes qui sont contre le soleil leuant disant aussi oultre indie nulle estre habitacion de hommes ne de femmes/mais seulement sy grant ardeur du soleil que plus auant ne pouoyent aler. En indie on treuue le bois digne et precieux nomme alban venant par le nil de paradis terrestre/lequel est dur comme pierre.

Sus la riue du nil veismes vne musque bien loing auet le cymetiere iointt a seglise. Et nous fut dit que le iour du saint au nom duquel est fondee ladicte eglise tous les mors qui sont la enseuelis se esslieuẽt hors leurs tombeaulx/et sont la estans sans riens sentyr ne rien dire/laquelle chose voyent chascun qui le veut veoir. Apres que la feste est passee sen retournent en leurs sepulchres et se fait cela selon qui disent tous les ans. Et ny a nul grant ne petit qui soit de aage de discrecion qui ne sache bien cecy.

Et nest point doubte que ce ne soit par lart de lennemy ce dit lacteur mais peut estre que non/mais a plus grant aprobacion de la finale resurrection dit le translateur. Il y a aussi vng grant lach au pres du Nil que nous veismes que tous les ans est rouge comme sanc/en memoyre peut estre de la playe de egypte quant toutes les eaues furent sanc.

De la aussi nos visines le desert iusqs quasi a la mer rouge et le iardi de Bausme dequoy a este parle q̃ est.v.lieues de ytalie/loig du chaire oultre le nil aussi vismes plusieurs piramides dequoi a este parle cy deuant les q̃ls les iadis les roys de egypte firent faire sur leurs sepulchres/le peuple dit que ce sont les guerniers que fist faire ioseph au temps passé pour mettre les bles/laquelle chose nest pas vraye/car les pyramides q̃ sont grãdes aguilles de pierre agues par en hault mais elles ne sõt pas creuses dedẽs. Au ps des piramides est encore vne grãde ydole ditte et apelee ysidis q̃ on voit la estre estant laquelle adouroiẽt iadis les egyptiẽs cõe leur dieu. Sus les dis pyramides on voit encore des edifices ruyneulx vieulx et caduques la ou iadis estoit la trespuissant cite qui auoit en soy cent portes/de laquelle fut saint morice auec la legion thebaique. En descendant par le nil tantost on vient au desert de Aran et Saran/et de Scithy desquelz souuẽt est dit et parle en la vie des peres la ou on voyt encores plusieurs monasteres de soles et desers des sains peres saint Anthoine/saint Paul premier hermitte/et de plusieurs autres/de la venoient les sains peres par le nil iusq̃s au chaire auec leurs paniers acetter ce que leur faisoit besoing de la vismes le oratoire ou faisoit moyse sa priere et la ou fist a dieu oroison pour moyse la maintenant les sarrasins y ont fait vne musque. En oultre en alant cõtre mont le Nil est vne regiõ apelee segetta/la ou les oyseaulx rares sont en grant nõbre cõme papegaulx pellitans/et autres semblables les singes q̃ ont queue et les chas de mer/et puis aps prinses on les maine en grãt nõbre au chayre/et la les vent on. En septẽbre on prẽt les dis oyseaulx especialement les papegaulx en grãt nõbre bien mille ensemble. Et puis quãt nous eumes veu et regarde dudit mont toutes les dictes choses nous descẽdimes par lieux dãgereux et bien perilleux et veimes par plusieurs cymetieres aux cymetieres des soudãs la ou plusieurs musques singulieres et bien precieuses sont edifiees car chascun souldan fait sa musque au lieu q̃l eslit pour sa sepulture.   Et le souldan de present qui sapele Xatulee en a fait vne autre belle et grande et fort sumptueuse auec vne tour haulte et aleniron des maisons a maniere dun monastere esquelles les prestres de la loy mahommet demeurent et habitent qui ne cessent de cryer et brayre toute la nuyt en la tour selon leur mode de faire/de la nous entrames en en la cite et a grant paine peumes entrer pour la grant force et multitude de gens/de cameaulx/de asnes/lesquelz passant a grant peine fumes batus/tyres/hues/motquies/auec grans et merueilleux crys apres nous/comme apres bestes.   Nous veismes aussi par la ville plusieurs cuisines/car ilz menguissent quasi tous hors de leurs maisons et acettent leurs viandes toutes cuites et appareillees/et nous fut dit que.xii.mille cuisiniers ya en ladicte ville dequoy plusieurs y en a qui portent leurs cuisines sur leurs testes auec le feu et les pos bouillans et les broches plaines de cher/et ce auons veu souuēt a nos yeulx.

E.pv.de octobre nous demourames a la maison et la reposames. Et la nous dirent autuns marchans de venise qui estoiēt au chayre q̃ disposicions en brief de nostre partement/ dequoy priames a nostre hoste et truchement q̃ le plus tost que seroit possible no' menast en alexandrie auant que se partissent les naues des veniciens. Lesquelz ont tousiours vng home des veniciēs la/et en alexādrie pour la defence des marchās de venise euers le souldā q̃ sapele le cōsul de venise

E.pvi.doctobre qui estoit la feste de sait gal/et estoit eclipse de lune/les sarrasins a grans cris et huemens faisant grās su persticions lesquelles ont accoustume de faire au temps de leclipse de lune ou de soleil. Lendemain au matin no' entrames auec nostre truchement au chasteau du souldan la ou nous veisme merueilleuse ordre des seruiteurs du souldan/et aussi grāt multitude de cheuaulx moult beaulx et de grāt pris grans estables et bien disposees dequoy seroit fort difficile a croire qui ne laroit veu come nous et aussi chose anuieuse a escripre. La nous fut monstre le grant palais auquel iadis habiterēt les gretz du tēps de mahomet de grāt et fort et sumptueux edifice/ mais a present est tout destruit et en ruyne. De la alames au chasteau auquel habite le souldan auquel fault entrer par.vii.portes de fer auant quon entre la ou est le souldan. Nous mis par lesdictes portes entrasmes au lieu la ou il estoit en throne real vestu dung vestemēt blanc acompaigne de plusieurs mamelus chascun selon son ordre qui le honnouroiēt en grant reuerēce et grāt sylence/y auoit aussi plusieurs gens graues et de grāt prudēce/apres vne heure nostre truchemēt partist de la et nous apres et vismes en vne grāt place ou marche la ou les cameaulx/les cheuaulx se vendent/dequoy auoit la grant multitude et auoit aussi plusieurs gens les voyant pour achetter et regardant. Et puis apres retournames au logis a grāt peine autuns de nous apres le disner alerent aux bains/ lesquelz sont beaulx a merueilles en ladicte ville et autres plusieurs edifices de beau marbre bien artificialement/les sarrasins qui ont ladministration desdis bains font de grans et singuliers seruices/ et ont lesdis bains grans proprietes et vertus de consoler et consolider les mébres du corps humain. Aucuns de nostre compaignie alerent sesbatát par la ville on les mena en une maison ou auoit une bien grant fournaise. En laquelle on mettoit trois mille ou quatre mille oeufz que de oye q de poulles que de coulons. Et puis apres on les coeuure de fumier et met on des charbons dessus le fiens/ en bonne proportion apres de la chaleur ilz se forment/ et sont tous vifz comme se auoient este couues et les baillent a gens pour mener comme pasteurs a trop aup comme brebis. Et iassoit ce que cecy semble estre fiction toutesfois il est vray et est ainsi come dit est. Et sont ces bestes plus domestiques beaucop et plus disciplinables que les autres qui sont par nature ilz ensiuient les gens cóme les poucins font leurs meres.

Es deux iours dapres nous preparions pour departir/ et aucunefois pour veoir quelque nouueaute ou chose estrange alions deca et dela. Et ceulx qui nauoient point vu encore le souldan en ce tempore le virent.

Apres le .xix. doctobre qui estoit le .xxi. dimáce apres les octaues de la trinite nous assembles tous ensemble pour ouyr messe au lieu accoustume de la venir les deux femmes de nostre truchemét pour ouyr la messe de laquelle presence eumes grant paour cuydant que feussent payennes et sarrasines/ mais pour vray elles estoient crestiennes/ cóme elles nous dirent disant que elles ne vouloient mourir synon en la foy crestiéne par quoy auec nous ouyrent la messe. Apres alames disner/ et apres disner toutes nos bagues preparees et nous tous prés pour departir ou urimes nos bourses pour payer loste les seruiteurs et les naues q nous deuoient mener iusques en alexandrie/ et aussi pour payer nos asnes et cheuaulx qui deuoyent porter nos besongnes iusques au port du Nil desbourfames beaucop dargent/ laquelle chose faicte alames par le milieu du chayre sus des asnes alant tousiours deuant nostre truchement alant tousiours vers le port du nil/ et la encores de rechief souffrimes de grás irrisions batures et vilaines beaucop.

Et puis apres que fumes arriues au Nil et que fussions entre au bateau/ nostre truchement print congie de nous en nous cómandant a dieu/ et nous bailla ung autre truchement faulx homme pour nous mener en alexandrie.

p

Du passage du chayre en alexandrie par le fleuue du Nil.

Pres te par deux iournees alames par le Nil asses lentement et bellement iusques a vne cite dicte rosette passant par vne autre ville apelee Sion, et de la tant a dextre que a senestre vismes plusieurs belles regions plaines de grans biens a grant abondance et estoient de lune part le pays de asye, de lautre le pays de affrique. Le nil diuise ces deux regions et partyes du monde principales lune de laultre. Nous vismes aussi plusieurs villes et chasteaulx et les terres pleines de iardins, vignes, labeurs, arbres de toutes especes desquelles nulles semblables encores naurions veu en nul lieu, vray est que celle amenite et doulceur estoit tant seulement es lieux circumuoisins du Nil lesqlz peuent par son affluence et inundacion arrouser car lautre terre no voit attainte du nil estoit sterile, poure et miserable. Nous eumes aussi plusieurs naues a nostre rencontre venans de alexandrie au chayre qui se tiroient par les sarrasins cotre leaue atoxxes comme on fait les nauires du sel de Lyon a Mascon a Chalon a cheuaulx, et aussi aucunes nefz venoient auec nous du chayre en alexandrie chargees de espiceries. Nous vismes au nil plusieurs cocodriles qui quierent a deuorer les bestes, les poissons, et les oyseaulx, il y en auoit de si grandes que elles estoient de la haulteur de deux hommes les vnes plus grans et les autres plus petis, il ont ort regart et infame le corps couuert de tous costes de escalles tres dures, et sont semblables as lesars de la teste de la queue et des pies, on nen trouue nullepart que au Nil soubz le chayre et non point de sus.

Et est vray que aucunefois on en treuue a la mer de galilee et les poissons aussi semblables a ceulx du Nil et non point ailleurs, car aucuns disent q̄ la congregation des eaues de la mer de galilee pour la plus part vient du Nil par aucuns couuers et secretz meatz de la terre.

Les mariniers quant il ont pris vng cocodrille il lescorchent et sechent la peau, et la vendent aux marchans qui les portent loings, et disent que sont peaux de dragon pose que ne soit pas vray.

Le xxvii. de octobre a la pointe du iour arriuames au port de rosette et ne sont point de comun cours les pelerins plus auant par eaue pour aler en alexandrie/et dela par cameaulx et asnes sont en alexandrie laquelle chose come nous fut dit se fait afin q̃ les fins du nil par quoy entre le nil en la mer ne sachent point les crestiens/car sil en sauoyent les passages pourroient mener de la grant mer nefz par le nil et aler iusques en egypte et faire au pays grant interest et domage. Et deuant que eussions nos besongnes hors de la nauire no⁹ sceumes que tous les cameaulx et asnes de la ville estoient occupés pour ce iour la en autres choses parquoy nous faloit attendre iusques a lendemain. Et no⁹ fut dit que sy no⁹ anuyoit trop destre la le iour pourriemes louer vne autre nef q̃ merroit nous et nos bagues iusques a la mer et de la mer en alexandrie laquelle chose nous pleust/et louames vne autre naue la ou mismes toutes nos besongnes. A grant cirype le premier nauchier demanda son salaire demandant vingt et quatre ducas/laquelle somme desia auions paye a nostre truchement au chayre/mais le nautier disoit nen rien auoir eu ne receu/et afin que peussions nous en aler payames encore vne fois le port de la naue/car il nya point la de iustice pour les crestiens. Et ainsi par vng autre bras du nil alames a grãt peine et force de rames/et de tyrer tellemẽt que entrames au cours de la mer q̃ aloit bien en pais et bellement.

Entre ce vng sarrasin fait par la fange vint a la riue auec vne lante nous defendant que neussions a descendre se premier ne payons chascun vne piesse de monnoye qui vault .iiii. blans ou enuiron. La vismes plusieurs gens en la greue de la mer/et plusieurs pauillons comme deuant auions veu au desert cestoient arabes qui venoient a nous pour prendre la corde de la nef/et nous tyroiẽt a terre nous faisant ouurir les bourses et payer disãt quil faloit leur baillier quelque chose quant seroit le souldã en personne/les arabes disent quil sont les plus nobles de tous/car il viuent de proye et spoliacion/et pour ce qui demeurent en solitude et lieux steriles et infructueux/et ne veulent ne villes ne maisons/mais v sẽt seulement de tentes se transferant de lieu en autre soubz leurs pauillons.

Apres que les eumes contentes vismes en vne plaine la ou le Nil estoit hors de riue de tous costes/et auoit tellemẽt remply toute la pleine qui sembloit la mer parquoy auint que les nauchiers perdirent le droit cours du nil parquoy eumes asses a faire pource que nostre nef demou

P ii

ra par deux fois a terre/et nous faillit demourer la toute la nuytee sans boyre ne sans rien mengier synon de seaue tourble et du pain de resin et de figues. Lendemain par grace de dieu vint ung vent et mirent les nauchiers les voiles au vent/et saillimes de la tellement quellemēt par ung hays fait artificiellement entrames en la mer grant. Et quant fumes pres du port de alexandrie nous faillit baillier argent au nautier de quoi rien nen auoit este dit au marchie faisant.

Finablement nous descendans de la naue a terre mismes nos besongnes en ung certain lieu pour ce q sus la riue de la mer estoit tout plain de espiceries et estoient tous les cameaulx empeschies pour les porter en alexandrie il y a trois lieues de alemaigne de la iusques en alexandrie donques de la alant en alexandrie auions les mōs a dextre tresbons et tres fertiles/et a senestre ung champ large auquel sont les salines. Nos nos hastames le plus que nous peumes daler/car nous mourions de fain a cause que auions este trois iours sans mégier rien de cuyt celuy soyr cuydions entrer en alexandrie nous trouuames plusieurs grans edifices tous en ruyne/et arriuames en ung mont lequel quant eumes mōte vimes la glorieuse cite de alexandrie deuant nous aurōnee dung coste de la grant mer/et de lautre de beaux iardins de plaisance plains de tous biēs et de diuers arbres fructueulx et fertiles/la croissent des pōmes de musi desquelles le semblable auions veu au iardin du bausme a matharee et de pommes dorenge de limons dates tasse figues et autres semblables/mais pommes ne poires ne croist la. Il y a aussi en ces iardins des demourances de hommes & femmes pour la plaisance et recreation de somme La on prent de oyseaux tresblans qui sapelent merules ou autrement perdris et des leopars aussi que prennent les arabes quant sont petis et les vendent ung ducat la piesse

Et quant fumes arriues en alexandrie les sarrasins nous cloyrent la porte par laquelle pensions entrer/et nous firent tont a pie circuyr et auironner toute la ville de alexandrie a tres grant peine et grant annuy tant que vismes a lautre porte a laquelle trouuames ung cruel epacteur qui prenoit de cameaulx de bestes et de gens le passage/apres que eumes paye fumes mis dedens la pmiere porte haulte a merueille fermee de portes de fer et de serrures grandes et fortes cuydans en pais aler iusques au logis alant par entre murs haulx et fors tant que vismes a une autre porte grande et de fer ou estoiēt alentour plusieurs sarrasins/et quāt cuidames entrer dedens auec nos bestes nous rebouterēt de hors a coups de bastons et tantost coururent aucuns de eulx a la porte et la cloyrent/ et quant retournames a lautre par ou estions venus ilz la fermerent et de mourames enclos entre les deux portes toute la nuyt mengant nos pais de figues et de raisins et beuuant vng pou de eaue qui nous estoit biē chiere car pou en auions. Et aucuns de nous pelerins cesse nuyt montèrēt sus les murs de dehors voyant et regardant les fortifications des tours des murs et des fosses qui comme disoient iamais ne virent cite mieulx mu ree mieulx close de haulx murs et fors et de fosses par dehors/ mais par dedens ne sont que ruynes et desolations de grans edifices pour la plus part. Lendemain matin apres que les portes furent ouuertes no?enuoy ames pour nostre truchement de alexandrie luy priant que luy pleust de venir bien tost deuers nous laquelle chose il fist et lui presentames la lettre du soudan pour baillier aux seigneurs qui estoient a la porte laquelle receurent la baissant en grant reuerence/ et ouurirent apres quilz eurent leu ladicte lettre nous despouillerent tous lun apres lautre comencant au plus nobles de la compaignie iusques au plus petit entre lesquelz le premier fut seigneur Jehan de solms cherchie par tout pour voir ce q̄ portoit et les autres aussi semblablement tout nostre argent et or et cho ses venales que nous portions prindrent et mirent en vng lieu a part et apres que eurent tout diligentement cherche prindrent le passage selon la proportion des bagues qui portoyent les gens clers/ prestres/ et religieux laisserent aler sans riens payer. Et de tout ce que on porte en la cite ou quon porte dehors la .v. partye de ce qui vault fault payer dequoy en ce nulle grace nest faicte.

Quant doncques fumes entres dedens la cite voyant telz ruynes et miseres si grans fumes tous esmerueilliez de ce que telz murs et fortifications estoient en si miserable ville ainsi destruicte et desolees nous fumes menes a lostel du roy de cecile qui est la maison des cathelans fumes receus humainement du maistre de la maison qui estoit garde et conchierge de ladicte maison/ et nous assigna lieu pour mettre nos besongnes. Le lieu est grant de la maison auquel sont les marchandises des cathelans iassoit ce que les veniciens ayent deux maisons et les genevais vne touteffois les pelerins ont tousiours de coustume se logier es maisons des cathelans/ car ilz sont aymes et defendus du concierge de ladicte mayson/ auec layde du truchement. Apres que toutes nos bagues et besongnes

p iii

que portions les pelerins nobles de la compaignie furent menes a presenter a ladmiral/cestadire au prefect et gouuerneur de la ville/lesquelz les receut benignement et parla a eulx et leur demanda leur nom/ lesquelz fist escripre en chartre autentique. Apres ce fait aucuns de nous firent pactz auec le consul et consierge du logis et furent ses commensaulx a sa table viuans beuuant et mengant asses sobrement selon que ont de coustume/mais estoient seruis tous en vaisselle dargent. Les autres demourerent auec monseigneur de solins et mengerêt en sa chambre selon leur plaisir et voulente de ce q demandoiêt pour leur argent.

Lautre iour.xxv.doctobre apres que fut dicte la messe en la court dudit hostel la ou estoit ung religieux des freres prescheurs pour seruir aux pelerins de dire messe quant venoient la. Et tantost apres vers la mer fut ouy terribles et grans cris dont fumes asses esbahis et espantes pourquoi montames es plus haulx lieux de la maison a sauoir que ce peut estre. Et vinmes fustes et grippes auec naues toutes armees arriuer au port de la cite/ lesquelles entrant audit port furent receues de canons et de bombardes de clameurs et de cris de gens tellement q laer trembloit et la terre aussi. Et estoient les sarrasins qui conduisoient ung seigneur de affrique fort puissant qui aloit a visiter le sepulchre de Mahommet en grant deuotion selon leur maniere de faire lesdis sarrasins estans en la mer trouuerent une fuste ou auoit.xiiii. crestiens qui prindrent/ et apres que eurent diuise et departy tous leurs biens les amenerent en alexandrie pour vendre. Quant ilz furent descendus a terre les mamelus de alexandrie vindrent au deuant armes tresbien qui les receurent a grant honneur et les introduirent et mirent dens la cite auec leur prince.

℃.xxvi. de ottobre qui estoit le dimêce.xxii. apres les octaues de la trinite apres la messe et apres disner demourames a la maison nous reposans/ car encores ne poyons aler de hors seurement/ car le truchement de alexandrie auquel auions marchâde nestoit pas encore paye de ce que auions conuenu ensemble/ mais apres que eut receu son argent en asses grât nombre nous mena a la mer nous presentant aux seigneurs qui estoient a la porte lequel nous donna congie et li berte de saillir et entrer dehors et dedens touteffois et quantes quil nous plairoit.

Le iour ensuiuant qui estoit de saint symon et iude apres le seruice diuin fait et acomply nous alames et fumes menes au lieu la ou iadis estoit la prison ou fut mise madame saincte Katherine et encore y est la ou la noble et tressaincte dame fut despoullee batue deuāt descorpions et escorgies de fer/et demoura la.xii.iours en close sans pain ne vin ne eaue afin que mourut de faim/mais dieu luy enuoya par vne coulumbe blanche ce que luy faloit pour son viure. Auquel lieu la royne et prophire cheualier virent grant exercice de anges de dieu auec la Vierge qui la seruoient et administroient la consolant et donnant courage de souffrir le martyre que elle deuoit porter et endurer pour la foy de iesus/comme apert en sa legende.

En celuy lieu saint fumes mis a grāt requeste et priere et introduis auquel lieu veismes deux coulonnes asses grandes loing lune de lautre biē vii.pas esquelles la vierge deuoit estre mise pour estre dehachee et detrēchee par les rasoirs qui estoient es dictes coulonnes mises et atachees/ mais elle pria dieu et tout fut derompu et destruit par son ange et quasi quatre mille hommes tues et occis. En celuy lieu est la ou les cinquāte docteurs disputerent contre elle et ou furent mis au feu vaincus de elle mais creurent en dieu par ses merites et prieres glorieuses et pose que moururent/touteffois de leurs cheueulx ne de leurs robes ny eut riē brule pourquoy plusieurs creurent en dieu.

De la passant vismes en vng lieu la ou iadis iestoit la salle de alepādrie le roy autreffois en la memoire duquel auoit vne coulonne haulte a merueille toute de vne pierre ayant vng capiteau par en hault laquelle quant on la voit de loing ce semble vne tour/elle est de couleur rouge escripte de plusieurs caracteres qui estoient les lettres des anciens elle est plus haulte beaucop que celle qui est a romme derriere leglise de Saint pierre qui comme on dit iadis estoit en alepandrie pres de lautre/mais elle fut portee et translatee a romme. Il y en a vne autre hors de la ville quilz apelent pompeyane/car pompeye la fist faire en memoire de luy/laqlle nous vismes a lentree de la ville.

De la nous vismes a leglise apelee saintte sabbe edifiee au lieu la ou saincte Katherine deuant sa passion demouroit en maison reale apres la

P iiii

mort de son pere le roy costus gouuernant sa famille laquelle eglise tiennent des moynes de grece.

Le lieu la ou la saincte Vierge fut martyrisee se monstre au iour duy dehors la ville la ou sont deux coulonnes de marbre grandes mises la en memoire de sa passion et martyre duquel lieu elle fut portee des anges au mont de synai/le lieu adontques estoit dedens la ville/car elle estoit pour lors beaucop plus grande que elle nest maintenant.

Il y a aussi vne eglise de saint march laquelle tiennent les iacobittes la ou le saint euangeliste saint March autresfois a demoure et souuent celebre pose que le pouce de la main se couppa pource q fut reprouue de estre prestre/toutesfois par la prouidence de dieu et auctorite de saint Pierre fut fait euesque de alexandrie,et en disant messe vne corde au col fut traine par la ville rendant graces a dieu. Et de la clos en vne prison fut conforte de iesucrist et des anges qui se apparurent a luy lendemain fut encore trainne par la ville la corde au col en disant. In manus tuas domine Et ainsi rendit lesperit a dieu en ce lieu fut enseuely de vrays religieux premierement/apres fut translate a Venise. Il y a vne autre eglise de iacobittes de saint michiel ou est la sepulture des crestiens pelerins en laqlle fut enseuely le seigneur Jehan de solms cote en mynttxuber plus ieune de nous tous et plus noble trespassa du cours de ventre apres la reception des sacremens de laquelle mort fumes fort tristes et desplaisans a grant merueille.

On voit en alexandrie le lieu ou saint Jehan lomosnier archuesque de alexandrie fut martyrise pour la foy de dieu/comme apert par sa legede. Il y a en oultre es quatre boutiques et maisons des crestiens quatre belles chapelles moult belles et bien parees la ou sont des prestres des crestiens pour celebrer le diuin seruice ou des religieux prestres q nous visitames souuent tant que nous demourames la pour le temps que demourames la plusieurs fustes galees/nefz/et autres nauires de mer arriuerent la/la ou de grans larcins se faisoient et pilleries.en celuy tempore les Veniciens amenerent la vne galee napolitaine chergee de marchandise qui pillerent pource que a lors grant guerre estoit entre le roy de naples et eulx.

Il arriua aussi vne galee de crestiens des parties transmarines en laquelle y auoit aucuns alemans qui ne portoient rien que noix et noysettes ou auellennes bien pour .x. mille ducas/ desquelles na point es parties de orient pource que ny en croist point/ et pourtant sont fort chieres en celuy pays. On dit que elles durent la cent ans sans empirer nullement/ mais se conseruent en celuy pays bien long temps. Ceulx de alexandrie voyant vne naue estrange venir au port de alepādrie lassaillirēt en la mer et la prindrent la menant au port et butinant toute la despoulse/ comme pirattes font.

Se les naues qui veulent venir en alexandrie ne sont bien armees deuant que elles soient au port elles serōt pillees des alexādrins/ mais quant elles sont dedens le port elles sont a seurete tant que sont la les sarasins sont fort songneux et a grāt aguet de garder celuy port/ il y a deux mons en la ville fais de mains de hommes sus lequel sont tousiours gēs iour et nuyt a faire le guet sil vient rien contre la ville/ et quant voyent de loings quelque chose tantost le denuncent a ladmiral qui enuoye vng coursere sauoir que cest. Et pose qne seroit difficile a croire/ toutesfois il est ainsi pour tout vray. Ladmiral a autunes coulumbes ainsi aprises que en quelque lieu quil voisent il retournent tousiours au lieu ou se tiēt ladmiral/ et pourtant quant il enuoye aucuns curseres a voir qui sont ceulx qui viēnent y prendēt deux ou trois de ces coulumbes en leur nef et quāt sont pres de ceulx q̄ viēnent il pendent au col dune de ces colūbes vne lettre q̄ cōtient ce quil ont trouue/ et sen vole tout droit a la table du seigneur admiral et prēt la lettre et voit ce q̄ cest/ et si viēt autre chose aps la premiere toulumbe enuoyee il renuoyent la seconde comme la premiere/ et apres la .iii. se souruient autre chose parquoi ladmiral scet tout deuāt q̄ larriuēt au port. Et on dit q̄ en a dautres q̄l enuoye au chayre quant est necessite au souldā quāt cest chose necessaire. Et se ilz ne peut sauoir q̄ sont ceulx q̄ viennēt ne de q̄l cōdicion ou q̄l demādent il le mādent au seigneur admiral par les columbes. Et subit il mādē galees et fustes armees a grāt puissante pour prendre ceulx q̄ viennēt et de spoullent/ laquelle chose il font sil ne sont plus fors.

E iour .xxix. doctobre alames par la cite voir ce q̄ estoit dedēs et les marchādises et les autres choses/ et vimes les boutiq̄s des marchādises q̄ toutes estoiēt pleines de marchādises fors celle des catelās ou ny auoit riē q̄ vng truel et terrible leopard ēchaine et lye dune corde. En apres les sarrasins et crestiens la dedens se tiennent ensemble et boiuent et menguent ensemble. La boutique des genevais estoit fort belle entre les autres et auec les marchandises dou auoit a grant foison auoiet des autrices q̃ mẽgoient le fer quãt on leur iettoit les Veniciens aussi nourrissent ung pourceau lequel seul vismes es parties transmarines les sarrasins ont en plus grant horreur et abhomination le porc que les iuifz qui ne souffroiet iamais en viure ung tout seul synon par les prieres des Veniciens. Apres ce entrames a la maison et boutique des turchz la ou auoit grant tumulte de sarrasins besongnãs de diuers mestiers. Et aussi a la maison des maures et des ethiopes et es boutiques et maisons des tartaries la ou apres les autres marchãdises nobles et de grant pris nous vismes hommes et femmes a vendre en grant nombre et abondance ieunes enfans et ieunes filles et des femmes qui auoient des petis enfans a la mammelle qui attendoiet la tous a estre vendus qui sont traicties vilement et laidement quãt sont esprouues de ceulx qui les veulent achpter/cestassauoir si sõt sains ou malades ette. Les filles et pucelles sont venues/et les fait on courre et saulter et ainsi par diuerses modes et manieres sont esprouuees se elles ont aucun default ou non ette. Toutes les nuys tous ceulx q̃ sont esdis lieux et maisons sont enclos et fermes dedens par les sarrasins et par dehors afin que ne puissent partyr ne aler ne venir dehors et aussi es iours qui sont a leurs musques et es solemnites grandes.

En tout alexandrie na point de maisons plus belles ne plus aournees que sont lesdictes maisons. Apres nous alames a la mer la ou auoit grant multitude de gens alenuiron des marchans qui mettoiẽt les espiceries es satz. Car quant les cameaux aportent les espiceries a la mer des maisons et boutiques pour mettre es nauires les officiers des sarrasins qui sont en la greue de la mer vuident les satz bien diligentement se entre les espices a rien precieux que on veulle porter hors du pays.

Et quant on vuide ainsi les espites les poures gens y acourent pour recueiller ce qui chiet hors des satz en le mettant dedens apres le vont vendre en la voye puplique a tous venans.

¶.xxx.de octobre aucunes autres galees Veniciennes venant du pays de affrique quil apelent de traffique arriuerent au port pour estre chargees pareillement comme les autres quatre q̃ estoient chergees. Celuy iour nous cõmeçames parler auec les patrõs des galees Veniciennes pour nous en retourner auec eulx. Et pour vray les trouuames plus rudes que les sarrasins / car pour ce q̃l sauoiẽt qui nous falloit passer par leurs mains trop grant et qui nauoit iamais esté acoustume passage nous demandoient. Et finablement fut apointe que les pelerins seroient diuises les vns mis en vne galee les autres en vne autre et noꝰ fumes mis en la galee du seigneur capitaine et cõsule des Veniciẽs q̃ sapploit mõseigneur sabastien cõtireni.et auec nous fut mis mõseigneur Iehan archidiacre transsiluanus de hũguerie/et frere felip de lordre des freres prescheurs liseur de vline. Aps la cõuention faicte demourames encore en alepandrie plusieurs iours par force / toutesfois et cõtrainte attendans et depriãs la departye des galees auq̃l tẽpore et interualle de tẽps fut fait le seruice de seigneur Iehã de solins auec toute diligẽce et possibilite selon le pays ou estiõs lequel trespassa la veille de la toussains. Et apres le seruice fait entrames en la galee q̃ auiõs louee pour nentrer plus en alepãdrie au mois pour demources/mais dormions demourtiõs beuuiõs et mẽgions auec le patron. Nous fut dit persuasiuemẽt q̃.viii.ou.x.iours deuãt le partemẽt des galees entrissiõs dedens les galees secretemẽt et portissiõs nos besongnes nõ pas ensemble mais lun aps lautre et en diuers tẽps les portissiõs/car les sarrasins a toute heure a chescune garde demandẽt grãdes et griefues eptorciõs de toutes choses et des personnes/cestassauoir.x.pour cent a leur cõpte. Il ya.iii.gardes entre la mer et la cite/la pmiere est vers la porte de bas q̃ maine a la cite. La seconde est loing de la par de hors de la porte q̃ maine a la mer entre les murs de la cite.la.iii.est en la greue de la mer par tout les officiers du souldã toꝰ les entrãs et saillans dedens la ville ou dehors cherchẽt et visitẽt a toute diligẽce.et en special les marchãs et leurs marchandises. Moy feis tãt q̃ mes besongnes a layde de nrẽ truchemẽt de alepandrie auq̃l baillay nõ pas petit de ducas ne furẽt point par ces gens veues ne visitees.

¶.iii.iour de nouembre nostre galee par le commandement du capitaine et patron fut menee en hault vers le chasteau neuf/car les galees estoiẽt pstes de partyr pourquoi toꝰ les pelerins nos compaignons qui estoient encore demourant en alexandrie sen vindrent tous chascun en sa galee/et apres par le comandement du capitaine chascune galee saproucha pres de la nostre aupres dudit chasteau lequel est fort et biau a merueilles et gardent le port de alexandrie

Ledit port est fort motueux et plain de roches depuis la riue iusques a la mer est mure de mur plain de tours fortes et belles pour sa defence et municion dudit port/et du hault des mons et dudit mur le chasteau est edifie au milieu en la mer que le soudan de present a fait faire par le conseil et industrie du mamelu dalemagne de leuesque de magonce qui pieça delaissa la loy sarrasine et retourna a la saincte eglise riche et puissant

Audit port nulle galee ne peut entrer qui ne taste le voise deuant ledit chasteau audit lieu demourames.viiii.iours a grat paine et doleur en attendat de heure en heure le partement des galees auquel interuale de teps les patros des galees furet fort vexes et tourmentes des sarrasins tellemet q̄ lun deulx fut griefuemet blesse/en celuy teps grāt noise et diuision fut entre les patros pour ce q̄ les ungs sen vouloient aler les autres encore demourer/et neust este q̄ le seigneur capitaine se mist entre deux se feussent partis lun de lautre lequel ordona et volit que nul ne se partiroit iusques chascun aroit fait tout ce q̄l aroit a faire.

E.pb.de nouembre tous prestz a partyr ayans le vent a gre les galees detachees les ancres leues partimes hors du port alāt par la mer et delaissant derriere nous alexandrie/et lendemain plus loing fumes menes en mer si que ne voyons plus terre. Nostre galee estoit fort legiere parquoy precedoit de loing les autres des adōcqs nous faillit le pain de alexandrie parquoy nous faillit mengier du pain bescuit/cestadire deux fois cuyt et q̄ estoit chose merueilleuse a noꝰ/nous mēgions des esturgons sales du fleuue danubie mais les turchs par sa region desquelz passe ledit fleuue les enuoyēt au pays de sarrasins desquelz les veniciens les achettent. Nous dōcques nauigames de alexandrie par la mer ycarine en la mer carpathine si q̄.pvi. de nouembre ayans vēt a gre tost et de legier entrames en la mer de crete q̄ est tādye.

Le.pvii.iour au matin fumes iectes iusques bien auant en lisle de tretle ou tādye toutesfois noꝰ ne entrames poit dedes lisle nous fumes restouys quant nous trouuames sa pourte que cinq moys auoit que nauions veu de terre crestiēne/et nous sembloit que desia estiōs en nostre pays pose q̄ nestions bien loing car encore noꝰ faloit passer par plusieurs pays comme a les ysles de ticlades/et le spouth/et par la tresperilleuse et cruelle mer dicte maleon et par achaye/albanie/sclauonie/dalmasse histrie et le forum iulii.

E.pvIII.iour de nouembre comme estions a coste de lisle de tretlx comāda le capitaine baisser le voille pour arrester le tours de la galee/et fist iecter le squip en la mer et enuoya querir le medecin qui estoit en nostre galee luy mandant q̃ tantost vint a luy/car le consul de Venise estoit fort malade pourquoy lenuoyoit querir pour laquelle cause alions entre deux ysles de candye et de nathalic lendemain dun vent terrible fumes iectes deca et dela pourquoy toutes les galees se assemblerent si pres lune de lautre quon pouoit parler lun a lautre/mais tantost apres le vent fut nue et la mer aussi tellement que chascū fut mouillie des vndes de la mer/et quant la nuyt fut venue se engrega de pis en pis le vent et la mer/tellement que les galios et nauchiers furent malades se dormant et ne pouant porter la grant tempeste/il y auoit .xx. galiotz malades en alexandrie des eaues q̃lauoiēt beu la q̃ sont fort mauuaises/car la ville est toute caue dessoubz et edifice sus pierres cuytes et quant le Nil croist toutes ces cōcauites semplissēt de eaues soubz les maisons. Et nya point dautre eaue en la ville synō celles dequoy les hōmes et les bestes boiuēt q̃ sont infectes et tresmauuaises. Le vent tousiours croissoit et la pluye a grāt abondāce tellemēt q̃l falut au seigneur patron capitaine et autres q̃ estoiēt en hault au chasteau q̃ descēdissēt a bas ou nous estiōs a la soute/car en hault tout estoit plain de eaue le capitaine et le cōsul demourerēt en vne petite chābrette au parfont du nauire les huys clos sur eulx/les nauchiers par toute la nuyt curēt grāt peine et doleur faisant grāt peine toute la nuyt par leurs cris aux poures malades q̃ estoiēt fort malades car ceulx q̃ estoiēt sains et drus deuindrēt malades especialemēt le seigneur Jehā de huguerie et mōseigneur le consul de pl[us] en plus. ii. des galios celle nuit mozurēt et furēt iectez en la mer

E.xx. de nouembre a la pointe du iour commenca a cesser la tēpeste et la mer aussi. Et arriuames a vne ysle qui sapelle nyo/la ou soubz le chasteau q̃ sapele Nyo pausames les ancres et arret fumes la et descēdimes par petis esquifz a la greue la ou trouuames nos cōpaignōs pelerins et montames par pierres et rochers audit chasteau la ou trouuames trois eglises du rithe et creance des grecz/lune a bas vers la greue lautre a hault du mont la tierce au chasteau esquelles no9 entrames rendant graces et merciz a dieu et louenges qui nous auoit ramene es terres des trestiés. Nous ne trouuames rien a vendre la touchant viures ne pain/ne vin ne oeufz/etc. car ceulx qui premier estoiēt arriues auoient tout pris et aclyte/ledit chasteau est asses populeux de hommes qui demeurent en petites maisonnettes comme tygurios viuās des fruis de la dicte ysle qui est asses fertile et grasse iadis edifice des grecz pour la garde et defense de la mer sus pierres terribles/et est Syel et ta duque/de la on voit iusques es ysles de ciclades et es cādie du hault du mont descent vne belle eaue clere et doulce/mais non pas froide mise en vaiseau et gardee elle est tantost froide/et aussi desoubz le chasteau vne autre eaue court qui va en la mer.

E. xxi. de nouēbre en nostre galee estoit ouye la voix dun homme qui fort se lamentoit et estoit pour la mort de monseigneur le consul qui estoit mort celle nuyt/tous ceulx qui le congnoissoient en menoient dueil et desplaisance/et son filz principalemēt q̄ plouroit et cryoit non pas sans cause. Ledit filz comāda que le corps fut mis en la chapelle qui estoit en la greue et la quant fut enterre se iecta dessus la fosse dudit consul son pre faisant de grans regres et plaintes grādes aps on se prist et se remenast on en la galee/le corps embalsame fut mis en vng coffre de plonc et bien serre et amene a Venise la ou estoit sa sepulture dequoy visines par experiēce q̄ le corps mort se peut bien porter par mer q̄ est cōtre la vulgaire opinion q̄ dit lopposite celuy iour. iiii. mouru et furēt enterres en la mer mere du mōde et de toutes choses.

E. xxii. iour la feste saincte cecile nous vint vent du tout contraire qui nous iecta vers drach nous getta/et se il eut guere dure nous eut mene en pou de heure vers constātinoble ou vers troye ou negrepont ou plus hault a athenes a nurre ou en pathinos lisle de sait iehā leuāgeliste le vēt estoit bō pour ceulx q̄ aloyēt en macedone mais a no9 du tout cōtraire. Aps du tout le pouer de galiotz et gouuerneurs de la galee resistāt audit vēt arriuames a vng port vief et desert mais bien seur q̄ sapelle estienne/et la no9 rabillames nos galees et nauires demourāt la. iiii. iours a grāt regret et anuy le vēt tousiours cōtraire et de pis en pis tousiours aloit/et encore q̄ pis estoit en nul lieu ville ne chasteau pour q̄ disoiēt q̄ nr̄e galee estoit ifecte de peste il auoiēt oi q̄ aucu des galees estoient mors pourquoy pensoyent que tout fut dangereux de peste et ne nous vouloient rien vendre pose que leurs seigneurs les citoyens de Venise estoiēt auec nous tous ces lieux sont ysles et chasteaux aux Veniciens ostant que de eulx mesmes ne les gouuernent point tant seulement comme candie/cypre/et les autres/mais les bailloit a aucun seigneur grec pour les regir et gouuerner soubz tribut a eulx appliquer l'isle de Nuye est a vng seigneur duc de grece q tiēt soubz le tribut du turch et est a luy lye/et considere lesdictes regions sont asses dures et aspres et asses mauuais air. Et entre les autres choses dequoy auions grāt traite estoit de demourer la longuement comme l'an deuant auoiēt fait les galees de Venise pour la contrariete des vēs et pour la grant qui estoit en mer pourquoy demourent la mesmes bien.xxx.iours.

De la doncques apres.iiii.iours partimes et entrames en la mer dicte maleum qui est seuere cruelle et terrible en laquelle fumes en tāt de perilz et dangiers que de parolle ne de escript a grant peine se pourroit on sauoir. Et cōme est escript en Virgile. Venim? limbozū in patriaz loca feta furētibus austris. inter luctātes vētos tēpestatesq3 sonoras Ibi vēti nutu coli pricipis sui. Et poete fingūt velut agmine facto. Qua data porta ruūt et terras turbine perflant ette. Il veut dire q en ladicte mer ya de grans vēs et de horribles tēpestes et en mer et en terres dont grāt peril et dangier a passer ladicte mer.

E.xxviii.de nouēbre le vent se mua nō pas en mieulx/mais en plus fort de beaucop pourquoi estions portes par grāt impetuosite contre le maleam comme se le voulsisions par force vaincre et gagnier/vray est q nos patrons et gouuerneurs desperāt du passage de la male ensuiuoyent le vent de fortune se mettant a l'auenture. Se nous eussiōs peu passer le tour la le pas de malee lendemain eussiōs este a la ville de motons et de la facilemēt par le pays de achaye et des autres pays iusques es ytalies eussiōs passe. Le passage de malea est vng pas de gresse pres des mōs dudit pays q va en la mer bien.L.mille enuers lequel les vētz sōt si cruelles et si ipetueusemēt sont poussees q les galees cuidās passer par la sont deboutees de la force des vagues si q a grant peine peut passer/especialemēt quāt ya grans vēs et fault ceulx de grece et de matedone q veulent aler en achaye et la moree passer par le coing de ce pas qui est fort hault et agu et plain de rochrs cōmētāt des la mer se sleuant iusques aux nues la ou en yuer et este est la nege tant de vens

sont et se tueissent a ce cornet que la mer est en grant tempeste et confusi
on et fort difficile a passer/car quant ilz cuident auoir bon vent dun coste
et qui vont vng pou en auant tantost.v.vi.ou.vii.vens tout au contraire sou
flent et retournent la galee dou est partye et plus loings encore/il fault
que aucunefois les nauires soient la.iiij.ou.v.moys auant que puissent
passer/et est tousiours la telle fortune et misere.
    Pourquoy les poetes anciens en maniere de mocquerie disans tō pas
sion ayans des grecz pour ce que bataillant contre les dieux ont perdu in
umbrables multitudes de gens que si les eussent bien honnoures il eus
sent peu par le milieu du gours de malee passer en fendant et hault et bas
tout ce qui leur estoit contraire/et eussent fait passage ouuert et paisi
ble pour les galees passer audit passage sans nul peril et dangier et sans
tant de temps mettre a circuir et auironner le malee/lequel mont de ma
lee silestoit diuise en deux beaucop plus tost retourneroient les galees de
orient en occident et de asye en europe/laquelle chose ne se peut faire par
mer sans aler pres du coing de la montaigne de malee/come ainsy soit
que tout le demourāt de la mer la enuiron soit pleine de roches terribles
et bien haultes.
    Ladicte montaigne sapele malea du roy maleus roy des tyriens ainsy
dit et nomme lequel trouua premier la maniere des trompettes de leton
et esdictes montaignes estāt poure et en necessite en guerre de pirates
infestoit la mer. Auquel mont fist le temple du dieu apolin/et la mōtai
gne nomma par son nom. Et iapiessa le temple destruit au coing de
la montaigne est la chapelle de saint michiel/et pourtant les populaires
apelent ce lieu la telle de saint Michiel/et disent quant fait grant vent q̄
saint Michiel souffle de son esle estant sus le bout de la montaigne reboů
te les nauires qui ne peuent passer oultre/pourquoi les mariniers quāt
labeurent a passer le passage font oroison a saint Michiel/et font veux
qui luy plaise retyrer son esle dou infeste et tourmente la mer pour ce
que puissent passer.
    Au pie de la mōtaigne est vne ville nomee malfasia au pres de laquel
le croist le bon vin de maluesie que le populaire apele vin de crette par de
la et par tout ailleurs maluesie. Les patrons des galees se donnent
garde du tout de naler point la a port/car il disent q̄ y demeurēt des grecz
tresmauuais et peruers dequoy ledit mont prent sa denominatio/cestas
sauoir malea/donchés aps q̄ toute la iournee eussions nauigue cōtre la di

cte montaigne de malea et eussions aprouchx son coing et cornet subitement fumes reboutes et si impetueusemēt que toutes les galees qui ensemble estoient furent diuisees et separees lune ta lautre la sy loing lune de lautre q̃ a grant paine se pouoyent ueoyr/et auec ce eumes grant tempeste tellement que les galios furent contrains de esleuer les voiles propices et conuenables a contre la tempeste.

Vray est que encore le.xxix.iour de nouembre encore atemptaines aler contre le malee obstant q̃ auions le vent petit et mais que a demy/et ainsi alant autres galees venoient aussi vers la lesquelles auions perdues et vers la nuyt alames le plus tost que nous fut possible vers le coing de la montaigne de malea/mais comme voulions consuiure la grant assemblee des galees et que chascune galee en son ordre mettoit paine de passer oultre vela vng vēt terrible et subit qui se va esleuer contre nous/et rauit les premieres galees et les rebouta tres impetuensement contre celles qui venoient apres/laq̃lle chose fut merueilleuse a veoir et espouentable a ceulx qui le nauoient iamais veu/car les naues et galees en vng mesme lieu estoiēt si pres lune de lautre que touchoient et aloient lune contre lautre agittees de diuers et cōtraires vēs les vnes contre la montaigne les autres a loppposite les vnes a dextre/les autres a senestre/et alions en circuyant et tournant lune alentour de lautre/comme font les danseurs lun et lautre en auironnant et tournoyant. Et fumes gettees toutes les galees en la mer inutilement de ariere la montaigne estions iettes par art et subtilite nous de sendans que ne fussions souffles en ciclades ysle loingtaine dou venions/et ainsi attendions le iour a grant desir et souhet.

Le.xxx.iour qui estoit le iour saint andrieu apostre et le p̃mier dimence de laduent se leua vng vent grant et a nous tout contraire/laquelle chose voyant nous gouuerneurs desperans du passage mirent les voiles au vent et fumes iettes subitement contre aq̃son par grant impetuosite encore en lisle de ciclade plus loings de la ou estions que nya de paris a lyon deux fois/et y entrames par rochxs et rochiers bien hatiuement par grāt engin et subtilite. En oultre par vng canal estroit entrames en vng port large et seur fourny et fortifie de mōtaignes au pie dune ysle dicte milo. la ou trouuames quatre galees venitiennes qui estoient venues de syrie et auoient cherge a Baruth en capadoce. Ceulx qui estoient es naues et galees quant virent nostre cōpai gnie de nos galees sonnerent tant glorieusement de leurs trompettes et clerons etc. iectant bombardes et canons contre les mons dont le son resonnoit a grant merueille. Et ainsi faisoient les nostres en signe de liesse et de ioyeusete, et sembloit que la mer fut toute cótournee ces galees la de syrie tenant auoient long téps laboure pour passer le dit mal passage de malee cóme nous et tout en vain. Et y auoit la dautres naues de malee mesmes qui auoient este iectees en ce port.

Le premier de decembre furent les vens plus grans et plus contraires et se disposerent toutes les galees a demourer la en celuy port. celui iour enuoya le capitaine des galees de syrie messagiers par toutes les galees et iuita a disner to⁹ les capitaines des autres galees et aussi to⁹ les patrons et príncipaulx gouuerneurs desdictes galees, et fist ung grát disner en la greue de la mer. Et descendirét a terre trois capitaines luy le capitaine des galees de alexandrie auec leurs trópettes qui auoit soubz soy quatre galees chergees de marchandises pcieuses et bien armees. Et le capitaine des galees de syrie auec ses trompettes qui auoit aussi soubz soy quatre galees et quatre patrons et le capitaine de affrique autrement traffique qui auoit deux galees chergees et armees. Les trois capitaines auec les .x. patrós et tous les nobles seigneurs des galees et aussi les officiers les tables mises et preparees en la greue se seyrent aux tables.

Et apres disner se esbatirét en la greue tous de plusieurs honestes esbatemens. Il y auoit en ces .x. galees a mon aduis plus de .vi. mil hommes desquelz la plus part estoient venus et descédus a la greue pour soy esbatre. Ce iour la sus le soyr chascun se retourna sus petites esquippes en sa galee et demourames la aucuns iours.

Le .v. de decembre apres que le vét fut cesse et que calme estoit en la mer departimes de la a force darmes, car ny auoit poit de vent. Et tous prioient dieu pour le passage de malee ung versificateur prioit ainsi. Ach pater omnipotés tantis miserere priculis Atqz tuis thesauris ventos dimitte secundos, cesta dire, Pere dieu tout puissant ayes pitie de nous qui sommes en tant de miseres. Et vueilles enuoyer vent a gre de vos infinis tresors.

Et quant fusmes eschapes hors des rochrs et dangiers nous entrasmes en la grant mer sesleua ung vent lateral inutile du tout pour passer le malee. Mais nonobstant alasmes contre le dit mont auec toute la compaignie. Et quant la nuyt fut venue sefforça le vent plus fort contre nous et en ladicte nuyt fut faicte vne terrible tempeste et la mer sesleuoit sans cesse par dessus les galees et nauires dequoy est dit au psalmiste. Ele uauerunt flumina eleuauerunt voceny suam mirabiles elaciones maris

Les merueilleuses eleuacions de la mer se sont esleuees et seurs voix esleuee. Et auoit si tresgrant inundation de eaue et nos galees que plus de cent fois fusmes couuers du tout de eaue dessus et dessoubz et de tous costes non pas tousiours mais subitement la vague vient et plus subitement sen va tout le hault de la galee nagoit en eaue et les poures galiotz et mariniers toute la nuyt estoient en leaue iusques au hault remuant les voiles selon q estoit necessite contre la fortune du vent.

En oultre lesdittes galees estoient loing lune de lautre/mais noobstant vne fois si grant fortune nous eumes que subitement toutes furent lune contre lautre/et en donna lune si grant coup contre la nostre quelle rompit du coup toute nostre cuisine et tout ce que estoit dedans/la grant paour et freeur que eurent tous ceulx qui estoient en la galee seroit bien difficile a croire et a narrer. Nous qui estions au fons de la galee de heure en heure nattendions autre chose que de estre tous perdus et noyes.

Et apres que telle miserable nuyt fut passee tous comme estourdis de la grant douleur en quoy auions este crions tous ayde et secours par layde et merite de saint Nicolas duquel la feste estoit pres en disant. Suscipe nautarū pater Nicolae grecatus. Assis et solita nunc pietate tuis. Receues pere saint Nicolas les prieres des nauigeurs et soyes par vostre pitie acoustumee nostre confort et ayde.

E. Si de decembre la ou le iour estoit cler nous voyons nauoir ayde ne secours de nulle part et le vent inutile fort et du tout contraire despres doncques encore mesmes les voiles au vent/et subitement es ysles de la ou estions partis fusmes gettes la ou furent mises les galees a lantre/et auions grant paour et grant doubte de faire et passer la nostre yuer/car la mer estoit plus masse que long temps auoit este. Et selon les patrons des galees et de la mer les singuliers

D ii

gouuerneurs de la mer sont saint Nicolas/saint clement/sainte Catherine/saint Andrieu/saincte Barbe/saincte Luce/nostre dame de la conception/et tous ces iours la fist mauuais temps et grans vens et tempeste en la mer excepte les deux derrains iours esquelz se ne eussions gaignie la malee estions demourés la pour liuer comme pour chose certaine disent les mariniers.

Ilz font plusieurs folies et superstitions quant nont le vent a gre en leurs galees. Les vngs disoient q̃ les pelerins de la terre saincte en estoient en cause/car ilz portoient aucune chose derobbee des lieux sains ou de leaue de iourdan laquelle dient empeschier la nauigacion et passage par la mer.

E. viii. de nouembre nous eumes encore vent contraire et demourames la ou estions apres disner alames bien deuotement a la chapelle nostredame qui estoit en la greue de nostre dame fondee se recommandant a elle les vngs chantoient Salue regina/les autres Alma redemptoris/et autres diuerses antiennes et louenges de la vierge marie deuant le soleil couche partimes hors du port/et toute la nuyt a la lune alions ayant vent a gre.

E. viii. de nouembre qui estoit la feste de la conception de la vierge marie alames contre la malee a grant puissance contre la malee/et la vismes apres mydi dequoi fumes bien esbahis et auions grant paour craingnãt dauoir come par deuant auions eu/mais sur le soyr le vent tousiours de mieulx en mieulx alant le coing de la malee la cruelle et horrible dequoy souuent a este parle sans peine et sans grant labeur subitemẽt passames en lespate de vne heure bien. viii. mile de mer. Et puis apres fumes restoys de ioye bien grant non pas sans cause. Les trompettes/clerons/menestriers aux esbas et toutes autres instrumens chantoyent de ioye et plaisir et tous les galiotz et tous autres q̃ estoiẽt esdictes galees rendãt graces a dieu.

Apres la nuyt vint qui nous empescha dauoir vent come deuãt mais auios la malee a senestre et a dextre des rochiers et mons plains de pierres tellemẽt q̃ ny auoit port en quoy puissons entrer. Et pourtãt toutes les gouuerneurs des galees leurs voiles mirent au vent pour aler au large ainsi q̃ le vent portoit alauenture comme le cheual ou mulet va et court sans bride ou la il veut en laq̃lle nuyt fumes en plus grãt misere q̃ nauios este iamais de toutes les tẽpestes q̃ auions eues en tout le voyage.

Et apres que le soleil commenca a luyre.v.miles mises au vent alames entre rochés/rochiers/scopules destrois/et lieux dangereux et perilleux se.viiii.de decembre arriuames a la cité de motone en ce iour nous alames cent et.xxx.mile treslegierement et eppeditiuemét et trouuames la.vi.galees que auions perdues deuant la tempeste

En ladicte ville de motone entrames au port et les galees mises a point alames ouyr la messe au couuent des freres prescheurs de bié grát deuocion car grant temps auoit que nauions ouy messe. Apres la messe alames tous les pelerins a lostel des alemás breuuás et mengás en grát ioye et lyesse a dieu rendant grates et mercis qui nous auoit deliure de tant de perilz et dangiers et assemble ensemble qui depuis alepádrie nauions veu lun ne lautre. Apres le disner pour ce que nous fut dit que deuions la demourer par aucuns temps pour les negoces des marchás nous portames nos besongnes en lostelerie. Motone est vne cité au coing et cófins de achaye en terre asses bonne et conuenable situee pres de turquye dequoy les turchz sont aux foires en ladicte ville ensemble auec les crestiens.

E.p vi.de decembre entrames es galees et alames en vne ysle opposite de ladicte ville quil apelent ne scay pour quoy lysle de sapience/et est loing de motone vng mile de alemagne en vng canal parfont. Et pour ce que nauions point bon vent a gre les ancres furent iectees au pie de ladicte ysle.

E.p viii.iour a mynuit apres que tout estoit en silence subitement aspira le vent propice et bon/et tantost fut fait cry de tostes des nauires pour se preparer a partyr en faisant tout ce quest a faire en tel cas du dit vent fumes tous iectes en la grant mer la ou tantost sourdist vne terrible tempeste si terrible que deuant nauions eu la pareille/et dura vng iour et deux nuys. Tous les seigneurs des chasteaux deuant et derriere sen fouyrent a nous la ou estions au bas nó pas au plus bas du nauire/et ne fut nulle memoire en ce téps la de boire ne de mengier/car la cuisine estoit toute en eaue.

E.xix.eumes vent plus a gre auquel temps passames plusieurs ysles des turchz et crestiens comme lisle de Samastre/ delnulee et lisle de sopholonie qui auoit este prise du turch lan deuant mil.cccc.et octante

D iii

Le .xx. au matin arriuames a lisle de corzique qui sapele autrement corson bonne et fertile. Et la trouuames la compaignie des gens darmes et grant chierete de pain et de toutes choses necessaires. Pourtant le capitaine des gens de guerre par terre nestoit pas content des autres capitaines de mer de ce questoient arriues en ce port la/car a grát peine auoit viures souffisans pour son exercite. Il y auoit grant et merueilleuse multitude et compairoison de gens. Celle ysle est le comencement de grece. Et est la defence du port de rome de la iusques a romme est le passage bien facile en cecile en sardine apulye ytalie. Et a lopposite est la moree achaye et en brief temps on nauigue en la cite de patras ou fut crucifie saint Andrieu et en constantinoble etce et en cecile ou sont les mons de feu iectans feu et sapelent les mons de ethue esqlz selon les poetes les faures et marischaux de iouis nommes ciclopes forgent le fer.

Et iour .xxiiii. partimes tous ensemble et auec nous vne naue et vne grippe et alames iusques a vng caual large q diuise les ysles de corize et de dardanie.
Nos patrons estoient fort lyes et ioyeux de la bonne prosperite et du bó vent que nous auions/car autrement grant peril est passer par le dit canal pour ce que au fons du caual a vng abisme qui vomist les eaues de la mer et les absorbe et quant les nauires sont la il tournent comme vne roue de molin la dedens et par la fortune sont en grant dangier de peril tellement quil les fault tyrer par cables de ce lieu la/mais tantost fust passe pource que auions vent a gre/et arriuames es ysles apelees gazopolinnes decourans la roche du dragon.

La comme est dit deuant a vne roche grande ou vng dragon estoit/et se tenoit latitant qui voloit aucunefois sus la cite a lopposite situee en la montaigne qui tuoyt de son soufflement les gens pour quoy fut delaissee la cite des gés et est encore deserte/et ya encore des murs fors et des maisons asses noues dessus ladicte cite est leglise de nostre dame ou est vne lampe ardant miraculeusement sans ayde de homme.

Apres que eumes decouru lisle de gazopole au soleil touchant vne subite et horrible tempeste nous vit qui dura toute la nuyte auec vent ter rible qui rumpit le grant voele de nostre galees et diuisa en pieces et destruit les aurons dune part de la galee et des pos que estoient pres du feu subuertit et estaingnit le feu de quoi grant clameur fut en la galee de tous inuocans et apelans dieu et saint Nicolas et tous les sais faisans des veupz et promesses de quoy a lors fut estendu le voile apele en langage de ytalie papafigo/fut estendu lequel ne se estent synon en extreme necessite. Et ainsi alans a la garde de dieu nauigans par mer a toute heure attendions mourir et estre tous noyes/car les ondes estoiet si grandes incessamment que toute la galee estoit en mer sans riens veoir q le hault du matz/mais les autres galees aussi napparoissoient point aussi pour la semblable cause. Et ny auoit riens es galees dessus ne dessoubz dedens et dehors qui ne fut plain et mouille de leaue de la mer. Et nest pas chose nouuelle q plusieurs naues perissent en ce lieu dit mer adriatique/car mesmes la saincte Helaine venāt de hierusalez et portāt la vraye croix de nre seigneur de grās perilz et dāgiers souffrit en ce lieu tellemēt qlle fut mue de geeter la vng des clous de nostre seigneur pour appaiser la tempeste La dicte mer est tant cruelle et terrible q souuent essieue les grās pierres du fons de la mer en hault et come se estoit bois les gette au hault a la superficiete de la mer dun bout a lautre.

℞.xxviii. Vigille de noel fut appaisee la tempeste et fait calme ou estios en grant anuy/car ne poyons arriuer nul port pour le bon iour de noel. En la nuyt de noel estions en la mer et par toute la nuyt eut si grāt tumulte en nostre nauire q a grāt peine nous poyons dire nostre office a lastingacion de lennemy seql tousiours empesche et fait quelque tourble es bonnes festes. Et iouoyēt toute la nuyt en iurant/malgriant/regniant/iniuriant luy et lautre et c̄.

Et ainsi celle nuyt sacree et deuote et le iour aussi passerent en tout desordre et lasciuite desordonnee. Celuy iour nous vismes la fin de albanie ou de achaye et le commencement du royaume de huguerie et entrās a ylliriqe vng poure port et sterile apele estay/arriuames le iour saint estienne a lames auant et vismes es partyes de dalmate et vismes la cite de raguse cite trespuissant de quoy deuāt a este parle et parces les galees de leurs signes et estādars come est accoustume de faire et grāt geet de canōs et de bōbardes a maniere de triumphe passames oultre et ne alames point a la cite/mais pour la reuerence de la feste de noel nauigames seulement auec le trinquet.

Celle cite de raguise est comme on dit la plus puissant de la crestiéte la ont ung beau couent les freres preschurs/apres vismes a turfule cite des Veniciens qui sapelle prepo/a laquelle ne peumes arriuer a port/ car le vent no? estoit cotraire/a soleil couche vhumes en lieu aspres et pour la cottariete des vens la mer nous fut fort contraire pourquoy nos gouuerneurs estoient en grant esbahissemet ayant ung caual auant euly tres perilleux et nul port ou puissent arriuer et se demeurèt du caual par sequel les autres nauires souloient aler a seurete. Et quant fumes venus au plus large du caual nous tentames de ācrer la galee et ne trouuames point fons a ancrer alames ung pou plus auant iectames la sonde pour ancrer/mais pose que trouuissions terre/toutesfois nō point a souffisance pour toutesfois que la nuyt estoit et q̃ on ne voit goutte du chiel ne poyons aler plus auant pour les peril de mer qui sapelent scilla et caribdim.

Nous iectames doncques vne ancre fort grande qui ne trouua poit de fons ne de pierres/ne de roches/ne de aultre chose en quoy elle puit iecter sa vent mais sen aloit apres la naue auant la terre de quoy moult fort estoient tourmentes les gouuerneurs. Apres encores a grant peine retirames lancre et la iectames en autre lieu et semblablement ne trouua a quoy se tenir/mais a nostre tresgrant peril et dangier suyuoit ntre galee en la fin elle trouua arrest a quoy se tenir obstant q̃ bien debilemet come chascun sauoit pourquoi nul ne dormit a seurete celle nuit la mais attendions q̃ la galee se desfiast de lancre a ce q̃sle auoit pris qui eut este nostre mort et perdition.

Le iour saint Iehan leuangeliste desancrames la galee tuy dios aler mais nauios nulle ayde ne de vent ne du ciel/car on ne voit goutte mais vēt obscur q̃ est cotraire aux nauigās Apres par la force de la pluye nous tyrames vers les mōs de ystrice/et entrames se port apele tortula/auql trouuames deux galees de nostre copaignie/et estoit ung port inhabitable desert et mauldit auquel fumes en fort grāt anuy etce. Au iour des innocens partimes auec vent propice et a gre/et alant auant tantost veimes vers le mydi apulye de ytalie par ung bras de mer diuisee de cecile de tricliue et au coig dapulie q̃ se eptēd en la mer adriatiq̃ vimes se mōt de gargan la ou est au pie du mōt la cite de sypote iadis faicte de dyomedeVictorien du mont. En ce mont lan. cccc. octante et. viii. fut faicte la parition de saint Michiel.

Apres nous vismes a lopposite de la ville delizine au pays de dalmace laquelle tantost mise derriere nous fusmes iettes es mons de traBBace q̄ est vne nacion de dalmace entre rochxs et mõs la atachames nos galees au port sterile et miserable mais estoit bien seur et fort muni. Les mõs de maritine y a signes au pres desquelz les pors de mer sont seurs ausq̄lz signes les mariniers ont leur refuge au tēps de tēp̄ste/ et demouran̄es en ce port. Si tours a grant anuy et melencolye. Au iour saint siluestre/ cõme tous ceulx des galees alames en vne ysle pres de la en laq̄lle trou uames vne chapelle des freres de la tierce ordre de saint francois laquel le chapelle sapele des graces de marie la ou la vierge marie fait de grans graces et miracles. A laquelle plusieurs des mariniers font de grans veup et promesses estās es perilz et dāgiers de la mer qui y sont faisant leurs oblacions et rendāt leurs veup et promesses.

Lendemain le iour de la circũcision y retournames quasi to? alames a la dicte chapelle et la celebrames la messe celuy iour passames vne vil le qui sapele Baue decisse. La ou est ceste coustume ancienne q̄ chũ fault q̄ paye ce q̄ doit a lautre de ceulx q̄ sont es galees/ et est par sentēce condā ne de payer sus le chāp sans apellacion q̄lconques. Et se y a aucūs debas noises ou diuisiõs par ces iuges est tout apointe au mieulx q̄ y peut.

Le secõd iour de Ianuier la ou le vent sapaisa les gouuerneurs mene rent et mirent les galees hors du port/ mais quāt nous fumes au large en la mer se leua vng vent cõtraire nous Renāt en poulie/ mais a force et toute puissance alames cõtre le vēt aup mõs de traBBace dou estiõs par tis a vng autre port apele larmo/ la arrestames les galees attēdans le vēt le dit port estoit beau et solacieup auirõne de rochiers haulx tout alē tour ayāt vng caual tresparfont no? alames hors de nos galees et mõta mes rāpant a nos pies et a nos mains de rochx en rochx sus la plus haul te q̄ y fut/ et de la vismes lautre port dou estiõs party et bien loing en la mer et aussi fumes fort resioys/ car no? vismes ders occident nos mons tous plains de nege q̄ font la fin de ytalye et le cōmencemēt de alemagne/ soubz le mont est vne ville la ou nous alames pour acheter quelque cho se/ mais nous ny trouuames rien/ et ny demouroit que poures gens de esclaues.

Le tiers iour de Ianuier partimes du port auec bon vent et legieremēt fumes portes au hault de la mer en vne fort ancienne cite apelee zaram et de la a vne autre apelee zaram la noue en laquelle aborduames a port et entrames en la ville et demourames la le iour ensuiuāt visitant les eglises et reliques de la/et especialement le corps de saint symeō qui est en leglise metropolitaine.

La nuyt aps tumbāmes et cheumes en vng lieu de mer aprsle tornere/ qui est vng tres estroit pas de mer et perilleux/car la mer court la cōme de cours enrage vers anthone/et se les patrons ne defendoient par subtilz moyens les galees quelle couret la car subit seroient la menes qui est loings a merueilles. En ce lieu de tornere eulx tresmale nuyt et tēpeste tres horrible. A la pointe du iour le vent fut aprse et vismes en hystriam qui est en dalmace/et vimes la cite de polam/et enuiron vespres arriuames au port dit rubmēse partant de la naue entrames en la ville de rubnie/qui est en montaigne en leglise de saint eufemie aps les vespres le preuost de leglise qui est colegiale nous ouurit la tumbe de Madame saincte eufemye et vismes le corps tout entier. Elle vint la de calee bonne miraculeusement la ou elle auoit este martyrisee elle vint la en celle tumbe qui est fort pesante a merueilles.

Le .vii. iour la compaignie des galees se partist et alames iusques a la cite de parence qui est en hystrie et celuy iour demourames la iusques au soyr retournames es galees et la nuy partymes auec bon vent nauigans a grant ioye et lyesse car il est fort dangereux estre la en temps de vent cōtraires et de grāt ioye toute la nuyt fumes sans dormir et la matinee aussi.

Le .viii. de Jāuier vismes la cite noble de Venise. Et des que ilz nous virēt ilz sonnerēt toutes les cloches de la cite/et vindrēt au deuāt de nous plusieurs de la cite en barques en nauires cōme il ont de coustume de faire a la bien venue heureuse de leurs galees et nauires. Deuāt le port de sait nicolas deuant les chasteaux furēt atachees et posees les galees et paye le patron q receut de nous beaucoup dor/en barques entrames dedēs la cite et alames a nostre logis ioyeux et lyes grādemēt q auios retouuert la terre q si long tēps nauios veue. En rendāt graces et louēges q tant de fois nous auoit defendus de tāt de perilz et dāgiers par sa grace et misericorde et de la glorieuse vierge marie madame saincte katherine auec lay de iesus nostre redempteur qui est benoist eternellement. Per omnia secula seculorum Amen.

Cy finit le proces du second voyage et pelerinage au mont de synai a madame saincte katherine dieu graces et mercis.

Es hystoires cy apres mises s'ensuit la preface ou harengue ou oroison.

Ar la grace de dieu et ayde especiale apres le script et declaratiõ des deux voyages et pelerinages de hierusalem et du mont de synai non pas incongruemẽt ay propose d'y adiouster aucunes choses pour esmouuoir les cueurs et courages des nobles seigneurs et gentilz hommes et leur donner plaisir et delectation. En laquelle descripcion ay voulu tenir ceste mode et maniere que a eulx ne fut anuy ou fastidie de ladicte description. Vray est que comme ay escript au cõmencement de cest œuure ie desireroye fort que apres la fin principale de mon intenciõ ie peusse amener tous vrays crestiens a auoir cueur et courage de se lesser et eppugner combatre et inuader les faulx turchz et mescreãs ennemis de nostre saincte foy ou au moins de se defendre quant vient assaillir les crestiens et donner secours et ayde a ceulx qui enuaist et combat ou maine guerre a la confusiõ non pas seulemẽt du bien publique de la crestiente mais de la saincte foy.

Au present propos rien ne faulsdroit persuader ou escripre par exortacion des crestiens a faire ce q̃ dit est. les empereurs/roys/ducz/contes/princes/marquis/barons/cheualiers/gentilz hommes/vouloiẽt penser et diligẽtemẽt cõsiderer auec to̅les bons et leaulx crestiẽs le mal/l'opp̃ssiõ le dõmage qu'ilz ont fait nagueres de tẽps et mesmes en nostre tẽps a la crestiẽte lesquelz pose q̃ soiẽt cõme inũbrables et q̃ ne se peut celer ne ignorer a ieune ne a vieulx/toutesfois afin q̃ plus soyent mis es cueurs devotz des bons et leaulx crestiẽs aucuns p̃tis fais reciteray dudit turch. petis quãt au regard des inũbrables autres fais q̃ l a fait grãs quant a la matiere subiecte dequoi parlẽt les narraciõs et escrips q̃ cy deux racõter. Et p̃mieremẽt de la prise et i̅pugnaciõ de la noble cite i̅periale cõstãtinoble et de nigrepõt et aps de rodes et de otrẽte parleray aucunemẽt et en brief.   De la eppugnation de constantinoble.

An mil.CCCC.liii. la cite de constãtinoble apres quelle fut assiegee des turchz enuoyerent les grecz des ambassadeurs a pape Nicolas.v. demandans ayde de gens et de argent lesquelz ne volit oyr et n'en tint conte voyant que pour les grãs guerres qui auoyent este es ytalies le pays estoit asses charge et trop et que faire nouuelles exactions eut este cause de resistence. Voyant aussi que de eulx mesmes pouoyent bien obuier a ce et de leur biens ou argent et puissance auoir gens pour resister aux ennemis. Et pourtant eulx venues de ayde et secours de tous costes pensant a eulx sauuer et leurs biens particuliers vindrent a ceste conclusion que se rendroient aux aduersaires culx dans sauuer eulx et leurs biens. Mais touteffois ilz perdirent tout, laquelle chose neust pas este se ilz eussent volu desployer leurs tresors, car et hommes et femmes en auoient a grant force et puissance, mais nul ne vouloit fournir pour son auarice laqlle aueugle les auoit.

De la prise de ladicte cite par les turchz. Le cardinal de sabine gretz qui pour lors estoit la et estoit present legat du pape lequel eschappa car il eussent tue, mais quant la ville fut prise il se mua dabit de poure homme et se mesla auec le populaire qui fuyoit et luy aussi se souyt auec eulx et de la se fist mener par mer a vne cite ps de la dicte pram, non pas loig de constantinoble il escript doncques de ceste prise en telle maniere.

Oyes tous et toutes qui estes au monde. Oyes tous ceulx qui estes vrays et loyaux crestiés gouuerneurs, pasteurs, et recteurs, de toutes eglises tous roys et princes crestiens et tout peuple aussi auec lestat de religion. Oyes et vous soit notoire que le precurseur de lantecrist le prince et seigneur des turchz seruiteur de autant de seigneurs que de pechies et vices qui sapele Mahumet anemy de la crois de iesus, heritier de nom et de fait de celuy infame porc Mahumet qui fist la loy des turchz et sarrasins filz de sathan plain de tous vices tous pechies et iniquites ayant soif de leffusion du sang humain plus que nul autre, et especialemét des crestiens et ne se peut estaindre pour turie qui face quien a fait sans nombre. Qui a si grant hayne contre le nom de iesus que est delibere de le exterminer. Tellement que se y voit vng crestien ou parle a luy y laue ses yeulx et sa bouche en horreur et abhomination de ce. Le grant monstre et horrible et terrible en nature par les demerites des crestiens parmis de dieu faire guerre et moleste aux crestiés a assailly par iuste iugemét de dieu la cite imperiale de constantinoble la rome noue iadis honnourable et heureuse maintenant infame et detestable laquelle apres que longuemét leust assiegee prit, opprima, pilla, de tous ses biens et la destruit gasta comme du tout.

Qui me donra que vse des mos du prophyte de seaue pour plourer iour et nuyt ceulx et celles q̃ ont este mors et tues en ladicte noble cite. Q̃ ne aroit horreur et abhomination dun tel fait sacrilegue et detestable.

ne seroit litargique malade et comune insense de ouyr/ veoir et penser telles choses si piteuses dommagables et au detriment de saincte foy crestienne. Celuy infame plain de nom de blaspheme apres la prise de la cite fist coupper la teste a lempereur et a toute sa lignee et noblesse et plusieurs enferres pies et mains ayant cordes en leur teste et leur col, feist mener hors de la cite nobles/bourgois/marchans/prestres/clers/religieup/religieuses/moynes/hômes et femmes vertueup en vertus, la furent vilainement decapites et traictez les femmes côme publiques poures pecheresses et plus vilement et inhumainemêt les traictoient q̃ on ne feroit poures bestes quon veut tuer.

Les ieunes enfans separoyent et ostoient de leurs parens et amis et les vendoient et faisoient leurs besongnes et operations/les petis enfans tuoyent comme agneaup devant leurs peres et meres. O quel pytie/helas quel cruaulte helas quel ihumanite/quelz clameurs/quelz souspirs des parens et amys de toutes gens les princes seigneurs et nobles gês estre tues/occis/et murtris par vilains infames paillars et larrons.

Les enfans de v. ans et au dessoubz contraingnoient a tenir leur loy infame et detestable.

Helas comment a este obscure lor reluisant de sapience par les tenebres de ignorante lor dignite et noblesse a par rusticite et servitute la noble eloquence de grece en rude langage de barbariens. Des autres inhumanites nous taisons mais des opprobres reprouches contumelies iniures vilaines des fais de dieu des sacremens de leglise de la foy crestienne nul ne le seroit dire ne eppliquer ie croy se ie ne fauly que iamais la crestiente ne fut plus avillee ne deshonnouree dequoi on peut dire ce que en autre temps a este dit de la saincte cite de hierusalem. Deus venerût gêtes in hereditatem tuam etc. O dieu les payens et gentilz sont venus en vostre heritage et seignourie et ont tout destruit etc.

Je laisse pour honte dire les vilaines et abhominations qui faisoiêt es eglises et saintuaires de la noble cite les ymages de iesucrist de la vierge marie et des autres sais et sainctes de paradis et especialemêt la croiz de nostre seigneur quates laidures infames vilaines ont fait nul ne pourroit penser ne ymaginer les choses sainctes donnoient aup chiens et les sacremens aussi.

En recueillant ces choses ie suis tout esbahy et perdu conturbe et auoir gens pour resister aux ennemis. Et pourtant eulx venues de ayde et secours de toutes costes pensant a eulx sauuer et leurs biens particuliers vindrent a ceste conclusion que se rendroient aux aduersaires cuydans sauuer eulx et leurs biens. Mais touteffois ilz perdirent tout/laquelle chose neust pas este se ilz eussent voulu desployer leurs tresors/car et hommes et femmes en auoient a grāt force et puissance/mais nul ne vouloit fournir pour son auarice laqlle aueugle les auoit.

De la prise de ladicte cite par les turchz. Le cardinal de sabine gretz qui pour lors estoit la et estoit present legat du pape lequel eschappa car il eussent tue/mais quant la ville fut prise il se mua dabit de poure homme et se mesla auec le populaire qui fuyoit et luy aussi se souyt auec eulx et de la se fist mener par mer a vne cite ps de la ditte pram/non pas soig de constantinoble il escript doncques de ceste prise en telle maniere.

Oues tous et toutes qui estes au monde. Oues tous ceulx qui estes vrays et loyaulx crestiēs gouuerneurs/pasteurs/et recteurs/de toutes eglises tous roys et princes crestiens et tout peuple aussi auec lestat de religion. Oues et vous soit notoire que le precurseur de lantecrist le prince et seigneur des turchz seruiteur de autant de seigneurs que de pechies et vices qui sapele Mahumet ánemy de la croix de iesus/heritier de nom et de fait de celuy infame port Mahumet qui fist la loy des turchz et sarrasins filz de sathan plain de tous vices tous pechies et iniquites ayant soif de leffusion du sang humain plus que nul autre/et especialemēt des crestiens et ne se peut estaindre pour turie que en a fait sans nombre. Qui a si grant hayne contre le nom de iesus que est delibere de le exterminer. Tellement que se y soit vng crestien ou parle a luy y saue ses yeulx et sa bouche en horreur et abhominacion de ce. Le grant monstre et horrible et terrible en nature par les demerites des crestiens parmis de dieu faire guerre et moleste aux crestiēs a assailly par iuste iugemēt de dieu la cite imperiale de constantinoble la rome noue iadis honnourable et heureuse maintenant infame et detestable laquelle apres que longuemēt leust assiegee prit/opprima/pilla/de toꝰ ses biens et la destruit gasta comme du tout.

Qui me donra que vse des mos du prophete de seaue pour plourer iour et nuyt ceulx et celles q̄ ont este mors et tues en ladicte noble cite. q̄ne aroit horreur et abhominacion dun tel fait sacrilegue et detestable.

ne seroit litargique malade et comune insense de ouyr/veoir et penser telles choses si piteuses donmnagables et au detrimēt de saincte foy crestienne. Celuy infame plain de nom de blaspheme apres la prise de la cite fist couper la teste a lempereur et a toute sa lignee et noblesse et plusieurs enserres pies et mains ayant cordes en leur teste et leur col/feist mener hors de la cite nobles/bourgois/marchans/prestres/clers/religieux/religieuses/moynes/hōmes et femmes vertueux en vertus/la furent vilainement decapites et traictez les femmes cōme publiques pouures pecheresses et plus vilement et inhumainemēt les traictoient q̄ on ne feroit poures bestes quon veut tuer.

Les ieunes enfans separoyent et ostoient de leurs parens et amis et les vendoient et faisoient leurs besongnes et operations/les petis enfans tuoyent comme agneaux devant leurs peres et meres. O quel pytie/helas quel cruaulte helas quel ihumanite/quelz clameurs/quelz souspirs des parens et amys de toutes gens les princes seigneurs et nobles gens estre tues/occis/et murtris par vilains infames paillars et larrons.

Les enfans de.v.ans et au dessoubz contraingnoient a tenir leur loy infame et detestable.

Helas comment a este obscure lor reluisant de sapience par les tenebres de ignorance lor dignite et noblesse a par rusticite et servitute la noble eloquence de grece en rude langage de barbariens. Des autres inhumanites nous taisons mais des opprobres reprouches contumelies iniures vilaines des fais de dieu des sacremens de leglise de la foy crestiēne nul ne le seroit dire ne expliquer ie croy se ie ne faulx que iamais la crestiente ne fut plus avillee ne deshonnouree dequoi on peut dire ce que en autre temps a este dit de la saincte cite de hierusalem. Deus venerūt gētes in hereditatem tuam etc. O dieu les payens et gentilz sont venus en vostre heritage et seignourie et ont tout destruit etc.

Je laisse pour honte dire les vilaines et abhominations qui faisoiēt es eglises et saintuaires de la noble cite les ymages de iesucrist de la vierge marie et des autres sais et sainctes de paradis et especialemēt la croix de nostre seigneur quātes laidures infames vilaines ont fait nul ne pourroit penser ne ymaginer les choses sainctes donnoient aux chiens et les sacremens aussi.

En recueillant ces choses ie suis tout esbahy et perdu conturbe et tourble tellement que ne puis plus. Les monasteres tant des religieux que des religieuses tous furent desmolis et destruis les iettant hors villement come chiens les hospitaulx destruisoient du tout et rompoyét. Et se des autres cites ia dis destruictes les hystoriographes autresfois ont dit de grant choses en deplourant leurs destructions. Jamais nul a mon aduis ne parla de si grâce q̃ de celle dequoy a p̃sent parlons.

Il ne delaisserent rien seans nul hõme quelconques ne greez ne latis ne armenc ne iuifz ne autre si que delaisserent la noble cite seule et desole Jay seu leurs euures et operations maulditees et infames a sueil adõ ques auec plusieurs notables gẽs sages et prudens mais de leurs mais dieu me osta et deliura cõme ione du ventre de la balaine.

Apres la prinse de constantinoble fut prise la ville de peramynon pas loing de la et destruicte/les murs des cloches des eglises feirent des bom bardes. La tour ou estoit la croix de nostreseigneur rompirẽt la chose pu blique mirent du tout a rien.

Le iuge et prince de iustice en tout et par tout constituerent sus les receptes/passages/impositiõs et autres choses sus le fait des marchã dises qui estoit turch. De ce non contẽt le faulx et inique mahumet anẽny des crestiens enuoya cent et septante nauires a trois rennes tant petites q̃ grandes a la mer egenne aux ysles de cielades pour les mettre en sa subiection. Et de la a trois puissantes cites vers danubiũ enuoya son epertice periston/ferro biu/bellostadũ/apelees ayant vouloir et propos de expugner toute hunguerie pour la destruire perdre et gaster afin que rien ne laissast derriere soy/car est son intention de conquester toute ytalye. Se preparant a trois cens galees par mer et que grandes que peti tes et cent mille que a piet que a cheual contendant passer de la ou il est iusques a brũdise cite de poulye pour prier a tous tous crestiens q̃ pour le zele et amour quilz ont a la crestiente quil leur plaise prendre les armes contre luy et eulx tant cruelz et aduersaires de la foy.

Et premierement laissant toute offense/discension/emulation/pardonnãs toutes iniures comme fist nostreseigneur iesus. soyes ensemble vnis consians en layde de dieu duquel est la victoire au ciel et en la terre tellement que confondes et mettes soubz vos pies et domination ledit inique peruers cruel aduersaire de nostre saincte foy.

Car iasſoit que grant confidence il aye en la multitude de ſes gens/toutesfois nous ſommes plus que luy et ieſus prince de toutes batailles pour laquelle foy vous batailleres vous fortifira tellement q̃ .v. de vous en pourront combatre cent et cent mille et mille .v. mille de guerre et de bataille ſont pou expers et ſubtilz &c la la ſubſtance des lettres dudit ſeigneur et tresreuerend pere en dieu monseigneur le cardinal ſabinen poſe que les motz ſoient aucunemet mues.

De la priſe de nigrepont.

A leale et trespuiſſant cite de nigrepont de foy et creſtiete tres renommee pour lors aux Veniciens pleine de creſtiens et citoyens venerables et de grant honneur fertile/populeuſe/marchãde bien grandement puiſſante par mer et par terre et du port puiſſant et fort a merueille forte de murs de tours cloſe tout alentour tellement que ſelon le dit de chaſcun eſtoit ineppugnable laq̃lle eſt ſituee en pays fort bon et fertile en lyſle dicte euboye abondante de bois/de ble/de vin/et de huiles fecunde de tous biens de terre. Et eſpecialement apte et propice pour bois a faire galees et naues de mer. Semblablement eſt venue a la domination du grant turch lan mil. cccc. ſeptante et vng.

Le turch touſiours a eſte contraire aux ſeigneurs Veniciens/et pour leur parfaicte et grande foy Et pour leur grant pouoir et puiſſance laq̃lle choſe nul ne ignore qui a veu ou leu les grans batailles/guerres/q̃ ont eu ſouuent enſemble pourquoy ſedit turch ayant hayne mortelle contre eulx leua la guerre contre eulx et contre vng autre ſeigneur des parties de la nomme oton baſſam. Et enuoya ſon armee contre ladicte cite de Negrepont. Apres donques que ladicte cite eut longuement eſte aſſiegee fiſt faire vng pont de naues qui trauerſoyent la riuiere iecta vng cheualier en la greue et aggreſſa les murs de la ville de la ou y neſtoit point de doubtance a grant aſſault de canons et de bombardes a grant foiſon & puiſſance/car vng traytre de tous les hommes le pire et le plus faulx et mauuais donnoit ſigne au turch de la ou eſtoient les lombardes de ce q̃ deuoit faire duquel le nom eſtoit Thomas lyburim/et ainſi la ville fut priſe par traiſon non pas de force darmes ou autrement Entandis larmee des Veniciens vint au ſecours aſſes negligentement ſa gant par la mer pour prendre ce pourroyent trouuer ou franchois/ou eſpagnolz/ou catelans ſelon leur rencontre pourquoy le capitaine qui menoit larmee asses imprudentement se conduit et gouuerna. Et pose que il eut grant puissãce senala ailleurs a lysse de eubolye asses pres de la/et se mõstra a ceulx de negrepont lesquelz quant le virent leuoyent les mais au ciel rẽdant graces a dieu et menant grãt ioye de sa venue cuydãt auoir secours et ayde. Mais le dit capitaine faulx et inique les trompa et deceut dont furent plus dolens que ioyeulx nauoyent este/car il les laissa la/et sen ala qui peut asses facilement rompre les pons quauoient fait contre la ville et quant les capitaines de la ville cryoient contre luy de sa falate et infidelite de sa paour et crainte et miserablete il faisoit la sourde oreille.

Pourquoy quãt vist le turch que de les secourir point ne se esforcoit mais la les laissoit le grant turch se met a point et ordre competente pour les assaillir et vient luy et son armee iusques aux murs de la cite promettant grans dons a ses gens darmes au premier q mõtroit sus les murs et de grans dons a ceulx qui vaillans pour le iour se monsteroient/pourquoy prindrẽt ses gens darmes courage grãt et de grãt sorte par traict de pouldre et par autre la dicte cite combatoient pose que des bastons a pouldre dedens la ville furent fort blessies et comme chiens tues de leur artillerie dedens ne pour ce courage auoient si grant que gaignerent les murs de la ville deux fois gaignerent les murs et .ii. fois reboutes par les crestiens dedens la ville. Et fort a merueilles se deffendirent ceulx de dedens et les femmes en especial qui estoient armees a la defence de la dicte ville/et furent apres trouuees auec les mors toutes armees plus amant a mourir en sa defence de la ville que estre mises a mort des turchz et des sarrasins/vray est que les citoyens tuerent le dit traytre nomme lyburne et le gouuerneur de la ville auec aucuns ptit de gens sen fouyt au chasteau/les autres qui peurent sen fouyrent. Et ainsi prise la ville feist afficher et mettre au pal tous les ytaliens les autres fist lapider et de pierres tuer/les autres par me milieu soyer/les autres des diuers tourmens fist mourir et les gretz seulement fist vendre dequoy de leffusion du sang toutes les rues et places de la ville furent pleines.
En oultre la fille du gouuerneur de la ville q estoit vierge et putelle et chaste pour sa beaulte fut amenee au turch et pour ce que ne luy voulsit consentir pour sa virginite garder a lespoux des vierges iesus nre seigneur la fist pendre et estrãgler. et ainsi fut pour chastete garder martyre en paradis.

En oultre a ceulx qui estoient au chasteau donna foy et promesse de leur vie sauue se vouloient rendre la place et ainsi la rendirent pensant auoir la vie sauue mais le traytre faulx et desloyal faulsa sa promesse et sa foy et les fist tout trucider et mourir. Et ainsi fut prise et perdue la cite tout ce q̃ estoit dedens de crestiens mis a mort et tues le capitaines des Veniciés deslya son armee de ses naues par le moyen de laqlle auec lay de de dieu selon lopinion de tous eut peu estre gardee et sauue la dicte ville se eut este leal et de courage. Sen retourna auec grant honte et vergõgue a Venise sans fruit ne sans victoire lequel fut accuse aux seigneurs/ et se cuyda excuser mais aps toutes friuoles excusations fut relegue et mis en exil auec tout son lignage en vne ville dItne. Ainsi est la chose et prit fin triste et espantable.

En ceste maniere vont a cheual les turchz en téps de pais ou quãt sappareillent a aler a aucunes solennites. Et en téps de guerre vont semblablemét mais ilz sont autremét armes et ont leurs espees a leurs costes etc. et ainsi vont en guerre.

R iii

De la guerre faicte a rhodes et comment elle fut assiegee et cõbatue du turch non pas prise et Vaincue/mais demoura par grace de dieu victorienne.

Diour duy escripuãt le siege et assault de rhodes pmier veul dire les causes de la dicte guerre iassoit ce que les seigneurs de rhodes de long téps ayent eu grans guerres auec le turch/toutesfois apres la prise de constantinoble ont eu de grans guerres auec le turch. Le turch anemy de la foy de iour en iour se rendoit plus fier et pl9 fort lequel apres que en.xxviii.ans eut mis en sa subiection plusieurs seignouries et dominacions enfle de ambicion et orgueil entreprist faire guerre a sa cite de rhodes et vit a.iiii.armees assaillir lysle de rhodes par tout les champs lysses et chasteaux tout gaster et destruire. Et des turchz en eut plusieurs pris et tues pndus et par affiches et en pieces departis et diuises et par mer et par terre furẽt Vaincus et reboutes.

Sounẽt enuoyent des greez par deuers eulx pour faire paix et attord auec telle cõdicion q feissent au turch aucun tribut en signe de dominacion/et quãt a Xeu que ne Vouloit rien faire cuidoit auoir paix auec eulx se leur orateur et embassade Vouloit Venir Vers luy auec aucun don et psent pour luy dõner/et arbitroit q ce don seroit cõme tribut luy baillier Laqlle chose ne Volirent ouyr les seigneurs de rhodes ne escouter pour ce que estoit infidele et cruel tyrant cõtre les crestiẽs. Pour lesquelles choses fut en grãt yre et hayne cõtre les seigneurs de rhodes et delibera de destruire rhodes et le nom des rhodiens estaindre et effacer. Et eut aucuns de ceulx de rhodes qui se rendirẽt a luy q luy dit les lieux plus foybles et debiles par lesquelz pourroit inuader la cite/entre lesquelz estoit Vng nõme Anthoine meligabe des plus grans de rhodes q auoit par son mal gouuernemẽt tous ses biens dissipes auoit iapieffa cõspire de faire trayson a ceulx de rhodes et pourtãt toute la Ville Bailla au turch par descripcion et les murs et les tours et les Boluers et le moyneaulx et tout ce q estoit dedens/et tyra auec luy Vng autre greez lesquelz ensuit Vng autre faulx et deceueur apxle Sophonia lesquelz tous suadoyent daler devant rhodes au turch. Et a ce aussi cõseilloient plusieurs faulx apostas de la foy. Et quãt ces choses furẽt faictes et cõclues le noble et honnourable seigneur mõseigneur le grãt maistre de rhodes.messire ou mõseigneur pierre Baubuisson eut de ce cõgnoissance et ce sachãt fist refai

re et fortifier toutes les vielles et mauuaises murailles de la ville et en
trois ans esquelz le turch faisoit sa preparatiue ne cessa de fortifier et re
parer la ville a toute puissante et auitailla de viures necessaires/et man
da par diuers lieux et places de la crestiete pour tous les ieunes seigneurs
de rhodes a venir a rhodes pour la defense de la ville/et de ce ne sauoit rien
ledit Anthoine traitre/car pensant q̃ les choses fussent come les auoit
laissees instigue le turch et les autres traitres aussi de aggresser ladi
cte cite et de faire sont diuers conseilz sauoir de la mode et maniere de las
saillir aucuns disant que seroit perdre temps et a grant difficulte la pour
roit auoir et gaigner ledit turch pour la force et puissance de ladicte vil
le/et pour la noblesse et vaillance des seigneurs de rhodes. les autres di
sant la chose de vray estre forte mais se acoup et subit on les assailoit q̃ le
dit maistre ne seroit point proueu de defense/pourquoy se par mer et par
terre estoit baille lassault et la ville assiegee il sembloit que la pourroy
ent emporter et gaigneier. Et a ce conseil sarresterent et assemblerent ca
noniers et gens de trait a pouldre de tous costes especialemēt vng nomme
George subtil de engin et de entendement q̃ demouroit a constātinoble et sa
femme et ses enfans aime du turch et luy faisoit de grans biens il auoit
este autresfois a rhodes et auoit escript en figure toute la ville/mais a
lors nestoit pas telle que maintenant ne ainsi fortifiee/car il y auoit.xx.
ans depuis q̃ ne sauoit veue plusieurs la descriprent des sarrasins/mais
celuy george passa tous les autres/disoit celui q̃ ny auoit si fort mur ne
muraille q̃ ne fut abatu par canōs et bōbardes par la puissāce du turch
estoit grāt q̃.ii.empires.xii.royaumes et plusieurs prouīces auoit a sa
domination. ffut aussi esmeu de ce faire le turch pour la situatiō du lieu
de rhodes et du bon aer et de la fertilite du pays/et pource q̃ est vne clef
de la crestiete disant q̃ se la peut gaigner et cōquester facilemēt pourroit
auoir les autres places circuuoisines et parcōsequēt pourroit etrer faci
lemēt en la crestiete. Et pose q̃ aucūs resistoiēt aladicte entreprise tou
tesfois fut cōclud et apoīte de lentreprise mettre a execution. Et de met
tre les gens de cheual en asye et licie par negrepont qui sont isses pres
de lysse de rhodes/et de la par eaue descendre en ladicte ysse de rhodes.
Et lautre exercice par mer a grant puissance fist preparer et com
mander expressement q̃ de leur entreprise ne fut poīt de bruit ne de paroles
sus la vie afin q̃ puissent trouuer la chose au despourueu/mais riē ny va
lut/car le seigneur maistre mist si grāt diligēce q̃ sauoit toutes leurs en

R iiii

treprises et leur puissante par messagiers q̃l enuoyoit secretement de ca et de la desquelz aucuns se tournerent pour le turch/car aucuns de culx quãt larmee estoit en sicia disorẽt aux seigneurs de rhodes pour couurir le fait q̃ se turch estoit mort parquoy estoit la ladicte assemblee de gens darmes/et quãt ces choses se faisoiẽt fut cõmãde a tol’q̃ chascũ se retirast au chasteau saint pierre ou a rhodes. Alors chascũ ainsi fist a la tout le pais a rhodes portãt tout ce quil auoient et cueilssant les bles les orges des chãps posẽ q̃ ne fussẽt pas meurs et partãt en rhodes pour ce q̃ les turcz ne les trouuassent pas/et quãt cela se faisoit a grãt tumulte la guette q̃ estoit en la tour sait estiene anũce et dit q̃ larmee se cõmẽce a apparoir et mõstrer et nauiguer vers rhodes a plain tref et voiles desployes Grãt cõpaignie de gẽs la pour ce regarder voyãt la verite khuy cõmẽce a cryer et se desconforter et en la fin vont appliquer cẽt naues au pẽ de rhodes.

Lan mil.cccc.octãte se.p. de Kalẽdes de Juing descẽdirẽt a terre au hault de la mõtaigne sait estiene mirẽt leurs pauillons et leurs tẽtes leurs bõbardes et canõs et autres engis de guerre deschergẽt en la greue en ũg lieu q̃ ne se peut voir de rodes ces choses faictes partie de leur gẽs de guerre se mirẽt a terre les autres demourerent en mer/ceulx de terre tãt a pie que a cheuaul courent de grant audace iusques aux muraillles de la ville qui furent tantost combatus de ceulx qui estoiẽt dedens la ville et reboutes et daucũs de eulx mors et tues. aps c̃oe nos gẽs repais soiẽt vit autre armee q̃ semblablemẽt fut reboutee et daucũs de eulx tuees des nostres ũg seul cheualier fut mort q̃ iprudamẽt tẽdoit la main sus les murailles et le pridrẽt et mirẽt en bas les turchz lui couprẽt la teste et senfouirẽt a tout au bout dune lãce criãt brayãt de ioye q̃l auoiẽt les crestiẽs pridrẽt le corps et la despouille. trois iours aps q̃ larmee fut venue mirẽt trois bõbardes es iardis pẽ de sait ãthoine q̃ estoiẽt la ou y auoit de toutes manieres de fruis de la iectẽt cõtre la tour sait nicolas situee au hault dune montaigne/et estoient couuertes de manteau de bois pour leurs defẽces les seigneurs cheualiers mettẽt alencõtre.iii. grosses bõbardes tyrãt a deptre des aduersaires mirẽt au iardin du palais des cheualiers dauuergne. Celuy iour biẽ matin george maistre excellẽt de canõnerie dequoi a este parle a la riue du fosse du palais du grãt maistre de rhodes se trouua saluãt ceulx de dedens q̃ le uissent en rhodes les sõs q̃ ignoroiẽt le cas se vouloiẽt tuer/les autres le defendoiẽt/et de la sẽ alerẽt dire le cas a mõseignr le grãt maistre il estoit hõme droit et esleue de corps beau de forme elegãte asses eloquẽt de grant astucie et subtilite/ce estoit dalemaigne. On lui demandoit la cause de sa uenue a quoy respondit qͥ pour le bien de la crestiete et de la foy catholiq estoit retourne il fut receu a grāt ioye en louāt son propos si pr̄seueroit luy fut demāde de le pertice et dispositio aduersaire qͥ costātement prudētemēt et sās nulle paour respondit disāt ētre ses autres choses qͥl estoiēt cēt mile cōbatāt ou enuiron et de artillerie auoiēt. ͞v͞b͞i. bōbardes de. v͞p͞i͞i. paulmes de lōg iettant pierres de. i͞p. paulmes de rōt et de. p͞i. a grāt velocite et ipxuosite de sui ont les seigneurs diuerses opinios les ungs diēt qͥ estoit une espie les autres disoiēt qͥl estoit faulx et mauuais et de piessa plai de fictio les autres de sui bien disoiēt disāt qͥ estoit sage et prudēt et qͥl se repētoit du mal que auoit fait sachāt et cognoissāt qͥ machiner cōtre rhodes estoit tēps p̄r du la ou tāt sage price et si eyp͞xrs cheualiers sauoit demourer les suspitios de lui sacroissēt lettres du siege des turchz pēdues a flesches enuoyēt en la uille qͥ disēt george estre une espie, et qͥ ōn se gardast bien de luy mōseigneur le grāt maistre subtil de engin et spicasse de ētendemēt fait prēdre george et mettre en prison et bailla cherge a. ͞v͞i. fors et puissās cheualiers de lartillerie laqͥlle selon lart de george et subtilite deuoiēt ietter. Les turchz a toute leur puissance mettēt leur epertice a eppugner a cōbatre la tour de saīt Nicolas pēsant qͥ se il pouoiēt gaigner la tour eussēt este maistres et seigneurs de la uille. Ladite tour est de. i͞i͞i. c. pies de eptente en la mer faicte des anciēs par artifice moult merueilleux de laqͥlle se fait ung port de mer pour entrer naues et galees a trois rames apte et couenable du qͥl lentree est si aspre et si dificile qͥ a grāt prine y peut on entrer au haust de la mōtaigne ya une tour dequoy on parle a p̄sent faicte de grāt magnificete et suptuosite na gueres de tēps sa ou au tēps passe estoit une des uiii. merueilles du mōde leqͥl aps. liii. ans quāt fut le grāt terre mote corruit et fut despece par terre / la est le port de rhodes ou sont de bombardes et canons et tours qui clouēt ledit port pour ce que on entre dens sino du plaisir des dis seigneurs de rhodes. Pourquoy le turch de tout son pouoir aggressoit et eppugnoit la dicte tour tellemēt qͥ ietta trois cens pierres de bombardes cōtre elle et la demolit et destruit especialemēt la partie deuers occident laqͥlle ruine fortifia la tour / car la principale partie de la tour demoura mais nō pourtāt fut grāt frecur et paour au seigneurs et habitāt la destructiō de ung tel fort et puissant edifice. Multoꝛū eni annoꝛū opus illustre temporis momēto ruit. Euure noble faicte a grāt pine et en long tēps fut destruicte en ung momēt de temps.

Et apres la destruction qui sembloit q̃ plus ne fut de aucune defence ordõna mõseigneur le maistre par grãt industrie engin vigilante et forte des chevaliers fut gardee et defendue laquelle par force de muraille plus ne pouoit estre defendue. Doncq̃s sont esleus chevaliers vaillans et courageurs q̃ defendẽt le lieu et font closre la tour tost et legieremẽt de bois et le bas de la tour de grosses pierres incisees en maniere de aguilles tout alentour/et fut mis en la tour grãt defence selon la capacite du lieu laquelle estoit par dedens tãt pleine de pierres et de cailloux q̃ a grãt peine y pouoiẽt auoir place les chevaliers. Aps fut mis garde a pie et a cheual par dehors de la tour vers la muraille q̃ va iusques a la tour sait pierre q̃ gardoiẽt le passage de la tour. La mer de ce coste la est basse et facile a passer pourquoi mirẽt defence de tables pleines de clous au fons de leaue tout au long du passage fichez a grãt pause et aussi des tonneaux pour empescher le passage. Au piet du mont furent mis chevaliers tres esleus pour la defence et ayde de ceulx q̃ bataissoient la ou monseigneur le maistre tout arme auoit le guet a toutes ses choses. Il fait mettre bombardes et canõs sus les murs vers la partye ou estoit larmee en la mer/ et bõ guet de toꝛ costes sus les aduersaires. En aps lendemai au matin auec le vẽt vint toute larmee pour assaillir la tour et deuant q̃ descendissent a terre firẽt ung cry biẽ grãt auec leurs trõpettes pour espouanter les crestiẽs. Les seigneurs chevaliers q̃ estoiẽt pres et appareilles pour la defence de la tour et de la ville võt au deuãt.et ceulx de la tour de arbalestres/de trais/et de pierres cõtre les aduersaires se defendẽt tellemẽt q̃ les ont echasses et mis en fuyte tellemẽt q̃ des prisoniers aps lassault pris fut dit q̃.viii.cẽs turchz y moururẽt et plusieurs furẽt blesses.

Aps la victoire le prince monte a cheual auec belle cõpaignie va par la citecõme triũphant et de laduersaire victoire ayãt et sẽ va en leglise de nostre dame rẽdꝛe grates a dieu a elle de la victoire pour le heure obtenue/et aps q̃ les turchz eurẽt perdu esperãce de gaigner la tour võt a toute puissante cõtre les murs de la tour pource q̃ nul ne peut estre la pour sa defence et la nuyt aps viẽnẽt cõtre les murailles de la dicte tour en grãt cry/comme ont de coustume mettant aux murailles des iuifz.viii. grosses bombardes/vne autre au pie de la mõtaigne vers septentrion ou on meine les malfaicteurs/laquelle chose mõseigneur le maistre cõsiderant et faisant pꝛieres a dieu auec tout le peuple met gardes et defẽces par de dēs la cite les maisons des iuifz sont rōpues toute la nuyt sont en prines et en œuures/tous ceulx de la ville le maistre/les gouuerneurs/les prieurs/et generalemēt tous hōmes et fēmes iēnes et vieulx petis et grās œuurēt et portēt pierres/terre/chaulx portans a leurs espaules. Met tant a labandō or/argēt/biēs/meubles/et tout tāt q̄l auoiēt pour le salut du bien publicque. La violence des canōs et bombardes estoit si grāde q̄ a toꝰ estoit grāde admiration disoient toꝰ nauoir iamais veu telle chose. Et ce mesme disoit George/car quāt il iectoit sembloit estre tōnoirre/et de la fume q̄l portoit vne grāt nuce/le son on ouyt de chasteau rouge qui est loing de rhodes cent mille. Encore ne souffisoit pas a ladversaire/car il mist de toutes pars mortiers q̄ abatoiēt rōpient toutes les maisons et tuoyent ce q̄l rencontroiēt et les iectoyent entre iour et nuyt q̄ estoit grāt horreur et freeur a ceulx de la ville/et plus de nuyt que de iour chascun se tenoit aux caues et celiers et par le comandemēt du maistre les femmes/les enfans/et autres semblables furēt mis au iardin du maistre defēses de gros tras et bien pou aloyent la lesdis trais car il sōt a haulx lieux pour tuer et destruire le lieu et ce q̄ estoit dedens en tout ce miraculeusemēt fut fait q̄ pou de gēs entre tāt de trais et de bestes furent tues/les aduersaires mettēt .ii. des plus grandes bōbardes en lieu patēt/de la on voit la cite desq̄lles iectoient sans cesse dedens la ville au plus grans lieux et plus eminēs q̄l ne feirēt pas grāt mal/iassoit ce q̄ grāt bruit faisoiēt empesches sans doubte des oroisons et prieres q̄ se faisoiēt iour et nuyt a dieu et a nre dame et a mōseigneur saint iehā baptiste Mōseigneur le grāt maistre cuyda estre empoisonne et le cuyderēt faire mourir subteinttāt et euoyant traitres perfides soubz lombre de nostre foy/mais que fut receu de dens la cite il pensoit bien brief acomplir leur entreprise se fait fut congneu par vng des acteurs esquelz auoit promis bassa grās tresors q̄ fut iterrogue par gēs entēdus et fut trouue en paroles faillant a declaire le cas/et a auise le prince que il se garde car au dehors il a plusieurs insidiateurs. Le dāpne profuge eut la teste trenchee. Son cōpaignon fut cōgneu des cheualiers et ne fut pas totalemēt defait mais senfouyt et retourna aux turchz durāt le tēps q̄ ladversaire expugne les murs de station ytalique fut de nuyt enuoye sur la riue de la mer aux fosses et municions ou deffences diligentement donnee. Car les aduersaires auoient leues engins pour entrer en la ville pour les defaire fut cōseil aduise et furēt choisis .l. tresfors hommes baillies a conduyre a vng des cheualiers de lordre tresuictorieux de nuyt feirent yssue par dessoubz terre secretement saillirent au droit de lentreprise ont leues leurs eschielles/et sont montes la riue du fosse de traict/de glaiue et de pierres aussi ont tue chasse et persecute leurs ennemys en telle secousse dix turchz y sont demoures et les autres chasses et leur defence rompue notables iouueteaulx aussi victorieux ont aporte quatre testes des turchz en signe de victoire au bout de leurs lances ioyeusement sont recueillis eulx senat et rendant a dieu graces/le maistre fait grans dons aux victorieux pour inciter les courages des iennes hommes et des autres pour vaillament en ce cas besongner des iours aucuns passes les turchz ont si tresgrant desir dauoir ladicte tour de saint Nicolas desplaisant grieſuement de ladiſte repulſees tous embraſes et de plus grant courage ſont aſſaillir larc ou la tour art et par engin ſont leurs aprouches leurs fortifications et leurs defences cuidant destruire la bastille faire de par les noſtres par leur artillerie et ce quil abbatent treslegierement eſt refait/et puis ont fait vng pont a trauerſer le port depuis leglise de ſainct anthoine iuſque a la tour le pont fut fait de diuers bois et des aſſees par deſſus de gros clous fichees large pour aler.vi.hommes en bataille de front. Et la longueur eſtoit ſi grande que de lun bort iuſques a lautre touchoit. Les turchz diſpoſent trainer le pont qui eſt en terre dens la mer par deſſus meules et puis que le pont fut en la mer nos gens ſont apperceu et vng des ſubtilz de mer treſexpert marinier de nuyt ſeſt mis en mer et a couppe les tordes leſquelles portoyent le pont et a eſtachier a vne foyble torde pour plus legierement rompre puis eſt ale en la cite et au ſeigneur la recite dont a eſte bien guerdonne les turchz ont ce fait apperceu quant deſſus ont eſte il ont autrement ordone qui par grant multitude deſquaffes qui ſont des galees et les petis bateaux le pont ſeroit mene iuſqa la tour de ce faire ont ſi treſgrant deſir qlont amene.xxx.galees a ce faire bien armee et combatre appareillees et ſans cela ont amene autres nauires porteresſes deſqlles les vnes portoyent lartillerie et les autres des canons par ainſi qi ſil auoiet la tour legierement il auroyent le port les tours tout a letour et ſeroit tout demoly et rues au bas et ſi ne laiſſet pas les legiers ſimbes qui ſont les baraittes diligentes pour porter a bort de la tour les turchz pour aſſaillir nos gens main a main et les autres deuoient venir par le mot et par les galees a leurs ſecours pour monter en la tour il ont charge dedens les galees les groſſes bombardes et dens les mains porteresſes pour deſtruire tous nos gens les treſgrandes bombardes qui auoient ia commē ce a destruire la tour faisoient leur office le temps pendāt que cest appareil faisoit. Monseigneur le grāt maistre pas ne dormoit mais dune tres grande cure et diligence contrepensoit et par engin toutes choses necessaires soyant ayde de ses loyaulx freres chevaliers qui de la nacion de occident a luy assistoient et brief tous les habitans ingenieux et diligens a toute affaire procure a defendre ladicte tour au parauant auoit fort repare a la defence preuoyant la fecūre il auoit nuyt et iour mis en la reparacion de ladicte tour mille personne tres diligēs qui ne spargnoiēt leurs peines les roches rōpues mises a la defence et a la ruyne les besongnes aussi bien appoites pour soy defendre nous gēs ont doubté q les turchz ne voulsissent en deux lieux assaillir la ville et mettre deux sieges et que les puissances ou vertus fussent partyes et que se ce quil ont entrepris soit plus facilement parfait auquel dangier le grant maistre y pourroit de tresfort et puissans armes et ordonnees es murailles des iuifz et a la station ytalique lesquelz estoient fort demolis par lassault des bombardes. A ordōne ledit seigneur que il aye la garde et tuition et de reparacion soy fort entendans et qua nul ne se absente sans son cōmandemēt il nya celui qui ne iugast et sentit tresamement que tout nostre salut est en celle tour et en la defence dicelle nostre vie et assise. Parquoy tous dun cōmun accord et dune voix cōme vrais chāpios de la foy catholiq se sont submis a la defendre et comme leur singulier domicile et refuge etiā de toute crestiente soit curieusement garde a la entreprise la vertu et noblesse de plusieurs chevaliers de hierusalem dautre nobles aussi des grecz de rhode la minosite et courage et demostree desquelz dune cōmune hardiesse et corage ētrer en leur singulier et seul refuge rhode soit defēdu.ii.iennes mercenaires ont iette les armes en la mer dicelle tout pour sen aler rēdre au turch lesql trisme cōgneu ont este capites. Finablemēt les turchz a leppugnatiō de la tour sont retournes.viii.iour des kalēdes de Juillet en grāt silente par mer et par terre de nuyt aprouchāt la tour et la ou il veulent cōmencer la bataille auec grāt clameur et de leur tinpaulx assaillent. Nostre cōpaignie nest pas endormie ales oreilles oreilles ouuertes sont rentōtrer les autēs de glaues et de trais tāt darbalestre q dartillerie fort les estraignēt lessēt et fort reculer les galces et les simbes estoient au port le pont est transuerse cheminent par dessus mais nostre artillerie leur enuoye des pierres le pont nagant est rompu et toceulx deffus noyes.

Quatre grandes galees dartillerie chargees ont este enfondrees les turchz qui estoient descendus et ceulx q̃ estoient es galees ont este de px selxz par nos gẽs subuertis le feu aussi fut embrase et des les autres galees/ Vray est aussi q̃ les turchz ne se mocquoyẽt mais font merueille de respõ dre dartillerie de traict ipẽtueulx de gros carreaulx toꝰ Animeux p̃ Grã de Victoire faicte de nuyt tresaigre et dure q̃ tousiours dura iusqs a dix heures du iour ensuyuãt les menus Baicus cessa la Bataille/ Soꝰ eussies Veu trois iours durãt les corps des morts toꝰ ensuiuãt dor et dargẽt toꝰ reluisans/dessus la riue de la mer et autãt par la mer floter lesqlz selon la coustume de la mer sont iectes en terre ou en la riue. sachez q̃ de la des pouille diceulx plusieurs en sont fort enrichis et sont de grãt prouffit in signe et glorieuse fut tres Victoire ceste Bataille en la mort de tresgrans et de tresnobles hõmes de turquie et de leurs grãs seigneurs desquelz la mort fut cause de grãt douleur au turch principalemẽt des plus grãs de son sang hõmes strenueulx fors et puissans et du turch tresames desqlz les charognes furẽt trouuees sus la riue lesqlz la mer auoit iectes pres du moule la trouues despouilles/daucũs en sont biẽ repares les fugitifz q̃ sont Venꝰ et a nos gẽs se sont rẽdus ont declare q̃ la Bataille a eu grant perte. ii. m. et. B. c. en ont perdu dõt Bassa le grãt capitaine na en sõ corps ne ners ne Baine q̃ ne luy tremble de dueil par ces trois iours a este tout seul es pauillõs q̃ de ses gẽs ny a eu nul hõme q̃ parle a luy au grãt turq ale fait escript la mort/la perte et le dõmage il mouroit de rage q̃ sa per du telle entreprise lui soy propre se mesprise auec toute sa turquaille tre tous ne Balent Vne maille q̃ nont sceu prẽdre Vne place destruicte la en ruyne par auãt. Cela luy Ba le cueur naurãt dy attenter doresnauant et de leurs eppugner ont perdue toute attẽte toute leur force leur estude et escence du tout ou ferme leur pensee a destruire la cite/et a cela se cõuer tissent totalemẽt. Et cõbien q̃ Vers la muraille des iuifz et des ytaliens ayent leur principale entente sy ne cessent il pas de fort gaitter par tou tes les partyes a demolir/a destruire/a gaster.   Son œuure a com mence puissamment continue cuydant parfaire sa mauuaise entreprise soubstiuemẽt par nuyt et par iour sefforce et fait des mines et fosses de soubz terre pour approuchier plus pres de la muraille/lesquelles sont couuertes darbres/de terre afin que ne soyent apperceuz/font Bastiles couuertes de Biosnes pour leur artillerie tyrer de coleuurines/de serpen tines soit fort appointes et nous ont fort greues souuẽtesfois en cuidãt

emplire vne fosse deuant les murs prouthainne gectans pierres et terre pour la combler par loperacion et conduicte du tyrant capitaine chascun sesforce et prent grant peine de la couurir et faire haulte pour nostre auantmur pour vng dos a monter plus facilement sus la muraille.
Mais le tressage prince et grant maistre de rhodes conduit par le conseil diuin ne lassault riens qui puist estre au proufit de la cite par grant attemprance et naturelle maturite a ses cheualiers son propos recite / et les grans descrimes et dangiers de ces turchz leur fier courage tresgrieuement aioinct auoit de son coste son frere Anthoine de maubusson cheualier seigneur de la monteil a visconte homme en armes et en conseil trespreux et cler / lequel seigneur vng peu de temps auant auoit este varlet orient du royaume de france acompaigne de hommes fort vertueulx puissans et courageux pour aler au voyage de hierusalem. Tresgrant desir auoit de veoir ceste entreprise par bon conseil fut ordonne par le decret des peres et seigneurs pour lintegrite de parfaicte foy et comme tresexpers en armes la sciente et discipline de bien batailler duc et capitaine.
a este ordonne de la cite fort magnanime et prudent chief de guerre ça sus la muraille contempler lentreprise. Adioins auoit aupres de luy non peu de gens mais des plus grans venus du pays doccident cheualiers de hierusalem pcessans baillis et prieurs comandeurs auec senateurs de religieux freres tresnobles et non pas sans noble famille tous natifz deuers france et la estoient negociateurs de rhodes sages et prudens bourgois et grecz mout sages par leur langage ont consulte de bien defendre la cite la probite et grant vertu et magnanimite geniture la sest nostree en excellence et de tout la noble sentece du grant maistre fut fort louee et approuuee come tresbonne et raisonnable par le conseil et grant astuce de lun des nostre on a fait vne machine promptement de laquelle on gectoit souuent de tresgrandes pierres dessus les turchz et tant q les fosses et mines a descouuertes et tresgrant pertes ont fait aux enemys tuant leurs gens et rompant leurs defences oultre fut pourpensee q on vuideroit les fosses lesq̃lz auoient emplis de pierres nos enemys publiqment ne se peut faire / mais par nuyt on fist faire mines en vng vergier par ou on pouoit herbeger secretement toutes les pierres ainsi que chascun les aloit querre secretement en aportant diligamment en la cite les turchz ont cely aperceu et bien congneu q leur euure diminuoit et leur monceau se deraloit euidamment si promptement ny estoit fors remedie regardant la ruyne des murs q estoit grande on a prouen de grande

defentes cõtre les machines des turchz pour receuoir les coups en la maniere qui sensuit. En ce iardin au pres des murs on a fait vne autre muraille espesse de deux paulmes et puis on a fiche en terre des paulx de fort et puissant bois apres abondance de gulize parmy des branches fort meslee et de eaue fort arrousee te fait serree et de grant force les enemys ont en aduis de sempescher par toutes formes de feu artificieulx mises et tachees secretement caques et barilz proprement plain de pois auec du souffre tant que la matiere toute estoit si preste de bruler que riẽs plus des satz tous plains de laine de fer et chanetreps de la pouldre pour les machines mais tant tourna en leur dõmage vne grant multitude de culeuurines on aporte dont les aduersaires ont este fort blesses et retardement de defence en forme differente qui a este aux turchz a grãt dommage et des nostres alauantage tout le monde se sioyr de veoir les engins defenter les remedes precogittes en grant soulas.

George le traitre fut amene et de la garde auironc en celle part pour donner conseil de son art a bien defendre et tout garder/mais nullement araisonner ne se vouloit mais pou parloit qui na voulu donner conseil/lequel de luy on esperoit ainsi cõme sauoit promis le traitre auoit grãt esperãce q̃ les turcz feissent leurs auances dentrer dedans/car il veoit la ruyne des murs trestoute ouuerte pour receuoir les turchz et que tantost lentree seroit en leurs mains. Mais pour mains congnoistre sa malite a dit vng mot par maniere daquit que au deuãt on fist vne machine pour fort iecter alencontre des turchz laq̃lle faicte a fait grãt perte aux murs naultres/le turch les a plus fort blesse de lartillerie de sa part quãt on faisoit telles apprettes vous eussies veuoler sagettes des chasteaulx de nos aduersaires qui portoient lettres moult a croire contre george traitre simulateur que il neut point de credit combien quil veist la cite en dangier ne sest pas teu de la dangier ou dire oultrage de nos gens laquelle chose ouye a fait grãde suspicion a tous nos gẽs de sa trayson et a este lye et en chaine et mis en chartre obscure estroictemẽt/et sont ordõnes gẽs et deputes pour epaminer sa male intention/et tresgrãde variatiõ a este pris et grãdes defections/puis on la mis en q̃stions hors les tourmẽs/et au dedans a cõfesse estre enuoye de par les turchz pour trahyr rodes se il pouoit ainsi q̃ par tout il faisoit es autres places A tout le moins pour enq̃rir et tout chercher et speculer de la cite toute la force les murs la force la condiciõ des habitãs de la region puis sil auoit dominatiõ sen retourner et anuncer au turq sa legation afin q̃ vng autre saison la peut auoir par sa conduite a ce monstrant les choses necessaires le turq auoit fort propose de mettre a sa subiection ceste cite/et a ce faire auoit incite George pour faire lentreprise quelle fut subtilement prise pource que auoit este guerdonne de par le turch fut par sa bouche conuaincu et condempne destre pendu deuant le peuple q̃ congneu le traytre de la foy crestienne chascun va a la garde sienne mercyant dieu de ceste grace vray dieu helas tant de gens ont perdu et de la foy renunce ou eut dauenture plusieurs tant de seigneurs et tant de nobles dames treschastes vierges et tant de nobles matronnes a voulu perdre tout lestat de leglise sa mort le tient sen est la guise de ainsi payer to?ses seruans les turchz si ne sont point dormant mais par moyens subtilz et caulx proposent faire moult de maulx transmettent lettres au dedens le grant capitaine Bassa escript lettres transiettes pour mettre entre nous diuisions entre les grecz et les latins et promettoit toute franchise leurs biens sauues et tous leurs corps et ne demandẽt nulz tresors fors seulemẽt des cheualiers la maistrise et domiacion de trestoute la region crestienne nen fait nul compte ainsi quil dist si ne font ce quil est escript il tuera tout et destruira come il afferme come peruers et inique et maleureup cuidoit trouuer gẽs auaricieux ou grecz craintifz que on a pour menasses ou par promesses il est mal arriue car il a bien trouue ferme creãce a dieu et leaulte a la foy de iesucrist peuple deuot a dieu obeissans a la cheualerie de hierusalem et a la religion de la foy catholique dun accord rien ne peut faire par ce moyen si treuue vng autre par vng grec genissaire ou renoye enuoye a leglise nostredame deuers le guet pour anuncer q̃ lorateur de bassa vouloit parler au prices de rhodes mais q̃l entre seurement vint aux fosses et fist cest adiournement Ont respondu asses legierement disant quil vint parler au couuert/ et quen celuy le maistre trouueroit ou de par luy. Trois iours passes est venu lorateur du turch et de bassa le capitaine apres salut par contenance ainsi disoit. Le grant capitaine Bassa est en son sens moult esbahi come on ose resister a si grant prince et si grant seigneur qui tient deux empires.vii.royaumes tant de cites et de prouinces tant en a subiugues pour quoy cõseille le dit bassa que on ait pitie de la cite et du pays et que on ne souffre trestous estre destruis que la cite demeure entiere et tous les habitans ou autrement tout sera mis a sang et a la mort femmes violees/ femmes defflourees que voules vous la vie ou la mort la pais ou la guer

S

re que on luy respond il promet en peu de parolles faire la paix et laisser en possession tout le pays sans destruction ou autrement il mettra tout en ruyne et tourmēt et a sa subiection sans faire remission a nul viuant le iour ensuiuant celui qui estoit lieutenant de nostre prince tresbien aussi luy respōd. Nous ne scauōs asses estre esbahis ne prendre aussi admiration de telles promesses de paix vos machines envos bōbardes vos tanōs le trait les chasteaup ne sont pas signes principaup dauoir se pays mais forte guerre vo? enuirōne la cite et ia fort aues attēte a la destruire de to? les moyēs cest le pire a faire paix plus tost incites lopposite vo? parles par grāde faintise pour affayer cest vostre guise de ainsi cognoistre les courages. Saches q̄ vos promesses vages vos dōs vos biēs et vos menasses ne vo? ferōt riēs/no? sommes trestous dun vouloir trestōs vnis et dun accord. Entre no? na pit de discord latins et grecz seruōs a iesucrist to? dun vouloir faisons deuoir et to? deliberes plus tost mourir mille fois q̄ pourroit q̄ nos submettre a mahōmet ainsi q̄ vos promesses auec vos menasses nous le fōt cognoistre. Quant tout sera retourne par dela machines trait artillerie auec toute la vostre compaignie vos orateurs pourront biē retourner et sur cela on pourra aduiser tout le meilleur vo? estes tous armes et pour cōbatre estes tous arriues faictes loffice que vostre estat demōstre/car se dieu plaist vo? aures alencōtre cōstans et fermes trestous deliberes de bon vouloir pour lamour de iesus nous ne sommes pas de si legier mis ius et si ne sommes aussi feueninits a femes ne lasche en courage. Saches de vray nous aurōs lauātage cōe vrais catholiqs̄ fors a la main auec bon secours nostre seigneur et maistre iesucrist q̄ no? donra de tous tresgrāt proufit et la victoire. Le turch se part plus ne demeure la face en bas le cueur marri car de tout a perdu sa pine mais tant que on sesforce de resister au turch cela le fait plus inciter et enflamber/car ilont grant honte et vergongne dauoir fait si tresgrant besongne pour neant et puis il craingnoit le mauuais tyrant et se grāt turch qui se fait par tout redoubter qui se verra tant contempner de ceulx de rhodes. To? furieux et hors du sens sassemblent par milierz et tēs a ietter pierres et mortier trois culeuurines de nuyt de iour incessammēt nous laissent/et sont infectaciōs terreurs et grās estonemēs nous font sās cesser pour cognoistre se la prouesse des rhodies se mōstre hors cōe dedēs sil oubliroit leurs grās courages de parolles dieu ne veut pōt chose friuole. Aps se la secōde bataille faicte a la tour de mōseigneur sait

Nicolas.xxxviii.iours passes les turcz ont repris fier courage cõtre la muraille et la face de la cite ont tãt tyre et tourmẽte et alaydie cõbien q̃ la cite fut de gros murs et fors espes enclose et saintes et de tours au ciel hault esleuees vng auãtmur propunacles tresproupres si biẽ appoitee q̃ on ne saroit mieulx et nõobstãt ilont tãt fort batue q̃ de.iiii.m.et.B.cens grosses pierres de leurs bõbardes lesdis murs õt naures et fort blessez ou demolis. aussi pareillemẽt des plus grãdes maisons des citoyẽs et de la seignourie les grans palais et le chasteau orne magnifiq̃ pares/et la beaulte ps q̃ du tout perdue de la cite semble pres de deserte ou iesante cõe les os du geãt mort de plusieurs sõt les cueurs to? estõnes/mais le grãt maistre a si grãde noblesse et si grãt ses en magnagnimite auec son gra cieux cõseil des chxualiers la cõpaignie noblemẽt acoutree ayãt espouer en dieu tãt seulemẽt et en iesus son filz pareillemẽt auec sa mere et sait Jehã baptiste ont trestout la cite cõforte la ne failloiẽt pas les Baillis ne prieurs ne ptoure ne freres negotiateurs grecz indigẽs et toutes ma nieres de gẽs pour la foy sont deliberes a labourer sans riẽs tremir la rui ne des murs ou des turchz nõt poit rabaisse leurs courages ne la facile entree des enemis ne les batos dartillerie si merueilleup les turchz iont biẽ espoir di étrer fort soubdain et la subiuguer et mettre en leur main. Et noꝯleaup crestiẽs ont grãt espoir de chasser ces thiẽs payes les turcz aloiẽt par les fosses au soir et au matin thãtãt flutãt esperãt la victoire et fort de soir les nostres aux verges de trõpettes sesbatẽt mais le grant maistre pẽse seur étreprise igenieusemẽt et fait garnir tresfort et aspre mẽt le mur de grãt desente a ceste Bataille a ordõne vertueup capitaine capitaine auec secours et des seigneurs baillifz et autres freres ordõnez pour psiter a biẽ cõduire au grãt assault que pueoit en sa personne au se cours se tenoit en peine cõtinue la au iardi ou les murs estoiẽt brises et fort casses la peut dormit icelle nuyt cõe les autres se plus corageup che ualier Ba aps le maistre les pmiers ne les derniers ne les moyẽs sont en la charge negligẽs ne les pmiers aussi les turchz font cris en leurs cha steaup et hault cris q̃ la cite et tout ce qui sera trouue soit mis a mort et tout abãdone et mis en cẽdre et la foy regnier les grãs adolescẽs estre toꝯ iuuẽes au dernier et sil estoiẽt aucũs trouues au demourãt ilz seroi ent toꝯ en pauly fichxs et toꝯviuãs.Biii.m.pauly auoiẽt fichxs pour cela faire/mais la cite demouroit a faire a son plaisir/ces choses diuulguees et par tout anũcees saprouchẽt des murailles deuãt q̃ le assault se facẽt

S ii

font inuoqr leur mahōmet en leur maniere car ilz lauēt leur corps et sy le purgēt et les sacz pres pour la rapine corelles aussi pour prisonniers sier ont pēdus au saitures le iour euāt ceste ētreprise. Viii. grādes Bombardes icessainet ont iectes pierres terribles cōtre les murs. Tout ce q̄ nos auiōs fait pour Bastille est mis par terre et gaste le guet les gardes et les defences font mourir tāt q̄ nul viuāt ne se ose tenir dessus le mur et les eschelles au son de la cāpane dresser ou aualer. Tēps na este donne pour reparer celle defence/car les Bōbardes iettoiēt si tressouuēt q̄ il nestoit possible en peu de tēps en ont iectes.iii.cēs. aps le trait de ces Bōbardes par le signe du trait du mortier sont ensēble en tresgrāt foulle legieremēt et aspmēt. le.d. des scalētes daust au pit du iour sot sur les murs motes/la motee leur estoit plus facile au pardehors q̄ il nestoient aux nostres par dens par les eschieles. Or sont il sus les murs et occupāt le hault et ont tue ce que y ont trouue car au pmier effort ne peurent resister par faulte de secours tāt q̄ les nostres fussent dessus montes et la fi chēt leurs enseignes. il en fot autāt a la tour ptasiq̄ il assailliret le hault la clameur est par tout mais il y a atoinct par telle force et si bien cōbatu du costé dextre et du senestre les nres rebouttēt et et detrēchēt les turchz la fut glorieusemēt laboure et milites en armes reluisantes/et bien ou urāt estoit mōseigūr de mōtlio Sertueup capitaine les seigneurs baillifz les seigneurs bourgois et citoyēs auec les indigēs de toutes naciōs fors strenueulp et courageup soy meslans parmy eulp les vngs y sont demoures et les autres playes rapārtes gardāt leur vie. Quatre degres ou eschles auoit pour mōter et et descēdre en la rue des iuifz dōt lune fut rom pue par le cōmādemēt du maistre pourtāt q̄ les turchz descēdoiēt par la si tost q̄ lestoiēt sur le mur nostre bon seigneur et maistre tresprup cheualereup pierre dabusson acōpaigne de grāde seignourie de grāt et fort corage se pseente au deuāt mōte leschele rencōtre laduersaire dōne des batailles les repulse et taille et fait mourir chūn va pour le secourir car au tremēt ne sui ne tos les siēs ne deuoiēt faire mais pour la chose publiq̄ de saicte eglise ont iustemēt ēpecute et poursuiuis aisi q̄ les vōs machabees et glorieup demourerēt victorieup tout pour lonneur de dieu garder et liberte des iuifz nō pas riēs mais q̄ les rōmains ont fait le tēps passe q̄ le pais ne fut casse pourquoy ce nō ont amasse de estre tuteurs et pres du pays tousiours ames iamais hays. Le noble maistre nostre prīnce fort les ensuit parquoy il merite tel bruit hōneur ētre les viuās le grigneur il ne craint ne tourmēt ne peine ne coups mortelz. Ciq playes en a rapor

tee lune mortelle au iugemẽt des medecis lesquelz ont estes tresenclins a
le curer et tost guerir de rhodes la chose publiq a biẽ gardz et biẽ cõduite
les ẽnemis a mis a fuite et demoure victorieup pourquoi son nõ tresglo
rieup pere patrõ et tuteur singulier sera nõme/moult richemẽt estoient
armes les turchz dessus nr̃e muraille.ii.m.v.c.qui de force et de tout leur
sens et vertz darmes cuidẽt emucer nos gẽs et reietter la vertz p̃miere
inutible les cõserua et entretit tellemẽt q̃ chũn se tint fiche ferme sãsva
rier ne reculer cõtre les aduersaires rebouter et faire trebucher crees q̃
iesucrist les gardoit/en celuy endroit veu la grãt charge q̃ portoiẽt aps
les turchz qui la tenoiẽt le mur venoit suiuãt multitude inumerable les
chãps tõ plais les fosses tout en tour. On neut sceu voir la terre tant
estoit fort couuerte ceulp q̃ auoiẽt peu de la porte et sen fouyrẽt aps nous
dirẽt q̃lz estoiẽt biẽ.pl̃.m.deup heures a dure lassault on ne peut sauoir le
q̃l gaigne lun senhardit lautre sengaigne et q̃ mieulp mieulp si en aura
mais nostre doulp seigneur et maistre iesucrist na voulu submettre ses
chãpiõs en deshõneur mais leur a fait force et vigueur a les cõfondre et
reietter par telle impetuosite et tresprõpte celerite q̃ sont cõtrains de re
tourner les vngs les autres se tuer par telle forme q̃ nos gẽs ont laisse
a faire a poursuiure pour les voir trestous aisi fuyre des turchz q̃ estoiẽt
hault mõtes.iii.c.ont este iettes a terre a la rue des iuifz p̃cipites et descõ
fis et fais mourir/la muraille de partedẽs auoit.pp.pies tout droit en
hault q̃ saffoit faisoit vng grãt sault les turchz infames et naures par
my les rues sont demoures mors cõme chiens les turchz retournes par
grãs erres nos gẽs leur ont fait si grãt serre en ensiuiuãt tues en õt pl̃?
q̃ deuãt parmy leurs gardes et municiõs se fatsoit grãde occisiõ la grant
baniere triũphãt dor et dargẽt fort reluisant õt aporte en signe de victoi
re a iesus on en rẽt la gloire/car cest par suy sõt retournes trestoꝰ parmi
la muraille ou fut lassault mais turch y auoit mal sault. En la poursuy
te de la bataille trois villes les fosses et les bastilles furent trouues et
ensembles au feu mis de peu dinfecter le pays bassa le capitaine a fait cõ
ter ceste sepmaine trestoꝰ ses gẽs depuis le tẽps de la descente perdu en a
par bõne entẽte plus de.ip.mile et de naures ou vulneres biẽ.pv.mile.la
cõpaignie se diminue et se aptice tõe les turchz propres racõtẽt en asser
mãt q̃ sen aloyẽt trestoꝰ trẽblant de la vision si merueilleuse q̃ veu auoi
ent en baniere ou iesus est paint et sa mere auec sait iehã baptiste et fut
portee en la bataille par le cõmãdemẽt du seigñr et maistre fut desploiee

S iii

et haulc dreſſee les turchz ont veu au deſſus de limage vne croix en laer ſi treſfort reluiſante et vne vierge treſplaiſante q̄ reluiſoit et vne lance en ſa main tenoit et vng eſcu puis vng hōme treſnal veſtu luy aſſiſtoit auec grāt nobleſſe pour ſecourir leur cheualier. Ceſſe viſion les a ſi fort chaſſes toꝰ eſtones et rēdus tāt craitifz q̄l nōt q̄lque puiſſance de proce der ne faire plus dauāce cōtre nos gēs/il fault vray dire ſans cōtre dire q̄ la victoire a dieu de gloire ſoit rēduc cōſirere la grāt venue et le petit nō bre des nr̄es. p̄. y eſtoiēt cōtre noꝰ vng ſi treſpuiſſant les murs tenant et la redēs en peu de tēps faire telle chaſſe ie veul bien q̄ chūn le ſache q̄ la vi ctoire viēt du chief et nō des hōmes/car les mors eſtoiēt ordōnes q̄l ſem bloit q̄l fuſſent ornes et mis en nōbre par pluſieurs iours/le fait ne du ra q̄. iii. heures afin q̄ on cognu clerement que ceſtoit euure non humaine mais diuine a ce ſubſeruoit langelme q̄ les a iette du mur de victoire fai ſoit murmure par ſi grāt gloire nr̄ſeigñr q̄ les a garwes de deſcēdre auāt q̄ ſecours puiſſent prēdre les cheualiers nr̄eſeigneur q̄ les a aiſi aueuglé q̄ ſecōdemēt retournes nullemēt ne ſot ſur nos gēs nr̄ēſeigneur qui les a treſfort laſſes cōe ſi fuſſēt toꝰ caſſes et perdu treſtout le courage nr̄eſei gneur a q̄ garde le turch ſi treſpuiſſāt ſi merueilleuy et rauiſāt de retour net nr̄ēſeigneur q̄ a deſtruit ſi treſgrādes cites tāt de pays par ſa peruer ſite et na oſe retourner en teſte yſle q̄ neſt pas riēs au regard de ſon fait nr̄eſeigneur a cōduit le parfait or rēdos graces en toutes places a dieu victorieuy ſon nō treſglorieuy ſoit loue a toꝰ iours inceſſainēt et a perpe tuite q̄ noꝰ a pſerue de ceſſe aduerſite amē/les turchz auoiēt le cueur ſy fier treſpſumāt de leurs vertꝰ mais dieu les fait humilier quant il ont leur orgueil perdu il ſont deſhachez par tout deſmēbres et ſen fuyēt vain tus et tout ſoudain la bataille defaite. Celuy nya q̄ ne ſapreſte de tyrer en ſa mer/car ilont tāt le cueur amer et deſplaiſant q̄ les machines ſont trainātvers les galees et nauires ſi ſot chergeſ diligētemēt et ceuly qua uoiēt pris en licie par longue eſpace ſont portes diligēmēt ilont euidam mēt q̄l ayōt pourſuite car de toute part quierēt fuite haſtiuement les vi gnes ont mis a neāt et les vergiers au departyr ont tout brulez/et puis pour acheuer leur dueil quāt des hōmes nont en leur vueil ſe ſont vēges ſus les ouailles auec les beſtes animales en ont tue par treſgrāt nom bre. Tout aiſi q̄ les turchz chargoyēt et de partyr ſe eſſorcoiēt va venue grāde cōpaignie en deuy naues et dartillerie enuoye par le roy de naples pour le ſecours faire auy rhodiēs les turchz le veirēt maintefois deuant euly ſont entres au port aps mydi ſans nulle craite des turchz dune bom barde et non de plus ont esté seruis alentree des mescreans dont le mal dune rompit leans lautre eschapa ioyeusemēt la dous eussies ouy cōment ceulx de rhodes menoyēt grant ioye/force fut de prēdre la doye et reculer les deux nauires pour le grant trait q̄ tousiours tyrēt aussi pour lamour de la mer q̄ estoit dure la nuyt qui vint fut par mesure entre ōdés la nef naurée fut reparée lautre sen va auec le vent/a son plaisir. Trois iours apres la naue retourna et se trouua pres de la cōpaignie de to9 les turchz pour la bonasse chascun turch de lauoir pourchassé vint galées des turcz armées sont assaillie. Tous ceulx dicelle cōpaignie cela regardēt/ceulx de rhodes pareillemēt voyēt bien le fait lassaillēnt de force et de fait pour la gaignier et eppugner et tout destruire il ny auoit matiere de rire mais pour certain ceulx de naples tresvertueux se defendirēt de ces turchz durant trois heures dartillerie et de fort trait ilont gaigné ce noble fait en ce rendant dedens le port victorieux et tresioyeux et leschape ceulx apportoient galées vng messagier q̄ de ceulx de rhodes ont eu chier a grāt ioye sont receu il portoit lettres du saint pere qui sont recitées au repaire du grant maistre et des cheualiers parquoy il deuindrēt plus fiers et plus hardis cōtre leurs ennemis le pape doulcemēt leur māde du secours vne tresgrāt bende de nauires et de prouisions dedens trois iours sans desrision. Et plus grāt chose leur anūce q̄ viēdra si grāt multitude de mōde naues gēdarmes q̄ destruiront tout la flote ou cōpaignie du turch le messagier fut bien venu et tresbenignemēt receu de ceulx de rhodes q̄ louerēt et grādemēt magnifierēt le pape sixte/car pour lors priāt dieu pour sa prosperité et pour lestat de saincte eglise. Ceste rumeur tātost passa iusques aux turchz lesquelz de peur se sont ateleres et auāt eulx de retournes par lespace de quatrevingtz et .ix. iours se partyrēt passant par la mer phisq̄. la descendirēt ces cheualiers et leurs bagages/la furent .xv. iours en retournāt en leurs maisons a tout leur honte et grāce louenge a dieu. Celuy q̄ a esté a teste expedition aux grans peril de ceste obsidion et es dangiers expert ayant publiq̄ offices dessoubz les dis seigneurs et maistres de rhodes a trestout veu et bien cōgneu ce qui et par dessus escript ma cōpose et puis descript a la louenge de nostre seigneur de sa saincte et sacrée espouse leglise nostre mere et lepaltacio de la religion crestiēne a lonneur et vertu des cheualiers de hierusalem et seigneurs de rhodes des choses faittes. Cy finit le cōment et par quoy scaues cōment la chose va.

De la prinse de la cite de ydrontinne.

S iiii

Ainsi nement par tresgrant miracle et prouision de la bouche diuine a este preseruee lysle de rhodes tout bien pense et regarde le mur estoit abandōne cōme rase au pres de terre aussi que la grādeur du peuple nestoit forte pour cōparer a telle multitude les chiēs hōteux et malixureux les turchz mauldis frustres de leurs mauuais desirs se portēt durement et retourner ne veulent nullemēt doubtāt sopprobre. Et aussi ont consixere que par la negligēce du peuple crestien ilont eu grāt victoire le temps passe tant de batailles ont gaignes et tant de villes tant de prouinces et royaumes ont flagelle tourmente et tout destruit encore ne sont il pas cōtent de respādre le sang crestiē et silont failen rhodes la dieu mercy en autre lieu se veulent reuenger et recōpenser de leur honte. Parquoy sont venus en ydronte de rechief sont tresgrāde armee puissante et copieuse cōpaignie en expercite cōpose et appairille pour descēdre en ytalie vers la mer adriatiq qui est asses prochaine par terre et par mer tout inuader et successiuemēt en misere tout rediger et en seruitude cest leur intēcion et nō pas de merueille / car le grāt turch tyrāt isaciable et trescruel puissant en or et en gēs abondāt aussi enfle dorgueil a dominer biē entendāt et cōgnoissant q̄ les gēs par luy destruis ou fort attris noseroiēt rebeller ne prēdre armes alencōtre de luy et q̄ pour mur tant seulemēt contraire estoit a luy le royaume des hongres vers orient tout seulet demeure par quoy il a delibere de descēdre aux ytales epercer la fureur. Apres dōtq̄s q̄ tout les autres cruelles batailles cruētes iactures et destructiōs q̄ on fait au sang humain et catholique ces infideles et payens aduersaires de ihesucrist. Apres la subiection horrende de si nobles cites miserables et lamētables quasi par tout le monde se fait cognoistre. Dernieremēt de rhodes la merueilleuse obsidion on assault par mer et par terre en si grāde multitude de peuple. En poille royaume de cecile et prouince party de salonne en multitude merueilleuse en grāt de multitude et en grauonre egregation de nauires et descendue ydronte cite archiepiscopale noble et digne populeuse en multitude de biens et de grans richesses tresplaine par le nauigage dune nuytee depuis salonne q̄ est soubz le turch sont venu deuāt celle cite de ydronte lesquelz inhumains chiens turchz apres q̄l ont fort batu la muraille et par leurs machines ou artilleries euersees finablemēt. Helas chose miserable et deserte par bataille cruēte et par force darmes sont expugne prins et despoullee ou du tout pillee les homes pres que mors et les autres submis en seruitute cruelle assugettes liés et vinculés/les matronnes violees/les vierges rauies religieuses fenees et degastees les innocēs occiz les adolescens pris et trucidés/les antices des chevaulx cocusques perdus et annulés les prestres et religieux en oroisons pour la conseruation de saincte eglise feruéux instantemēt requerans au createur misericorde les ont iugulés cōe bestes sauuages q en leur fureur sont impetueuses le bon archeuesque habitué des extremes sacres et pōtificaulx tenāt la croix ētre ses mains vieulx et agé/ et a este diuisé dune serre de bois/les fēmes enainctes et pleines denfans ont este desmēbrees et les petis corps demy viuās determinés par nouuelles et inhumaine crudesité dilacerés puis la cité mise en leur iurisdiction hōmes en nōbre copieux et impetueux a mal les murs reparés victuales et prouisions ordōnés fosse dartillerie bien garnie et de armures necessaires leur fournie/finablemēt aps la mort miserable de mahōmet prince diceulx turchz nō pas long tēps aps sa mort a succedé en son lieu et regne son filz q psent est et entretiēt lempire de turquie a donné celle cité de ydronte au roy de naples pour cause q psent ie laisse a cause de briefueté. Et par aisi ont esté reiettés les turchz et increduleles de la cité de ydrōte et du royaume de cicile et du pays de puille de psēt est habitee par les crestiens dieu les vueille faire tous siens Amen

Et tāt soit dit de ces hystoires a psent.

Du regime et gouuernemēt q doiuēt tenir sagemēt tous ceulx qui sōt en mer pour longuemēt nauiguer ainsi q escript haly le medecin.

Dant on va sus la mer et que au cueur vient ung amer ou vomission ou subuersion on doit vser de cyrophesteren ou de garnates auec mente le suc de pōmes muses auec tumarindes flaire ou odoure garnates minses ou chataigne soit soubre en viādes mais sil veut vuider son estomach de colles et de superfluites puis apres vse des vittes commodites et q ses viādes soiēt aps et aigres ou acerbe. Rasis medecin dit. Qui par la mer vouldra aler porte auec soy des medecines de quoy a accoustumé de vser auec du fruit oros. Mais deuant quil entre en mer par certains iours doit minuer les viādes lesquelles il a accoustume de vser et doit prendre viādes qui luy feront lestomach roide et ferme et le premier iour qil entre en mer se il peut ne boyue pas leaue mais odore et menge pour le commencement tout bellement les choses qui repriment le vomissement.

Les choses faictes si la subuersion vient ou vomir on le doit laisser aler car cela point ne nuyt. Et se plus qui nest necessaire cótinuoit il doit préd̃re du fruit de oros et le humer ou le lecher puis apres péd̃re des grais de guernades.

Pour soy garder de puches et de poulx ou de mouches ie le diray a tous au mains quant on est sus la mer du docteur dist lay voulu reclamer.

Quuent auient aux pelerins trestous que en brief temps il seront plains de poulx cela procede de lumeur q̃ vient du corps et de sueur et de la pouldre du nauire et faulte de bain est la pire. Quát cela vient face cathaphasmer ou oind̃re trestout son corps sans riens blasmer de vif argent estaint en l'uyle doliue auec lorige aristologe et de cela dens le Baing soit bien frote tant que demeure en nettete la teste soit apres lauee auec caraphaplito et Bozaco rassis aussi en parle aisi le Baing et lauement empesche souuent le tourment de poulx le beau vestement et du vif argent qui tout doulcement et de l'uyle dedens se estaigne puis du fil de laine le Baigne et sen chaigne en sera preserue. Cela est esprouue les puches ont autre códuicte pour les garder de faire suyte pour les purer ou faire immobiles soient subtilz et bien abiles d'auoir tanchar telle herbe la en vostre lit et ca et la en sera asses point ne fauld̃ra courir aps vng autre seau auec tribuli tous cuises et vostre cháb̃re en arrouses vous estes qttes leaue de oleand̃eron de rue parmy vostre cháb̃re espandue les desheritte et fait morir les mouches sont tout tuees/ et de la maison reiettez q̃ vould̃ra faire la recepte.   Aquam in aqua dequoquitur niger elleborus et arsenici citrini sel olibani fumo necatur. Medecines preseruatiues auec les cóseruatiues aussi bien les confortatiues sont communes/ Mais q̃ vould̃roit son fait códuire tresbon medecin doit eslyre especial q̃ bien scauroit de mal. Plus ie nen dis de peur q̃ ne soyes mauldis.

Cy finit les sais voyages et pelerinages de la saicte cite de hierusalez et du mont de synay a madame saincte Catherine vierge et martyre en ce liure sont compris et contenus Imprimes le .xviii. iour de feurier. L'an mil. cccc. lxxxix.   ⁖   ⁖   ⁖   ⁖   ⁖

⁋ Cy sont les ysles depuis Venise iusques a rhodes.

Priona que et villa, distãs a Venetiis centũ miliaribus ytalicis. sita in Hystria

Ossera et Kersera.	xl
Arbia	xB
Vega	xxx
Nossera	v
Nyo	xB
Sassigo Distãs ab insula	xxx miliaribus In dalmacia
Prenua propime posita	ii
Anxtina	v
Selua	ii
Nybo	xB
Paygo	v
Ponto duro	xB
Sanctpontello	i

Sancta maria de mela	i
Insula grandis de zara	v
Fruso	xB
Insula longa distãs ab isula	i miliaribus in Dalmacia
zara vetus propime posita	v
Ad sanctum clementem	vii
Verga	v
Morthera cũ multis aliis adia-	vii
centibus que hic non nominantur.	
Insulare	xB
Sibenigum	vii
Calcisco	v
Ad sanctum archangelum	iiii
zessulo	dimidium
Solta	ii
Bratza	xii
Lizina	xviii
Lissa distans ab insula	xl miliaribus in Dalmacia
Corzula propime posita	xviii
Lahzatza	vii

Laugsta		vii	
Augustiņ		xx	
Melida		xxx	
Ragus		i	
Croma		vii	
Ragusa vetus		xxiii	
Budua		xxiiii	
Anthiphara		xviii	
Dulcina		xviii	
Duratzo	distās ab insula propime posita	lxx	In albania
zazano		lx	
Affano		l	
Corfona		xii	
Papona		v	
Raipxlpducat		l	
Zanaiunata		xii	
zaffalonia		i	
zanta		xl	
Striffali		xxx	
Metona		lx	
Sapientia		ii	
Cauerena		v	
Saphinita		v	
Camadaxpa		lx	
Cirigo		xl	
Camaleon		xx	
Milo		lxx	
Antemilo		iiii	
Polino	distans ab insula	xv	miliaribus in grecia.
Paris	propime posita	xxx	
Nypia		iiii	
Nyo		xxx	
Margoyn		xxx	
Naffia		xxx	
Drina		xv	

Stamphalia   vv
Alango   plū
Alasthrooa   vv
Piscopia   vð
Nyzara   iiii
Ad sanctū Nicolaum de cartha   vvi
Limonia   v
Lazina   vvv
Rodum   vl
De rhodes il nya point dautre ysle synon le chasteau de rasso.

Sensuiuent aucuns motz comuns en langue sarrasine translates en latin.

Caput	Ras	Fulgur	barch	Asinus	hamar.
Frons	sahala	tonitruū	rad	Vacca	baccara.
Crinis	Shar	Grādo	barath	Vitulus	hxsel
Oculus	ayn	Nix	delsz	Capra	anse
Auris	exen	Glacies	siilith	Ouis	ganeme
Nasus	onff	Panis	chobisz	auca	woszhe
Os	fom	Panis	torban	Anser	ockie
Labium	soffe	Carnes	lakem	Gallus	die
Lingua	lesan	caseus	yiobn	gallina	tesese
Deus	stenn	piscis	sontelz	columba	hemame.
Collum	anglz	Auis	thayr	canis	kepß
Guttur	mabla	pisa	hxstie	canis	kolpß
Pectus	sadar	ffaba	sul	leo	est
Cor	ktalß	lens	addes	leo	sebey
Jecor	ktoxt	Ordeum	sayr	Srsus	dußk
Pulmo	ked	frumentū	chamehe	lepus	arnepß
stomachus	bathan	Pomum	doffaha	lupus	diiß
Venter	kresz	pirum	engassa	catta	katt
Brachiū	zenx	Ficus	thyne	Mus	fara
Manus	yd	Angurii	bathich	mors	maut
Digitus	zaketh	pulmētū	tabich	mortuus	meyet
Dorsus	dahxr	Ouum	keyx	Anima	nesfiz
Latus	iomb	botrus	enep	Infirmus	gehxnnē.

Latin		Latin		Latin	
Crus	salgst	Sinū	nebiid	Cimiteriū	meyba
Genu	rotuß	Sas	sgwee	sepulcrū	capcr
Tybia	kiaszkrel	fons	ayn	Calix	tasz
Pes	reszle	aqua	moy	Liber	ketcß
Pedita	kehim	cisterna	byr	altare	bukicl
Planta	tatreszle	fluuius	nahar	ducatus	ducat
Deus	alla	Acetū	hall	denarius	denar
Angelus	melack	Ciuitas	medine	medinus	medin
Sāctus	caddis	Silla	dayan	Tremus	terem
Dyabolus	sagithan	Castrū	cariie	flus	gelt
Rex	melecki	Ecclesia	camisse	Bonum	siid
Domin?	arab	Teplum	haitkel	malum	sarr
Domina	rabbe	domus	baiit	dulce	ksslu
Nobilis	methesim	claustrū	husz	amarum	morr
Rusticus	sellah	turris	barszo	pulcrum	capesz
Agricola	sillah	fenestra	tackia	album	abtias
Sutor	esscheff	ianua	bab	nigrum	esuet
Sartor	hitiath	Sia	tricke	magister	nassem
Cocus	tobach	Molitor	dahan	Pistor	hestian
Seruus	abiit	Ancilla	ccryen	episcopus	ostkopffh
Sacerdos	kzekem	sacrista	kiaxelocht	Sir	rasol
Mulier	amara	Pater	ebb	Mater	omm
filius	ebn	filia	benth	frater	athß
Soror	ocht	amicus	mekeb	ypianus	nazerani
Celum	Szama	Sol	schiemß	Luna	kamar
Stella	nesme	nubis	gear	ventus	hadda
Pluuia	mattir	Zup	daw	dies	nahar
Nox	layl	Tenebre	dalme	Aer	sokb
Porta	bab	coquina	madbach	camera	mensel
infirmaria	maristan	Capuciū	tobet	Pileus	stabrim
Tunica	tauß	camisia	camisz	cingulum	zennar
Caliga	choff	calcius	serbul	pallium	goffara
frigus	barth	calor	harr	terra	arß
Mons	ezebeb	Sallis	wodin	ager	achlin
Ortus	bestan	arbor	segara	herba	hasis
Vrtica	carre	Spina	schpekie	camelus	sziimel

Equus	faras	ffur	herami	nequam	sarrir
Peccator	cathii	meum	kii	tuum	fath
Vos	endom	Ille	hadath	Ego	ena
Ita	ii keleii	Non	la	hodie	ylleon
Cras	gadda	cras	buthara	plane	ssson
Suū	lii	Meus	methaii	ferrum	hadid
Lignū	ss	lapis	hasar	Ignis	lumen
Vnum	ssohxiii	duo	etneyn	tres	telate
Quatuor	arba	quinqz	campsz	sep	sythii
Septem	sada	octo	themani	nouem	tyszza
decem	eyschara	Vndecim	sgohzyttasch	duodeci	temetasch.
tredeci	telatasch	qtuordeci	arbatasch	hndecim	capstasch
Sedecim		siithtasch	dece et septe		sabatasch
Dece et octo		themantasch	dece et noue		tiisztasch
Diginti		ascharin	Siginti vnū		ssohxyttascharin
Diginti duo		etneyntaschari	Siginti tres		telatetascharin
Sigintiquatuor		arbatascharin	Sigintiquinqz		campsztascarin
Vginti sex		siittascharin	Siginti septe		sabatascharin
Diginti octo		temetascharin	Sigintinoue		teszzatascharin
Triginta		talatin			

Cy finit la table en la langue sarrasine.

www.ingramcontent.com/pod-product-compliance
Lightning Source LLC
Chambersburg PA
CBHW060322170426
43202CB00014B/2637